家风系列

曾国藩家书

曾国藩/著

北京理工大学出版社
BEIJING INSTITUTE OF TECHNOLOGY PRESS

图书在版编目（CIP）数据

曾国藩家书 /(清) 曾国藩著. –– 北京：北京理工大学出版社,2015.7
（家风系列）
ISBN 978-7-5682-0111-7

Ⅰ. ①曾… Ⅱ. ①曾… Ⅲ. ①曾国藩（1811～1872）—书信集 Ⅳ. ①K827=52

中国版本图书馆CIP数据核字（2015）第003535号

出版发行 / 北京理工大学出版社有限责任公司
社　　址 / 北京市海淀区中关村南大街 5 号
邮　　编 / 100081
电　　话 /（010）68914775（总编室）
　　　　　82562903（教材售后服务热线）
　　　　　68948351（其他图书服务热线）
网　　址 / http://www.bitpress.com.cn
经　　销 / 全国各地新华书店
印　　刷 / 三河市九洲财鑫印刷有限公司
开　　本 / 700 毫米 × 1000 毫米　1/16
印　　张 / 16
字　　数 / 240千字
版　　次 / 2015年7月第1版　2015年7月第1次印刷
总 定 价 / 160.00元（全四册）

责任编辑 / 钟　博
文案编辑 / 钟　博
责任校对 / 周瑞红
责任印制 / 边心超

目
Contents
录

曾国藩小传

曾国藩（1811～1872），晚清重臣，湘军创立者和统帅。初名子城，字居武，号涤生。湖南湘乡（今双峰）人。父麟书，有田产，不事耕种，醉心功名，然童试17次皆不第，父设馆授徒。曾国藩幼从父学。6岁入塾读书。8岁能读八股文、诵五经，14岁能读《周礼》《史记》文选，道光十八年（1838）中进士，入翰林院，为军机大臣穆彰阿门生。在京十多年间，他先后任翰林院庶吉士，累迁侍读，侍讲学士，文渊阁值阁事，内阁学士，稽察中书科事务，礼部侍郎及署兵部，工部，刑部，吏部侍郎等职，十年七迁，连跃十级，从七品一跃而为二品大员。与大学士倭仁、徽宁道何桂珍等为密友，以"实学"相砥砺。平时有感于政治废弛，主张以理学经世。

道光三十年十二月（1851年1月），洪秀全在广西发动金田起义，太平天国运动爆发。咸丰二年（1852），太平军由广西进军湖南，清廷震恐。此时，曾国藩丁母忧在家，咸丰皇帝诏曾国藩前往长沙，帮湖南巡抚办理团练。曾国藩仿明代戚继光之营制，招募山乡农民，又在自己的学生、亲友中招募将才，朝夕训练，号"湘勇"（通称湘军）。1854年初，湘军练成水陆师1.7万余人，会集湘潭，誓师出战。

湘军初战，初败于岳州、靖港，他愤不欲生，第一次投水自杀，被左右救起。写下《靖港败溃自请治罪折》，相当于遗嘱，但是没有发出，后在湘潭获胜，转入反攻，连陷岳州、武汉。继之三路东进，突破田家镇防线，兵锋直逼九江、湖口。后水师冒进，轻捷战船突入鄱阳湖，为太平军阻隔，长江湘军水师连遭挫败，曾国藩率残部退至九江以西的官牌夹，其座船被太平军围困。曾国藩第二次投水自杀，被随从捞起，只得退守南昌。此后用兵更为谨慎。

1858年6月，曾国藩奉诏出办浙江军务。1860年清军江南大营彻底败溃后，加兵部尚书衔，授两江总督，以钦差大臣督办江南军务。从此，他不但拥有兵权，而且掌握地方大权。次年9月，督其弟曾国荃攻陷安庆。11月，奉命统辖江苏、安徽、江西、浙江四省军务。旋向朝廷举荐左宗棠督办浙江军务、李鸿章出任江苏巡抚。1862年，以安庆为大本营，命曾国荃部沿江东下，直逼天京；命左宗棠部自江西进攻浙江；命李鸿章部自上海进攻苏南，对太平天国实行战略包围。10月，湘军与李秀成等部数十万太平军在天京城外激战，持续围困天京。至1864年7月，终于攻破天京城池，完成对太平天国起义的镇压。朝廷褒功，封曾国藩为一等毅勇侯，加太子太傅，赏双眼花翎。

1865年5月，曾国藩奉命督办直隶（约今河北）、山东、河南三省军务，镇压捻军。他驻营徐州，先后采取重点设防、凭河筑墙、查办民圩的方略，欲在黄河、淮河之间，运河以西，沙河、贾鲁河以东的区域歼灭捻军，因师久无功，次年冬清廷改派李鸿章接替，命其回两江总督本任。1867年，调任直隶总督。1870年6月，天津发生教案，奉命前往查办，屈从法国势力，处决、遣戌官民数十人，受到社会舆论谴责。9月，还任两江总督。

曾国藩重视采用外国军火，1861年，设立安庆内军械所，制造"洋枪洋炮"，后又试制小火轮船。1863年，造成"黄鹄"号轮船，并派容闳赴美国购买机器。1865年至1866年，与李鸿章在上海创办江南制造总局等军事工业。后为之积极筹措经费，派遣学童赴美留学，成为清末兴办洋务事业的首创者。

曾国藩毕生服膺程朱理学，又主张兼取各家之长，认为义理、考据、经济、辞章四者缺一不可，但始终将理学放在首要地位。其于古文、诗词也很有造诣，被奉为桐城派后期领袖。1872年3月在南京病卒。赠太傅，谥文正。后人辑其所著诗、文、奏章、批牍等为《曾文正公全集》

道光二十一年~道光二十五年

禀祖父母·请给族人以资助

孙男国藩跪禀祖父母大人万福金安：

四月十一日，由折差发第六号家信，十六日折弁又到。

孙男等平安如常，孙妇亦起居维慎，曾孙数日内添吃粥一顿，因母乳日少，饭食难喂，每日两饭一粥。

今年散馆，湖南三人皆留。全单内共留五十二人，仅三人改部属，三人改知县。翰林衙门现已多至百四五十人，可谓极盛。

琦善已于十四日押解到京，奉上谕派亲王三人、郡王一人、军机大臣、大学士、六部尚书会同审讯，现未定案。

梅霖生同年因去岁咳嗽未愈，日内颇患咯血。同乡各京官宅皆如故。

澄侯弟三月初四日在县城发信，已经收到。正月二十五信，至今未接。

兰姊以何时分娩？是男是女，伏望下次示知。

楚善八叔事，不知去冬是何光景？如绝无解危之处，则二伯祖母将穷迫难堪，竟希公之后人将见笑于乡里矣，孙国藩去冬已写信求东阳叔祖兄弟，不知有补益否？此事全求祖父大人做主，如能救焚拯溺，何难嘘枯回生^①。伏念祖父平日积德累仁，救难济急，孙所知者，已难指数。如廖品一之孤、上莲叔之妻、彭定五之子、福益叔祖之母及小罗巷、樟树堂各庵，皆代为筹划，曲加矜恤。凡他人所束手无策，计无复之者，得祖父善为调停，旋乾转坤，无不立即解危，而况楚善八叔同胞之亲、万难之时乎？

孙因念及家事，四千里外，查无消息，不知同堂诸叔目前光景，又念家中此时，亦甚难窘，辄敢冒昧饶舌，伏求祖父大人宽有无知之罪。楚善叔事，如有说法之处，望详细寄信来京。

兹逢折便，敬禀一二，即跪叩祖母大人万福金安。

道光二十一年四月十七日

---

① 嘘枯回生：比喻将死之人有望起死回生。

禀父母·谨守父亲保身之则

男国藩跪禀父亲大人万福金安:

自闰三月十四日在部门拜送父亲,嗣后共接家信五封。五月十五,接父亲到长沙发信,内有四弟信、六弟文章五首。谨悉祖父母大人康强,家中老幼平安,诸弟读书发奋,并喜父亲出京,一路顺畅,自京至省,仅三十余日,真极神速。

迩际①男身体如常,每夜早眠,起亦渐早。惟不耐久思,思多则头昏,故常冥心于无用,优游涵养,以谨守父亲保身之训。九弟功课有常,《礼记》九本已点完,《鉴》已看至《三国》,《斯文精粹》诗文,各已读半本,诗略进功,文章未进功。男亦不求速效,观其领悟,已有心得,大约手不从心耳。

甲三于四月下旬能行走,不须扶持,尚未能言,无乳可食,每日一

---

① 迩际:现在,目前。

粥两饭。家妇身体亦好，已有梦熊之喜。婢仆皆如故。

今年新进士，龙翰臣得状元，系前任湘乡知县见田年伯之世兄；同乡六人，得四庶常、两知县。复试单已于闰三月十六日付回，兹又付呈殿试朝考全单。

同乡京官如故。郑莘田给谏服阕来京。梅霖生病势沉重，深为可虑。黎樾乔老前辈处，父亲未去辞行，男已道达此意。广东之事，四月十八日得捷音，兹将抄报付回。

男等在京，自知谨慎，堂上各老人，不必挂怀。家中事，兰姊去年生育，是男是女？楚善事如何成就？伏望示知。即请母亲大人万福金安。男谨禀。

道光二十一年五月十八日

禀祖父母·述告在京无生计

孙男国藩跪禀祖父大人万福金安：

六月初五日接家信一封，系四弟初十日在省城发，得悉一切，不胜欣慰！

孙国藩日内身体平安。国荃于二十三日微受暑热，服药一帖，次日即愈，初三日复患腹泻，服药二帖即愈。曾孙甲三于二十三日腹泻不止，比请郑小珊诊治，次日添请吴竹如，皆云系脾虚而兼受暑气，三日内服药六帖，亦无大效。二十六日添请本京王医，专服凉药，渐次平复。初一初二两日未吃药，刻下病已全好，惟脾元尚亏，体尚未复，孙等自知细心调理，观其行走如常，饮食如常，不吃药即可复体，堂上不必挂念。冢孙妇身体亦好。婢仆如旧。

同乡梅霖生病，于五月中旬，日日加重，十八日上床，二十五日子时仙逝。胡云客先生亦同日同时同刻仙逝。梅霖生身后一切事宜，系陈岱云、黎樾乔与孙三人料理。戊戌同年赙仪共五百两，吴甄甫夫子（戊戊总裁）进京，赙赠百两，将来一概共可张罗千余金。计京中用费及灵柩回南途费，不过用四百金，其余尚可周恤遗孤。

自五月下旬以至六月初，诸事殷繁，孙荃亦未得读书。六月前寄文来京，尚有三篇孙未暇改。

广东事已成功，由军功升官及戴花翎蓝翎者，共二百余人。将上谕抄回前半截，其后半截升官人名，未及全抄。

昨接家信，始知楚善八叔竹山湾田，已于去冬归祖父大人承买。八叔之家稍安，而我家更窘迫，不知祖父如何调停？去冬今年如何设法？望于家信内详示。

孙等在京，别无生计，大约冬初即须借账，不能备仰事之资寄回，不胜愧悚①。

余容续禀，即禀祖父母大人万福金安。

孙跪禀。

道光二十一年六月初七日

---

① 愧悚：羞愧。

禀祖父母·述京中窘迫状

孙男国藩跪禀祖父大人万福金安：

　　六月初七日发家信第九号，二十九日早接丹阁十叔信，系正月二十八日发，始知祖父大人于二月间体气违和，三月已痊愈，至今康健如常，家中老幼均吉，不胜欣幸。丹阁叔信内言，去年楚善叔田业卖与我家承管，其中曲折甚多。添梓坪借钱三百四十千，外四十千系丹阁叔因我家景况艰窘，勉强代楚善叔解危，将来受累不浅。故所代出之四十千，自去冬至今，不敢向我家明言；不特不敢明告祖父，即父亲叔父之前，渠亦不敢直说。盖事前说出，则事必不成，不成则楚善叔逼迫无路，二伯祖母奉养必阙①，而本房日见凋败，终无安静之日矣。事后说出，则我家既受其累，又受其欺，祖父大人必怒，渠更无辞可对，无地自容，故将此事写信告知孙男，托孙原其不得已之故，转禀告祖父大

---

① 阙：通“缺”。

人。现在家中艰难，渠所代出之四十千，想无钱可以付渠。八月心斋兄南旋，孙在京借银数十两，付回家中，归兹此项，大约须腊底可到，因心斋兄走江南回故也。

孙此刻在京，光景渐窘。然当京官者，大半皆东扯西支，从无充裕之时，亦从无冻饿之时，家中不必系怀。孙现今管长郡会馆事，公项存件，亦已无几。

孙日内身体如恒，九弟亦好。甲三自五月二十三日起病，至今虽痊愈，然十分之中，尚有一二分未尽复归。刻下每日吃炒米粥二餐，泡冻米吃二次。乳已全无，而伊亦要吃。据医云此等乳最不养人，因其夜哭甚，不能遽断乳。从前发热烦躁，夜卧不安，食物不化，及一切诸患，此时皆已去尽，日日嬉笑好吃。现在尚服补脾之药，大约再服四五帖，本体全复，即可不药。孙妇亦感冒三天，郑小珊云服凉药后须略吃安胎药，目下亦健爽如常。

甲三病时，孙妇曾跪许装修家中观世音菩萨金身，伏求家中今年酬愿。又言四冲有寿佛祖像，祖母曾叩许装修，亦系为甲三而许，亦求今年酬谢了愿。

梅霖生身后事，办理颇如意，其子可于七月扶梓回南。同乡各官如常。家中若有信来，望将王率五家光景写明。肃此，谨禀祖父母大人万福金安。

道光二十一年六月二十九日

禀父亲·筹划归还借款

男国藩跪禀父亲大人万福金安：

彭山屺进京，道上为雨泥所苦，又值黄河水涨，渡河时大费力，行李衣服皆湿。惟男所寄书，渠收贮箱内，全无潮损，真可感也。到京又以腊肉、莲、茶送男。渠于初九晚到，男于十三日请酒。十六日将四十千钱交楚。渠于十八日赁住黑市，离城十八里，系武会试进场之地，男必去送考。

男在京身体平安，国荃亦如常。男妇于六月二十三日感冒，服药数帖痊愈，又服安胎药数帖。孙纪泽自病痊愈后，又服补剂十余帖，辰下体已复元。每日行走欢呼，虽不能言，已无所不知，食粥一大碗，不食零物。仆婢皆如常。周贵已荐随陈云心回南，其人蠢而负恩。萧祥已跟别人，男见其老成，加钱呼之复来。

男目下光景渐窘，恰有俸银接续，冬下又望外官例寄炭赀①。今年尚可勉强支持，至明年则更难筹划，借钱之难，京城与家乡相仿，但不勒追强逼耳。前次寄信回家，言添梓坪借项内，松轩叔兄弟实代出钱四十千，男可寄银回家，完清此项。近因完彭山屺项，又移徙房屋，用钱日多，恐难再付银回家。

男现看定屋在绳匠胡同北头路东，准于八月初六日迁居，初二日已搬一香案去，取吉日也。棉花六条胡同之屋，王翰城言冬间极不吉，且言重庆下者，不宜住三面悬空之屋，故遂迁移绳匠胡同，房租每月大钱十千，收拾又须十余千。

心斋借男银已全楚。渠家中付来银五百五十两，又有各项出息，渠言尚须借银出京，不知信否。

男已于七月留须。楚善叔有信寄男，系四月写，备言其苦。近闻衡阳田已卖，应可勉强度日。戊戌冬所借十千二百，男曾言帮他。曾禀告叔父，未禀祖父大人，是男之罪，非渠之过。其余细微曲折，时成时否，时朋买，时独买，叔父信不甚详明，楚善叔信甚详，男不敢尽信。总之，渠但免债主追逼，即是好处。第目前无屋可住，不知何处安身？若万一老亲幼子栖托无所，则流离四徙，尤可怜悯。以男愚见，可仍使渠住近处，断不可住衡阳，求祖父大人代渠谋一安居。若有余铲，则佃田耕作。又求父寄信问朱尧阶，备言楚善光景之昔，与男关注之切，问渠所营产业可佃与楚善耕否？渠若允从，则男另有信求尧阶，租谷须格外从轻。但路太远，至少亦须耕六十亩方可了吃。尧阶寿屏，托心斋

---

① 赀：通“资”。

带回。严丽生在湘乡不理公事，簠簋不饬①，声名狼藉。如查有真实劣绩，或有上案，不妨抄录付京，因有御史在男处查访也，但须机密。

　　四弟六弟考试，不知如何？得不足喜，失不足忧，总以发愤读书为主。史宜日日看，不可间断。九弟阅《易知录》，现已看至隋朝。温经须先穷一经，一经通后，再治他经，切不可兼营并骛，一无所得。

　　男谨禀。

道光二十一年八月初三日

---

① 簠簋不饬。簠：古代盛食物的方形器具。簋：古代盛食物的圆形器具。饬：整治，整顿。这里指不整理食具，形容为官不廉洁。

禀父母·借银寄回家用

男国藩跪禀父母亲大人万福金安：

十四日接家信，内有父亲、叔父并丹阁叔信各一件，得悉丹阁叔人泮，且堂上各大人康健，不胜欣幸。

男于八月初六日移寓绳匠胡同北头路东，屋甚好，共十八间，每月房租京钱二十千文。前在棉花胡同，房甚逼仄，此时房屋爽垲①，气象轩敞。男与九弟言，恨不能接堂上各大人来京住此。

男身体平安，九弟亦如常，前不过小恙，两日即愈，未服补剂。甲三自病体复元后，日见肥胖，每日欢呼趋走，精神不倦。家妇亦如恒。九弟《礼记》读完，现读《周礼》。

心斋兄于八月十六日，男向渠借银四十千，付寄家用。渠允于到湘乡时送银二十八两交勤七叔处，转交男家，且言万不致误。男订待渠到

---

① 爽垲：清爽干燥。

京日偿还其银，若到家中，不必还他。又男寄冬菜一篓、朱尧阶寿屏一付，在心斋处。冬菜托勤七叔送至家，寿屏托交朱啸山转寄。

香海处，日内准有信去，王雅园处，去冬有信去，至今无回信，殊不可解。

颜字不宜写白折，男拟改临褚柳。去年跪托叔父大人之事，承已代觅一具，感戴之至，稽首万拜，若得再觅一具，即于今冬明春办就更妙。敬谢叔父，另有信一函。在京一切，自知谨慎。

男国藩跪禀。

道光二十一年八月十七日

禀父母·在外借债过年

男国藩跪禀父母亲大人万福金安：

十一月十八男有信寄呈，写十五日生女事，不知到否？昨十二月十六日奉到手谕，知家中百事顺遂，不胜欣幸。男等在京身体平安。孙男孙女皆好，现在共用四人，荆七专抱孙男，以春梅事多，不能兼顾也。孙男每日清晨与男同起，即送出外，夜始接归上房。孙女满月，有客一席。

九弟读书，近有李碧峰同居，较有乐趣。男精神不甚好，不能勤教，亦不督责。每日兄弟笑语欢娱，萧然自乐，而九弟似有进境，兹将昨日课文原稿呈上。

男今年过年，除用去会馆房租六十千外，又借银五十两。前日冀望外间或有炭赀之赠，今冬乃绝无此项。闻今年家中可尽完旧债，是男在外有负累，而家无负累，此最可喜之事。岱云则南北负累，时常忧贫。

然其人忠信笃敬①，见信于人，亦无窘迫之时。

　　同乡京官，俞岱青先生告假，拟明年春初出京，男有干鹿肉托渠带回。杜兰溪，周华甫皆拟送家眷出京。岱云约男同送家眷，男不肯送，渠谋亦中止。彭山屺出京，男为代借五十金，昨已如数付来。心斋临行时，约送银二十八两至勤七叔处转交我家，不知能践言否？嗣后家中信来，四弟、六弟各写数行，能写长信更好。

　　男谨禀。

道光二十一年十二月二十一日

----

① 忠信笃敬：指忠诚可信，笃厚可敬。

禀父母·家中费用窘迫

男国藩跪禀父母亲大人万福金安：

男与九弟身体清吉，家妇亦平安。孙男甲三体好，每日吃粥两顿，不吃零星饮食，去冬已能讲话，孙女亦体好，乳食最多。合寓顺适。

今年新正①，景象阳和，较去年正月甚为暖烘。

兹因俞岱青先生南回，付鹿脯一方，以为堂上大人甘旨之需，鹿肉恐难寄远，故薰腊附回，此间现有薰腊肉、猪舌、猪心、腊鱼之类，与家中无异，如有便附物来京，望附茶叶、大布而已。茶叶须托朱尧阶清明时在永丰买，则其价亦廉，茶叶亦好。家中之布附至此间，为用甚大，但家中费用窘迫，无钱办此耳。

同县李碧峰苦不堪言，男代为张罗，已觅得馆，每月学俸银三两。

---

① 新正：指新春正月。

在男处将住三月，所费无几，而彼则感激难名。馆地现尚未定，大约可成。在京一切，自知谨慎，即请父母亲大人万福金安。

道光二十二年正月初七日

禀父母·痛改前非自我反省

男国藩跪禀父母亲大人万福金安：

十月二十二，奉到手谕，敬悉一切。郑小珊处，小隙①已解。

男人前于过失，每自忽略，自十月以来，念念改过，虽小必惩，其详具载示弟书中。

耳鸣近日略好，然微劳即鸣。每日除应酬外，不能不略自用功，虽欲节劳，实难再节。手谕示以节劳、节欲、节饮食，谨当时时省记。

萧辛五先生处寄信，不识靠得住否？龙翰臣父子，已于十一月初一日到；布疋线索，俱已照单收到，惟茶叶尚在黄恕皆处。恕皆有信与男，本月可到也。男妇及孙男女等皆平安，余详于弟书。

谨禀。

道光二十二年正月二十六日

---

① 隙：嫌隙。

禀父母·闻九弟习字长进

男国藩跪禀父母亲大人万福金安：

九弟之病，自正月十六日后，日见强旺，二月一日开荤，现全复元矣，二月以来，日日习字，甚有长进。男亦常习小楷，以为明年考差之具，近来改临智永《千字文》帖，不复临颜柳二家帖，以不合时宜故也。

孙男身体甚好，每日佻达①欢呼，曾无歇息。孙女亦好。

浙江之事，闻于正月底交战，仍尔不胜。去岁所失宁波府城、定海镇海二县城尚未收复。英夷滋扰以来，皆汉奸助之为虐，此辈食毛践土，丧尽天良，不知何日罪恶贯盈，始得聚而歼灭。

湖北崇阳县逆贼钟人杰为乱，攻占崇阳、通城二县。裕制军即日扑灭，将钟人杰及逆党槛送京师正法，余孽俱已搜尽。钟逆倡乱不及一

---

① 佻达：调皮，戏闹。

月，党羽姻属皆伏天诛。

黄河去年决口，昨已合拢，大功告成矣。

九弟前病中思归，近因难觅好伴，且闻道上有虞，是以不复作归计。弟自病好后，亦安心不甚思家。

李碧峰在寓三月，现已找得馆地，在唐同年（李杜）家教书，每月俸金二两，月费一千。

男于二月初配丸药一料，重三斤，约计费钱六千文。男等在京谨慎，望父母亲大人放心。

男谨禀。

道光二十二年二月二十四日

禀父母·教弟写字养神

男国藩跪禀父母大人万福金安：

三月初，奉大人正月十二日手谕，俱悉一切，又知附有布疋、腊肉等在黄弗卿处，第不知黄氏兄弟何日进京，又不知家中系专人送至省城，抑托人顺带也。

男在京身体如常，男妇亦清吉。九弟体已复元，前二月间，因其初愈，每日只令写字养神，三月以来，仍理旧业，依去年功课。未服补剂，男分丸药六两与他吃，因年少不敢峻补①。孙男女皆好，拟于三月间点牛痘。此间牛痘局，系广东京官请名医设局积德，不索一钱，万无一失。

男近来每日习帖，不多看书。同年邀为试帖诗课，十日内作诗五首，用白折写好公评，以为明年考差之具。又吴子序同年，有两弟在男

----

① 峻补：猛补，大补。

处附课看文，又金台书院每月月课，男亦代入作文，因久荒制艺，不得不略为温习。

此刻光景已窘，幸每月可收公项房钱十五千外，些微挪借，即可过度，京城银钱比外间究为活动。家中去年彻底澄清，余债无多，此真可喜。

蕙妹仅存钱四百千，以二百在新窑食租，不知住何人屋？负薪汲水，又靠何人？率五素来文弱，何能习劳？后有家信，望将蕙妹家事琐细详书。余容后呈。

男谨禀。

道光二十二年三月十一日

禀祖父母·要叔父教训诸弟以管家事

孙男国藩跪禀祖父母大人万福金安：

三月十一日发家信第四号，四月初十、二十三发第五号，第六号，后两号皆寄省城陈家。因寄有银、参、笔、帖等物，待诸弟晋省时，当面去接。四月二十一日接壬寅第二号家信，内祖父、父亲、叔父手书各一，两弟信并诗文俱收。伏读祖父手谕，字迹与早年相同，知精神较健，家中老幼平安，不胜欣幸。游子在外，最重惟平安二字。承叔父代办寿具，兄弟感恩，何以图报！

湘潭带漆，必须多带。此物难辨真假，不可邀人去同买，反有奸弊①。在省考试时，与朋友问看漆之法，多问则必能知一二，若临买时向纸行邀人同去，则必吃亏。如不知看漆之法，则今年不必买太多，待明年讲究熟习，再买不迟，今年漆新寿具之时，祖父母寿具必须加漆。

---

① 奸弊：奸、诈的弊病。

以后每年加漆一次。四具同加，约计每年漆钱多少，写信来京，孙付至省城甚易。此事万不可从俭，子孙所为报恩之处，惟此最为切实，其余皆虚文也。孙意总以厚漆为主，由一层以加至数十层，愈厚愈坚；不必多用瓷灰、夏布等物，恐其与漆不相胶粘，历久而脱壳也。然此事孙未尝经历讲究，不知如何而后尽善。家中如何办法，望四弟写信详细告知，更望叔父教训诸弟经理家事。

心斋兄去年临行时，言到县即送银二十八两至我家。孙因十叔所代之钱，恐家中年底难办，故向心斋通挪①，因渠曾挪过孙的。今渠既未送来，则不必向渠借也。家中目下敷用不缺，此孙所第一放心者。孙在京已借银二百两，此地通挪甚易，故不甚窘迫，恐不能顾家耳。

曾孙兄妹二人体甚好，四月二十三日已种牛痘，万无一失。系广东京官设局济活贫家婴儿，不取一钱。兹附回种法一张，敬呈慈览。湘潭、长沙皆有牛痘公局，可惜乡间无人知之。

英夷去年攻占浙江宁波府及定海、镇海两县，今年退出宁波，攻占乍浦，极可痛恨。京城人心，安静如无事时，想不日可殄灭也。

孙谨禀。

道光二十二年四月二十七日

---

① 通挪：互相挪借钱财。

禀父母·劝两弟学业宜精

男国藩跪禀父母亲大人万福金安：

六月二十八日接到家书，系三月二十四日所发，知十九日四弟得生子，男等合室相庆。四妹生产虽难，然血晕亦是常事，且此次既能保全，则下次较为容易。男未得信时常以为虑，既得此信，如释重负。

六月底，我县有人来京捐官，言四月县考时，渠在城内并在彭兴歧、丁信风两处面晤四弟六弟，知案首是吴定五。男十三年前在陈氏宗祠读书，定五才发蒙作起讲，在杨畏斋处受业，去年闻吴春岗说定五甚为发奋，今果得志，可谓成就甚速。其余前十名及每场题目，渠已忘记，后有信来，乞四弟写出。

四弟六弟考运不好，不必挂怀。俗语云："不怕进得迟，只要中得快。"从前邵丹畦前辈四十三岁入学，五十二岁任学政。现任广西藩台汪朗，渠于道光十二年入学，十三年点状元。阮芸台前辈于乾隆五十三年县府试头场皆未取，即于其年入学中举，五十四年点翰林，五十五年留馆，五十六年大考第一，比放浙江学政，五十九年升浙江巡抚。些小得失不足患，特患业之不精耳。两弟场中文若得意①，可将原卷领出寄京；若不得意，不寄可也。

男等在京平安，纪泽兄妹二人体甚结实，皮色亦黑。

逆夷在江苏滋扰，于六月十一日攻陷镇江，有大船数十只在大江游弋，江宁、扬州二府颇可危虑。然而天不降灾，圣人在上，故京师人心镇定。

同乡王翰城告假出京，男与陈岱云亦拟送家眷南旋，与郑莘田、王翰城四家同队出京。男与陈家本于六月底定计，后于七月初一请人扶乩，似可不必轻举妄动，是以中止。现在男与陈家仍不送家眷回南也。

正月间俞岱青先生出京，男寄有鹿脯一方，托找彭山屺转寄，俞后托谢吉人转寄，不知到否？又四月托李昺冈寄银寄笔，托曹西垣寄参，并交陈季牧处，不知到否？

前父亲教男养须之法，男仅留上唇须，不能用水浸透，色黄者多，黑者少，下唇拟待三十六岁始留。男每接家信，嫌其不详，嗣后更愿详示。

男谨禀。

道光二十二年七月初四日

---

① 得意：满意。此处指考试成绩尽如人意的意思。

禀祖父母·述与英国议和

孙男国藩跪禀祖父母大人万福金安：

　　九月十三日接到家信，系七月父亲在省所发，内有叔父及欧阳牧云进制致函，知祖母于七月初三日因感冒致恙，不药而愈，可胜欣幸。

　　高丽参足以补气，然身上稍有寒热，服之便不相宜，以后务须斟酌用之，若微觉感冒即忌用。此物平日康强时和入丸药内服最好，然此时家中，想已无多，不知可供明年一单丸药之用否？若其不足，须写信来京，以便觅便寄回。

　　四弟六弟考试又不得志，颇难为怀，然大器晚成，堂上不必以此置虑。闻六弟将有梦熊①之喜，幸甚！近叔父为婶母之病劳苦忧郁，

---

① 梦熊：以前称生儿子为梦熊。

有怀莫宣，今六弟一索①得男，则叔父含饴弄孙②，瓜瓞日蕃③，其乐何如！

唐镜海先生德望为京城第一，其令嗣极孝，亦系兄子承继者。先生今年六十五岁，得生一子，人皆以盛德之报。

英夷在江南，抚局已定。盖金陵为南北咽喉，逆夷既已扼吭而据要害，不得不权为和戎之策，以安民而息兵。去年逆夷在广东，曾经就抚，其费去六百万两。此次之费，外间有言有二千一百万者，又有言此项皆劝绅民捐输，不动帑藏者，皆不知的否。现在夷船已全数出海，各处防海之兵，陆续撤回，天津亦已撤回。议抚之使，系伊里布、耆英及两江总督牛鉴三人。牛鉴有失地之罪，故抚局成后，即革职拿问；伊里布去广东，代奕山为将军；耆英为两江总督。自英夷滋扰，已历二年，将不知兵，兵不用命，于国威不无少损，然此次议抚，实出于不得已，但使夷人从此永不犯边，四海晏然安堵，则以大事小，乐天之道，孰不以为上策哉？

孙身体如常，孙妇及曾孙兄妹皆平安，同县黄晓潭荐一老妈吴姓来，因其妻凌虐婢仆，百般惨酷，求孙代为开脱。孙接至家住一日，转荐至方虁卿太守处，托其带回湖南，大约明春可到湘乡。

今年进学之人，孙见《题名录》，仅认识彭惠田一人，不知二十三上都进入否？谢党仁、吴光照取一等，皆少年可慕。一等第一《题名录》刻黄生平，不知即黄星平否？

---

① 一索：即第一胎。
② 含饴弄孙：含着饴糖逗小孙子，形容老年人恬适的乐趣。
③ 瓜瓞日蕃：比喻子孙满堂。瓞：小瓜。

孙每接家信，常嫌其不详，以后务求详明，虽乡间田宅婚嫁之事，不妨写出，使游子如仍未出里门。各族戚家，尤须一一示知。幸甚！

　　敬请祖父母大人万福金安。余容后呈。

　　孙谨禀。

道光二十二年九月十七日

致诸弟·述求学之方法

四位老弟足下：

九弟行程，计此时可以到家。自任邱发信之后，至今未接到第二封信，不胜悬悬，不知道上有甚艰险否？四弟、六弟院试，计此时应有信，而折差久不见来，实深悬望。

予身体较九弟在京时一样，总以耳鸣为苦。问之吴竹如，云只有静养一法，非药物所能为力。而应酬日繁，予又素性浮躁，何能着实静养？拟搬进内城住，可省一半无谓之往还，现在尚未找得。

予时时日悔，终未能洗涤自新。九弟归去之后，予定刚日读经柔日读史之法。读经常懒散不沉着。读《后汉书》现已丹笔点过八本，虽全不记忆，而较之去年读《前汉书》领会较深。九月十一日起，同课人议每课一文一诗，即于本日申刻用白折写。予文诗极为同课人所赞赏，然予于八股绝无实学，虽感诸君奖借之殷，实则自愧愈深也。待下次折差来，可付课文数篇回家。予居家懒做考差工夫，即借此以磨砺考具，或亦不至临场窘迫耳。

吴竹如近日往来极密，来则作竟日之谈，所言皆身心国家^①大道理。渠言有窦兰泉者，云南人，见道极精当平实，窦亦深知予者，彼此现尚未拜往。竹如必要予搬进城住，盖城内镜海先生可以师事，倭艮峰先生、窦兰泉可以友事。师友夹待，虽懦夫亦有立志。予思朱子言为学壁如熬肉，先须用猛火煮，然后用慢火温，予生平工夫全未用猛火煮过，虽略有见识，乃是从悟境得来，偶用功亦不过优游玩索^②已耳，如未沸之汤，遽用慢火温之，将愈煮愈不熟矣。以是急思搬进城内，摒除一切，从事于克己之学。镜海、艮峰两先生，亦劝我急搬。

而城外朋友，予亦有思常见者数人，如邵蕙西、吴子序、何子贞、陈岱云是也。蕙西常言：与周公谨交，如饮醇醪^③，我两个颇有此风味，故每见辄长谈不舍。子序之为人，予至今不能定其品，然识见最大且精，尝教我云：用功譬若掘井，与其多掘数井而皆不及泉，何若老守一井，力求及泉而用之不竭乎？此语正与予病相合，盖予所谓掘井多而皆不及泉者也。

何子贞与予讲字极相合，谓我真知大源，断不可暴弃。予尝谓天下万事万理皆出于乾坤二卦，即以作字论之：纯以神行，大气鼓荡，脉络周通，潜心内转，此乾道也；结构精巧，向背有法；修短合度，此坤道也。凡乾以神气言，凡坤以形质言，礼乐不可斯须^④去身，即此道也。

---

① 身心国家：修身、养性、治国、齐家，即有关个人和国家之事。
② 玩索：玩味索求。
③ 醇醪：醇香可口的酒酿。
④ 斯须：些许时间。

乐本于乾，礼本于坤，作字而优游自得真力弥满者，即乐之意也；丝丝入扣转折合法者，即礼之意也。偶与子贞言及此，子贞深以为然，谓渠生平得力尽于此矣。陈岱云与吾处处痛痒相关，此九弟所知者也。

写至此，接得家书，知四弟六弟未得入学，怅怅然。科名有无迟早，总由前定，丝毫不能勉强。吾辈读书，只有两事：一者进德之事，讲求乎诚正修齐①之道，以图无忝②所生；一者修业之事，操习乎记诵词章之术，以图自卫其身。进德之身，难于尽言，至于修业以卫身，吾请言之。

卫身莫大如谋食。农工商，劳力以求食者也；士，劳心以求食者也。故或食禄于朝，或教授于乡，或为传食之客，或为入幕之宾③，皆须计其所业，足以得食而无愧。科名④者，食禄之阶也，亦须计吾所业，将来不至尸位素餐⑤，而后得科名而无愧。食之得不得，穷通由天作主，予夺由人作主，业之精不精由我作主，然吾未见业果精而终不得食者也。农果力耕，虽有饥馑必有丰年；商果积货，虽有雍滞必有通时；士果能精其业，安见其终不得科名哉？即终不得科名，又岂无他途可以求食者哉？然则特患业之不精耳。

求业之精，别无他法，曰专而已矣。谚曰："艺多不养身"，谓不专也。吾掘井多而无泉可饮，不专之咎也。诸弟总须力图专业，如九弟志在习字，亦不必尽废他业，但每日习字工夫，断不可不提起精神，随

① 诚正修齐：诚意、正心、修身、齐家。
② 无忝：无辱。
③ 传食之客：即名士官宦所养之食客。入幕之宾：指居高官显爵之位者的幕僚宾客。
④ 科名：通过科举考试而获取功名。
⑤ 尸位素餐：徒居其位，不谋其事。

时随事，皆可触悟。四弟六弟，吾不知其心有专嗜^①否？若志在穷经，则须专守一经，志在作制义^②，则须专看一家文稿，志在作古文，则须专看一家文集；作各体诗亦然；作试帖亦然；万不可以兼营并骛^③，兼营则必一无所能矣，切嘱切嘱！千万千万！

此后写信来，诸弟各有专守之业，务须写明，且须详问极言，长篇累牍，使我读其手书，即可知其志向识见。凡专一业之人，必有心得，亦必有疑义。诸弟有心得，可以告我共赏之；有疑义，可以问我共析之。且书信既详，则四千里外之兄弟，不啻^④晤言一室，乐何如乎？

予生平于伦常中，惟兄弟一伦抱愧尤深。盖父亲以其所知者尽以教我，而我不能以吾所知者尽教诸弟，是不孝之大者也。九弟在京年余，进益无多，每一念及，无地自容。嗣后我写诸弟信，总用此格纸，弟宜存留，每年装订成册。其中好处，万不可忽略看过。诸弟写信寄我，亦须用一色格纸，以便装订。

兄国藩手具。

道光二十二年九月十八日

---

① 专嗜：专门的嗜好。

② 穷经：研习所有儒家经典著作。制义：为应付科举考试而作的八股文章。

③ 并骛：同时兼顾，此词有贬义。

④ 不啻：不止，不但，不异于。

致诸弟·明师益友虚心请教

诸位贤弟足下：

十月二十一，接九弟在长沙所发信，内途中日记六页，外药子一包。二十二接九月初二日家信，欣悉以慰。

自九弟出京后，余无日不忧虑，诚恐道路变故多端，难以臆揣。及读来书，果不出吾所料，千辛万苦，始得到家，幸哉幸哉！郑伴之下不足恃，余早已知之矣。郁滋堂如此之好，余实不胜感激！在长沙时，曾未道及彭山屺。何也？

四弟来信甚详，其发愤自励之志溢于行间；然必欲找馆出外，此何意也？不过谓家塾离家太近，容易耽搁，不如出外较清净耳。然出外从师，则无甚耽搁，若出外教书，其耽搁更甚于家塾矣。且苟能发奋自立，则家塾可读书，即旷野之地热闹之场亦可读书，负薪牧豕①皆可读

---

① 负薪：背柴，相传汉代朱买臣背着柴草时还刻苦读书。牧豕：放猪。相传汉代函宫一边放猪，同时还在听讲解经书。

书；苟不能发奋自立，则家塾不宜读书，即清净之乡神仙之境皆不能读书，何必择地？何必择时？但自问立志之真不真耳！

六弟自怨数奇^①，余亦深以为然。然屈于小试，辄发牢骚，吾窃笑其志之小，而所忧之不大也！君子之立志也，有民胞物与之量，有内圣外王之业，而后不忝于父母之所生，不愧为天地之完人。故其为忧也，以不如舜不如周公为忧也，以德不修学不讲为忧也。是故顽民梗化则忧之，蛮夷猾夏则忧之，小人在位贤才否闭则忧之，匹夫匹妇不被己泽忧之。所谓悲天命而悯人穷，此君子之所忧也。若夫一身之屈伸，一家之饥饱，世俗之荣辱得失，贵贱毁誉，君子固不暇忧及此也。六弟屈于小试，自称数奇，余窃笑其所忧之不大也！

盖人不读书则已，亦既自名曰读书人，则必从事于《大学》。《大学》之纲领有三：明德、新民、止至善，皆我分内事也。若读书不能体贴到身上去，谓此三项，与我身毫不相涉，则读书何用？虽使能文能诗，博雅自诩，亦只算识字之牧猪奴耳！岂得谓之明理有用之人也乎？

朝廷以制艺取士，亦谓其能代圣贤立言，必能明圣贤之理，行圣贤之行，可以居官莅民整躬率物也。若以明德、新民为分外事，则虽能文能诗，而于修己治人之道？实茫然不讲，朝廷用此等人做官，与用牧猪奴做官何以异哉？然则既自名为读书人，则《大学》之纲领，皆己立身切要之事明矣，其条目有八。自我观之，其致功之处，则仅二者而已：曰格物，曰诚意。

格物，致知之事也；诚意，力行之事也。物者何？即所谓本末之

---

① 数奇：这里指命运不好，遇事不利。

物也。身、心、意、知、家、国、天下，皆物也；天地万物，皆物也；日用常行之事，皆物也。格者，即物而穷其理也。如事亲定省，物也；究其所以当定省之理，即格物也。事兄随行，物也；究其所以当随行之理，即格物也。吾心，物也；究其存心之理，又博究其省察涵养以存心之理，即格物也。吾身，物也；究其敬身之理，又博究其立齐坐尸以敬身之理，即格物也。每日所看之书，句句皆物也；切己体察，穷究其理，即格物也；此致知之事。所谓诚意者，即其所知而力行之，是不欺也，知一句便行一句；此力行之事也。此二者并进，下学在此，上达亦在此。

吾友吴竹如格物功夫颇深，一事一物，皆求其理。倭艮峰先生则诚意功夫极严，每日有日课册。一日之中，一念之差，一事之失，一言一默，皆笔之于书。书皆楷字，三月则订一本，自乙未年起，今三十本矣。盖其慎独之严，虽妄念偶动，必即时克治，而著之于书，故所读之书，句句皆切身之要药。兹将艮峰先生日课，抄三页付归，与诸弟看。

余自十月初一日起，亦照艮峰样，每日一念一事，皆写之于册，以便触目克治，亦写楷书。冯树堂与余同日记起，亦有日课册。树堂极为虚心，爱我如兄，敬我如师，将来必有所成。余向来有无恒之弊，自此写日课本子起，可保终身有恒矣，盖明师益友，重重夹持，能进不能退也。本欲抄余日课册付诸弟阅，因今日镜海先生来，要将本子带回去，故不及抄。十一月有折差，准抄几页付回也。

余之益友，如倭艮峰之瑟侗①，令人对之肃然；吴竹如、窦兰泉之

---

① 侗：胸襟开阔的样子。

精义，一言一事，必求至是；吴子序、邵蕙西之谈经，深思明辨；何子贞之谈字，其精妙处，无一不合，其谈诗尤最符契①。子贞深喜吾诗，故吾自十月来，已作诗十八首，兹抄二页付回，与诸弟阅。冯树堂、陈岱云之立志，汲汲不遑，亦良友也。镜海先生，吾虽未尝执贽②请业，而心已师之矣。

吾每作书与诸弟，不觉其言之长，想诸弟或厌烦难看矣。然诸弟苟有长信与我，我实乐之，如获至宝，人固各有性情也。

余自十月初一起记日课，念念欲改过自新。思从前与小珊有隙，实是一朝之忿，不近人情，即欲登门谢罪。恰好初九日小珊来拜寿，是夜余即至小珊家久谈。十三日与岱云合伙请小珊吃饭，从此欢笑如初，前隙盖释矣。近事大略如此，容再续书。

国藩手具。

道光二十二年十月二十六日

---

① 符契：符合、契合。
② 贽：拜见师长时所持的礼物。

致诸弟·读书宜立志有恒

诸位贤弟足下：

　　十一月前八日已将日课抄与弟阅，嗣后每次家信，可抄三页付回。日课本皆楷书，一笔不苟，惜抄回不能作楷书耳。冯树堂进攻最猛，余亦教之如弟，知无不言。可惜九弟不能在京与树堂日日切磋，余无日无刻不太息也。九弟在京年半，余懒散不努力。九弟去后，余乃稍能立志，盖余实负九弟矣。余尝语岱云曰："余欲尽孝道，更无他事，我能教诸弟进德业①一分，则我之孝有一分；能教诸弟进十分，则我之孝有十分；若全不能教弟成名，则我大不孝矣。"九弟之无所进，是我之大不孝也。惟愿诸弟发奋立志，念念有恒，以补我不孝之罪，幸甚幸甚。

　　岱云与易五近亦有日课册，惜其识不甚超越。余虽日日与之谈

---

① 德业：指品德、学业。

论，渠究不能悉心领会，颇疑我言太夸。然岱云近极勤奋，将来必有所成。

何子敬近待我甚好，常彼此作诗唱和，盖因其兄钦佩我诗，且谈字最相合，故子敬亦改容加礼。子贞现临隶字，每日临七八页，今年已千页矣。近又考订《汉书》之讹，每日手不释卷。盖子贞之学长于五事：一曰《仪礼》精，二曰《汉书》熟，三曰《说文》精，四曰各体诗好，五曰字好。此五事者，渠意皆欲有所传于后。以余观之，前二者余不甚精，不知浅深究竟如何，若字则必传千古无疑矣。诗亦远出时手之上，必能卓然成家。近日京城诗家颇少，故余亦欲多做几首。

黄子寿处，本日去看他，功夫甚长进，古文有才华，好买书，东翻西阅，涉猎颇多，心中已有许多古董。何世兄亦甚好，沉潜之至，虽天分亦高，将来必有所成。吴竹如近日未出城，余亦未去，盖每见则耽搁一天也。其世兄亦极沉潜，言动中礼，现在亦学倭艮峰先生。吾观何吴两世兄之资质，与诸弟相等，远不及周受珊、黄子寿；而将来成就，何吴必更切实。此其故，诸弟能看书自知之，愿诸弟勉之而已。此数人者，皆后起不凡之人才也，安得诸弟与之联镳并驾，则余之大幸也。

门上陈升一言不合而去，故余作《傲奴诗》，现换一周升作门上，颇好。余读《易，旅卦》"丧其童仆"，象曰："以旅与下，其义丧也。"解之者曰："以旅与下者，谓视童仆如旅人，刻薄寡恩，漠然无情，则童仆亦将视主上如逆旅矣。"余待下虽不刻薄，而颇有视如逆旅之意，故人不尽忠，以后余当视之如家人手足也。分虽严明而情贵周通，贤弟待人亦宜知之。

余每闻折差到，辄望家信。不知能设法多寄几次否？若寄信，则诸弟必须详写日记数天，幸甚。余写信亦不必代诸弟多立课程，盖恐多看则生厌，故但将余近日实在光景写示而已，伏惟诸弟细察。

道光二十二年十一月十七日

致诸弟·勉励自立课程

诸位贤弟足下：

　　四妹小产以后，生育颇难。然此事最大，断不可以人力勉强。劝渠家只须听其自然，不可过于矜持。又闻四妹起最晏^①，往往其姑^②反服侍她，此反常之事，最足折福，天下未有不孝之妇而可得好处者。诸弟必须时劝导之，晓之以大义。

　　诸弟在家读书，不审每日如何用功？余自十月初一立志自新以来，虽懒惰如故，而每日楷书写日记，每日读史十页，每日记《茶余偶谈》一则，此三事未尝一日间断。十月二十一日立誓永戒吃水烟，洎^③今已两月不吃烟，已习惯成自然矣。予自立课程甚多，惟记《茶余偶谈》、读史十页、写日记楷本，此三事者誓终身不间断也。诸弟每日自立课

----

　①晏：迟、晚。

　②姑：此处指婆母。

　③洎：到、至。

程，必须有日日不断之功，虽行船走路，俱须带在身边。予除此三事外，他课程不必能有成，而此三事者，将终身以之。

前立志作《曾氏家训》一部，曾与九弟详细道及。后因采择经史，若非经史烂熟胸中，则割裂零碎，毫无线索；至于采择诸子各家之言，尤为浩繁，虽抄数百卷犹不能尽收。然后知古人作《大学衍义》《衍义补》诸书，乃胸中自有条例自有议论，而随便引书以证明之，非翻书而遍抄之也，然后知著书之难。故暂且不作《曾氏家训》，若将来胸中道理愈多，议论愈贯串，仍当为之。

现在朋友愈多。讲躬行心得者，则有镜海先生、艮峰前辈、吴竹如、窦兰泉、冯树堂；穷经知道者，则有吴子序、邵惠西；讲诗、文、字而艺通于道者，则有何子贞；才气奔放，则有汤海秋；英气逼人，志大神静，则有黄子寿；又有王少鹤、朱廉甫，吴莘畬、庞作人。此四君者，皆闻予名而先来拜，虽所造有浅深，要皆有志之士，不甘居于庸碌者也。

京师为人文渊薮①，不求则无之，愈求则愈出。近来闻好友甚多，予不欲先去拜别人，恐徒标榜虚声。盖求友以匡己之不逮，此大益也；标榜以盗虚名，是大损也。天下有益之事，即有足损者寓乎其中，不可不辨。

黄子寿近作《选将论》一篇，共六千余字，真奇才也。子寿戊戌年始作破题，而六年之中遂成大学问，此天分独绝，万不可学而至，诸弟不必震而惊之。予不愿诸弟学他，但愿诸弟学吴世兄、何世兄。吴竹如

---

① 渊薮：人或事物聚集的地方。

之世兄现亦学艮峰先生写日记，言有矩，动有法，其静气实实可爱。何子贞之世兄，每日自朝至夕总是温书，三百六十日，除作诗文时，无一刻不温书，真可谓有恒者矣。故予从前限功课教诸弟，近来写信寄弟，从不另开课程，但教诸弟有恒而已。

盖士人读书，第一要有志，第二要有识，第三要有恒。有志则断不甘为下流；有识则知学问无尽，不敢以一得自足，如河伯之观海，如井蛙之窥天，皆无识者也；有恒则断无不成之事：此三者缺一不可。诸弟此时，惟有识不可以骤几^①，至于有志有恒，则诸弟勉之而已。予身体甚弱，不能苦思，苦思则头晕，不耐久坐，久坐则倦乏，时时属望，惟诸弟而已。

道光二十二年十二月二十日

附课程表

一、主敬——整齐严肃、无时不俱。无事时心在腔子里，应事时专一不杂。

二、静坐——每日不拘何时，静坐一会，体验静极生阳来复之仁心。正位凝命，如鼎之镇^②。

三、早起——黎明即起，醒后勿沾恋。

四、读书不二——一书未点完，断不看他书；东翻西阅，都是徇外^③为人。

五、读史——二十三史每日读十页，虽有事不间断。

---

① 骤几：突然接近。
② "正位"句：此句意为宁心静气，内心踏实安稳，如鼎镇住一般。
③ 徇外：顺从于身外的客观环境。

六、写日记——须端楷，凡日间过恶，身过、心过、口过皆记出，终身不间断。

七、日知其所亡①——每日记《茶余偶谈》一则，分德行门、学问门、经济门、艺术门。

八、月无忘所能——每月作诗文数首，以验积理之多寡，养气之盛否。

九、谨言——刻刻留心。

十、养气——无不可对人言之事。气藏丹田。

十一，保身——谨遵大人手谕，节欲、节劳、节饮食。

十二、作字——早饭后作字，凡笔墨应酬，当作自己功课。

十三、夜不出门——旷功疲神，切戒切戒。

---

① 亡：无。

致诸弟·讲读经史方法

诸位老弟足下：

　　正月十五日接到四弟、六弟、九弟十二月初五日所发家信，四弟之信三页，语语平实，责我待人不恕，甚为切当。谓"月月书信，徒以空言责弟辈，却又不能实有好消息，令堂上阅兄之书，疑弟辈粗俗庸碌，使弟辈无地可容"云云，此数语，兄读之不觉汗下。我去年曾与九弟闲谈云："为人子者，若使父母见得我好些，谓诸兄弟俱不及我，这便是不孝；若使族党称道我好些，谓诸兄弟俱不如我，这便是不悌①。何也？盖使父母心中有贤愚之分，使族党②口中有贤愚之分，则必其平日有讨好意思，暗用机计，使其自己得好名声，而使其兄弟得坏名声，必其后日之嫌隙由此而生也。刘大爷、刘三爷兄弟皆想做好人，卒至

---

① 悌：儒家有关兄弟伦常的道德范畴。
② 族党：家族、乡党。

046

视如仇雠①，因刘三爷得好名声于父母族党之间，而刘大爷得坏名声故也。"今四弟之所责我者，正是此道理，我所以读之汗下。但愿兄弟五人，各个明白这道理，彼此互相原谅，兄以弟得坏名为忧，弟以兄得好名为快。兄不能使弟尽道得令名，是兄之罪；弟不能使兄尽道得令名，是弟之罪。若各个如此存心，则亿万年无纤芥②之嫌矣。

至于家塾读书之说，我亦知其甚难，曾与九弟面谈及数十次矣。但四弟前次来书，言欲找馆出外教书，兄意教馆之荒功误事，较之家塾为尤甚，与其出而教馆，不如静坐家塾。若云一出家塾便有明师益友，则我境之所谓明师益友者，我皆知之，且已宿夜熟筹之矣，惟汪觉庵师及阳沧溟先生，是兄意中所信为可师者。然衡阳风俗，只有冬学要紧，自五月以后，师弟皆奉行故事而已。同学之人，类皆庸鄙无志者，又最好讪笑人。其笑法不一，总之不离乎轻薄而已。四弟若到衡阳去，必以翰林之弟相笑，薄俗可恶。乡间无朋友，实是第一恨事，不惟无益，且大有损，习俗染人，所谓与鲍鱼处亦与之俱化也。兄尝与九弟道及，谓衡阳不可以读书，涟滨不可以读书，为损友太多故也。

今四弟意必从觉庵师游，则千万听兄嘱咐，但取明师之益，无受损友之损也。接到此信，立即率厚二到觉庵师处受业。其束脩③，今年谨具钱十挂，兄于八月准付回，不至累及家中，非不欲人丰，实不能耳。兄所最虑者，同学之人无志嬉游，端节以后放散不事事，恐弟与厚二效尤耳，切戒切戒。凡从师必久而后可以获益。四弟与季弟今年从觉庵

---

① 仇雠：雠，同仇字，这里指互相看作仇人。

② 纤芥：细微。

③ 束脩：古代儿童入学必用束脩作为拜师的礼物。此处指老师的酬金。

师，若地方相安，则明年仍可以游；若一年换一处，是即无恒者见异思迁也，欲求长进难矣。

六弟之信，乃一篇绝妙古文，排奡①似昌黎，拗很②似半山。予论古文，总须有倔强不驯之气，愈拗愈深之意，故于太史公外，独取昌黎、半山两家③。论诗亦取傲兀不群④者，论字亦然。每蓄此意而不轻谈，近得何子贞意见极相合，偶谈一二句，两人相视而笑。不知六弟乃生成有此一支妙笔！往时见弟文，亦无大奇特者；今观此信，然后知吾弟真不羁才也。欢喜无极，欢喜无极！凡兄所有志而力不能为者，吾弟皆为之矣。

信中言兄与诸君子讲学，恐其渐成朋党⑤，所见甚是。然弟尽可放心，兄最怕标榜，常存暗然尚沿⑥之意，断不至有所谓门户自表者也。信中言四弟浮躁不虚心，亦切中四弟之病，四弟当视为良友药石之言。

信中又言弟之牢骚，非小人之热中，乃志士之惜阴。读至此，不胜惘然，恨不得生两翅忽飞到家，将老弟劝慰一番，纵谈数日乃快。然向使诸弟已入学，则谣言必谓学院做情，众口铄金⑦，何从辨起？所谓"塞翁失马安知非福"，科名迟早实有前定，虽惜阴念切，正不必以虚名萦怀耳。

---

① 排奡：矫健。
② 拗很：曲年生隙。
③ 太史公：汉代史家司马迁。半山：宋代政治家王安石。
④ 傲兀不群：高傲而不流于俗。
⑤ 朋党：小集团，互相勾结。
⑥ 暗然尚沿：这里指糊涂地崇尚禅法。沿，罩在外面的单衣服，也指禅衣。
⑦ 铄金：熔化金子，此处指众说纷纭，莫衷一是。

来信言《〈礼记〉疏》一本半，浩浩茫茫，苦无所得，今已尽弃，不敢复阅，现读《朱子纲目》，日十余页云云；说到此处，不胜悔恨！恨早岁不曾用功，如今虽欲教弟，譬盲者而欲导入之迷途也，求其不误难矣，然兄最好苦思，又得诸益友相质证，于读书之道，有必不可易者数端：穷经必专一经，不可泛骛。读经以研寻义理为本，考据物为末，读经有一耐字诀：一句不通，不看下句；今日不通，明日再读；今年不通，明年再读；此所谓耐也。读史之法，莫妙于设身处地，每看一处，如我便与当时之人酬酢笑语于其间。不必人人皆能记也，但记一人，则恍如接其人；不必事事皆能记也，但记一事，则恍如亲其事。经以穷理，史以考事，舍此二者，更别无学矣。

　　盖自西汉以至于今，识字之儒，约有三途：曰义理之学，曰考据之学，曰词章之学①，各执一途，互相诋毁。兄之私意，以为义理之学最大，义理明则躬行有要而经济有本。词章之学，亦所以发挥义理者也。考据之学，吾无取焉矣。此三途者，皆从事经史，各有门径。吾以为欲读经史，但当研究义理，则心一而不纷。是故经则专守一经，史则专熟一代，读经史则专主义理。此皆守约之道，确乎不可易者也。

　　若夫经史而外，诸子百家，汗牛充栋，或欲阅之，但当读一人之专集，不当东翻西阅，如读《昌黎集》，则目之所见，耳之所闻，无非昌黎，以为天地间除《昌黎集》而外，更无别书也。此一集未读完，断断不换他集，亦专字诀也。六弟谨记之。

　　读经、读史、读专集，讲义理之学，此有志者万不可易者也，圣人

---

① 义理之学：即宋明理学，是讲求儒学经义、探究名理的学问。考据：考注据实古书古义的确凿出处与含义。词章：指研究词赋的学问。

复起，必从吾言矣。然此亦仅为有大志者言之，若夫为科名之学，则要读四书文，读试帖律赋，头绪甚多。四弟、九弟、厚二弟天资较低，必须为科名之学。六弟既有大志，虽不科名可也。但当守一耐字诀耳。观来信，言读《<礼记>疏》似不能耐者，勉之勉之！

兄少时天分不甚低，厥后①日与庸鄙者处，全无所闻，窍被茅塞②久矣。及乙未到京后，始有志学诗古文并作字之法，亦洎无良友。近年得一二良友，知有所谓经学者、经济者，有所谓躬行实践者，始知范韩③可学而至也，司马迁韩愈亦可学而至也，程朱亦可学而至也。慨然思尽涤前日之污，以为更生之人，以为父母之肖子，以为诸弟之先导。无如体气本弱，耳鸣不止，稍稍用心，便觉劳顿。每日思念，天既限我以不能苦思，是天不欲成我之学问也，故近日以来，意颇疏散。

计今年若可得一差，能还一切旧债，则将归田养亲，不复恋恋于利禄矣。粗识几字，不敢为非以蹈大戾已耳，不复有志于先哲矣。吾人第一以保身为要，我所以无大志愿者，恐用心太过，足以疲神也。弟亦时时以保身为念，无忽无忽！

来信又驳我前书，谓必须博雅有才，而后可明理有用，所见极是。兄前书之意，盖以躬行为重，即子夏"贤贤易色"章之意，以为博雅者不足贵，惟明理者乃有用，特其立论过激耳。六弟信中之意，以为不博雅多闻，安能明理有用？立论极精。但弟须力行之，不可徒与兄辩驳见长耳。

---

① 厥后：自那以后。
② 窍被茅塞：不开窍，被蒙蔽。
③ 范韩：即范仲淹、韩琦等宋代政治家和文学家。

来信又言四弟与季弟从游觉庵师，六弟九弟仍来京中，或肄业城南云云。兄之欲得老弟共住京中也，其情如孤雁之求曹也。自九弟辛丑秋思归，兄百计挽留，九弟当言之。

及至去秋决计南归，兄实无可如何，只得听其自便。若九弟今年复来，则一岁之内忽去忽来，不特堂上诸大人不肯，即旁观亦且笑我兄弟轻举妄动。且两弟同来，途费须得八十金，此时实难措办。弟云言能自为计，则兄窃不信。曹西垣去冬已到京，郭筠仙明年起始程，目下亦无好伴。惟城南肄业之说，则甚为得计。兄于二月间准付银二十两至金竺虔家。以为六弟九弟省城读书之用，竺虔于二月起身南旋，其银四月初可到。弟接此信，立即下省肄业。

省城中兄弟相好的如郭筠仙、凌笛舟、孙芝房，皆在别处坐书院。贺蔗农、俞岱青、陈尧农、陈庆覃诸先生皆官声中人，不能伏案用功矣。惟闻有丁君者（名叙忠，号秩臣，长沙廪生），学问切实，践履笃诚。兄虽未曾见面，而稔知其可师。凡与我相好者，皆极力称道丁君。两弟到省，到城南住斋，立即去拜丁君为师。凡人必有师；若无师，则严惮之心不生，即以丁君为师。此外择友，则慎之又慎。昌黎曰："善不吾与，吾强与之附；不善不吾恶，吾强与之拒。"一生之成败，皆关乎朋友之贤否，不可不慎也。

来信以进京为上策，以肄业城南为次策。兄非不欲从上策，因九弟来去太速，不好写信禀堂上，不特九弟形迹矛盾，即我禀堂上亦自相矛盾也。又目下实难办途费，六弟言能自为计，亦未历甘苦之言耳。若我今年能得一差，则两弟今冬与朱啸山同来甚好，目前且从次策。如六弟不以为然，则再写信来商议可也。

此答六弟之大略也。

九弟之信，写家事详细，惜话说太短，兄则每每太长，以后截长补短为妙。尧阶若有大事，诸弟随去，一人帮他几天。牧云接我长信，何以全无回信？毋乃嫌我话太直乎？

扶乩之事，全不足信。九弟总须立志读书，不必想及此等事。季弟一切皆须听诸兄话。此次折弁走甚急，不暇抄日记本，余容后告。

道光二十三年正月十六日

禀父母·述家和万事兴

男国藩跪禀父母亲大人万福金安：

正月八日，恭庆祖父母双寿。男去腊做寿屏二架，今年同乡送寿对者五人，拜寿来客四十人。早面四席，晚酒三席；未吃晚酒者，于十七日、二十日补请二席。又请入画"椿萱重荫图"，观者无不叹羡。

男身体如常，新年应酬太繁，几至日不暇给。媳妇及孙儿女俱平安。正月十五接到四弟、六弟信，四弟欲偕季弟从汪觉庵师游，六弟欲偕九弟至省城读书。男思大人家事日烦，必不能常在家塾照管诸弟；且四弟天分平常，断不可一日无师，讲书改诗文，断不可一课耽搁。伏望堂上大人俯从男等之请，即命四弟季弟从觉庵师，其束脩银男于八月付回，两弟自必加倍发奋矣。

六弟实不羁①之才，乡间孤陋寡闻，断不足以启其见识而坚其心

---

① 不羁：比喻不拘小节，不受约束的性格。

志。且少年英锐之气，不可久挫。六弟不得入学，既挫之矣；欲进京而男阻之，再挫之矣；若又不许肄业省城，则毋乃太挫其锐气乎？伏望堂上大人俯从男等之请，即命六弟、九弟下省读书，其费用，男于二月间付银二十两至金竺虔家。

夫家和则福自生，若一家之中，兄有言弟无不从，弟有请兄无不应，和气蒸蒸而家不兴者，未之有也；反是而不败者，亦未之有也。伏望大人察男之志，即此敬禀叔父大人，恕不另具。六弟将来必为叔父克家之子，即为吾族光大门第，可喜也。谨述一二，余俟续禀。

道光二十三年正月十七日

禀父母·教弟以和睦为第一

男国藩跪禀父母亲大人万福金安:

正月十七日,男发第一号家信,内呈堂上信三页,复诸弟信九页,教四弟与厚二从汪觉庵师,六弟、九弟到省从丁秩臣,谅已收到。二月十六日,接到家信第一号,系新正初三交彭山屺者,敬悉一切。

去年十二月十一,祖父大人忽患伤风,赖神灵默佑,得以速痊,然游子闻之,尚觉心悸。六弟生女,自是大喜。初八日恭逢寿筵,男不克在家庆祝,心尤依依。

诸弟在家不听教训,不甚发奋。男观诸弟来信,即已知之。盖诸弟之意,总不愿在家塾读书,自己亥年男在家时,诸弟即有此意,牢不可破。六弟欲从男进京,男因散馆①去留未定。故彼时未许。庚子年接家眷,即请弟等送,意欲弟等来京读书也。特以祖父母、父母在上,男

---

① 散馆:清制。翰林院庶吉士经过一定年限举行甄别考试之称。

不敢专擅，故但写诸弟，而不指定何人。迨九弟来京，其意颇遂，而四弟、六弟之意尚未遂也。年年株守家园，时有耽搁，大人又不能常在家教之；近地又无良友，考试又不利。兼此数者，怫郁难申，故四弟、六弟不免怨男。其可以怨男者有故，丁酉在家教弟，威克厥爱，可怨一矣；己亥在家未曾教弟一字，可怨二矣；临进京不肯带六弟，可怨三矣；不为弟另择外傅，仅延丹阁叔教之，拂厥本意，可怨四矣；明知两弟不愿家居，而屡次信回，劝弟寂守家塾，可怨五矣。惟男有可怨者五端，故四弟、六弟难免内怀隐衷。前次含意不申，故从不写信与男。去腊来信甚长，则尽情吐露矣。

男接信时，又喜又惧。喜者，喜弟志气勃勃不可遏也；惧者，惧男再拂弟意，将伤和气矣。兄弟和，虽穷氓小户必兴；兄弟不和，虽世家宦族必败。男深知此理，故禀堂上各位大人俯从男等兄弟之情。男之意实以和睦兄弟为第一。

九弟前年欲归，男百般苦留，至去年则不复强留，亦恐拂弟意也。临别时，彼此恋恋，情深似海。故男自九弟去后，思之尤切，信之尤深。谓九弟纵不为科目中人，亦当为孝悌中人。兄弟人人如此，可以终身互相依倚，则虽不得禄位，亦何伤哉！

恐堂上大人接到男正月信必且惊而怪之，谓两弟到衡阳，两弟到省，何其不知艰苦，擅自专命？殊不知男为兄弟和好起见，故复缕陈一切，并恐大人未见四弟、六弟来信，故封还附呈。总愿堂上六位大人俯从男等三人之请而已。

伏读手谕，谓男教弟宜明言责之，不宜琐琐告以阅历工夫。男自忆连年教弟之信不下数万字，或明责，或婉劝，或博称，或约指，知无不言，总之尽心竭力而已。

男妇孙男女身体皆平安，伏乞放心。

男谨禀。

道光二十三年二月十九日

致诸弟·喜述大考升官

诸位老弟足下：

正月间曾寄一信与诸弟，想已收到。二月发家信时甚匆忙，故无信与弟。三月初六巳刻，奉上谕于初十日大考翰詹，余心甚着急，缘写作俱生，恐不能完卷。不图十三日早，见等第单，余名次二等第一，遂得仰荷天恩，赏擢①不次，以翰林院侍讲升用。格外之恩，非常之荣，将来何以报称？惟有时时惶悚，思有补于万一而已。

兹因金竺虔南旋之便，付回五品补服四付，水晶顶戴二座，阿胶二封，鹿胶二封，母亲耳环一双。竺虔到省时，老弟照单查收。阿胶系毛寄云所赠，最为难得之物，家中须慎重用之。竺虔曾借余银四十两，言定到省即还，其银二十二两为六弟、九弟读书省城之资，以四两为买书笔之资，以六两为四弟、季弟衡阳从师束脩之资，以四两为买漆之费，

---

① 赏擢：奖赏，擢升。

058

即每岁漆一次之谓也，以四两为欧阳太岳母奠金，贤弟接到银后，各项照数分用可也。

此次竺虔到家，大约在五月节后，故一切不详写，待折差来时，另写一详明信付回，大约四月半可到。贤弟在省，如有欠用之物，可写信到京，要我付回。另付回大考名次及升降一单照收。余不俱述。

兄国藩手草。

道光二十三年三月十九日

禀祖父母·报告荣升侍讲

孙男国藩跪禀祖父母大人万福金安：

二月十九日，孙发第二号家信。三月十九日发第三号交金竺虔，想必五月中始可到省。孙以下合家皆平安。三月初六日奉上谕，于初十日大考翰詹，在圆明园正大光明殿考试。孙初闻之，心甚惊恐，盖久不作赋，字亦生疏。向来大考，大约六年一次。此次自己亥岁二月大考，到今仅满四年，万不料有此一举。故同人闻命下之时，无不惶悚！

孙与陈岱云等在园同寓。初十日卯刻进场，酉正出场。题目另纸敬录，诗赋亦另誊出。通共翰詹一百二十七人，告病不入场者三人，病愈仍须补考，在殿上搜出夹带交刑部治罪者一人，其余皆整齐完场。十一日皇上亲阅卷一日。十二日钦派阅卷大臣七人，阅毕拟定名次，进呈皇上钦定一等五名，二等五十五名，三等五十六名，四等七名。孙蒙皇上天恩，拔取二等第一名。湖南六翰林，二等四人，三等二人，另有全单。十四日引见，共升官者十一人，记名候升者五人，赏①缎者十九人（升官者不赏缎）。

孙蒙皇上格外天恩，升授翰林院侍讲，十七日谢恩，现在尚未补缺，有缺出即应孙补。其他升降赏责，另有全单。湖南以大考升官者，从前（雍正二年）惟陈文肃公一等第一，以编修升侍读，近来（道光十三年）胡云阁先生二等第四，以学士升少詹，并孙三人而已。孙名次不如陈文肃之高，而升官与之同，此皇上破格之恩也。孙学问肤浅，见识庸鄙，受君父之厚恩，蒙祖宗之德荫，将来何以为报，惟当竭力尽忠而已。

金竺虔于昨二十一日回省，孙托带五品补服四付、水晶顶戴二座、阿胶一斤半、鹿胶一斤、耳环一双，外竺虔借银五十两，即以付回。昨天竺虔处寄第三号信，信面信里皆写银四十两，发信后渠又借去十两，故前后二信不符。竺虔于五月半可到省，若六弟九弟在省，则可面交；若无人在省，则家中专人去取，或诸弟有高兴到省者亦妙。

今年考差大约在五月中旬，孙拟于四月半下园用功。孙妇现已有喜，约七月可分娩。曾孙兄弟并如常。寓中今年添用一老妈，用度较去年略多，此次升官，约多用银百两，东扯西借，尚不窘迫。不知有邯郸报来家否？若其已来，开销不可太多。孙十四引见，渠若于二十八日以前报到，是真邯郸报，赏银四五十两可也。若至四月始报，是省城伪报，赏数两足矣。但家中景况不审何如，伏恳示悉为幸。

孙跪禀。

道光二十三年三月二十三日

---

① 赏：赏赐。

禀祖父母·报告考差信

孙男国藩跪禀祖父母大人万福金安：

五月二十九日接到家中第二号信，系三月初一发。六月初二日接第三号信，系四月十八日发。俱悉家中老幼平安，百事顺遂，欣幸之至。

六弟下省读书，从其所愿，情意既畅，志气必奋，将来必有大成，可为叔父预贺。祖父去岁曾赐孙手书，今年又已半年，不知目力何如？下次信来，仍求亲笔书数语示孙。大考喜信，不知开销报人钱若干？

孙自今年来，身体不甚好，幸加意保养，得以无恙。大考以后，全未用功。五月初六日考差，孙妥帖完卷，虽无毛病，亦无好处。前题"使诸大夫国人皆有所矜式"，经题"天下有道，则行有枝叶"，诗题"赋得角黍，得经字"，共二百四十一人进场。初八日派阅卷大臣十二人，每人分卷二十本，传闻取七本，不取者十三本。弥封未拆，故阅卷者亦不知所取何人，所黜①何人。取与不取一概进呈，恭俟钦定。外问

① 黜：败退，消除。

谣言某人第一，某人未取，俱不足凭，总待放差后方可略测端倪。亦有真第一而不得，有其未取而得差者，静以听之而已。同乡考差九人，皆妥当完卷。六月初一，放云南主考龚宝莲、段大章，贵州主考龙元僖、王桂。

孙在京平安，孙妇及曾孙兄妹皆如常。前所付银，谅已到家。高丽参目前难寄。容当觅便寄回。六弟在城南，孙已有信托陈尧农先生。同乡官皆如旧。黄正斋坐粮船来，已于六月初三到京。余容后禀。

道光二十三年六月初六日

致六弟·述学诗习字之法

温甫六弟左右：

五月二十九、六月初一，连接弟三月初一、四月二十五、五月初一三次所发之信，并四书文二首，笔力实实可爱！信中有云："于兄弟出直达其隐，父子祖孙间，不得不曲致其情。"此数语有大道理。余之行事，每自以为至诚可质天地，何妨直情径行。昨接四弟信，始知家人天亲之地，亦有时须委曲以行之者，吾过矣！吾过矣！

香海为人最好，吾虽未与久居，而相知颇深，尔以兄事之可也。丁秩臣、王衡臣两君，吾皆未见，大约可为弟之师，或师之，或友之，在弟自为审择。若果威仪可则①，淳实宏通②，师之可也。若仅博雅能文，友之可也。或师或友，皆宜常存敬畏之心，不宜视为等夷，渐至慢

---

① 威仪可则：则，效法。此意为威风凛凛的仪态可以效法。

② 淳实宏通：淳厚朴实而且宽宏通阔。

亵①，则不复能受其益矣。

弟三月之信，所定功课太多，多则必不能专，万万不可。后信言已向陈季牧借《史记》，此不可不熟看之书；尔既看《史记》，则断不可看他书。功课无一定呆法，但须专耳。余从前教诸弟，常限以功课，近来觉限人以课程，往往强人以所难；苟其不愿，虽日日遵照限程，亦复无益，故近来教弟，但有一专字耳。专字之外，又有数语教弟，兹特将冷金笺写出，弟可贴之座右，时时省览，并抄一付，寄家中三弟。

香海言时文须学《东莱博议》，甚是，弟先须用笔圈点一遍，然后自选几篇读熟，即不读亦可。无论何书，总须从首至尾，通看一遍；不然，乱翻几页，摘抄几篇，而此书之大局精处，茫然不知也，学诗从《中州集》入亦好，然吾意读总集，不如读专集，此事人人意见各殊，嗜好不同，吾之嗜好，于五古则喜读《文选》，于七古则喜读《昌黎集》，于五律则喜读《杜集》②，七律亦最喜《杜诗》，而苦不能步趋，故兼读《元遗山集》。

吾作诗最短于七律，他体皆有心得，惜京都无人可与畅语者。弟要学诗，先须看一家集，不要东翻西阅，先须学一体，不可各体同学，盖明一体则皆明也。凌笛舟最善为诗律，若在省，弟可就之求教。习字临《千字文》亦可，但须有恒，每日临一百字，万万无间断，则数年必成书家矣，陈季牧多喜谈字，且深思善悟，吾见其寄岱云信，实能知写字之法，可爱可畏！弟可从切磋，此等好学之友，愈多愈好。

来信要我寄诗回南，余今年身体不甚壮健，不能用心，故作诗绝

---

① 慢亵：怠慢、轻视。

② 《杜集》：唐代诗人杜甫的文集。

少；仅作感春诗七古五章，慷慨悲歌，自谓不让陈卧子，而语太激烈，不敢示人。是仅应酬诗数首，了无可观；现作寄贤弟诗二首，弟观之以为何如？京笔现在无便可寄，总在秋间寄回，若无笔写，暂向陈季牧借一支，后日还他可也。

国藩手草。

道光二十三年六月初六日

致诸弟·劝述孝悌之道

澄侯、叔淳、季洪三弟左右：

五月底连接三月一日、四月十八两次所发家信。

四弟之信，具见真性情，有困心衡虑、郁积思通之象①。此事断不可求速效，求速效必助长，非徒无益，而又害之。只要日积月累，如愚公之移山，终久必有豁然贯通之候；愈欲速则愈锢蔽②矣。

来书往往词不达意，我能深谅其苦。

今人都将学字看错了。若细读《贤贤易色》③一章，则绝大学问即在家庭日用之间。于孝悌两字上尽一分便是一分学，尽十分便是十分学。今人读书皆为科名起见，于孝悌伦纪之大，反似与书不相关。殊不知书上所载的，作文时所代圣贤说的，无非要明白这个道理。若果事事

---

① 这句话意谓困苦心志、竭力思考，百思不得其解的样子。

② 锢蔽：禁锢、蒙蔽。

③ 《贤贤易色》：此章出自《论语》，多讲孝亲之道。

做得，即笔下说不出何妨！若事事不能做，并有亏于伦纪之大，即文章说得好，亦只算个名教中之罪人。贤弟性情真挚，而短于诗文，何不日日在孝悌两字上用功？《曲礼》、《内则》①所说的，句句依他做出，务使祖父母、父母、叔父母无一时不安乐，无一时不顺适；下而兄弟妻子皆蔼然②有恩，秩然有序，此真大学问也。若诗文不好，此小事，不足计；即好极，亦不值一钱。不知贤弟肯听此语否？

科名之所以可贵者，谓其足以承堂上之欢也，谓禄仕③可以养亲也。今吾已得之矣，即使诸弟不得，可以承欢，可以养亲，何必兄弟尽得哉？贤弟若细思此理，但于孝悌上用功，不于诗文上用功，则诗文不期进而自进矣。

凡作字总须得势，务使一笔可以走千里。三弟之字，笔笔无势，是以局促不能远纵。去年曾与九弟说及，想近来已忘之矣。

九弟欲看余白折。余所写折子甚少，故不付。大铜尺已经寻得。付笔回南，目前实无妙便，俟秋间定当付还。

去年所寄牧云信未寄去，但其信前半劝牧云用功，后半劝凌云莫看地，实有道理。九弟可将其信抄一遍仍交与他，但将纺棉花一段删去可也。

地仙为人主葬，害人一家，丧良心不少，未有不家败人亡者，不可不力阻凌云也。至于纺棉花之说，如直隶之三河县、灵寿县，无论贫富男女，人人纺布为生，如我境之耕田为生也。江南之妇人耕田，犹三河

---

① 《曲礼》、《内则》：此系儒家经典之一的《礼记》中之篇名。

② 蔼然：和蔼可亲的样子。

③ 禄仕：做官的俸禄。

之男人纺布也。湖南如浏阳之夏布、祁阳之葛布、宜昌之棉布，皆无论贫富男妇，从依以为业。此并不足为骇异也。第风俗难以遽变，必至骇人听闻，不如删去一段为妙。书不尽言。

兄国藩手草。

道光二十三年六月初六日

致诸弟·交友拜师宜专一

四位老弟左右：

六弟九弟今年仍读书省城，罗罗山兄处附课甚好。既在此附课，则不必送诗文与他处看，以明有所专主也，凡事皆贵专，求师不专则受益也不入；求友不专则博爱而不亲。心有所专宗，而博观他途，以扩其识，亦无不可；无所专宗，而见异思迁，此眩彼夺①，则大不可。罗山兄甚为刘霞仙、欧晓岑所推服，有杨生任光者，亦能道其梗概，则其可为师表明矣，惜吾不得常与居游也。在省用钱，可在家中支用（银三十两则够二弟一年之用矣，亦在吾寄一千两之内），予不能别寄与弟也。

我去年十一月二十日到京，彼时无折差回南，至十二月中旬始发信，乃两弟之信骂我糊涂，何不检点至此！赵子舟与我同行，曾无一信，其"糊涂"更何如耶？余自去年五月底至腊月初未尝接一家信，我

---

① 此眩彼夺：这边炫目，那边也光采夺目，形容贪婪的人欲望没有止境。

在蜀可写信由京寄家，岂家中信不可由京寄蜀耶？又将骂何人糊涂耶？凡动笔不可不检点。

　　九弟与郑陈冯曹四信，写作俱佳，可喜之至。六弟与我信字太草率，此关乎一生福分，故不能不告汝也。四弟写信语太不圆，由于天分，吾不复责。

道光二十四年正月二十六日

禀祖父母·先馈赠亲戚族人

孙国藩跪禀祖父母大人万福金安:

二月十四孙发第二号信，不知已收到否。孙身体平安，孙妇及曾孙男女皆好。孙去年腊月十八曾寄信到家，言寄家银一千两，以六百为家还债之用，以四百为馈赠亲族之用，其分赠数目，另载寄弟信中，以明不敢自专之义也，后接家信，知兑啸山百三十千，则此银已亏空一百矣，顷闻曾受恬丁艰，其借银恐难遽^①完，则又亏空一百矣，所存仅八百，而家中旧债尚多，馈赠亲族之银，系孙一人愚见，不知祖父母、父亲、叔父以为可行否? 伏乞裁夺。

孙所以汲汲^②馈赠者，盖有二故: 一则我家气运太盛，不可不格外小心，以为持盈保泰之道，旧债尽清，则好处太全，恐盈极生亏，留债不清，则好中不足，亦处乐之法也; 二则各亲戚家皆贫，而年老者，今

---

① 遽: 急速，迅速。
② 汲汲: 通"急急"。

不略为资助，则他日不知何如。自孙入都后，如彭满舅曾祖、彭王姑母、欧阳岳祖母、江通十舅，已死数人矣，再过数年，则意中所欲馈赠之人，正不知何若矣，家中之债，今虽不还，后尚可还，赠人之举，今若不为，后必悔之！此二者，孙之愚见如此。

然孙少不更事，未能远谋一切，求祖父、叔父做主，孙断不敢擅自专权，其银待欧阳小岑南归，孙寄一大箱衣物，银两概寄渠处，孙认一半车钱。彼时再有信回。

孙谨禀。

道光二十四年三月初十日

致诸弟·勿为时文所误

四位老弟足下：

余于三月二十四移寓前门内西边碾儿胡同，与城外消息不通。内城现住房共二十八间，每月房租京钱三十串，极为宽敞，甲三于三月二十四日上学，天分不高不低，现已读四十天，读至"自修齐至平治"矣。因其年太小，故不加严，已读者字皆能认。两女皆平安，陈岱云之子在余家亦甚好。内人身子如常，同又有喜，大约九月可生。

余体气较去年略好，近因应酬太繁，天气渐热，又有耳鸣之病。今年应酬，较往年更增数倍：第一，为人写对联条幅，合四川、湖南两省求书者几日不暇给；第二，公车来借钱者甚多，无论有借无借，多借少借，皆须婉言款待；第三则请酒拜客及会馆公事；第四则接见门生颇费精神。又加以散馆、殿试则代入料理，考差则自己料理，诸事冗杂，遂无暇读书矣。

五月十一日接到四月十三家信，内四弟六弟各文二首，九弟季弟各文一首。四弟东皋课文甚洁净，诗亦稳妥，《则何以哉》一篇亦清顺有法，第词句多不圆足，笔亦平沓不超脱。平沓最为文家所忌，宜力求痛改此病。六弟笔气爽利，近亦渐就范围，然词意平庸，无才气峥嵘之处，非吾意中之温甫也。如六弟之天姿不凡，此时作文，当求议论纵横，才气奔放，作如火如荼之文，将来庶①有成就。不然一挑半剔，意浅调插，即使获售，亦当渐其文之浅薄不堪，若其不售，则又两失之矣。

今年从罗罗山游，不知罗罗山意见如何？吾谓六弟今年入泮②固妙，万一不入，则当尽弃前功，一志从事于先辈大家之文。年过二十，不为少矣，若再扶墙摩壁，役役于考卷截搭小题之中，将来时过而业仍不精，必有悔恨于失计者，不可不早图也。余当日实见不到此，幸而早得科名，未受其害，向使至今未尝入泮，则数十年从事于吊渡映带之间，仍然一无所得，岂不腼颜③也哉！此中误人终身多矣，温甫以世家之子弟，负过人之姿质，即使终不入泮，尚不至于饥饿，奈可亦以考卷误终身也？

九弟要余改文详批，余实不善改小考文，当请曹西垣代改，下次折弁付回。季弟文气清爽异常，喜出望外，意亦层出不穷，以后务求才情横溢，气势充畅，切不可挑剔敷衍，安于庸陋④，勉之勉之，初基不可不大也。书法亦有褚字笔意，尤为可喜。总之，吾所望于诸弟者，不在

---

① 庶：将近。
② 入泮：泮，是旧时学宫前的水池。入泮，喻指童蒙入学宫，也指生童考中秀才。
③ 腼颜：脸面无光，惭愧。
④ 庸陋：庸俗、浅陋。

科名之有无，第一则孝悌为端，其次则文章不朽。诸弟若果能自立，当务其大者远者，毋徒汲汲于进学也。冯树堂、郭筠仙在寓看书作文，功无间断。陈季牧日日习字，亦可畏也！四川门生留京约二十人，用功者颇多。余不尽。

国藩手草。

道光二十四年五月十二日

禀父母·劝弟勿夜郎自大

男国藩跪禀父母亲大人万福金安：

　　六月二十三日，男发第七号信交折差，七月初一日发第八号交王仕四手，不知已收到否？六月二十日，接六弟五月十二书，七月十六接四弟九弟五月二十九日书。皆言忙迫之至，寥寥数语，字迹潦草，即县试案首前列，皆不写出。同乡有同日接信者，即考古老先生，皆已详载。同一折差也，各家发信，迟十余日而从容；诸弟发信，早十余日而忙迫①，何也？且次次忙迫，无一次稍从容者，又何也？

　　男等在京，大小平安。同乡诸家皆好；惟汤海秋于七月八日得病，初九日未刻即逝。六月二十八考教习，冯树堂、郭筠仙、朱啸山皆取。湖南今年考差，仅何子贞得差，余皆未放，惟陈岱云光景②最苦，男因去年之病，反以不放为乐。王仕四已善为遣回。率五大约在粮船回，现

---

① 忙迫：意指忙碌。

② 光景：情形。

尚未定。渠身体平安，二妹不必挂心。叔父之病，男累求详信直告，至今未得，实不放心。甲三读《尔雅》，每日二十余字，颇肯率教①。六弟今年正月信，欲从罗罗山处附课，男甚喜之，后来信绝不提及，不知何故？所付来京之文，殊不甚好，在省读书二年，不见长进，男心实忧之。而无论如何，只恨男不善教诲而已。大抵第一要除骄傲气习，中无所有，而夜郎自大，此最坏事。四弟九弟虽不长进，亦不自满，求大人教六弟，总期不自满足为要。余俟续陈。

　　男谨禀。

道光二十四年七月二十日

---

① 率教：听教。

禀祖父母·赠亲戚族人数目

孙男国藩跪禀祖父母大人万福金安：

八月二十七，接到七月十五、二十五两次所发之信，内祖父母各一信，父亲、母亲、叔父各一信，诸弟亦皆有信，欣悉一切，慰幸之至！叔父之病，得此次信，始可放心。

八月二十八日，陈岱云之弟送灵回南，坐粮船，孙以率五妹丈，与之同伴南归，船钱饭钱，陈宅皆不受，孙遂至城外，率五挥泪而别，甚为可怜！率五来意，本欲考供事，冀①曙一官以养家。孙以供事必须十余年，乃可得一典史，宦海风波，安危莫卜，卑官小吏，尤多危机，每见佐杂末秩，下场鲜有好者，孙在外已久，阅历已多，故再三苦言劝率五居乡，勤俭守旧，不必出外做官。劝之既久，率五亦以为然。其打发行李诸物，孙一一办妥，另开单呈览。

---

① 冀：希望。

孙送率五归家，即于是日申刻生女，母女俱平安。前正月间，孙寄银回南，有馈赠亲族之意，理宜由堂上定数目，方合内则不敢私与之道。孙此时糊涂，擅开一单，轻重之际，多不妥当，幸堂上各大人斟酌增减，方为得宜，但岳家太多，他处相形见绌，孙稍有不安耳。率五大约在春初可以到家，渠不告而出心中怀惭①，到家后望大人不加责，并戒家中及近处无相讥讪为幸。

孙谨禀。

道光二十四年八月二十九日

———————
① 心中怀惭：心中感到惭愧的意思。

致诸弟·劝弟谨记进德修业

四位老弟左右：

昨二十七日接信，快畅之至，以信多而处处详明也。四弟七夕诗甚佳，已详批诗后；从此多作诗亦甚好，但须有志有恒，乃有成就耳。余于诗亦有工夫，恨当世无韩昌黎及苏黄一辈人可与发吾狂言者。但人事太多，故不常作诗；用心思索，则无时敢忘之耳。

吾人只有进德、修业两事靠得住。进德，则孝悌仁义是也；修业，则诗文作字是也。此二者由我作主，得尺则我之尺也，得寸则我之寸也。今日进一分德，便算积了一升谷；明日修一分业，又算余了一文钱；德业并增，则家私日起。至于功名富贵，悉由命定，丝毫不能自主。昔某官有一门生为本省学政，托以两孙，当面拜为门生。后其两孙岁考临场大病，科考丁艰①，竟不入学。数年后两孙乃皆入，其长者仍

---

① 丁艰：旧时称遭父母之丧为丁艰。

得两榜。此可见早迟之际，时刻皆有前定，尽其在我，听其在天，万不可稍生妄想。六弟天分较诸弟更高，今年受黜①，未免愤怨，然及此正可困心横虑，大加卧薪尝胆之功，切不可因愤废学。

九弟劝我治家之法，甚有道理，喜甚慰甚！自荆七遣去之后，家中亦甚整齐，待率五归家便知。书曰："非知之艰，行之维艰。"九弟所言之理，亦我所深知者，但不能庄严威厉，使人望若神明耳。自此后当以九弟言书诸绅，而刻刻警醒。季弟天性笃厚，诚如四弟所云，乐何知之！求我示读书之法，及进德之道。另纸开示。作不具。

国藩手草。

道光二十四年八月二十九日

---

① 黜：降职或罢免。

禀父母·教弟注重看书

国藩跪禀父母亲大人万福金安：

八月二十九日男发第十号信，备载二十八生女及率五回南事，不知已收到否？男身体平安，家妇月内甚好，去年月里有病，今年尽除去。孙儿女皆好。初十日顺天乡试发榜，湖南中三人，长沙周荇农中南元。

率五之归，本拟附家心斋处。因率五不愿坐车，故附陈岱云之弟处，同坐粮船。昨岱云自天津归，云船不甚好，男颇不放心，幸船上人多，应可无虑。

诸弟考试后，尽肆业小罗巷庵，不知勤惰若何？此时惟季弟较小，三弟俱年过二十，总以看书为主。我境惟彭薄墅先生看书略多，自后无一人讲究者，大抵为考试文章所误。殊不知看书与考试全不相碍，彼不看书者，亦仍不利考如故也。我家诸弟，此时无论考试之利不利，无论文章之工不工①，总以看书为急。不然，则年岁日长，科名无成，学问亦无一字可靠，将来求为塾师②而不可得。或经或史，或诗集文集，每日总直看二十页。男今年以来，无日不看书，虽万事匆忙，亦不废正业。

闻九弟意欲与刘霞仙同伴读书，霞仙近来见道甚有所得，九弟若去，应有进益，望大人斟酌行之，男不敢自主。此事在九弟自为定计，若愧奋直前，有破釜沉舟之志，则远游不负；若徒悠忽因循③，则近处尽可度日，何必远行百里外哉？求大人察九弟之志而定计焉。余容续呈。

男谨禀。

道光二十四年九月十九日

---

① 文章之工不工：此意为文章精美与否。工，精细、完美。
② 塾师：封建时代乡村私塾学堂里的教书先生。
③ 悠忽因循：摇摆不定，循环往复。

致诸弟·必须立志猛进

四位老弟足下：

自七月发信后，未接诸弟信，乡间寄信，较省城寄信百倍之难，故余亦不望。然九弟前信有意与刘霞仙同伴读书，此意甚佳，霞仙近来读朱子书，大有所见，不知其言语容止、规模气象如何？若果言动有礼，威仪可则，则直以为师可也，岂特友之哉！然与之同居，亦须真能取益乃佳，无徒浮慕虚名。人苟能自立志，则圣贤豪杰，何事不可为？何必借助于人？"我欲仁，斯仁至矣。"我欲为孔孟，则日夜孜孜，惟孔孟之是学，人谁得而御①我哉？若自己不立志，则虽日与尧舜禹汤同住，亦彼自彼，我自我矣，何有于我哉？

去年温甫欲读书省城，吾以为离却家门局促之地，而与省城诸胜己者处，其长进当不可限量。乃两年以来，看书亦不甚多，至于诗文则

---

① 御：抵御，阻止。

绝无长进，是不得归咎于地方之局促也。去年余为择师丁君叙忠，后以丁君处太远，不能从，余意中遂无他师可从。今年弟自择罗罗山改文，而嗣后查无信息，是又不得归咎于无良友也。日月逝矣，再过数年则满三十，不能不趁三十以前立志猛进也。

余受父教，而余不能教弟成名，此余所深愧者。他人与余交，多有受余益者，而独诸弟不能受余之益，此又余所深恨者也。今寄霞仙信一封，诸弟可抄存信稿而细玩之，此余数年来学思之力，略具大端。六弟前嘱余将所作诗抄录寄回，余往年皆未存稿，近年存稿者，不过百余首耳，实无暇抄写，待明年将全本付回可也。

国藩草。

道光二十四年九月十九日

致诸弟·劝弟切勿恃才傲物

四位老弟足下：

吾人为学，最要虚心。尝见朋友中有美材者，往往恃才傲物，动谓人不如己，见乡墨则骂乡墨不通，见会墨则骂会墨不通，既骂房官，又骂主考，未入学者，则骂学院。平心而论，己之所为诗文，实亦无胜人之处；不特无胜人之处，而且有不堪对人之处。只为不肯反求诸己，便都见得人家不是，既骂考官，又骂同考而先得者。傲气既长，终不进功，所以潦倒一生，而无寸进也。

余平生科名极为顺遂，惟小考七次始售①。然每次不进，未尝敢出一怨言，但深愧自己试场之诗文太丑而已。至今思之，如芒在背。当时之不敢怨言，诸弟问父亲，叔父及朱尧阶便知。盖场屋之中，只有文丑而侥幸者，断无文佳而埋没者，此一定之理也。

---

① 售：考试得中。

三房十四叔非不勤读，只为傲气太胜，自满自足，遂不能有所成。京城之中，亦多有自满之人，识者见之，发一冷笑而已。又有当名士者，鄙科名为粪土，或好作诗古文，或好讲考据，或好谈理学，嚣嚣^①然自以为压倒一切矣。自识者观之，彼其所造曾无几何，亦足发一冷笑而已。故吾人用功，力除傲气，力戒自满，毋为人所冷笑，乃有进步也。诸弟平日皆恂恂退让，弟累年小试不售，恐因愤激之久，致生骄惰之气，故特作书戒之。务望细思吾言而深省焉，幸甚幸甚！

　　国藩手草。

道光二十四年十月二十一日

---

① 嚣嚣：喧哗，吵闹。此处比喻沸沸扬扬。

088

致诸弟·读书必须有恒心

四位老弟足下：

前月寄信，想已接到。余蒙祖宗遗泽①、祖父教训，幸得科名，内顾无所忧，外遇无不如意，一无所缺矣。所望者，再得诸弟强立，同心一力，何患令名不显，何愁家运之不兴？欲别立课程，多讲规条，使诸弟遵而行之，又恐诸弟习见而生厌心；欲默默而不言，又非长兄督责之道。是以往年常示诸弟以课程，近来则只教以有恒二字。所望于诸弟者，但将诸弟每月功课写明告我，则我心大慰矣。

乃诸弟每次写信，从不将自己之业写明，乃好言家事及京中诸事。此时家中重庆②，外事又有我料理，诸弟一概不管可也。以后写信，但将每月作诗几首，作文几首，看书几卷，详细告我，则我欢喜无量。诸弟或能为科名中人，或能为学问中人，其为父母之令子一也，我之允喜一也。慎

———————
① 遗泽：祖辈遗留下来的恩泽。
② 重庆：旧时指祖父母、父母为健在。

089

弗以科名稍迟，而遂谓无可自立也。如霞仙今日之身份，则比等闲之秀才高矣。若学问愈进，身份愈高，则等闲之举人、进士又不足论矣。

学问之道无穷，而总以有恒为主。兄往年极无恒，近年略好，而犹未纯熟。自七月初一起，至今则无一日间断，每日临帖百字，抄书百字，看书少亦须满二十页，多则不论。自七月起，至今已看过《王荆公①文集》百卷，《归震川②文集》四十卷，《诗经大全》二十卷，《后汉书》百卷，皆朱笔加圈批。虽极忙，亦须了本日功课，不以昨日耽搁而今日补做，不以明日有事而今日预做。诸弟若能有恒如此，则虽四弟中等之资，亦当有所成就，况六弟九弟上等之资乎？

明年肄业之所，不知已有定否？或在家，或在外，无不可者。谓在家不好用功，此巧于卸责者也。吾今在京，日日事务纷冗，而犹可以不间断，况家中万万不及此间之纷冗乎？

树堂、筠仙自十月起，每十日作文一首，每日看书十五页，亦极有恒。诸弟试将《朱子纲目》过笔圈点，定以有恒，不过数月即圈完矣。若看注疏③，每经亦不过数月即完，切勿以家中有事而间断看书之课，又弗以考试将近而间断看书之课。虽走路之日，到店亦可看；考试之日，出场亦可看也。

兄日夜悬望，独此有恒二字告诸弟，伏愿诸弟刻刻留心。

兄国藩手草。

道光二十四年十一月二十一日

---

① 王荆公：宋代政治家王安石。
② 归震川：明代学者归有光。
③ 注疏：后人对前代文章典籍所作注解、疏证。

禀祖父母·报告补侍读

孙男国藩跪禀祖父母大人万福金安：

二十九日祖母大人寿辰，孙等叩头遥祝，寓中客一席，次日请同县公车一席。初七日皇上御门，孙得转补翰林院侍读。听遗侍讲缺，许乃钊补升。侍讲转侍读，照例不谢恩，故孙未具折谢恩。今冬京中未得厚雪。初九日设三坛求雪，四、五、六阿哥诣三坛行礼，皇上亲诣太高殿行礼，十一日即得大雪。天心感召，呼吸相通，良可贺也。

孙等在京平安。曾孙读书有恒，惟好写字，见闲纸则乱画，请其母钉成本子。孙今年用度尚宽裕，明年上半年尚好，至五月后再作计。昨接曾兴仁信，知渠银尚未还。孙甚着急，已写信去催。不知家中今年可窘迫否？同乡京官皆如故，冯树堂、郭筠仙在寓亦好。

荆七自五月出去，至今未敢见孙面，在同乡陈洪钟家，光景亦好。若使流落失所，孙亦必宥①收恤②之。特渠对人言，情愿饿死，不愿回

---

① 宥：宽容饶恕。

② 收恤：收留，抚恤。

南，此实难处置。孙则情愿多给银两，使他回去，不愿他在京再生出事端。望大人明示以计，俾孙遵行。

四弟等自七月寄信来后，至今未再得信，孙甚切望。严太爷在京引见，来拜一次。孙回拜一次，又请酒，渠未赶席。此人向有狂妄之名，孙己亥年在家，一切不与之计较，故相安于无事，大约明春可回湘乡任。

孙谨禀。

道光二十四年十二月十四日

致诸弟·按月作文寄京

四位老弟足下：

去年十二月二十二日，寄去书函，谅已收到。顷接四弟信，谓前信小注中，误写二字，其诗此即付还，今亦忘其所误语何矣。诸弟写信总云仓忙，六弟去年曾言城南寄信之难，每次至抚院赍奏厅打听云云，是何其蠢也！静坐书院，三百六十日日日皆可信，何必打听听差行期而后动笔哉？或送至提塘，或送至岱云家，皆万无一失，何必问了无关涉之赍奏厅哉？若弟等仓忙，则兄之仓忙殆过十倍，将终岁无一字寄家矣。

送王五诗第二首，弟不能解，数千里致书来问，此极虚心，余得信甚喜。若事事勤思善问，何患不一日千里？兹另纸写明寄回。

家塾读书，余明知非诸弟所甚愿，然近处实无名师可从。省城如陈尧农、罗罗山皆可谓名师，而六弟九弟又不善求益。且住省二年，诗文与字皆无大长进。如今我虽欲再言，堂上大人亦必不肯听。不如安分耐烦，寂处里闬①，无师无友，挺然特立，作第一等人物，此则我之所期于诸弟者也。昔婺源汪双池先生，一贫如洗，三十以前，以窑上为人佣工画碗，三十以后读书，训蒙到老，终身不应科举，卒著书百余卷，为本朝有数名儒，彼何尝有师友哉？又何尝出里闬？余所望于诸弟者，如是而已，然总不出乎立志有恒四字之外也。

道光二十五年二月初一日

---

① 闬：里巷的大门，此处指家乡大门。

致诸弟·取款及托带银

四位老弟足下：

二月有折差到京，余因眼蒙，故未写信。三月初三接到正月二十四所发家信，无事不详悉，欣喜之至。此次眼尚微红，不敢多作字，故未另禀堂上，一切详此书中，烦弟等代禀告焉。

去年所寄银，余有分馈亲族之意。厥后^①屡次信问，总未详明示悉。顷奉父亲示谕，云皆已周到，酌量减半。然以余所闻，亦有过于半者，亦有不及一半者。下次信来，务求九弟开一单告我为幸。

岷山东海之银，本有利息，余拟送他高丽参共半斤，挂屏、对联各一副，或者可少减利钱，待公车归时带回。

父亲手谕要寄百两回家，亦待公车带回。有此一项，则可以还率五之钱矣。率五想已到家，渠是好体面之人，不必时时责备他，惟以体面

———————

① 厥后：过后。

待他，渠亦自然学好。

兰姊买田，可喜之至。惟与人同居，小事要看松些，不可再讨人恼。

欧阳牧云要与我重订婚姻，我非不愿，但渠与其妹是同胞所生，兄妹之子女，犹然骨肉也。古者婚姻之道，所以厚别也，故同姓不婚。中表为婚，此俗礼之大失。譬如嫁女而号泣，奠礼而三献，丧事而用乐，此皆俗礼之失，我辈不可不力辨之。四弟以此义告牧云，吾徐当作信复告也。

六弟信中言功课在廉让之间，引语殊不可解。所需书籍惟《子史精华》家中现有，准托公车带归。《汉魏百三家》京城甚贵，余已托人在扬州买，尚未接到。《稗海》及《绥寇纪略》亦贵，且寄此书与人则帮人车价，因此书尚非吾弟所宜急务者，故不买寄。元明名古文，尚无选本，近来邵蕙西已选元文，渠劝我选明文，我因无暇尚未选。古文选本，惟姚姬传先生所选本最好，吾近来圈过一遍，可于公车带回，六弟用墨笔加圈一遍可也。

九弟诗大进，读之为之距跃三日，即和四章寄回。树堂、筠仙意城三君皆各有和章。诗之为道，各人门径不同，难执一己之成见以概论。吾前教四弟学袁简斋，以四弟笔情与袁相近也。今观九弟笔情，则与元遗山相近。吾教诸弟学诗无别法，但须看一家之专集，不可读选本以汩没①性灵，至要至要！吾于五七古学杜韩，五六律学杜，此二家无一字不细看；外此则古诗学苏黄，律诗学义山，此三家亦无一字不看；五家

————————————
① 汩没：埋没，掩没。

096

之外，则用功浅矣。我之门径如此，诸弟或从我行，或别寻门径，随人性之所近而为之可耳。

余近来事极繁，然无日不看书，今年已批韩诗一部，正月十八批毕。现在批《史记》已三之二，大约四月可批完。诸弟所看书望详示，邻里有事，亦望示知。

国藩手草。

道光二十五年三月初五日

致诸弟·必须亲近良友

四位老弟左右：

四月十六日，曾写信交折弁①带回，想已收到。十七日，朱啸山南归，托带纹银百两，高丽参一斤半，书一包，计九套。兹因冯树堂南还，又托带寿屏一架，狼兼毫笔二十支，鹿胶二斤，对联堂幅一包（内金年伯耀南四条，朱岚暄四条，萧辛五对一副，江岷山母舅四条，东海舅父四条，父亲横批一个，叔父折扇一柄），乞照单查收。前信言送江岷山、东海高丽参六两，送金耀南年伯参二两，皆必不可不送之物，惟诸弟禀告父亲大人送之可也。

树堂归后，我家先生尚未定。诸弟若在省得见树堂，不可不殷勤亲近，亲近愈久，获益愈多。今年湖南萧史楼得状元，可谓极盛，八

---

① 折弁：信使。

进士皆在长沙，黄琴坞之胞兄及令嗣皆中，亦长沙人也。余续具。

兄国藩手草。

道光二十五年四月二十四日

禀父母·万望勿入署说公事

男国藩跪禀父母亲大人膝下：

十七日接到诸弟四月二十二日在县所发信。欣悉九弟得取前列第三，余三弟皆取前二十名，欢欣之至。诸弟前所付诗文到京，兹特请杨春皆改正付回，今年长进甚远，良可欣慰。向来六弟文笔最矫健，四弟笔颇笨滞，观"其为仁矣"一篇，则文笔大变，与六弟并称健者。九弟文笔清贵，近来更圆转如意，季弟诗笔亦秀雅，男再三审览，实堪怡悦。

男在京平安。男妇服补剂已二十余帖，大有效验。医人云：虚弱之症，能受补则易好。孙男女及合室下人皆清吉。长沙馆于五月十二日演戏，题名状元、南元、朝元三匾，同日张挂，极为热闹，皆男总办，而人人乐从。头门对联云："同科十进士，庆榜三名元"，可谓盛矣。

同县邓铁松在京患吐血病，甚为危症，大约不可挽回。同乡有危急事，多有就男商量者，男效祖父大人之法，银钱则量力资助，办事则竭力经营。

　　严丽生取九弟置前列，男理应写信谢他，因其平日官声不甚好，故不愿谢，不审大人意见何如？我家既为乡绅，万不可入署说公事，致为官长所鄙薄。即本家有事，情愿吃亏，万不可与人搆讼①，令官长疑为倚势凌人，伏乞兹鉴。

　　男谨禀。

道光二十五年五月二十九日

---

　① 搆讼：诉讼。

禀父母·敬请祖父换蓝顶

男国藩跪禀父母亲大人万福金安：

二十八日接到手谕，系九月底在县城所发者。男等在京平安。男身上疮毒至今未得全好，中间自九月中旬数日，即将面上痊愈，毫无疤痕，系陈医之力，故升官时召见，无陨越①之虑。十月下半月，又觉微有痕迹，头上仍有白皱皮，身上尚如九月之常，照前七八月，则已去大半矣。一切饮食起居，毫无患苦。

四弟、六弟用功皆有定课，昨二十八始开课作文。孙男纪泽《郑风》已读毕，《古诗十九首》亦已读毕。男妇及三孙女皆平顺。

前信言宗毅然家银三十两，可将谢山益家一项去还。顷接山益信云，渠去江西时，嘱其子办苏布平元丝银四十两还我家，想送到矣。如已到，即望大人将银并男前信送毅然家。渠是纹银，我还元丝，必须加

---

① 陨越：坠落，此处指失落。

水，还他三十二两可也。肖辛五处鹿胶，准在今冬寄到。

初十皇太后七旬万寿，皇上率千官行礼，四位阿哥皆骑马而来。七阿哥仅八岁，亦骑马雍容，真龙种气象。十五日皇上颁恩诏于太和殿，十六日又生一阿哥。皇上于辛丑年六秩，壬寅年生八阿哥，乙巳又生九阿哥，圣躬老而弥康如此。

男得请封章，如今年可用玺，则明春可寄回；如明夏用玺，则秋间寄回。然既得诏旨，则虽诰轴未归，而恩已至矣，望祖父先换蓝顶，其四品补服，候男在京补回，可与诰轴并付。湖南各家俱平安，余俟续具。

男谨禀。

道光二十五年十月二十九日

禀父母·拟为六弟纳监

男国藩跪禀父母亲大人万福金安：

男头上疮癣至今未愈，近日每天洗两次，夜洗药水，早洗开水，本无大毒，或可因勤洗而好。闻四弟言，家中连年生热毒者八人，并男共九人，恐祖坟有不洁净处，望时时打扫，但不可妄为动土，致惊幽灵。

四弟、六弟及儿妇孙男女等皆平安。男近与同年会课作赋，每日看书如常，饮食起居如故。四弟课纪泽读，师徒皆有课程。六弟文章极好，拟明年纳监下场，但现无银，不知张罗得就否？

同乡唐镜海先生已告病，明春即将回南。所著《国朝学案》一书，系男约同人代为发刻，其刻价则系耦庚先生所出。前门内有义塾，每年延师八人，教贫户子弟三百余人。昨首事杜姓已死，男约同人接管其事，亦系集腋成裘①，男花费亦无几。纪泽虽从四弟读书，而李竹屋先

---

① 集腋成裘：比喻积少而成多，合众力以成一本。

生尚在男宅住，渠颇思南归，但未定计耳。诰封二轴，今年不能用玺，明年及可寄回。肖辛五处，已寄鹿胶一斤，阿胶半斤与他。家中若须阿胶、鹿胶，望付信来京，从便觅寄。

男谨禀。

道光二十五年十一月二十日

禀父母·取借款须专人去

男国藩跪禀父母亲大人万福金安：

五月三十日发第七号家信，内有升官谢恩折及四弟、九弟、季弟诗文，不知到否？男于五月中旬出瘟疹，服药即效，已痊愈矣。而余热未尽，近日头上生癣，身上生热毒，每日服银花、甘草等药。医云："内热未散，宜发出，不宜遏抑；身上之毒，至秋即可全好；头上之癣，亦不至蔓延。"又云："恐家中祖坟上有不洁处，虽不宜挑动，亦不可不打扫。"男以皮肤之患，不甚经意，仍读书应酬如故，饮食起居一切如故。男妇服附片、高丽参、熟地、白术等药已五十余日，饭量略加，尚未十分壮健。然行事起居亦复如常。孙男女四人，并皆平安。家中仆婢皆好。

前有信言寄金年伯高丽参二两，此万不可少，望如数分送。去年所送戚族银，男至今未见全单。男年轻识浅，断不敢自作主张，然家中诸事，男亦愿闻其详，求大人谕四弟将全单开示为望。

诸弟考试，今年想必有所得。如得入学，但择亲属拜客，不必遍拜，亦不必请酒，盖恐亲族难于应酬也。曾受恬去年所借钱，不知已寄到否？若未到，须专人去取，万不可再缓^①。如心斋亦专差，则两家同去；如渠不专差，则我家独去。家中近日用度如何？男意有人做官，则待邻里不可不略松^②，而家用不可不守旧，不知是否？

男国藩谨禀。

道光二十五年六月十九日

---

① 缓：迟缓。
② 松：宽松。

道光二十六年~道光三十年

致诸弟·交友须勤加来往

澄侯四弟、子植九弟、季洪二弟左右：

昨接来信，家中诸事，琐屑毕知，不胜欢慰！祖大人之病，意以服沉香少愈，幸甚！然予终疑祖大人之体本好，因服补药太多，致火壅于上焦，不能下降。虽服沉香而愈，尚恐非切中肯綮①之剂，要须服清导之品，降火滋阴为妙，予虽不知医理，窃疑必须如此。上次家书，亦曾写及，不知曾与诸弟商酌否？丁酉年祖大人之病，亦误服补剂，赖泽六爷投以凉药而效，此次何以总不请泽六爷一诊？泽六爷近年待我家甚好，即不请他诊病，亦须澄弟到他处常常来往，不可太疏，大小喜事，宜常送礼。

尧阶既允为我觅妥地，如其觅得，即听渠买，买后或迁或否，仍由堂上大人做主，诸弟不必执见。上次信言，予思归甚切，嘱弟探堂上大

① 綮：同中肯，此处形容切中要害。

人意思何如？顷奉父亲手书，责我甚切，兄自是谨遵父命，不敢作归计矣。郭筠仙兄弟于二月二十到京，筠仙与其叔及江岷樵住张相公庙，去我家甚近，翌臣即住我家，树堂亦在我家入场。我家又添二人服侍李、郭二君，大约榜后退一人，只用一打杂人耳。

筠仙自江西来，述岱云母之意，欲我将第二女许配渠第二子，求婚之意甚诚。前年岱云在京，亦曾托曹西垣说及，予答以缓几年再议，今又托筠仙为媒，情与势皆不可却。岱云兄弟之为人，与其居官治家之道，九弟在江西一一目击。烦九弟细告父母，并告祖父，求堂上大人吩咐，或对或否，以便答江西之信。予夫妇现无成见，对之意有六分，不对之意亦有四分，但求直大人主张。九弟去年在江西，予前信稍有微词，不过恐人看轻耳，仔细思之，亦无妨碍，且有莫之为而为者，九弟不必自悔艾也。

碾儿胡同之屋，房东四月要回京。予已看南横街圆通观东间壁房屋一年，大约三月尾可移寓。此房系汪醇卿之宅，比碾儿胡同狭一小半，取其不费力易搬，故暂移彼，若有好房，当再迁移。黄秋农之银已付还，加利十两，予仍退之。曹仪斋正月二十六在省起行，二月二十九日到京，凌笛舟正月二十八起行，亦二十九到京，可谓快极，而澄弟出京，偏延至七十余天始到，人事之无定如此。

新举人复试题"人而无恒，不知其可"二句，赋得鹪鹩，得鸣字，四等十一人，各罚停会试二科，湖南无之。我身癣疾，春间略发而不甚为害。有人说方，将石灰澄清水，用水调桐油擦之，则白皮立去，如前年擦铜绿膏。予现二三日一擦，使之不起白皮，剃头后不过微露红影，虽召见亦无碍。除头顶外，他处皆不擦，以其仅能济一时，不能除根也。内人及子女皆平安。

今年分房，同乡仅恕皆，同年仅松泉与寄云大弟，未免太少。余虽不得差，一切自有张罗，家中不必挂心。今日余写信颇多，又系冯、李诸君出场之日，实无片刻暇，故予未作楷信禀堂上，乞弟代为我说明。澄弟理家事之间，须时时看《五种遗规》。植弟、洪弟须发愤读书，不必管家事。

兄国藩草。

道光二十六年三月初十日

禀父母·请勿悬望得差

男国藩跪禀父母亲大人万福金安：

上次男写信略述癣病情形，有不去考差之意。近有一张姓医，包一个月治好，偶试一处①，居然有验。现在赶紧医治，如果得好，男仍定去考差，若不愈则不去考差。

总之，考与不考，皆无关紧要。考而得之，不过多得钱耳，考而不得与不考同，亦未必不可支持度日。每年考差三百余人，而得差者通共不过七十余人。故终身翰林屡次考差而不得者，亦常有也，如我邑邓笔山、罗九峰是已。男只求平安，伏望堂上大人勿以得差为望。四弟已写信言男病，男恐大人不放心，故特书此纸。

男谨禀。

道光二十六年三月二十五日

---

① 一处：即一剂。

致诸弟·评文字之优劣

子植、季洪两弟左右：

　　四月十四日接子植二月三月两次手书，又接季洪信一函。子植何其详，季洪何其略也！今年以来，京中已发信七号，不审①具收到否？第六号、第七号余皆有禀呈堂上，言今年恐不考差。彼时身体虽平安，而癣疥之疾未愈，头上面上颈上并斑驳陆离，恐不便于陛见，故情愿不考差。恐堂上诸大人不放心，故特作白折楷信，以安慰老亲之念。

　　三月初有直隶张姓医生言最善治癣，贴膏药于癣上，三日一换，贴三次即可拔出脓水，贴七次即痊愈矣。初十日令于左肋试贴一处，果有效验。二十日即令贴头面颈上，至四月八日而七次皆已贴毕，将膏药揭去，仅余红晕，向之厚皮顽癣今已荡然平矣。十五六日即贴遍身，计不过半月即可毕事，至五月初旬考差而通身已全好矣。现在仍写白折，一定赴试，虽得不得自有一定，不敢妄想，而苟能赴考，亦可上慰高堂诸

---

① 不审：不知。

114

大人期望之心。

寓中大小安吉。惟温甫前月底偶感风寒，遂痛左膝，服药二三帖不效，请外科开一针而愈。

澄弟去年习柳字，殊不足观，今年改习赵字，而参以李北海《云麾碑》之笔意，大为长进。温弟时文已才华横溢，长安诸友多称赏之。书法以命意太高，笔不足以赴其所见，故在温弟自不称意，而人亦无由称之。故论文则温高于澄，澄难为兄；论书则澄高于温，温难为弟。

子植书法驾涤、澄、温而上之，可爱之至！可爱之至！但不知家中旧有（徐浩书）《和尚碑》及《敦家庙碑》（颜真卿书）否？若能参以二帖之沉着，则直追古人不难矣。

祖父大人嘱买四川漆，现在四川门生留京者仅二人（敖册贤、陈世镛），皆极寒之士，由京至渠家有五千余里，由四川至湖南有四千余里，彼此路皆太远。此二人在京常半年不能得家信，即令彼能寄信至渠家，渠家亦万无便可附湖南。九弟须详禀祖父大人，不如在省以重价购顶上川漆为便。

书不宣尽，诸详澄、温书中。今日身上敷药，不及为楷。堂上诸大人，两弟代为禀告可也。

道光二十六年四月十六日

禀父母·贺六弟成就功名

男国藩跪禀父母亲大人万福金安：

五月十八日发第九号家信，内有考差诗文。男自考差后，癣疾日愈，现在头面已不甚显①矣，身上自腰以上，亦十去七八，自腹以下尚未治，万一及差，尽可面圣谢恩。但如此顽病而得渐好，已为非常之喜，不敢复设妄想②矣。

六弟捐监，于五月二十八日具呈，闰月初兑银，二十一日可领照，六月初一日可至国子监考到，十五日即可录科。仰承祖父、叔父之余荫，六弟幸得成就功名，敬贺敬贺！

男身体平安，现服补气汤药，内有高丽参、焦术。男妇及孙男女四人并如常。四弟自树堂教书之后，功课益勤。六弟近日文章虽无大进，

---

① 显：明显。
② 复设妄想：再有其他妄想。

116

亦未荒怠。余俟续呈。

男谨禀。

道光二十六年闰五月十五日

禀父母·附呈考差诗文

男国藩跪禀父母亲大人万福金安：

五月初二日赴圆明园，初六日在正大光明殿考试，共二百七十人入场，湖南凡十二人。首题"无为小人儒"，次题"任官惟贤才"一节，诗题"灵雨既零，得霜字"。男两文各七百字，全卷未错落一字，惟久病之后，两眼朦咙，场中写前二开不甚得意，后五开略好。今年考差好手甚多，男卷难于出色，兹命四弟誊头篇与诗一道寄回，伏乞大人赐观。知男在场中不敢潦草，则知男病后精神毫无伤损，可以放心；知男写卷不得意，则求大人不必悬望得差。堂上大人不以男病为忧，不以得差为望，则男心安恬矣。

男身上癣疾，经张医调治，已愈十之七矣。若从此渐渐好去，不过闰月，可奏全效。寓中大小平安，男妇有梦熊之喜，大约八九月当生。四弟书法日日长进，冯树堂于五月十七到京，以后纪泽仍请树堂教，四弟可专心读书。六弟捐监拟于本月内上兑，填写三代履历、里邻户长，一切男自斟酌，大人尽可放心。

纪泽书已读至"浩浩昊天"，古诗已读半本，书皆熟。三孙女皆平安。同乡各家皆如常。京师今年久旱，屡次求雨，尚未优渥①，皇上焦思，未知南省年岁何如也?

男谨禀。

道光二十六年五月十七日

---

① 优渥：优待，优厚。此处指苍天仍未给予优厚的回报。

禀父母·不敢求非分之荣

男国藩跪禀父母亲大人万福金安：

九月十七日接读家信，喜堂上各位老人安康，家事顺遂，无任欢慰。男今年不得差，六弟乡试不售，想堂上大人不免内忧，然男则正以不得为喜。盖天下之理，满则招损，亢^①则有悔，日中则昃^②，月盈则亏，至当不易之理也。男毫无学识，而官至学士，频邀非分之荣，祖父母、父母皆康健，可谓极盛矣。

现在京官翰林中无重庆下者，惟我家独享难得之福。是以男悚悚恐惧，不敢求非分之荣，但求堂上大人眠食如常，阖家平安，即为至幸。六弟不中为虑，则大慰矣。况男三次考差，两次已得；六弟初次下场，年纪尚轻，尤不必挂心也。

同县黄正斋，乡试当外帘差，出闱即患痰病，时明时昏，近日略

---

① 亢：极，非常。
② 昃：降落。

愈。男癣疾近日大好，头面全看不见，身上亦好了九分。在京一切，男自知谨慎。

男谨禀。

道光二十六年九月十九日

禀父母·请四弟送归封轴

男国藩跪禀父母亲大人万福金安：

九月十九日发第十七号信，十月初五发十八号信，谅已收到。十二三四日内诰轴用宝，大约十八日可领到。同乡夏阶平吏部丁内艰，二十日起程回南。男因渠是素服①，不便托带诰轴，又恐其在道上拜客，或有耽搁。祖母大人于出月二十九大寿，若赶紧送回，尚可于寿辰迎接诰轴，是以特命四弟束装出京，专送诰轴回家，与夏阶平同伴，计十一月十七八可到汉口。汉口到岳州，不过三四天，岳州风顺则坐船，风不顺则雇轿，五天可到家。四弟到省，即专人回家，以便家中办事，迎接诰命。

凡事难以逆料，恐四弟道上或有风水阻隔，不能赶上祖母寿辰，亦未可知。家中做生日酒，且不必办接诰封事。若四弟能到，二十七

————————

① 素服：即丧服。

122

日有信，二十八办鼓手、香案，二十九接封可也。若二十七无四弟到省之信，则二十九但办寿筵，明年正月初八日接封可也。倘四弟不归而托别人，不特二十九赶不上，恐初八亦接不到，此男所以特命四弟送归之意耳。

四弟数千里来京，伊意不愿遽归。男与国子监祭酒车意园先生商议，令四弟在国子监报名，先缴银数十两，即可给予顶戴。男因具呈为四弟报名，先缴银三十两，其余俟明年陆续缴纳，缴完之日，即可领照。男以此打发四弟，四弟亦欣然感谢，且言愿在家中帮堂上大人照料家事，不愿再应小考，男亦颇以为然。

男等在京身体平安，男妇生女后亦平善。六弟决计留京。九弟在江西，有信来甚好。陈岱云待之如胞弟，饮食教诲，极为可感！书法亦大有长进，然无故而依人，究似非宜。男写书与九弟，嘱其今年偕郭筠仙同伴回家，大约年底可到家。男在京一切用度自有调停，家中不必挂心。

男谨禀。

道光二十六年十月十五日

致诸弟·述升内阁学士

澄侯、子植、季洪三位老弟足下：

五月寄去一信，内有大考赋稿，想已收到。六月二日，蒙皇上天恩，及祖父德泽，予得超升内阁学士。顾影扪心，实深惭惊！湖南三十七岁至二品者，本朝尚无一人，予之德薄才劣，何以堪此？近来中进士十年得阁学者，惟壬辰季仙九师，乙未张小浦，及予三人。而予之才地，实不及彼二人远甚，以是尤深愧仄①！

冯树堂就易念园馆，系予所荐，以书启兼教读，每年得百六十余。李竹屋出京后，已来信四封。在保定讷制台赠以三十金，且留教馆与他；在江苏，陆立夫先生亦荐教倰馆与他，渠甚感激我。考教习，余为总裁，而同乡寒士如蔡贞斋等，皆不得取，余实抱愧。

寄回祖父、父亲袍褂二付。祖父系夹的，宜好好收拾，每月一看，

———————————

① 愧仄：愧疚。

数月一晒。百岁之后，即以此为敛服。以其为天恩所赐，其材料外间买不出也。父亲做棉的，则不妨长著，不必为深远之计，盖父亲年未六十，将来或更有君恩赐服，亦未可知。祖母大人葬后，家中诸事顺遂，祖父之病已愈，予之痹症亦愈，且骤升至二品，则风水之好可知，万万不可改葬。若再改葬，则谓之不祥，且大不孝矣。

然其地于究嫌其面前不甚宽敞，不便立牌坊，起诰封碑亭，亦不便起享堂，立神道碑。予意乃欲求尧阶相一吉地，为祖父大人将来寿台，弟可将此意禀告祖父见允否？盖诰封碑亭，断不可不修，而祖母又不可改葬，将来势不能合葬，乞禀告祖父，总以祖父之意为定。前问长女对袁家，次女对陈家，不知堂上之意如何？现在陈家信来，谓我家一定对第，渠甚欢喜！余容后具。

兄国藩草。

道光二十七年六月十八日

125

致诸弟·切勿占人便宜

澄侯、子植、季洪三弟足下：

自四月二十七日得大考谕旨以后，二十九发家信，五月十八又发一封，二十九又发一信，六月十八又发一信，不审俱收到否？二十五日，接到澄弟六月一日所发信，俱悉一切，欣慰之至！发卷所走各家，一半系余旧友，惟屡次扰人，心殊不安。我自从己亥年在外把戏，至今以为恨事。将来万一做外官，或督抚，或学政，从前施情于我者，或数百，或数千，皆钓饵①也。渠若到任上来，不应则失之刻薄，应之则施一报十，尚不足满其欲。故兄自庚子到京以来，于今八年，不肯轻受人惠，情愿人占我的便宜，断不肯我占人的便宜，将来若做外官，京城以内，无责报于我者。澄弟在京年余，亦得略见其概矣，此次澄弟所受各家之情，成事不说，以后凡事不可占人半点便

---

① 钓饵：即钓鱼的食饵。

126

宜，不可轻取人财，切记切记！

彭十九家姻事，兄意彭家发泄将尽，不能久于蕴蓄，此时以女对渠家，亦若从前之以蕙妹定王家也。目前非不华丽，而十年之外，局面亦必一变。澄弟一男二女，不知何以急急定婚若此？岂少缓须臾，即恐无亲家耶？贤弟从事多躁而少静，以后尚期三思。儿女姻缘，前生注定，我不敢阻，亦不敢劝，但嘱贤弟少安毋躁而已。

成忍斋府学教授系正七品，封赠一代，敕命二轴。朱心泉县学教谕，系正八品，仅封本身，父母则无封。心翁父母乃貤封也。家中现有《搢绅》，何不一翻阅？牧云一等，汪三入学，皆为可喜。啸山教习，容当托曹西垣一查。

京寓中大小平安，纪泽读书，已至"宗族称孝焉"，大女儿读书，已至"吾十有五"。前三月买驴子一头，顷赵炳墅又送一头。二品本应坐绿呢车，兄一切向来俭朴，故仍坐蓝呢车。寓中用度，比前较大，每年进项亦较多，其他外间进项，尚与从前相似。同乡人毕如旧，李竹屋在苏寄信来，立夫先生许以教馆，余不一一。

兄手草。

道光二十七年六月二十七日

禀父母・勿因家务过劳

男国藩跪禀父母亲大人膝下：

十六夜，接到六月初八日所发家信，欣悉一切。祖父大人病已十愈八九，尤为莫大之福！六月二十八日曾发一信，言升官事，想已收到。冯树堂六月十六日出京，寄回红顶、补服、袍褂、手钏、笔等物。二十八日可以到家。贺礼惟七月初五日出京，寄回鹿胶高丽参等物，计九月可以到家。

四弟、九弟信来，言家中大小诸事，皆大人躬亲之，未免过于劳苦。勤俭本持家之道，而人所处之地各不同。大人之身，上奉高堂，下荫儿孙，外为族党乡里所模范，千金之躯，诚宜珍重！且男忝①窃卿贰，服役已兼数人，而大人以家务劳苦如是，男实不安于心。此后万望总持大纲，以细微事付之四弟。四弟固谨慎者，必能负荷。而大人与叔

---

① 忝：谦词，"愧"的意思。

父大人惟日侍祖父大人前，相与娱乐，则万幸矣！

京寓大小平安，一切自知谨慎，堂上各位大人，不必挂念。余容另禀。

道光二十七年七月十八日

致诸弟·告诫弟弟要清白做人

澄侯、子植、季洪三弟左右：

澄侯在广东，前后共发信七封，至郴州、耒阳，又发二信，三月十一到家以后，又发二信，皆已收到。植、洪二弟，今年所发三信，亦均收到。

澄弟在广东处置一切，甚有道理。易念园、庄生各处程仪，尤为可取。其办朱家事，亦为谋甚忠，虽无济于事，而朱家必可无怨。《论语》曰："言忠信，行笃敬，虽蛮貊①之邦行矣。"吾弟出外，一切如此，吾何虑哉？

贺八爷、冯树堂、梁俪裳三处，吾当写信去谢，澄弟亦宜各寄一书，即易念园处，渠既送有程仪，弟虽未受，亦当写一谢信寄去。其信即交易宅，由渠家书汇封可也。若易宅不便，即手托岱云

---

① 蛮貊：野蛮异族。

觅寄。

季洪考试不利，区区得失，无足介怀。补发之案，有名不去复试，甚为得体。今年院试，若能得意，固为大幸！即使不遂获售，去年家中既售一个，则今岁小挫，亦盈虚自然之理，不必抑郁。植弟书法甚佳，然向例未经过岁考者，不合选拔。弟若去考拔，则同人必指而目之，及其不得，人不以为不合例而失，且以为写作不佳而黜，吾明知其不合例，何必受人一番指目乎？

弟书问我去考与否？吾意以科考正场为断，若正场能取一等补廪，则考拔之时，已是廪生入场矣。若不能补廪，则附生考拔，殊可不必，徒招人妒忌也。

我县新官加赋，我家不必答言，任他加多少，我家依而行之，如有告官者，我家不必入场。凡大员之家，无半字涉公庭，乃为得体；为民除害之说，为所辖之属言之，非谓去本地方官也。

曹西垣教习服满，引见以知县用，七月动身还家；母亲及叔父之衣，并阿胶等项，均托西垣带回。

去年内赐衣料袍褂，皆可裁三件；后因我进闱考教习，家中叫裁缝做，裁之不得法，又窃去整料，遂仅裁祖父、父亲两套。本思另办好料，为母亲制衣寄回，因母亲尚在制中，故未遽寄。

叔父去年四十晋一，本思制衣寄祝，亦因在制未遽寄也。兹准拟托西垣带回，大约九月可到家，腊月服阕，即可着矣。

纪梁读书，每日百余字，与泽儿正是一样，只要有恒，不必贪多。澄弟亦须常看《五种遗规》及《呻吟语》，洗尽浮华，朴实谙练，上承祖父，下型子弟，吾于澄弟实有厚望焉！

兄国藩手草。

道光二十八年五月初十日

禀叔父母·勿因劳累伤身

侄国藩谨禀叔父母大人礼安：

六月十七发第九号信，七月初三发第十号信，想次第收到。十七日接家信二件，内父亲一谕，四弟一书，九弟、季弟在省各一书，欧阳牧云一书，得悉一切。祖大人之病，不得少减，日夜劳父亲、叔父辛苦服侍，而侄远离膝下，竟不得效丝毫之力，终夜思维，刻不能安。

江岷樵有信来，告渠已买得虎骨，七月当亲送我家，以之熬膏，可医痿痹云云，不知果送来否？

闻叔父去年起公屋，劳心劳力，备极经营。外面极堂皇，工作极坚固，费钱不过百千，而见者拟为三百千规模。焦劳①太过，后至吐血，旋又以祖父复病，勤劬②弥甚；而父亲亦于奉事祖父之余，操理家政，刻不少休。侄窃伏思父亲、叔父二大人年寿日高，精力日迈，正宜保养神气，稍

---

① 焦劳：操劳。
② 劬：劳苦，劳累。

稍休息，家中琐细事务，可命四弟管理。至服侍祖父凡劳心细察之事，则父亲叔父躬任之。凡劳力粗重之事，则另添一雇工，一人不够则雇二人。

侄近年以来，精力日差，偶用心略甚，癣疾即发，夜坐略久，次日即昏倦。是以力加保养，不甚用功，以求无病无痛，上慰堂上之远怀。外间求作文，求写字者，求批改诗文者，往往历久而莫偿宿诺，是以时时抱疚，日日无心安神恬之时。前四弟在京，能为我料理一切琐事，六弟则毫不能管；故四弟归去之后，侄于外间之回信，家乡应留心之事，不免疏忽废弛。

侄等近日身体平安，合室大小皆顺。六弟在京，侄苦劝其南归，一则免告回避，二则尽仰事俯蓄之态，三则六弟两年未作文，必在家中父亲、叔父严责，方可用功。乡试渠不肯归，侄亦无如之何。

叔父去年四十晋一，侄谨备袍套一付；叔母今年四十大寿，侄谨备棉外套一件，皆交曹西垣带回，服阕后即可着。母亲外褂并汉禄布夹袄，亦一同付回。闻母亲近思用一丫环，此亦易办，在省城买，不过三四十千，若有湖北逃荒者来乡，则更为便宜。望叔父命四弟留心速买，以供母亲、叔母之使令，其价，侄即寄回。

侄今年光景之窘，较甚于往年，然东支西扯，尚可敷衍。若明年能得外差，或升侍郎。便可弥缝家中。今年季弟喜事，不知窘迫否？侄于八月接到俸银。即当寄五十金回，即去年每岁几百金之说也。在京一切张罗，侄自有调停，毫不费力，堂上大人不必挂念。

谨禀。

道光二十八年七月二十日

致诸弟·述改建祖屋之意见

澄侯、温甫、子植、季洪四弟左右：

十一月十四发第十四号家信，不知收到否？十二月初九接到家中十月十二日一信（内有酒药）、十一月初一日一信、初十日一信，俱悉一切。

家中改屋，有与我意见相同之处。我于前次信内曾将全屋画图寄归，想已收到。家中既已改妥，则不必依我之图矣。但三角丘之路，必须改于檀山嘴下，而于三角丘密种竹木。此我画图之要嘱，望诸弟禀告堂上，急急行之。家中改房，亦有不与我合意者，已成则不必再改。但六弟房改在炉子内，此系内外往来之屋，欲其通气，不欲其塞，余意以为必不可，不若以长横屋上半截间断作房为妥。（连间两隔，下半截作横屋客坐，中间一截作过道，上半截作房）。内茅房在石柱屋后，亦嫌太远，不如于季洪房外高坎打进七八尺（即旧茅房沟对过之坎，若打进丈余，则与上首栗树处同宽），既可起茅房、澡堂，而后边地面宽宏，家有喜事，碗盏、菜货亦有地安置，不至局促，不知可否？

家中高丽参已完，明春得便即寄。彭十九之寿屏，亦准明春寄到。此间事务甚多，我又多病，是以迟迟。

澄弟办①贼，甚快人心，然必使其亲房人等，知我家是图地方安静，不是为一家逞势张威，庶人人畏我之威，而不恨我之太恶。贼既办后，不特面上不可露得意之声色，即心中亦必存一番哀矜②的意思。诸弟人人当留心也。

罗芸皋坐东皋，求我援引，此刻想已无及矣，我想写一信与师令及伍府尊，此次又赶不及。且如何援引之法，须写信告我。渠前年存银二十二两在我处，昨托张楠皆带交还渠。张言途中要借用，我已答应，嘱渠到家即办，交邵阳彭筱房转寄芸皋，并作书告筱房矣，明春可问芸皋看收到否？征一表叔在我家教读甚好，此次未写信请安，诸弟为我转达。张豆付（和尚之称如此）写信寄南，殊为可恶！我付之不理，若并未接到此信者然，渠亦无如之何。

同乡周荇农家之鲍石卿，前与六弟交游，近因在妓家饮酒（十一月初六荇农之母生日，席散鲍即出游），提督府捉交刑部革去供事。而荇农、荻舟尚游荡不畏法，真可怪也！

余近日常有目疾，余俱康泰，内人及二儿四女皆平安，小儿甚胖大。西席庞公拟十一回家，正月半来，将请李笔峰代馆。宋芎宾在道

---

① 办：惩办、惩治。
② 哀矜：哀怜、怜惜。

上扑跌断腿（宋有与六弟信），五十余天始抵樊城，大可悯也。余不
一一。

　　国藩手草。

道光二十八年十二月初十日

致诸弟·喜述补侍郎缺

澄侯、温甫、子植、季洪四位老弟左右：

　　正月十日曾寄家信，甚为详备。二月初三接到澄弟十一月二十夜之信，领悉一切。今年大京察，侍郎中休致者二人，德远村冯吾园两先生也，余即补吾国先生之缺。向来三载考绩，外官谓之大计，京官谓之京察。京察分三项，一二品大员及三品之副都御史，皇上皆能记忆其人，不必引见，御笔自下朱谕，以为彰瘅^①，此一项也。自宗人府丞以下，凡三四五品京官，曾引见，有黜而无陟^②，前在碾儿胡同时，间墨学士奎光，即引见体致者也，此一项也。自五品而下，如翰林内阁御史大部，由各堂官考差，分别一二三等，一等则放府道，从前如劳辛阶易念园。今年如陈竹伯，皆京察一等也，此一项也。

　　余自到礼部，比从前较忙冗，恨不得有人帮办离中琐细事：然以家

---

① 彰瘅：联彰各瘅恶，指表彰善的、惩罚恶的。
② 陟：升迁。

中祖父之病，父叔勤苦已极，诸弟万无来京之理。且如温甫在京，佟主再三劝诱，令之南归，今岂肯再蹈覆辙，令之北来。江岷樵以拣发立官达浙，岷樵即应允矣。适徐爱渠清星阶教书，星阶立即就徐馆，言定秩间仍往浙依江，江亦应允。

邹墨林自河南来京，意欲捐教，现寓圆通观，其为人实诚笃君子也。袁漱六新正初旬，忽吐血数天，现已痊愈。黄正斋竟为本部司员，颇难为情。余一切循嫌恭之道，欲破除江平，而黄总不免拘谨。余现尚未换绿呢车，惟添一骒，盖八日一赴园，不能不三牲口也。书不一一。兄国藩草。

道光二十九年二月初六日

禀父母·做事当不苟不懈

男国藩跪禀父母亲大人万福金安：

四月十四日，接奉父亲三月初九日手谕，并叔父大人贺喜手示，及四弟家书。敬悉祖父大人病体未好，且日加沉剧，父叔离诸兄弟服侍已逾三年，无昼夜之间，无须臾①之懈。男独一人，远离膝下，未得一日尽孙子之职，罪责甚深。闻华弟荃弟文思大进，葆弟之文，得华弟讲改，亦日驰千里，远人闻此，欢慰无极！

男近来身体不甚结实，稍一用心，即癣发于面。医者皆言心亏血热，故不能养肝，热极生风，阳气上肝，故见于头面。男恐大发，则不能人见，故不敢用心，谨守大人保养身体之训，隔一日至衙门办公事，余则在家不妄出门。现在衙门诸事，男俱已熟悉，各司官于男皆甚佩服，上下水乳俱融，同寅亦极协和。男虽终身在礼部衙门，为国家办照

---

① 须臾：片刻。

例之事，不苟不懈，尽就条理，亦所深愿也。

英夷在广东，今年复请入城；徐总督办理有方，外夷折服竟不入城，从此永无夷祸，圣心嘉悦之至！术者①每言皇上连年命运，行劫财地，去冬始交脱，皇上亦每为臣工言之。今年气象，果为昌泰，诚国家之福也！

儿妇及孙女辈皆好，长孙纪泽前因开蒙太早，教得太宽。顷读毕《书经》，请先生再将《诗经》点读一遍，夜间讲《纲鉴》正史，约已讲至秦商鞅开阡陌。

李家亲事，男因桂阳州往来太不便，已在媒人唐鹤九处回信不对。常家亲事，男因其女系妾所生，已知春不皆矣。纪泽儿之姻事，屡次不就，男当年亦十五岁始定婚，则纪泽再缓一二年，亦无不可，或求大人即在乡间选一耕读人家之女，男或在京自定，总以无富贵气都为主。纪云对郭雨三之女，虽未订盟，而彼此呼亲家，称姻弟，往来亲密，断不改移。二孙女对岱云之次子，亦不改移。谨此禀闻，余详与诸弟书中。

男谨禀。

道光二十九年四月十六日

---

① 术者：算命的人。

141

致诸弟·节俭置田以济贫民

澄侯、温甫、子植、季洪四位老弟足下：

七月十三日，接到澄弟六月初七所发弟九号家信，俱悉一切，吾于六月，共发四次信，不知俱收到否？今年陆费中丞丁忧，闰四月无折差到，故自四月十六日发信后，直至五月中旬始再发信，宜家中悬望也。祖父大人之病，日见增加，远人闻之，实深忧惧！前六月二十日所付之鹿茸片，不知何日可到，亦未知可有微功否？

予之癣病，多年沉痼，赖邹墨林举黄芪附片方，竞得痊愈，内人六月之病，亦极沉重，幸墨林诊治，遂得化险为夷，变危为安。同乡找墨林看病者甚多，皆随手立效。墨林之弟岳屏兄，今年曾到京寓圆通观，其医道甚好，现已归家。予此次以书附墨林家书内，求岳屏至我家诊治祖父大人，或者挽回万一，亦未可知。岳屏人最诚实，而又精明，即周旋不到，必不见怪。家中只须打发轿夫大钱二千，不必别有赠送，渠若不来，家中亦不必去请他。

乡间之谷，贵至三千五百，此亘古未有者，小民何以聊生？吾自入官以来，即思为曾氏置一义田，以赡救孟学公以下贫民。为本境置义田，以赡救二十四都贫民，不料世道日苦，予之处境未裕，无论为京官者，自治不暇，即使外放，或为学政，或为督抚，而如今年三江两湖之大小水灾，几于鸿嗷半天下^①。为大官者，更何忍于廉俸之外，多取半文乎？是义田之耗，恐终不能偿，然予之定计，苟仕宦所人，每年除供奉堂上甘旨外，或稍有盈余，吾断不肯买一亩田，积一文钱，必皆留为义田之用。此我之定计，望诸弟体谅之。

　　今年我在京用度较大，借账不少。八月当为希六及陈体元捐从九品，九月榜后可付照回，十月可到家，十一月可向渠两家索银，大约共须三百金。我付此项回家，此外不另附银也。率五在永丰，有人争请，予闻之甚喜！特书手信与渠，亦望其忠信成立。

　　纪鸿已能行走，体甚壮实，同乡各家如常，同年毛寄云于六月二十八日丁内艰。陈伟堂相国于七月初二仙逝，病系中痰，不过片刻即殁。河南、浙江、湖北皆展于九月举行乡试。闻江南水灾尤甚，恐须再展至十月。各省大灾，皇上焦劳，臣子更宜忧惕，故一切外差，皆绝不萌妄想。家中亦不必悬盼，书不详尽。

　　兄国藩手具。

道光二十九年七月十五日

---

① 鸿嗷半天下：形容遭水灾人民的悲惨哀声响彻半空。

143

致诸弟·拟定于明年归家探亲

澄侯、温甫、子植、季洪四弟左右：

十七日发第十八号信，由廷芳宇明府带交。便寄曾希六、陈体元从九品执照各一纸，欧阳沧溟先生、陈开煦换执照并批回各二张，添梓坪叔庶曾祖母百褶裙一条，曾、陈二人九品补服各一付。母亲大人耳帽一件，膏药一千张，服药各种，阿胶二斤，朝珠二挂，笔五支，针底子六十个。曾、陈二人各对一付，沧溟先生横幅篆字一付。计十二月中旬应可到省，存陈岱云宅，家中于小除夕前二日遣人至省走领可也。芳宇在汉口须见上司，恐难早到，然遇顺风，则腊月初亦可到，家中或着人早去亦可。

余于十月初五起至十一止，在闱较射，十七出榜，四闱共中百六十四人，余闱内分中五十二人。向例武举人、武进士复试，如有弓力不符者，则原阅之五大臣，每人各罚俸半年。今年仅张字闱不符者三名，五大臣各罚俸一年半。余闱幸无不符之人，不然则罚俸半年，去银

144

近五百，在京官已视为切肤之痛矣。

寓中大小平安，纪泽儿体已全复，纪鸿儿甚壮实。邹墨林近由朝内移至我家住，拟明年再行南归。袁漱六由会馆移至虎坊桥，屋好而贱。贞斋落榜后，本拟南旋，因愤懑不甘，仍寓漱六处教读。刘镜清教习已传到，因丁艰而竟不能补，不知命途之舛，何至于此，凌荻舟近病内伤，医者言其甚难奏效。黄恕皆在陕差旋，述其与陕抚殊为冰炭。

江岷樵在浙，署秀水县事，百姓感戴，编为歌谣。署内一贫如洗，藩台闻之，使人私借千金，以为日食之资，其为上司器重如此，其办赈务，办保甲，无一不合于古①。顷湖南报到，新宁被斋匪余孽煽乱，杀前令李公之阖家②，署令万公亦被戕，焚掠无算，则岷樵之父母家属，不知消息若何？可为酸鼻！余于明日当飞报岷樵，令其即行言旋，以赴家难。

余近日忙乱如常，幸身体平安，惟八月家书，曾言及明年假归省亲之事，至今未奉堂上手谕，而九月诸弟未中，想不无抑郁之怀，不知尚能自为排遣否？此二端时时挂念，望澄侯详写告我。祖父大人之病，不知日内如何？余归心箭急，实为此也。

母亲大人昨日生日，寓中早面五席，晚饭三席，母亲牙痛之疾，近来家信未曾提及，断根与否？望下次示知。书不一一，余俟续具。

兄国藩手草。

道光二十九年十一月初五日

---

① 古：此处指祖宗遗下的规例。

② 阖家：全家、合家。

致诸弟·迎养父母叔父

澄侯、温甫、子植、季洪四位老弟足下：

正月初六日接到家信三函：一系十一月初三所发，有父亲手谕，温弟代书者；一系十一月十八所发，有父亲手谕，植弟代书者；一系十二月初三澄侯弟在县城所发一书，甚为详明，使游子在外，巨细了然。

庙山上金叔，不知为何事而可取腾七之数？若非道义可得者，则不可轻易受此。要做好人，第一要在此处下手，能令鬼服神钦，则自然识日进，气日刚。否则不觉堕入卑污一流，必有被人看不起之日，不可不慎。诸弟现处极好之时，家事有我一人担当，正当做个光明磊落神钦鬼服之人，名声既出，信义既著[①]，随便答应，无事不成，不必受此小便宜也。

父亲两次手谕，皆不欲予乞假归省，而予之意甚思日侍父母之侧，

---

① 著：建立。

不得不为迎养之计。去冬曾以归省迎养二事，与诸弟相商，今父亲手示，不许归省，则迎养之计更不可缓。所难者，堂上有四位老人，若专迎父母而不迎叔父母，不特予心中不安，即父母心中亦必不安；若四位并迎，则叔母病未全好，远道跋涉尤艰。予意欲于今年八月初旬，迎父亲、母亲、叔父三位老人来京，留叔母在家，诸弟妇细心伺候，明年正月元宵节后，即送叔父回南，我得与叔父相聚数月，则我之心安。父母得与叔父同行数千里到京，则父母之心安。叔母在家半年，专雇一人服侍，诸弟妇又细心奉养，则叔父亦可放心。叔父在家，抑郁数十年，今出外潇洒半载，又得与侄儿、侄妇、侄孙团聚，则叔父亦可快畅。在家坐轿至湘潭，澄侯先至潭，雇定好船，伺候老人开船后，澄弟即可回家。船至汉口，予遣荆七在汉口迎接，由汉口坐三乘轿至京，行李婢仆，则用小车，甚为易办。求诸弟细商堂上老人，春间即赐回信，至要至要！

李泽显、李英灿进京，余必加意庇护。八斗冲地，望绘图与我看。诸弟自侍病至葬事，十分劳苦，我不克帮忙，心甚歉愧！

京师大小平安。皇太后大丧，已于正月七日至二十六日满，脱去孝衣。初八日系祖父冥诞，我作文致祭，即于是日亦脱白孝，以后照常当差。心中万绪，不及尽书，统容续布。

兄国藩手草。

道光三十年正月初九日

咸丰元年~咸丰五年

致诸弟·劝宜力除牢骚

澄侯、温甫、子植、季洪四弟足下：

日来京寓大小平安，癣疾又已微发，幸不为害，听之而已。湖南榜发，吾邑竟不中一人。沅弟书中，言温弟之文，典丽鹬皇，亦尔被抑，不知我诸弟中将来科名究竟何如？以祖宗之积累，及父亲、叔父之居心立行，则诸弟应可多食厥报。以诸弟之年华正盛，即稍迟一科，亦未遂为过时。特兄自近年以来，事务日多，精神日耗，常常望诸弟有继起者，长住京城，为我助一臂之力。且望诸弟分此重任，余亦欲稍稍息肩，乃不得一售，使我中心无倚。

盖植弟今年一病，百事荒废，场中之患眼疾，自难见长。温弟大分，本甲于诸弟，惟牢骚太多，性情太懒，前在京华，不好看书，又不作文，余心即甚忧之。近闻还家后，亦复牢骚如常，或数月不搦管为文。吾家之无人继起，诸弟犹可稍宽其责，温弟则实自弃，不得尽诿其咎于命运。

吾尝见友朋不中牢骚太甚者，其后必多抑塞[①]，如吴檀台、凌荻舟之流，指不胜屈。盖无故而怨天，则天必不许；无故而尤人，则人必不服。感应之理，自然随之。温弟所处，乃读书人中最顺之境，乃动则怨尤满腹，百不如意，实我之所不解。以后务宜力除此病，以吴檀台、凌荻舟为眼前之大戒。凡遇牢骚欲发之时，则反躬自思，吾果有何不足，而蓄此不平之气，猛然内省，决然去之。不惟平心谦抑，可以早得科名，亦且养此和气，可以消减病患。万望温弟再三细想，勿以吾言为老生常谈，不直一哂[②]也。

王晓林先生为钦差，昨有旨命其署江西巡抚，余署刑部，恐须至明年乃能交卸。袁漱六昨又生一女，凡四女，已殇其二，又丧其兄，又丧其弟，又一差不得，甚矣穷翰林之难当也！黄麓西由江苏引入京，迥非昔日初中进士时气象，居然有经济才。

王衡臣于闰月初九引见，以知县用，后于月底搬寓下洼一庙中，竟于九月初二夜无故遽卒。先夕与同寓文任吾谈至二更，次早饭时，讶其不起，开门视之，则已死矣。死生之理，善人之报，竟不可解。

邑中劝捐弥补亏空之事，余前已有信言之。万不可勉强勒派。我县之亏，亏于官者半，亏于书吏者半，而民则无辜也。向来书吏之中饱，上则吃官，下则吃民，名为包征包解，其实当征之时，是以百姓为鱼肉而吞噬之；当解之时，则以官为雉媒而拨弄之。官索钱粮于书吏之手，犹索食于虎狼之口，再四求之，而终不肯吐，所以积成巨亏，并非实欠在民，亦非官之侵蚀入己也。

---

① 抑塞：心情忧郁，内气不通畅。
② 哂：微笑，一笑了之。

今年父亲大人议定粮饷之事，一破从前包征包解之陋风，实为官民两利，所不利者，仅书吏耳。即见制台留朱公，亦造福一邑不小，诸弟皆宜极力助父大人办成此事。惟损银弥亏，则不宜操之太急，须人人愿捐乃可。若稍有勒派，则好义之事，反为厉民之举，将来或翻为书吏所借口，必且串通劣绅，仍还包征包解之故智，万不可不预防也。

梁侍御处银二百，月内必送去，凌宅之二百，亦已兑去。公车来，兑六七十金为送亲族之用，亦必不可缓，但京寓近极艰窘，此外不可再兑也。

邑令既与我家商办公事，自不能不往还，然诸弟苟可得已，即不宜常常人署。陶、李二处，容当为书。本邑亦难保无假名请托者，澄弟宜预告之。

国藩手草。

咸丰元年九月初五日

致诸弟·读书宜选一明师

澄侯、温甫、子植、季洪四位老弟左右：

兄于二十日自汉口起行，二十一日至黄州，二十二日至堵城，以羊一豕一，为文祭吴村甄甫师。二十三日过江至武昌县。二十九日至蕲州，是日水师大战获胜。

刘一、良五于二十日到田家镇，得悉家中老幼均吉，甚慰甚慰。

魏荫亭先生既来军中，父大人命九弟教子侄读书，而九弟来书坚执不肯，欲余另请明师。余意中实乏明师可以聘请，日内与霞、次及幕中诸君子熟商①。近处惟罗研生兄是我心中佩仰之人，其学问俱有本原，于说文、音学、舆地尤其所长，而诗古文辞及行楷书法，亦皆讲求有年。吾乡通经学古之士，以邹叔绩为最，而研生次之。其世兄现在余幕中，故请其写家信聘研生至吾乡教读。研兄之继配陈氏，与耦庚先生为

---

① 熟商：反复商量。

联襟，渠又明于风水之说，并可在吾乡选择吉地，但不知其果肯来否？渠现馆徐方伯处，未知能辞彼就此否？若果能来，足开吾邑小学之风，于温甫、子植亦不无裨益。若研兄不能来，则吾心中别无人。植弟坚不肯教，则乞诸弟为访择一师而延聘焉为要。甲三、甲五可同一师，不可分开，科一、科三、科四亦可同师。

咸丰四年十月二十二日

致诸弟·带归度岁之资

澄侯、温甫、子植、季洪四位老弟足下：

二十五日遣春二、维五归家，曾寄一函，并谕旨奏折二册。二十六日水师在九江开仗获胜，陆路塔、罗之军在江北蕲州之莲花桥大获胜仗，杀贼千余人，二十八日克复广济县城。初一日在大河埔大获胜仗，初四日在黄梅城外大获胜仗，初五日克复黄梅县城。该匪数万，现屯踞江岸之小池口，与九江府城相对。塔、罗之军即日追至江岸，即可水陆夹击。能将北岸扫除，然后可渡江以剿九江府之贼。

兹因魏荫亭亲家还乡之便，付去银一百两，为家中卒岁之资。以三分计之：新屋人多，取其二以供用；老屋人少，取其一以供用。外五十两一封，以送亲族各家，即往年在京寄回之旧例也。以后我家光景略好，此项断不可缺，家中却不可过于宽裕。处此乱世，愈穷愈好。

我现在军中声名极好，所过之处，百姓爆竹焚香跪迎，送钱米猪羊来犒军者络绎不绝。以祖宗累世之厚德，使我一人食此隆报，享此荣名，寸心兢兢①，且愧且慎。现在但愿官阶不再进，虚名不再张，常葆此以无咎②，即是持家守身之道。至军事之成败利钝，此关乎国家之福，吾惟力尽人事，不敢存丝毫侥幸之心。诸弟禀告堂上大人，不必悬念。

咸丰四年十一月初七日书于武穴舟中

---

① 寸心兢兢：指心里战战兢兢的样子。
② 无咎：无过错。

致诸弟·述营中急需人才

澄、温、沅、季四位贤弟左右：

余于十六日在南康府接父亲手谕，及澄沅两弟纪泽儿之信，系刘一送来；二十日接澄弟一信，系林福秀由县送来，俱悉一切。

余于十三日自吴城进扎南康，水师右营、后营、响道营于十五日进扎青山。十九日，贼带炮船五六十号、小划船五六十号前来扑营，鏖战二时，未分胜负。该匪以小划船二十余号又自山后攒出，袭我老营。老营战船业已全数出队，仅坐船水手数人及所雇民船水手，皆逃上岸。各战船哨官见坐船已失，遂尔慌乱，以致败挫。幸战船炮位毫无损伤，犹为不幸中之大幸！且左营、定湘营尚在南康，中营尚在吴城，是日未与其事，士气依然振作。现在六营三千人同泊南康，与陆勇平江营三千人相依护，或可速振军威。

现在余所统之陆军，塔公带五千人在九江，罗山带三千五百人在广信一带，次青带平江三千人在南康，业已成为三支，人数亦不少。赵玉班带五百湘勇来此，若独成一支，则不足以自立；若依附塔军、依附罗军，则去我仍隔数百里之远；若依附平江营则气类不合。且近来口粮实难接济，玉班之勇可不必来。玉班一人独来，则营中需才孔亟①，必有以位置之也。

蒋益澧之事，后公如此办理甚好。密传其家人，详明开导，勒令缴出银两，足以允服人心，面面俱圆。请苹翁即行速办，但使探骊得珠，即轻轻着笔，亦可以办到矣。

此间自水师小挫后，急须多办小划船以胜之，但乏能管带小划船之人。若有实能带小划船者，打仗时并不靠他冲阵，只要开仗之时，在江边攒出攒人，眩贼之眼，助我之势，即属大有裨益。吾弟若见有此等人，或赵玉班能荐此等人，即可招募善驾小划船之水手一百余人来营。

余在营平安，惟癣疾未愈，精神不足，诸事未能一一照管。小心谨慎，冀尽人事，以听天命。诸不详尽，统俟续布。

咸丰五年四月二十日书于南康城外水营

---

① 孔亟：孔：很，甚。亟：急，急促。

致诸弟·调彭雪琴来江

澄侯、温甫、子植、季洪四位老弟左右：

刘朝直来营，得植弟手书，俱悉一切。内湖水师自六月十五日开仗后，至今平安。本拟令李次青带平江勇流邵阳湖之东，与水师会攻湖口。自六月底至今十日，大风不克东渡，初四日风力稍息，平江勇登部舟，甫经解缆，狂飙大作，旋即折回。兵勇衣被帐篷，寸缕皆湿。天意茫茫，正未可知，不知湖口之贼，运数不宜灭乎？抑此勇渡湖，宜致败挫，故特阻其行，以全此军乎？现拟俟月半后，请塔军渡湖会剿。

罗山进攻义宁，闻初四日可至界上，初五六日当可开仗。湖南三面用兵，骆中承请罗山带兵回湘，业经入奏。如义宁能攻破，恐罗山须回湖南保全桑梓[1]，则此间又少一劲旅矣。内湖水师，船炮俱精，特少得力营官，现调彭雪琴来江，当有起色。

---

[1] 桑梓：原意是国家，此处指家乡。

盐务充饷，是一大好事，惟浙中官商，多思专利，邵位西来江，会议已有头绪，不知渠回浙后，彼中做事人能允行否？舍此一筹，则饷源已竭，实有坐困之势。东安土匪，不知近日如何？若不犯邵阳界，则吾邑尚可不至震惊。带兵之事，千难万难。澄弟带勇至衡阳，温弟带勇至新桥，幸托平安，嗣后总以不带勇为妙。吾阅历二年，知此中构怨之事、造孽之端不一而足，恨不得与诸弟当面一一述之也。

诸弟在家，侍奉父亲，和睦族党，尽其力之所能为。至于练团带勇，却不宜过于出头，澄弟在外已久，谅知吾言之具有苦衷也。宽二弟去年下世，未寄奠分①，至今歉然于心。兹付回银二十两，为宽二弟奠金，望送交任尊叔夫妇手收。

植弟前信言身体不健。吾谓读书不求强记，此亦养身之道。凡求强记者，尚有好名之心横亘于方寸，故愈不能记；若全无名心，记亦可，不记亦可，此心宽然无累，反觉安舒，或反能记一二处，亦未可知。此余阅历语也。植弟试一体验行之。余不一一，即问近好。

咸丰五年七月初八日

---

① 奠分：即奠仪。

致诸弟·喜闻九弟得优贡

澄侯、温甫、子植、季洪四位老弟足下：

二十六日王如一、朱梁七至营，接九月初二日家书，二十九日刘一、彭四至营，又接十六日家书，俱悉一切。沅弟优贡喜信，此间二十三日彭山屺接家信，即已闻之。二十七日得左季高书，始知其实。二十九日得家书乃详也。沅弟在省，寄书来江西大营甚便，何以未一字报平安耶？在省城刊刻朱卷，应酬亲友，计非一月不能了办，十月初当可回家，为父亲叩祝大寿。各省优贡朝考，向例在明年五月，沅弟可于明年春间进京。若由浙江一途，可便道由江西至大营，兄处聚会。吾有书数十箱在京，无人照管，沅弟此去，可经理一番也。

自七月以来，吾得闻家中事有数件可为欣慰者：温弟妻妾皆有梦熊之兆，足慰祖父母于九泉，一也；家中妇女大小皆纺纱织布，闻已成六七机，诸子侄读书尚不懒惰，内外各有职业，二也；阖境①丰收，远近无警，此间兵事平顺，足安堂上老人之心，三也。今又闻沅弟喜音，意吾家高曾以来，积泽甚长，后人食报，更当绵绵不尽。吾兄弟年富力强，尤宜时时内省，处处反躬自责，勤俭忠厚，以承先而启后，互相勉励可也。

内湖水师久未开仗，日日操练，夜夜防守，颇为认真。周凤山统领九江陆军，亦尚平安。李次青带平江勇三千在苏官渡，去湖口县十里，颇得该处士民之欢心。茶陵州土匪，闻窜扰江西之莲花厅永新县境内，吉安人心震动。顷已调平江勇六百五十人前往剿办，又派水师千人往吉防堵河道，或可保全。

余癣疾迄未大愈，幸精神尚可支持。王如一等来，二十四日始到。余怒其太迟，令其即归，发途费九百六十文，家中不必加补，以为懒漫者戒。宽十在营住一个月，打发银六两，途资四千。罗山于十四日克复崇阳后，尚无信来。罗研生兄于今日到营。纪泽、纪梁登九峰山诗，文气俱顺，且无猥琐之气，将来或皆可冀有成立也，余不一一。

咸丰五年九月三十日书于屏风水营

---

① 阖境：即全境，这里指家乡。

咸丰六年~咸丰十一年

致九弟·催周凤山速来

沅甫九弟足下：

十七日李观察处送到家信，系沅甫弟在省城所发者。黄南兄劝捐募勇，规复吉安，此豪杰之举也。南路又出此一支劲兵，则贼势万不能支。金田老贼癸、甲二年北犯者，既已只轮不返，而曾天养、罗大纲之流亦频遭殪诛①。现存悍贼惟石达开、韦俊、陈玉成数人，奔命于各处，实有日就衰落之势。所患江西民风柔弱，见各属并陷，遂靡然以为天倾地坼，不复作反正之想。不待其迫胁以从，而甘心蓄发助战，希图充当军帅、旅帅，以讹索其乡人，掳掠郡县村镇，以各肥其私囊。是以每战动盈数万人，我军为之震骇。若果能数道出师，禽斩以千万计，始则江西从逆之民有悔心，继则广东新附之贼生疑二，而江西之局势必转，而粤贼之衰象亦愈见矣。

---

① 殪诛：致命的打击。

南兄能于吉安一路出师，合瑞、袁已列为三路，是此间官绅士民所祷祀以求者也，即日当先行具奏。沅弟能随南翁以出，料理戎事，亦足增长识力。南翁能以赤手空拳干大事而不甚着声色，弟当留心仿而效之。夏憩兄前亦欲办援江之师，不知可与南兄同办一路否？渠系簪缨巨室，民望所归，又奉特旨援江，自不能不速图集事。惟与南兄共办一支，则众擎易举；若另筹一路，则独力难成。沅弟若见憩翁，或先将鄙意道及，余续有信奉达也。

周凤山现在省城，余飞札调之来江。盖欲令渠统一军，峙衡统一军，一扎老营，一作游兵，不知渠已接札否？望沅弟催之速来，其现在袁州之伍化蛟、黄三清本系渠部曲，可令渠带来也。余俟续布。国藩又及。

咸丰六年九月十七日

致九弟·劝弟须保护身体

沅甫九弟左右：

接弟十五夜所发之信，知十六日已赴吉安矣，吉安中营尚易整顿否？古之成大事者，规模远大与综理密微，二者阙一不可。弟之综理密微，精力较胜于我。军中器械，其略精者，宜另立一簿，亲自记注，择人而授之。古人以铠仗鲜明为威敌之要务，恒以取胜。

刘峙衡于火器，亦勤于修整，刀矛则全不讲究。余曾派褚景昌赴河南采买白蜡杆子，又办腰刀分赏各将弁，人颇爱重。弟试留心此事，亦综理之一端也。至规模宜大，弟亦讲求及之。但讲阔大者，最易混入散漫一路。遇事颟顸①，毫无条理，虽大亦奚足贵？等差不紊，行之可久，斯则器局宏大，无有流弊者耳。顷胡润芝中丞来书，赞弟有曰"才大器大"四字，余甚爱之。才根于器，良为知言。

---
① 颟顸：漫不经心的意思。

湖口贼舟于九月八日焚夺净尽，湖口梅家洲皆于初九日攻克，三年积愤，一朝雪耻，雪琴从此重游浩荡之宇。惟次青尚在坎之中，弟便中可与通音问也。李迪庵近有请假回籍省亲之意，但未接渠手信。渠之带勇，实有不可及处，弟宜常与通信，殷殷请益。弟在营须保养身体，肝郁最伤人，余平生受累以此，宜和易以调之也。

咸丰七年十月初四日

致九弟·做人须有恒心

沅甫九弟左右：

十二日正七、有十归，接弟信，备悉一切。定湘营既至三曲滩，其营官成章鉴亦武弁中之不可多得者，弟可与之款接。

来书谓"意趣不在此，则兴会索然"，此却大不可。凡人做一事，便须全副精神注在此一事，首尾不懈。不可见异思迁，做这样想那样，坐这山望那山。人而无恒[①]，终身一无所成，我生平坐犯无恒的弊病，实在受害不小。当翰林时，应留心诗字，则好涉猎他书，以纷其志；读性理书时，则杂以诗文各集，以歧其趋。在六部时，又不甚实力请求公事。在外带兵，又不能竭力专治军事，或读书写字以乱其志意。坐是垂老而百无一成，即水军一事，亦掘井九仞而不及泉，弟当以为鉴戒。

---

① 恒，即恒心。

现在带勇，即埋头尽力以求带勇之法，早夜孜孜^①，日所思，夜所梦，舍带勇以外则一概不管。不可又想读书，又想中举，又想做州县，纷纷扰扰，千头万绪，将来又蹈我之覆辙，百无一成，悔之晚矣。

带勇之法，以体察人才为第一，整顿营规、讲求战守次之。《得胜歌》中各条，一一皆宜详求。至于口粮一事，不宜过于忧虑，不可时常发禀。弟营既得楚局每月六千，又得江局每月二三千，便是极好境遇。李希庵十二来家，言迪庵意欲帮弟饷万金。又余有浙盐盈余万五千两在江省，昨盐局专丁前来禀询，余嘱其解交藩库充饷，将来此款或可酌解弟营，但弟不宜指请耳。

饷项既不劳心，全副精神讲求前者数事，行有余力则联络各营，款接绅士。身体虽弱，却不宜过于爱惜。精神愈用则愈出，阳气愈提则愈盛。每日做事愈多，则夜间临睡愈快活。若存一爱惜精神的意思，将前将却，奄奄无气，决难成事。凡此，皆因弟兴会索然之言而切戒之者也。

弟宜以李迪庵为法，不慌不忙，盈科后进，到八九个月后，必有一番回甘滋味出来。

余生平坐无恒流弊极大，今老矣，不能不教诫吾弟吾子。

邓先生品学极好，甲三八股文有长进，亦山先生亦请邓改文。亦山教书严肃，学生甚为畏惮。吾家戏言戏动积习，明年吾在家，当与两先生尽改之。

下游镇江、瓜洲同日克复，金陵指日可克。厚庵放闽中提督，已

---

① 孜孜：勤勉，努力不懈的样子。

赴金陵会剿，准其专折奏事。九江亦即日可复。大约军事在吉安、抚、建等府结局，贤弟勉之。吾为其始，弟善其终，实有厚望。若稍参以客气，将以鼓志，则不能为我增气也。营中哨队诸人气尚完固否？下次祈书及。

咸丰七年十二月十四日

致九弟·为政切不可疏懒

沅甫九弟左右：

初七初八连接弟二信，俱悉一切。总理既已接札，则凡承上启下之公文，自不得不照申照行，切不可似我疏懒，置之不理也。

余生平之失，在志大而才疏，有实心而乏实力，坐是百无一成。李去麟之长短，亦颇与我相似，如将赴湖北，可先至余家一叙再往。润公近颇综核①名实，恐亦未必投洽②无间也。

近日身体略好，惟回思历年在外办事，愆咎甚多，内省增疚。饮食起居，一切如常，无穷罣虑。今年若能为母亲大人另觅一善地，教子侄略有长进，则此中豁然畅适矣。弟年纪较轻，精力略胜于我，此际正宜提起全力，早夜整刷。昔贤谓宜用猛火煮、慢火温，弟今正用猛火之时也。

---

① 综核：综合核查的意思。
② 投洽：投契融洽的意思。

李次青之才，实不可及。吾在外数年，独觉惭对此人。弟可与之常通书信，一则稍表余之歉忱，一则凡事可以请益。余京中书籍，承漱六专人取出，带至江苏松江府署中，此后或易搬回。书虽不可不看，弟此时以营务为重，则不宜常看书。凡人为一事，以专而精，以纷而散。苟子称耳不两听而聪，目不两视而明，庄子称用志不纷，乃凝于神，皆至言也！

咸丰八年正月十一日

致九弟·顺便可以周济

沅甫九弟左右：

　　十二日安五来营，寄第二号家信，谅已收到。治军总须脚踏实地，克勤小物，乃可日起而有功。凡与人晋接①周旋，若无真意，则不足以感人，然徒有真意而无文饰以将之，则真意亦无所托之以出，《礼》所称"无文不行"也。余生平不讲文饰，到处行不动，近来大悟前非，弟在外办事，宜随时斟酌也。

　　闻我水师粮台银两尚有盈余，弟营此时不阙银用，不必解往，若绅民中实在流离困苦者，亦可随便周济。兄往日在营，艰窘异常，当初不能放手做一事，至今追恨。若弟有宜周济之处，水师粮台尚可解银二千前往。应酬亦须放手办，在绅士、百姓身上，尤宜放手也。

咸丰八年正月十四日

---

① 晋接：接触。

致九弟·周济受害绅民

沅甫九弟左右：

　　二十七日接弟信，并《二十二史》七十二套。此书十七史系汲古阁本，《宋》《辽》《金》《元》系宏简录，《明史》系殿本。较之兄丙申年所购者，多《明史》一种，余略相类，在吾乡已极为难得矣。吾后在京，亦未另买全史，仅添买《辽》《金》《元》《明》四史，及《史》《汉》各佳本而已，《宋史》至今未办，盖阙典也。

　　吉贼决志不窜，将来必与浔贼同一办法，想非夏末秋初，不能得手，弟当坚耐以待之，迪庵去岁在浔，于开浔守逻之外，间亦读书习字，弟处所掘长壕，如果十分可靠，将来亦有闲隙，可以偷看书籍，目前则须极力讲求壕工巡逻也。

　　周济受害绅民，非泛爱博施之谓，但偶遇一家之中杀害数口者，流转迁徙，归来无食者，房屋被焚栖止靡定者①又，或与之数十金，以周

────────────

① 栖止靡定者：栖，栖息。形容流离失所，居无定所。

其急。先星冈公云："济人须济急时无。"又云："随缘布施，专以目之所触为主。"即孟子所称是乃仁术也。若目无所触，而泛求被害之家而济之，与造册发赈一例，则带兵者专行沽名之事，必为地方官所讥，且有挂一漏万之虑，弟之所见，深为切中事理，余系因昔年湖口绅士受害之惨，无力济之，故推而及于吉安，非欲弟无故而为沽名之举也。

咸丰八年正月二十九日

致九弟·患难与共勿有遗憾

沅甫九弟左右：

　　十四日发第八号信，交春二等带往，并带璧还金、史两处银二百二十两，想将收到。是夕接弟初七夜信，得知一切。

　　贵溪紧急之说确否？近日消息何如？次青非常之才，带勇①虽非所长，然亦有百折不回之气。其在兄处，尤为肝胆照人，始终可感。兄在外数年，独惭无以对渠。去腊②遣韩升至李家省视，其家略送仪物。又与次青约成婚姻，以申永好。目下两家儿女无相当者，将来渠或三索得男，弟之次女、三女可与之订婚。兄信已许之矣。在吉安望常常与之通信。专人往返，想十余日可归也。但得次青生还与兄相见，则同甘苦患难诸人中，尚不至留莫大之愧歉③耳。

----

① 勇：兵。
② 去腊：去冬。
③ 愧歉：即遗憾。

昔耿恭简公谓居官以耐烦为第一要义，带勇亦然。兄之短处在此，屡次谆谆教弟亦在此。二十七日来书，有云"仰鼻息于傀儡膻腥之辈，又岂吾心之所乐"，此已露出不耐烦之端倪，将来恐不免于龃龉。去岁握别时，曾以惩余之短相箴，乞无忘也。

甲三《史》《汉》《韩文》二月中可看毕，三月即看《近思录》《周易折中》《四书汇参》等书。一则使略知立身行己之大要，一则有益于制艺也。

李雨苍于十七日起行赴鄂，渠长处在精力坚强，聪明过人；短处在举止轻佻，言语易伤，恐咏公亦未能十分垂青。澄弟于十五日上永丰，十九日可归。温甫弟于二十一日起程，大约三月半可至吉安也。

咸丰八年二月十七日

致九弟·言凶德有二端

沅甫九弟左右：

初三日刘福一等归，接来信，藉悉一切。城贼围困已久，计不久亦可攻克，惟严断文报是第一要义，弟当以身先之。家中四宅平安，余身体不适，初二日住白玉堂，夜不成寐。

温弟何日至吉安？古来言凶德致败者约有二端：曰长傲，曰多言。丹朱①之不肖，曰傲、曰嚚讼②，即多言也。历观名公巨卿，多以此二端败家丧身。余生平颇病执拗，德之傲也；不甚多言，而笔下亦略近乎嚚讼。静中默省愆③尤，我之处处获戾④，其源不外此二者。温弟性格略与我相似，而发言尤为尖刻。凡傲之凌物，不必定以言语加人，有以神气

---

① 丹朱：传说中先古时代部落首领尧的儿子，其荒淫无道，所以尧传位给舜。
② 嚚讼：奸诈而好争辩。
③ 愆：过失，错误。
④ 戾：罪过。

凌之者矣，有以面色凌之者矣。温弟之神气稍有英发之姿，面色问有蛮狠之象，最易凌人。

凡心中不可有所恃，心有所恃则达于面貌。以门第言，我之物望大减，方且恐为子弟之累；以才识言，近今军中炼出人才颇多，弟等亦无过人之处：皆不可恃。只宜抑然自下，一味言忠信行笃敬，庶几可以遮护旧失，整顿新气，否则，人皆厌薄之矣。

沅弟持躬涉世，差为妥帖。温弟则谈笑讥讽，要强充老手，犹不免有旧习，不可不猛省，不可不痛改。闻在县有随意嘲讽之事，有怪人差帖之意，急宜惩之。余在军多年，岂无一节可取？只因傲之一字，百无一成，故谆谆教诸弟以为戒也。

咸丰八年三月初六日

致九弟·愿共鉴诫二弊

沅甫九弟左右：

二十日胡二等归，接弟十三夜书，俱悉一切。所论兄之善处，虽未克当，然亦足以自怡。兄之郁郁不自得者，以生平行事有初鲜终；此次又草草去职，致失物望①，不无内疚。

长傲、多言二弊，历观前世卿大夫兴衰，及近日官场所以致祸福之由，未尝不视此二者为枢机，故愿与诸弟共相鉴戒。弟能惩此二者，而不能勤奋以图自立，则仍无以兴家而立业。故又在乎振刷精神，力求有恒，以改我之旧辙，而振家之丕基②。弟在外数月，声望颇隆，总须始终如一，毋怠毋荒，庶几子弟为初旭之升，而于兄亦代为桑榆③之补，至嘱至嘱。

---

① 物望：众人所望、期待。
② 丕基：基础，根底。
③ 桑榆：比喻人到老年之时。

次青奏赴浙江，令人阅之气王。以次青之坚忍，固宜有出头之一日，而咏公亦可谓天下之快人快事矣。

弟劝我与左季高通书问，此次暂未暇作，准于下次寄弟处转递。此亦兄长傲之一端，弟既有言，不敢遂非也。

咸丰八年三月二十四日

致九弟·注意平和二字

沅甫九弟左右：

春二安五归，接手书，知营中一切平善，至为欣慰！次青二月以后，无信寄我，其眷属至江西，不知果得一面否？接到弟寄胡中丞奏伊入浙之稿，未知是否成行？顷得耆中丞十三日书，言浙省江山澜溪两县失守，调次青前往会剿；是次青近日声光，亦渐渐脍炙人口。广信衢州两府不失，似浙中终无可虑，未审近事究复如何？

广东探报，言逆夷有船至上海，亦恐其为金陵余孽所攀援；若无此等意外波折，则洪杨股匪，不患今岁不平耳。九江竟尚未克，林启荣之坚忍，实不可及。闻麻城防兵，于三月十日小挫一次，未知确否？弟于次青、迪庵、雪琴等处，须多通音问，俾余亦略有见闻也。

兄病体已愈十之七八，日内并未服药，夜间亦能熟睡，至子丑以后则醒，是中年后人常态，不足异也。湘阴吴贞阶司马，于二十六日来乡，是厚庵嘱其来一省视，次日归去。

余所奏报销大概规模一折，奉朱批《该部议奏》，户部于二月初九日复奏，言曾某某所拟，尚属妥协云云。至将来需用部费，不下数万，闻杨、彭在华阳镇抽厘，每月可得二万，系雪琴督同凌荫廷、刘国斌等经纪其事，其银归水营杨、彭两大股分用。余偶言可从此项下设法筹出部费，贞阶力赞其议，想杨、彭亦必允从。此款有着，则余心又少一牵挂矣。

温弟尚在吉安否？前胡二等赴吉，余信中未道及温弟事。两弟相晤时，日内必甚欢畅。

温弟丰神较峻①，与兄之伉直简谵②，虽微有不同，而其难于谐世，则殊途而同归，余常用为虑。大抵胸多抑郁，怨天尤人，不特不可以涉世，亦非所以养德，不特无以养德，亦非所以保身。中年以后，则肝肾交受其病，盖郁而不畅，则伤木；心火上烁，则伤水。余今日之目疾，及夜不成寐，其由来不外乎此。故于两弟时时以平和二字相勖③，幸勿视为老生常谈，至要至嘱。

亲族往弟营者，人数不少，广厦万间，本弟素志。第善觇国者，睹贤哲在位，则卜其将兴；见冗员浮杂，则知其将替。善觇军者亦然，似宜略为分别，其极无用者，或厚给途费遣之归里，或酌赁民房令住营外，不使军中有惰漫喧杂之象，庶为得宜。

至屯兵城下，为日太久，恐军气渐懈，如雨后已弛之弓，三日已腐

---

① 丰神较峻：神气十足，严肃庄重。
② 伉直简谵：刚直不阿、不重势利。
③ 勖：劝导、帮助。

之馔，而主者晏然不知其不可用，此宜深察者也。附近百姓果有骚扰情事否？此亦宜深察者也。

咸丰八年三月三十日

致九弟·宜以求才为在事

沅甫九弟左右：

四月初五日得一等归，接弟信，得悉一切。兄回忆往事，时形悔艾，想六弟必备述之。弟所劝譬之语，深中机要，"素位而行"一章，比亦常以自警。只以阴分素亏，血不养肝，即一无所思，已觉心慌，肠空如极饿思食之状。再加以憧扰之思，益觉心无主宰，怔悸不安。

今年有得意之事两端：一则弟在吉安声名极好，两省大府及各营员弁、江省绅民交口称颂，不绝于吾之耳；各处寄弟书及弟与各处禀牍信缄俱详实妥善，犁然有当①，不绝于吾之目。一则家中所请邓、葛二师品学俱优，勤严并著。邓师终日端坐，有威可畏，文有根柢又曲合时趋，讲书极明正义而又易于听受。葛师志趣方正，学规谨严，小儿等畏之如神明，而代管琐事亦甚妥协。此二者皆余所深慰，虽愁闷之际，足

————————
① 犁然有当：井然有序的意思。

185

以自宽解者也。

弟声闻之美，可恃而不可恃。兄昔在京中颇著清望，近在军营亦获虚誉。善始者不必善终，行百里半九十里，誉望一损，远近兹疑。弟目下名望正隆，务宜力持不懈，有始有卒。治军之道，总以能战为第一义。倘围攻半岁，一旦被贼冲突，不克抵御，或致小挫，则令望隳①于一朝。故探骊之法，以善战为得珠，能爱民为第二义，能和协上下官绅为三义。愿吾弟兢兢业业，日慎一日，到底不懈，则不特为兄补救前非，亦可为吾父增光于泉壤矣。

精神愈用而愈出，不可因身体素弱过于保惜，智慧愈苦而愈明，不可因境遇偶拂，遽尔摧沮。此次军务，如杨、彭、二李、次青辈，皆系磨炼出来，即润翁、罗翁亦大有长进，几于一日千里，独余素有微抱，此次殊乏长进。弟当趁此番识见，力求长进也。

求人自辅，时时不可忘此意。人才至难，往时在余幕府者，余亦平等相看，不甚钦敬。洎今思之，何可多得？弟当常以求才为急，其闾冗者，虽至亲密友，不宜久留，恐贤者不愿共事一方也。余自四月来，眠兴较好，近读杜佑《通典》，每日二卷，薄者三卷。惟目力极劣，余尚足支持。四宅大小眷口平安。王福初十赴吉安，另有信，兹不详。

咸丰八年四月初九日

---

① 隳：毁坏，坠毁。

致九弟·述捐银作祭费

沅甫九弟左右：

十四日胡二等归，接弟初七夜信，俱悉一切。初五日城贼猛扑，凭壕对击，坚忍不出，最为合法。凡扑人之墙，扑人之壕，扑者客也，应者主也。我若越壕而应之，则是反主为客，所谓致于人者也。我不越壕，则我常为主，所谓致人而不致于人也。稳守稳打，彼自意兴索然。峙衡好越壕击贼，吾常不以为然。凡此等处，悉心推求，皆有一定之理。迪庵善战，其得诀在"不轻进不轻退"六字，弟以类求之可也。

夷船至上海、天津，亦系恫喝之常态。彼所长者，船炮也；其所短者，路极远人极少。若办便得宜，终不足患。筠仙顷有书来，言弟名远震京师。盛名之下，其实难副，弟须慎之又慎。兹将原书抄送一阅。

先太父、先太夫人尚未有祭祀之费，温弟临行捐银百两，余以刘国斌之赠亦捐银百两，弟可设法捐资否？四弟、季弟则以弟昨寄之银内提百金为二人捐款。合之当业二处，每年可得谷六七十石，起祠堂，树

187

墓表，尚属易办。吾精力日衰，心好古文，颇知其意而不能多作，日内思为三代考妣作三墓表，虑不克工，亦尚惮于动手也。先考妣祠宇，若不能另起，或另买一宅作住屋，即以腰里新屋为祠亦无不可。其天家赐物及宗器祭器等概藏于祠堂，庶有所归宿，将来京中运回之书籍及家中先后置书亦贮于此祠。吾生平坐不善收拾，为咎甚巨，所得诸物随手散去，至今追悔不已，然趁此收拾，亦尚有可为。弟收拾佳物较善于诸昆^①，从此后益当细心检点，凡有用之物不宜抛散也。

咸丰八年四月十七日

---

① 昆：哥哥。

致九弟·劝捐银修祠堂

沅甫九弟左右:

五月二日,接四月二十三寄信,藉悉一切,城贼于十七早,二十日、二十二夜,均来扑我壕,如飞蛾之扑烛,多扑几次,受创愈甚,成功愈易。惟日夜巡守,刻不可懈,若攻围日久,而仍令其逃窜,则咎责匪轻。弟既有统领之名,自须认真查察,比他人尤为辛苦,乃足以资董率。九江克复,闻抚州亦已收复,建昌想亦于日内可复。吉贼无路可走,收功当在秋间,较各处独为迟滞。弟不必慌忙,但当稳围稳守,虽迟至冬间克复亦可无碍,只求不使一名漏网耳。若似瑞、临之有贼外窜,或似武昌之半夜潜窜,则虽速亦为人所诟病;如似九江之斩刈殆尽,则虽迟亦无后患。愿弟忍耐谨慎,勉卒此功,至要至要!

余病体渐好,尚未痊愈,夜间总不能酣睡,心中纠缠,时忆往事,愧悔憧扰,不能摆脱。四月底作先大夫祭祀记一首,兹送贤弟一

189

阅，不知尚可用否？此事温弟极为认真，望弟另誊一本寄温弟阅看，此本仍便中寄回，盖家中抄手太少，别无副本也。四客宅大小眷口平安。邓师初一日散学归去，葛师初四归去。今年家中学生，科一进功最多，科四、科六次之，甲三又次之。甲五病目，科三在紫甸，皆示得勤课也。弟在营所银回，先后均照数收到。其随处留心，数目多寡，斟酌妥善。余在外未付银至家，实因初出之时，默立此誓，又于发州县信中，以"不要钱不怕死"六字明，不欲自欺之志，而令老父在家受尽窘迫，百计经营，至今以为深痛。弟之取与，与塔罗杨彭二李诸公相仿，有其不及，无或过也，尽可如此办理，不必多疑。

顷与叔父各捐银五十两，积为星冈公，余又捐二十两于辅臣公，三十两于竟希公矣。若弟能于竞公、星公、竹公三世，各捐少许，使修立三代祠堂，即于三年内可以兴工，是弟有功于先人，可以盖阿兄之愆①矣。修祠或即腰里新宅，或于利见斋另修，或另买田地，弟意如何？便中复示。公费则各立经营，祠堂则三代共之，此余之意也。

罗山夫人仙逝，余令纪泽于二十八日往吊。初一早发引，主系纪泽写，未另点朱，办理甚为热闹。初三日辅臣公生日，在吉公祠祭。黎明行礼，科一、科三、科四皆往，科六未去。

初二日接温弟信，系在湖北抚蜀所发。九江一案，杨、李皆赏黄马褂，官、胡皆加太子少保，想弟处亦已闻之。温弟至安黄与迪庵相会后，或留营，或进京，尚未可知。弟素体弱，比来天热，尚

---

① 愆：过失，过错。

耐劳否？至念至念！羞饵滋补，较善于药，如滋阴则海参炖鸭而加以益智仁，补阳则丽参蒸乌鸡或精肉之肉，良方甚多，胜于专服水药也。

咸丰八年五月初五日

致四弟·必须加意保养

澄侯四弟左右：

今年以来，贤弟实在劳苦，较之我在军营，其劳殆①过十倍，万望加意保养也。祁阳之贼，或可不窜湘乡；万一窜入，亦系数万家各有定数，余已不复悬系。

余自去年六月再出，无不批之禀，无不复之信，往来之嫌隙尤悔，业已消去十分之七八。惟办理军务，仍不能十分尽职，盖精神不足也。贤弟闻我近日在外，尚有错处，不妨写信告我。余派委员伍华瀚在衡州坐探，每二日送信一次；家中若有军情报营，可由衡城交伍转送也。

咸丰九年五月初六日

---

① 殆：恐怕。

致九弟·述弟为政优于带兵

沅弟左右：

　　昨信书就，未发。初五夜玉六等归，又接弟信，报抚州之复，他郡易而吉州难。余固恐弟之焦灼也，一经焦躁，则心绪少佳，办事不能妥善。余前年所以废弛，亦以焦躁故尔。总宜平心静气，稳稳办去。

　　余前言弟之职以能战为第一义，爱民第二，联络各营将士各省官绅为第三。今此天暑困人，弟体素弱，如不能兼顾，则将联络一层，少为放松，即第二层亦可不必认真，惟能战一层，则刻不可懈。日下壕沟究有几道？其不甚可靠者尚有几段？下次详细见告。

　　九江修壕六道，宽深各二丈，吉安可仿为之否？弟保同知花翎，甚好甚好！将来克复府城，自可保升太守。吾不以弟得升阶为喜，喜弟之吏才更优于将才，将来或可勉作循吏①，切实做几件施泽于民之事。门户之光也，阿兄之幸也！

咸丰八年五月初六日

---

① 循吏：清官。

致九弟四弟·早起乃健身之妙方

澄侯、沅甫两弟左右:

澄弟服补剂而大愈,幸甚幸甚!丽参,鹿茸虽享福稍早,而体气本弱,亦属无可如何。吾生平颇讲求惜福二字之义,近来亦补药不断,且菜蔬亦比往年较奢①,自愧享用太过,然亦体气太弱,不得不尔。胡润帅、李希庵常服辽参,则其享受更有过于余者。澄弟平日太劳伤精,唢呐伤气,多酒伤脾。以后戒此三事,而常服补药,自可日就痊可。丽参、鹿茸服毕后,余可再寄,不可间断,亦不可过多,每早服二钱可也。

家中后辈子弟个个体弱,唢呐、吃酒二事须早早戒之,不可开此风气。学射最足保养,起早尤千金妙方、长寿金丹也。

澄弟所跋对联,甚为妥协。服补药虽多,仍当常常静坐,不可日日

---

① 奢:过分,过度。

195

外出，两脚流星不落地。一则保养身体，二则教训子侄，至嘱至嘱。

再，抚州绅士刻余所书《拟岘台记》，共刷来八份，兹寄五份回家。澄弟一份，沅弟一份，纪泽一份，外二份送家中各位先生。暂不能遍送也。

咸丰十年三月二十四日

致九弟季弟·述杨光宗不驯

沅弟、季弟左右：

接专丁来信，下游之贼，渐渐蠢动，九月当有大仗开。此贼惯技，好于营盘远远包围，断我粮道。弟处有水师接济，或可无碍，不知多、李二营何如？有米有柴，可济十日半月否？贼虽多，善战者究不甚多，庶几留心可御之田以饭子孙耳。

杨镇南子哨官杨光宗，头发横而盘，吾早虑其不驯^①。杨镇南不善看人，又不善断事，弟若看有不妥洽之意，即饬令仍回兄处，另拨一营与弟换可耳。

吾于初十日至历口，十一日拟行六十里赶至祁门县，十二日先太夫人忌辰，不欲纷纷迎接应酬也。宁国府一军紧急之至，吾不能拨兵往援，而拟少济之以饷，亦地主之道耳。

咸丰十年六月初十日

————————
① 驯：驯服。

致沅弟季弟·嘱文辅卿二语

沅弟、季弟左右：

探报阅悉，此路并无步拨^①，即由东流、建德驿夫送祁。建德令已死，代理者新到，故文递迟延。弟以后要事，须专勇送来，三日可到，或逢三八专人来一次，每月六次。其不要紧者，仍由驿发来，则兄弟之消息常通矣。文辅卿办理厘金甚好，现在江西厘务，经手者皆不免官气太重。此外则不知谁何之人？如辅卿者，能多得几人，则厘务必有起色。吾批二李详文云："须冗员少而能事者多，入款多而坐支者少。"又批云："力除官气，严裁浮费。"弟须嘱辅卿二语，无官气，有条理。守此行之，虽至封疆不可改也。有似辅卿其人者，弟多荐几人更好。甲三起行时，温弟妇甚好，此后来之变态也。

咸丰十年六月二十八日

---

① 步拨：指送信的人。

198

致沅弟季弟·随时推荐出色的人

沅弟、季弟左右：

辅卿而外，又荐意卿、柳南二人，甚好！柳南之笃慎，余深知之，意卿谅亦不凡。余告筱辅观人之法，以有操守而无官气，多条理而少大言为主，又嘱其求润帅、左、郭及沅荐人，以后两弟如有所见，随时推荐，将其人长处短处，一一告知阿兄，或告筱荃，尤以习劳苦为办事之本。引用一班能耐劳苦之正人，日久自有大效。季弟言出色之人，断非有心所能做得，此语确不可易。名位大小，万般由命不由人，特父兄之教家，将帅之训士，不能如此立言耳。季弟天分绝高，见道甚早，可喜可爱！然办理营中小事，教训弁勇，仍宜以勤字作主，不宜以命字谕众。

润帅先几陈奏，以释群疑之说，亦有函来余处矣。昨奉六月二十四日谕旨，实授两江总督，兼授钦差大臣，恩眷方渥①，尽可不必陈明。所虑者，苏、常、淮、扬，无一支劲兵前往。位高非福，恐徒为物议之张本耳。余好出汗，沅弟亦好出汗，似不宜过劳。

咸丰十年七月初八日

---

① 恩眷方渥：指皇上的恩典如此优厚、隆重。

致四弟·用药须小心谨慎

澄侯四弟左右：

接弟手书，俱悉弟病日就痊愈，至慰至幸！惟弟服药过多，又坚嘱泽儿请医调治，余颇不以为然。吾祖星冈公在时，不信医药，不信僧巫，不信地仙①，此三者，弟必能一一记忆。今我辈兄弟亦宜略法此意，以绍家风。今年"白玉堂"做道场一次，"大夫第"做道场二次，此外祷祀之事，闻亦常有，是不信僧巫一节，已失家风矣。买地至数千金之多，是不信地仙一节，又与家风相背。至医药，则合家大小老幼，几于无人不药，无药不贵。迨②至补药吃出毛病，则又服凉药攻伐之；阳药吃出毛病，则又服阴药清润之；辗转差误，不至大病大弱不止。

弟今年春间多服补剂，夏末多服凉剂，冬间又多服清润之剂。余意欲劝弟少停药物，专用饮食调养。泽儿虽体弱，而保养之法，亦惟在慎

---

① 地仙：风水先生。

② 迨：到，及。

饮食节嗜欲，断不在多服药也。地仙、僧巫二者，弟向来不甚深信，近日亦不免为习俗所移，以后尚祈卓识坚定，略存祖父家风为要。天下信地、信僧之人，曾见有家不败者乎？北果公屋，余无银可捐；己亥冬，余登山踏勘，觉其渺茫也。

咸丰十年十二月二十四日

致四弟·不宜非议讥笑他人

澄侯四弟左右：

弟言家中子弟无不谦者，此却未然，余观弟近日心中即甚骄傲。凡畏人不敢妄议论者，谨慎者也；凡好讥评人短者，骄傲者也。

谚云："富家子弟多骄，贵家子弟多傲。"非必锦衣玉食，动手打人，而后谓之骄傲也，但使志得意满，毫无畏忌，开口议人短长，即是极骄极傲耳。余正月初四日信中言"戒骄字，以不轻非笑人①为第一义；戒惰字，以不晏起为第一义"，望弟常常猛省，并戒子侄也。

咸丰十一年二月初四日

---

① 不轻非笑人：指不轻易非议讥笑别人。

致九弟·述挽胡润帅联

沅弟左右：

调巡湖营由刘家渡拖入白湖之札，今日办好，即派人送去，吾所虑者，水师不能由大江入白湖，白湖不能通巢湖耳，今仅拖七八丈宽堤，即入白湖，斯大幸矣！若白湖能通巢，则更幸矣！

余昨日作挽润帅一联云："道寇在吴中，是先帝与荩臣临终憾事；荐贤满天下，愿后人补我公末竟勋名。"

咸丰十一年九月十四日

同治元年~同治七年

致季弟·述长江厘卡太多

季弟左右：

接家书，知季弟妇于二月初七日仙逝，何以一病不起？想系外感之证，弟向来襟怀不畅，适闻此噩耗，谅必哀伤不能自遣。惟弟体亦不十分强旺，尚当达观节哀，保重身体。应否回籍一行，待沅弟至三山夹与弟熟商，再行定夺。

长江数百里内厘卡太多，若大通再抽船厘，恐商贾裹足^①，有碍大局，拟不批准。获港厘局分成为数无多，拟批令改于华阳镇分成，为数较多，弟之所得较厚，又于外江水师无交涉争利之嫌，更为妥善。诸嘱保重，至要至要！

同治元年二月二十一日

---

① 裹足：不敢行走。

206

致九弟·述告办事好手不多

沅弟左右：

接陈东友、蔡东祥、周惠堂禀，知雍家镇于十九日克复。惜日内雨大，难以进兵，若跟踪继进，则裕溪口亦可得手矣。小泉赴粤，取其不开罪于人，内端方而外圆融①。今闻幼丹有出省赴广信之行，小泉万不可赴粤矣。

丁雨生笔下条畅，少荃求之幕府相助，雨生不甚愿去，恐亦不能至弟处，碍难对少荃也。南坡才大之外，人皆乐为之用，唯年岁太大；且粤湘交涉事多，亦须留南翁在湘，通一切消息。拟派鹤汀前往，鹤与劳公素相得，待大江通行后，请南翁来此商办盐务，或更妥洽。

又接弟信，知巢县、含山，于一日之内克复，欣慰之至！米可以

---

① 内端方而外圆融：形容为人处世里面刚正而外表圆滑。

多解，子药各解三万，唯办事之手，实在不可多得，容觅得好手，请
赴弟处。受山不乐在希帅处，即日当赴左帅大营，亦不便留也。

同治元年三月二十四日

致九弟·述抽本省之厘税

沅弟左右：

接信知弟目下将操练新军，甚善甚善！惟称欲过江斜上四华山扎营，则断不可。四华山上逼芜湖，下逼东梁，若一两月不破此二处，则我军无势无趣[1]，不得不退回北岸矣。

弟军南渡，总宜在东梁山以下采石，太平一带，如嫌采石下面形势太宽，即在太平以上渡江，总宜夺金柱关，占内河江面为主，余昨言妙处有四：一曰隔断金陵、芜湖之气，二曰水师打通泾县、宁国之粮路，三曰芜贼四面被围，四曰抬船过东坝，可达苏州。犹妙之小者耳。

又有最大者。金柱关可设厘卡，每月进款五六万；东坝可设厘卡，每月亦五六万，二处皆系苏皖交界，弟以本省之藩司职位，抽本省之厘税，尤为名正言顺。弟应从太平关南渡，毫无疑义，余可代作主张，其

---

① 无势无趣：指失去军势、军心。

迟速则仍由弟做主耳。西梁上下两岸，从三山起至采石止，望弟绘一图寄来，至要至要！

同治元年四月初六日

致九弟·宜多选好替手

沅弟左右：

水师攻打金柱关时，若有陆兵三千在彼，当易得手。保①彭杏南，系为弟处分统一军起见。弟军万八千人，总须另有二人堪为②统带者，每人统五六千，弟自统七八千，然后可分可合。

杏南而外，尚有何人可以分统？亦须早早提拔。办大事者，以多选替手为第一义。满意之选不可得，姑节取其次，以待徐徐教育可也。

同治元年四月十二日

---

① 保：保举、荐举。

② 堪为：胜任。

致九弟季弟·做人须清廉谨慎勤劳

沅、季弟左右：

帐棚即日赶办，大约五月可解六营，六月再解六营，使新勇略得却暑也。小抬枪之药与大炮之药，此间并无分别，亦未制造两种药。以后定每月解药三万斤至弟处，当不致更有缺乏。

王可升十四日回省，其老营十六可到，到即派往芜湖，免致南岸中段空虚。

雪琴与沅弟嫌隙已深，难遽期①其水乳。沅弟所批雪信稿，有是处，亦有未当处。弟谓雪声色俱厉。凡目能见千里，而不能自见其睫，声音笑貌之拒人，每苦于不自见，苦于不自知。雪之厉，雪不自知；沅之声色，恐亦未始不厉，特不自知耳。曾记咸丰七年冬，余咎骆文耆②待我之薄，温甫则曰："兄之面色，每予人以难堪。"又记十一年春，

---

① 遽期：短期、很快。
② 骆文耆：清末重臣骆秉章。

212

树堂深咎张伴山简傲不敬，余则谓树堂面色亦拒人于千里之外。观此二者，则沅弟面色之厉，得毋似余与树堂之不自觉乎？

余家目下鼎盛之际，余忝窃将相，沅所统近二万人，季所统四五千人，近世似此者，曾有几家？沅弟半年以来，七拜君恩，近世似弟者曾有几人？日中则昃，月盈则亏，吾家亦盈时矣。管子云："斗斛满则人概①之，人满则天概之。"余谓天概之无形，仍假手于人以概之。霍氏②翌满，魏相概之，宣帝概之；诸葛恪盈满，孙峻概之，吴主③概之。待他人之来概而后悔之，则已晚矣。吾家方丰盈之际，不待天之来概、人之来概，吾与诸弟当设法先自概之。

自概之道云何？亦不外清、慎、勤三字而已。吾近将清字改为廉字，慎字改为谦字，勤字改为劳字，尤为明浅，确有可下手之处。沅弟昔年于银钱取与之际不甚斟酌，朋辈之讥议菲薄，其根实在于此。去冬之买犁头嘴、栗子山，余亦大不谓然。以后宜不妄取分毫，不寄银回家，不多赠亲族，此廉字工夫也。谦字存诸中者不可知，其著于外者约有四端：曰面色，曰言语，曰书函，曰仆从属员。沅弟一次添招六千人，季弟并未禀明径招三千人，此在他统领所断做不到者，在弟尚能集事，亦算顺手。而弟等每次来信，索取帐棚子药等件，常多讥讽之词，不平之语。在兄处书函如此，则与别处书函更可知已。沅弟之仆从随员颇有气焰，面色言语与人酬接时吾未及见，而申夫④曾述及往年对渠之

---

① 概：引申为刮平、削平之意。

② 霍氏：汉代大将军霍光一族。

③ 吴主：三国时吴国君主孙亮。

④ 申夫：曾国藩的慕僚。

词气，至今饮憾。以后宜于此四端痛加克治，此谦字工夫也。每日临睡之时，默数本日劳心者几件，劳力者几件，则知宣勤王事之处无多，更竭诚以图之，此劳字工夫也。

余以名位太隆，常恐祖宗留诒之福自我一人享尽，故将劳、谦、廉三字时时自惕，亦愿两贤弟之用以自惕，且即以自概耳。

湖州于初三日失守，可怜可敬！

同治元年五月初八日

致九弟季弟·必须自立自强

沅弟、季弟左右：

沅于人概天概之说不甚屑意，而言及势利之天下，强凌弱之天下，此岂自今日始哉？盖从古已然矣。

从古帝王将相，无人不由自立自强做出。即为圣贤者，亦各有自立自强之道，故能独立不惧，确乎不拔。昔余往年在京，好与诸有大名大位者为仇，亦未始无挺然特立，不畏强御之意。

近来见得天地之道，刚柔互用，不可偏废，太柔则靡^①，太刚则折。刚非暴虐之谓也，强矫而已；柔非卑弱之谓也，谦退而已。趋事赴公则当强矫，争名逐利则当谦退；开创家业则当强矫，守成安乐则当谦退；出与人物应接则当强矫，入与妻孥享受则当谦退。

若一面建功立业，外享大名，一面求田问舍，内图厚实。二者皆有

---

① 靡：颓废。

盈满之象，全无谦退之意，则断不能久。此余所深信，而弟宜默默体验者也。

同治元年五月二十八日

致九弟季弟·述有负朋友

沅弟、季弟左右：

　　湖南之米，昂贵异常。东征局无米解来，安庆又苦于碾碓①无多，每日不能舂出三百石，不足以应诸路之求。每月解子药各三万斤，不能再多，望弟量入为出，少操几次，以省火药为嘱。

　　扎营图阅悉。得几场大雨，吟、昆等营必日松矣。处处皆系两层，前层拒城贼，后层防援贼，当可稳固无虑。

　　少泉代买之洋枪，今日交到一单，待物到即解弟处。洋物机括太灵，多不耐久，宜慎用之。

　　次青之事，弟所进箴规，极是极是，吾过矣！吾过矣！吾因郑魁士享当世大名，去年袁翁两处，及京师台谏尚累疏保郑为名将，以为不妨与李并举。又有郑罪重，李情轻，暨王锐意招之等语，以为比前折略

---

① 碾碓：用以舂米的工具。

轻。逮^①拜折之后，通首读来，实使次青难堪。今得弟指出，余益觉大负次青，愧悔无地。余生平于朋友中，负人甚少，惟负次青实甚。两弟为我设法，有可挽回之处，余不惮改过也。

同治元年六月初二日

---

① 逮：等待。

致九弟·望勿各逞己见

沅弟左右：

此次洋枪合用，前次解去之百支，果合用否？如有不合之处，一一指出。盖前次以大价买来，若过于吃亏，不能不一一与之申说也。吾因近日办事，名望关系不浅，以鄂中疑季之言相告，弟则谓我不应述及，外间指摘吾家昆弟过恶，吾有所闻，自当一一告弟，明责婉劝，有则改之，无则加勉，岂可秘而不宣？

鄂之于季，自系有意与之为难，名望所在，是非于是乎出，赏罚于是乎分，即饷之有无亦于是乎判。去冬金眉生被数人参劾，后至抄没其家，妻孥①中夜露立，岂累有万分罪恶哉？亦因名望所在，赏罚随之也。

众口悠悠，初不知其所自起，亦不知其所由止。有才者忿疑谤之无

---

① 孥：儿子。

因，而悍然不顾，则谤且日腾；有德者畏疑谤之无因，而抑然自修，则谤亦日熄。吾愿弟等之抑然，不愿弟等之悍然；愿弟等敬听吾言，手足式好，同御外侮，不愿弟等各逞己见，于门内计较雌雄，反忘外患。

至阿兄忝窃高位，又窃虚名，时时有颠坠之虞。吾通阅古今人物，似此名位权势，能保全善终者极少。深恐吾全盛之时，不克庇荫弟等，吾颠坠之际，或致连累弟等，惟于无事时，常以危词苦语互相劝诫，庶几免于大戾耳。

同治元年六月二十日

致九弟季弟·治身宜不服药

沅、季弟左右：

季弟病似疟疾，近已痊愈否？吾不以季第病之易发为虑，而以季好轻下药为虑。吾在外日久，阅事日多，每劝人以不服药为上策。吴彤云近病极重，水米不进，已十四日矣，十六夜四更已将后事料理，手函托我。余一概应允，而始终劝其不服药。自初十日起，至今不服药十一天，昨日竟大有转机，疟疾减去十之四，呃逆各症，减去十之七八，大约保无他变。希庵五月之季①，病势极重，余缄告之云："治心以广大二字为药，治身以不药二字为药。"并言作梅医道不可恃。希乃断药月余，近日病已痊愈，咳嗽亦止。是二人者，皆不服药之明效大验。季弟信药太过，自信亦太深，故余所虑不在于病，而在于服药，兹谆谆以不服药为戒，望季曲从之，沅力劝之，至要至嘱。

————————
① 季：年、月的末了，此指五月末。

季弟信中所商六条，皆可允行，回家之期，不如待金陵克后乃去，庶几一劳永逸。

　　如营中难耐久劳，或来安庆闲散十日八日，待火轮船之便，复还金陵本营，亦无不可。若能耐劳耐烦，则在营久熬更好，与弟之名曰贞，字曰恒者，尤相符合。其余各条皆办得到，弟可放心。

同治元年七月二十日

致四弟·劝弟须静养身体

澄弟左右：

沅、霆两军病疫，迄未稍愈，宁国各属，军民死亡相继，道殣相望[①]。河中积尸生虫，往往缘船而上，河水及井水，皆不可食；其有力者，用舟载水于数百里之外。秽气触人，十病八九，诚宇宙之大劫，军行之奇苦也。

洪容海投诚后，其党黄、朱等目复叛，广德州既得复失，金柱关常有贼窥伺，近闻增至三四万人，深可危虑。余心所悬念者，惟此二处。

余体气平安，惟不能多说话，稍多则气竭神乏，公事积搁，恐不免于贻误。弟体亦不甚旺，总宜好好静养。莫买田产，莫管公事。吾所嘱

① 道殣相望：指道路上饿死的人很多。殣：饿死。

223

者，二语而已。盛时常作衰时想，上场当念下场时，富贵人家，不可不牢记此二语也。

同治元年闰八月初四日

致四弟·与官相见以谦谨为主

澄弟左右：

沅弟金陵一军，危险异常。伪忠王率悍贼十余万，昼夜猛扑，洋枪极多，又有西洋之落地开花炮，幸沅弟小心坚守，应可保全无虞。鲍春霆至芜湖养病，宋国永代统宁国一军，分六营出剿，小挫一次。春霆力疾回营，凯章全军亦赶至宁国守城，虽病者极多，而鲍张合力，此路或可保全。又闻贼于东坝抬船至宁郡诸湖之内，将图冲出大江，不知杨彭能知之否？若水师安稳，则全局不至决裂耳。

来信言余于沅弟，既爱其才，宜略其小节，甚是甚是。沅弟之才，不特吾族所少，即当世亦不多见。然为兄者，总宜奖其所长，而兼规其短，若明知其错，而一概不说，则又非特沅一人之错，而一家之错也。

吾家于本县父母官，不必力赞其贤，不可力诋其非。与之相处，宜在若远若近，不亲不疏之间。渠有庆吊^①，吾家必到；渠有公事须绅士助力者，吾家不出头，亦不躲避。渠于前后任之交代，上司衙门之请托，则吾家丝毫不可与闻。弟既如此，并告子侄辈常常如此，子侄若与官相见，总以谦谨二字为主。

同治元年九月初四日

---

① 庆吊：指喜事及丧事。

致九弟·述让纪瑞承荫

沅弟左右：

二日未寄信与弟，十七夜接弟初九日信，知弟左臂疼痛不能伸缩，实深悬系。兹专人送膏药三个与弟，即余去年贴右手背而立愈者，可试贴之，有益无损也。"拂意之事接于耳目"，不知果指何事？若与阿兄间有不合，则尽可不必拂郁。弟有大功于家，有大功于国，余岂有不感激不爱护之理？

余待希、厚、雪、霆诸君，颇自觉仁让兼至，岂有待弟反薄之理？惟有时与弟意趣不合，弟之志事颇近春夏发舒之气，余之志事颇近秋冬收啬之气；弟意以发舒而生机乃旺，余意以收啬而生机乃厚，平日最好昔人"花未全开月未圆"七字，以为惜福之道、保泰之法，莫精于此，曾屡次以此七字教诚春霆，不知与弟道及否？

星冈公昔年待人，无论贵贱老小，纯是一团和气，独对子孙诸侄则严肃异常，通佳时令节尤为凛不可犯，盖亦具一种收啬之气，不使家中欢乐过节，流于放肆也。余于弟营保举、银钱、军械等事，每每稍示节制，亦犹本"花未全开月未圆"之义，至危迫之际，则救焚拯溺，不复稍有所吝矣。弟意有不满处，皆在此等关头，故将余之襟怀揭出，俾弟释其疑而豁其郁①。此关一破，则余兄弟丝毫皆合矣。

再，余此次应得一品荫生，已于去年八月咨部，以纪瑞侄承荫，因恐弟辞让，故当时仅告澄而未告弟也。将来瑞侄满二十岁时，纪泽已三十矣。同去考荫，同当部曹，若能考取御史，亦不失世家气象。以弟于祖父兄弟宗族之间竭力竭诚，将来后辈必有可观。目下小恙，断不为害，但今年切不宜亲自督队耳。

同治二年正月十八日

---

① 释其疑而豁其郁：指释去疑团使忧郁的心情豁然开朗。

致九弟·述治事宜勤军

沅弟左右：

　　弟读邵子①诗，领得恬淡冲融之趣，此自是襟怀长进处。自古圣贤豪杰，文人才士，其志事不同，而其豁达光明之胸襟大略相同。以诗言之，必先有豁达光明之识，而后有恬淡冲融之趣。如李白、韩退之、杜牧之则豁达处多，陶渊明、孟浩然、白香山则冲淡处多。杜、苏二公无美不备，而杜之五律最冲淡，苏之七古最豁达，邵尧夫虽非诗之正宗，而豁达、冲淡，二者兼全。吾好读《庄子》，以其豁达足益人胸襟也。去年所讲"生而美者，若知之，若不知之，若闻之，若不闻之"一段，最为豁达。推之即舜禹之有"天下而不与"，亦同此襟怀也。

　　吾辈现办军务，系处功利场中，宜刻刻勤劳，如农之力穑②，如贾之趋利，如篙工之上滩，早作夜思，以求有济。而治事之外，此中却须

---

① 邵子：即宋代哲学家邵雍。
② 穑：收割庄稼。

有一段豁达冲融气象，二者并进，则勤劳而以恬淡出之，最有意味。余所以令刻"劳谦君子"印章与弟者，此也。

无为之贼十九日围扑庐江后，未得信息。春霆二十一日尚在泥汉，顷批令速援庐江。

少荃已克复太仓州，若再克昆山，则苏州可图矣。吾但能保沿江最要之城隘，则大局必日振也。

同治二年三月二十四日

致九弟·不必再行辞谢

沅弟左右：

辞谢一事，本可浑浑言之^①，不指明武职京职，但求收回成命。已请筱泉、子密代弟与余各拟一稿矣。昨接弟咨，已换署新衔，则不必再行辞谢。吾辈所最宜畏敬慎者，第一则以方寸为严师，其次则左右近习之人，如巡捕、戈什、幕府文案及部下营哨官之属，又其次乃畏清议。今业已换称新衔，一切公文体制为之一变，而又具疏辞官，已知其不出于至诚矣。

弟应奏之事暂不必忙。左季帅奏专衔事之旨，厥后三个月始行拜疏。香琴得巡抚及侍郎后，除疏辞复奏二次后，至今未另奏事。弟非有要紧事件，不必专衔另奏，寻常报仗，仍由余办可也。

同治二年四月十六日

---

① 浑浑言之：含含糊糊地说说。

致九弟·只问积劳不问成名

沅弟左右：

接初四日、初六日两次来信，知初五夜地道轰陷贼城十余丈，被该逆抢堵，我军伤亡三百余人，此盖意中之事。城内多百战之寇，阅历极多，岂有不能抢堵缺口之理？苏州先复，金陵尚遥遥无期，弟切不必焦急。

古来大战争、大事业，人谋①仅占十分之三，天意恒居十分之七。往往积劳之人，非即成名之人；成名之人，非即享福之人。此次军务，如克复武汉、九江、安庆，积劳者即是成名之人，在天意已算十分公道，然而不可恃也。吾兄弟但在积劳二字上着力，成名二字则不必问及，享福二字则更不必问矣。

厚庵坚请回籍养亲侍疾，只得允准，已于今日代奏。

---

① 人谋：人的谋略。

苗逆于二十六夜擒斩，其党悉行投诚，凡寿州、正阳、颍上、下蔡等城一律收复，长、淮指日肃清，真堪庆幸！

郭世兄于十二日到此，大约暂留安庆小住。牧云定于十五以后回湘。弟近日身体健旺否？吾所嘱者二端：一曰天怀淡定，莫求速效；二曰谨防援贼城贼，内外猛扑，稳慎①御之。

同治二年十一月十二日

---

① 稳慎：稳妥和慎重。

致九弟·万望毋恼毋怒

沅弟左右:

十三日接弟初十日书,有云"肝病已深,痼疾已成,逢人辄怒,遇事辄忧"等语,读之不胜焦虑。今年以来,苏浙克城甚多,独金陵迟迟尚无把握,又饷项奇绌①。不如意之事机、不入耳之言语,纷至迭乘。余尚愠郁成疾,况弟之劳苦过甚百倍阿兄,心血久亏数倍于阿兄乎?

余自春来,常恐弟发肝病,而弟信每含糊言之,此四句乃露实情。此病非药饵所能为力,必须将万事看空,毋恼毋怒,乃可渐渐减轻。蝮蛇螫手,则壮士断其手,所以全生也。吾兄弟欲全其生,亦当视恼怒如蝮蛇,去之不可不勇,至嘱至嘱。

余年来愧对老弟之事,惟拨去程学启一名将,有损于阿弟。然有损于家,有益于国,弟不必过郁,兄亦不必过悔。顷见少荃为程学启请

① 绌:缺。

恤一疏，立言公允，兹特寄弟一阅，请弟抄后寄还。李世忠事，十二日奏结，又饷绌情形一片抄阅，即为将来兄弟引退之张本。余病假于四月二十五日满期，余意再请续假，幕友皆劝销假，弟意以为如何？

淮北票盐、课厘两项，每岁共得八十万串，拟概供弟一军。此亦巨款，而弟尚嫌其无几，且愧对万忠，盖亦眼大口大之过。余于咸丰四、五、六、七、八、九等年，从无一年收过八十万者，再筹此等巨款，万不可得矣。

同治三年四月十三日

致四弟九弟·谆嘱瑞侄用功

澄、沅弟左右：

纪瑞侄得取县案首，喜慰无已。吾不望代代得富贵，但愿代代有秀才。秀才者，读书之种子也，世家之招牌也，礼义之旗帜也，谆嘱瑞侄从此奋勉加功，为人与为学并进，切戒骄奢二字，则家中风气日厚，而诸子侄争相濯磨[①]矣。

吾自奉督办山东军务之命，初九、十三日两折皆已寄弟阅看，兹将两次批谕抄阅。吾于二十五日启行登舟，在河下停泊三日，特遣回之十五营一概开行，带去之六营一概拔队，然后解维长行。茂堂不愿久在北路，拟至徐州度暑后。九月间准茂堂还湘，勇丁有不愿留徐者，亦听随茂堂归。总使"吉中"全军人人荣归，可去可来，无半句闲话惹人谈话，沅弟千万放心。

---

① 濯磨：濯，洗。此处指争相学习和磨炼。

余舌尖蹇涩，不能多说话，诸事不甚耐烦，幸饮食如常耳。沅弟湿毒未减，悬系之至。药物断难奏效，总以能养能睡为妙。

同治四年五月二十六日

致九弟·宜在自修处求强

沅弟左右：

　　接弟信，俱悉一切。弟谓命运做主，余素所深信，谓自强者每胜一筹，则余不甚深信。凡国之强，必须多得贤臣工；家之强，必须多出贤子弟。此亦关乎天命，不尽由于人谋。至一身之强，则不外乎北宫黝、孟施舍、曾子三种，孟子之集义而慊①，即曾子之自反而缩也。惟曾、孟与孔子告仲由之强，略为可久可常；此外斗智斗力之强，则有因强而大兴，亦有因强而大败。古来如李斯、曹操、董卓、杨素者，其智力皆横绝一世，而其祸败亦迥异寻常；近世如陆、何、肃、陈，亦皆予知自雄，而俱不保其终。故吾辈在自修处求强则可，在胜人处求强则不可。若专在胜人处求强，其能强到底与否尚未可知，即使终身强横安稳，亦君子所不屑道也。

---

① 慊：不满足。

贼匪此次东窜，东军小胜二次，大胜一次，刘、潘大胜一次，小胜数次，似已大受惩创，不似上半年之猖獗。但求不窜陕、洛，即窜鄂境，或可收夹击之效。

余定于明日请续假一月，十月请开各缺，仍留军营，刻一木戳，会办中路剿匪事宜而已。

同治五年九月十二日

致四弟·送银子共患难者

澄弟左右：

余于十月二十五接入觐之旨，次日写信召纪泽来营，厥后又有三次信止其勿来，不知均接到否？自十一月初六接奉两江督任之旨，十七日已具疏恭辞，二十八日又奉旨令回本任，初三日又具疏恳辞，如再不获命，尚当再四疏辞，但受恩深重，不敢遽求回籍，留营调理而已，余从此不复做官。

同乡京官，今冬炭敬①犹须照常馈送。昨令李翥汉回湘送罗家二百金，李家二百金，刘家百金，昔年曾共患难者也。前致弟处千金，为数极少，自有两江总督以来，无待胞弟如此之薄者。然处兹乱也，钱愈多则患愈大，兄家与弟家总不宜多存现银。现钱每年兄敷一年之用，便是天下之大富，人间之大福。家中要得兴旺，全靠出贤子弟，若子弟不贤

---

① 敬：木炭的费用。

不才，虽多积银、积钱、积谷、积产、积衣、积书，总是枉然！

　　子弟之贤否，六分本于天生，四分由于家教。吾家代代皆有世德明训，惟星冈公之教尤应谨守牢记。吾近将星冈公之家规，编成八句云："书蔬猪鱼，考早扫宝，常说常行，八者都好；地命医理，僧巫祈祷，留客久住，六者俱恼。"盖星冈公于地、命、医、僧、巫五项人，进门便恼，即亲友远客久住亦恼。此八好六恼者，我家世世守之，永为家训，子孙虽愚，亦必略有范围也。

　　　　　　　　　　　　　　　　　　　　同治五年十二月初六日

致九弟·时刻悔悟大有进益

沅弟左右：

　　鄂署五福堂有回禄①之灾，幸人口无恙，上房无恙，受惊已不小矣。其屋系板壁纸糊，本易招火。凡遇此等事，只可说打杂人役失火，固不可疑会匪之毒谋，尤不可怪仇家之奸细。若大惊小怪，胡思乱猜，生出多少枝叶，仇家转得传播以为快。惟有处之泰然，行所无事，申甫所谓"好汉打脱牙和血吞"，星冈公所谓"有福之人善退财"，真处逆境者之良法也。

　　弟求兄随时训示申儆，兄自问近年得力惟有一悔字诀。兄昔年自负本领甚大，可屈可伸，可行可藏，又每见得人家不是。自从丁巳、戊午大悔大悟之后，乃知自己全无本领，凡事都见得人家有几分是处，故自戊午至今九载，与四十岁以前迥不相同。大约以能立能达为体，以不怨

---

① 回禄：传说中的火种。此处指火灾。

242

不尤为用。立者，发奋自强，站得住也；达者，办事圆融，行得通也。

吾九年以来，痛戒无恒之弊，看书写字，从未间断，选将练兵，亦常留心，此皆自强能立工夫。奏疏公牍，再三斟酌，无一过当之语自夸之词，此皆圆融能达工夫。至于怨天本有所不敢，尤人则常不能免，亦皆随时强制而克去之。

弟若欲自儆惕①，似可学阿兄丁戊二年之悔，然后痛下箴砭，必有大进。立达二字，吾于己未年曾写于弟之手卷中，弟亦刻刻思自立自强，但于能达处尚欠体验，于不怨尤处尚难强制。吾信中言皆随时指点，劝弟强制也。赵广汉本汉之贤臣，因星变而劾魏相，后乃身当其灾，可为殷鉴。默存一悔字，无事不可挽回也。

同治六年正月初二日

---

① 儆惕：敬惕。

致九弟·必须逆来顺受

沅弟左右：

　　接李少帅信，知春霆因弟复奏之片，言省三系与任逆接仗，霆军系与赖逆交锋，大为不平，自奏伤疾举发，请开缺调理。又以书告少帅，谓弟自占地步，弟当此百端拂逆①三时，又添此至交龃龉之事，想心绪益觉难堪。然事已如此，亦只有逆来顺受之法，仍不外悔字诀、硬字诀而已。

　　朱子尝言："悔字如春，万物蕴蓄初发；吉字如夏，万物茂盛已极；吝字如秋，万物如落；凶字如冬，万物枯凋。"又尝以元字配春，亨字配夏，利字配秋，贞字配冬，兄意贞字即硬字诀也。弟当此艰危之际，若能以硬字法冬藏之德，以悔字启春生之机，庶几可挽回一二乎？

　　闻左帅近日亦极谦慎，在汉口气象何如？弟曾闻其略否？申夫阅

───────────

① 端拂逆：百事不顺。

历极深，若遇危难之际，与之深谈，渠尚能于恶风骇浪之中默识把舵之道，在司道中不可多得也。

同治六年三月初二日

致四弟九弟，述为不学有四要事

澄、沅两弟左右：

屡接弟信，并阅弟给纪泽等谕帖，俱悉一切。兄以八月十三出省，十月十五日归署，在外匆匆，未得常寄函与弟，深以为歉。小澄生子，岳松入学，是家中近日可庆之事。沅弟夫妇病而速痊，亦属可慰。

吾见家中后辈，体皆虚弱，读书不甚长进，曾以为学四事勉儿辈：一曰看生书宜求速，不多读则太陋；一曰温旧书宜求熟，不背诵则易忘；一曰习字宜有恒，不善写则如身之无衣，山之无木；一曰作文宜苦思，不善作则如人之哑不能言，马之跛不能行。四者缺一不可，盖尽阅历一生，深知深悔之者，今亦望家中诸侄力行之。两弟如以为然，望常以此教诫子侄为要。

兄在外两月有余，应酬极繁，眩晕疝气等症，幸未复发，脚肿亦愈。惟目蒙日甚①，小便太多，衰老相逼，时势当然，无足怪也。

同治六年十月二十三日

---

① 日甚：一天比一天厉害。

致四弟·兄弟同蒙封爵

澄弟左右：

初十日接恩旨，余蒙封侯爵，太子太保，沅蒙封伯爵，太子少保，均赏双眼花翎。沅部李臣典子爵，萧孚泗男爵，殊恩异数，萃①地一门。祖宗积累阴德，吾辈食此重禄。感激之余，弥增歉悚！

沅弟至六月甚辛苦，近日湿毒，十愈其七，初十、十一、十二等日戏酒宴客，每日百余席。沅应酬周到，不以为苦，谚称人逢喜事精神爽，其信然欤？余拟于七月下旬回皖，九月再来金陵，十一月举行江南乡试。沅弟拟九、十月回籍，各营应撤二万人，遣资尚无着也。

同治七年五月十四日

---

① 萃：同"集"。集中，聚集。

家风系列

李鸿章家书

李鸿章 / 著

北京理工大学出版社
BEIJING INSTITUTE OF TECHNOLOGY PRESS

图书在版编目（CIP）数据

李鸿章家书 /(清) 李鸿章著. -- 北京 : 北京理工大学出版社, 2015.7
（家风系列）
ISBN 978-7-5682-0111-7

Ⅰ . ①李… Ⅱ . ①李… Ⅲ . ①李鸿章（1823～1901）— 书信集 Ⅳ.
①K827=52

中国版本图书馆CIP数据核字（2015）第003561号

出版发行 / 北京理工大学出版社有限责任公司

社　　址 / 北京市海淀区中关村南大街 5 号

邮　　编 / 100081

电　　话 /（010）68914775（总编室）
　　　　　　82562903（教材售后服务热线）
　　　　　　68948351（其他图书服务热线）

网　　址 / http://www.bitpress.com.cn

经　　销 / 全国各地新华书店

印　　刷 / 三河市九洲财鑫印刷有限公司

开　　本 / 700 毫米×1000 毫米　　1/16

印　　张 / 13.75　　　　　　　　　　　责任编辑 / 钟　博

字　　数 / 210千字　　　　　　　　　　文案编辑 / 钟　博

版　　次 / 2015年7月第1版　2015年7月第1次印刷　　责任校对 / 周瑞红

总 定 价 / 160.00元（全四册）　　　　　责任印制 / 边心超

目
Contents
录

李鸿章小传

　　李鸿章，出生于清道光三年（1823年）2月15日，谢世于光绪二十七年（公元1901年）11月7日。本名章桐，字渐甫（一字子黻），号少荃（泉），晚年自号仪叟，别号省心，谥文忠。安徽合肥东乡（今肥东县）磨店人。

　　李鸿章六岁进入家馆棣华书屋学习。他少年聪慧，先后拜堂伯仿仙和合肥名士徐子苓为师，攻读经史，打下扎实的学问功底。道光二十四年（1844年），第一次科考落榜后住在曾国藩宅邸受曾教导；道光二十七年（1847年），二十四岁的李鸿章考中进士，被选入翰林院任庶吉士。同时受业曾国藩门下。三年后翰林院散馆，获留馆任翰林院编修。

　　咸丰三年（1853年），李鸿章受命回籍办团练，并多次领兵与太平军作战。咸丰八年（1858年）冬，入曾国藩幕府襄办营务。咸丰十年（1860年）李鸿章受命，开始组建淮军团练。他以老师曾国藩的湘军为母体，以两淮地方自保性团练武装——庐州团练等为基础，以自己在家乡的裙带关系为帮助，使淮军的招募组建非常顺利。淮军到同治元年（1862年）基本成型，四营到安庆集训。是年3月他被任命署理江苏巡抚，十月十二日实授，次年二月又兼署通商大臣，"从此隆隆直上"，开始了他在晚清政治舞台上纵横捭阖的四十年。1863年和1864年他率淮军攻陷苏州、常州等地，和湘军一起镇压了太平天国。

　　1864年太平军被灭，南方战事已基本平息，但此时自山东起的捻军正猖獗于中原、北方一带。同治四年（1865年）清廷即任命曾国藩北上督师剿捻，李鸿章署理两江总督，负责调兵、筹饷等后勤事宜。但捻军作战快速多变，而曾国藩因诸多原因无法有效指挥淮军。同治五年（1866年）清廷改命李鸿章接办剿捻事务。李鸿章到任后一改老师的平捻策略，变"追其尾"为"截其首"，加之湘军力战，出色地完成了剿捻之重任。有了淮军的武装基础，又有了平息起义的战功，自此李鸿章已经拥有了雄厚的政治资本。

　　从19世纪60年代起，李鸿章积极筹建新式军事工业，仿造外国船炮，开始从事标榜"自强"进而"求富"的洋务事业，主要以"官督商办"的形式创办了一系列民用企业。1865年他分别在上海和江宁（今江苏南京）创立江南机器制造总局和金陵机器制造局。为培养"自强""求富"所需人才，他还创办各类新式学堂，并派人赴欧美留学。

　　面对清廷内部封建顽固派的重重阻挠，李鸿章坚持"外须和戎，内须变法"的洋务总纲，也就是在列强环伺，外侮日甚的环境中，尽最大可能利用"以夷制夷"的外交手段，为中国的洋务建设赢得尽可能多的和平时间。梁启超评论李鸿章的外交之术时说："李鸿章之手段，专以联某国制某国，而所谓联者，又非平时结之，不过临时而镞之，盖有一种战国策之思想，横于胸中焉。"

李鸿章因兴办洋务而结实了一批洋务外交家，了解和掌握了一些国际外交原则，开始懂得一些国际公法，具备了近代主权国家朦胧的外交意识，并且对近代国际关系中的均势思想、实力原则也有了一定的感性认识。这些外交意识虽不全面，但相对于当时的封建官僚还是先进得多的。因而，李鸿章成为当时清廷办理洋务第一人。

李鸿章的外交活动从同治九年（1870年）天津教案开始到光绪二十七年（1901年）《辛丑条约》签订结束，共31年时间。其所交往之国十几个，如法、德、英、美、日、意等。其所办外交事务几十起。他代表清廷签订了《马关条约》（1895年）、《中俄密约》（1896年）、《辛丑条约》（1901年）等。正是因为这些条约的签订，李鸿章背负千古骂名。《辛丑条约》签订两个月后，被李鸿章倚为强援的俄国政府再度发难，提出"道胜银行协定"，试图攫取更大权益，威逼李鸿章签字。此时已经78岁的李鸿章气恼交加，呕血不起，于9月27日去世，临终时"双目犹炯炯不瞑"，带着无尽的遗憾。

李鸿章家书

禀父母

月之初八日接诵手谕,命儿为官清正,毋作贪想,临事尤宜谨慎等,敢不遵命。当儿来此接篆之时,一般谋缺者纷来道贺,户为之穿,彼等有愿以巨金为儿寿,儿弗记财物,却而壁之。盖不义之财,不取为是也。

禀父母

（告却不义之财）

　　月之初八日接诵手谕，命儿为官清正，毋作贪想，临事尤宜谨慎等，敢不遵命。当儿来此接篆之时，一般谋缺者纷来道贺，户为之穿，彼等有愿以巨金为儿寿，儿弗论财物，却而璧之。盖不义之财，不取为是也。

致三弟

　　《朱子家训》内有"子孙虽愚，经书不可不读"，兄意亦然。兄少时从游，常告读经之法。穷经必专一经，不可泛鹜；读经以研寻义理为本，考据名物为末。读经有一耐字诀，一句不通，不看下句；今日不通，明日再读；今年不精，明年再读。此所谓耐也。弟亦不妨照此行之，经学之道，不患不精焉。

致三弟

（读经宜用耐字诀）

　　《朱子家训》内有"子孙虽愚，经书不可不读"，兄意亦然。兄少时从游，常告读经之法。穷经必专一经，不可泛骛；读经以研寻义理为本，考据名物为末。读经有一耐字诀，一句不通，不看下句；今日不通，明日再读；今年不精，明年再读。此所谓耐也。弟亦不妨照此行之，经学之道，不患不精焉。

谕纪

来信提及考试之事，想此书到纪时，纪未启行，特训纪数语。得失常事，不足忧，总以发愤读书为主。史宜日日看，不可间断。读经先穷一经，一经通后，再治他经，不可兼营并骛，一无所得。纪能听余言，毋论考试之得失，他日必能成一有用之人。

谕侄

（请以发愤读书为主）

　　来信提及考试之事，想此书到侄时，侄未启行，特训侄数语。得失常事，不足虑，总以发愤读书为主。史宜日日看，不可间断。读经先穷一经，一经通后，再治他经，不可兼营并骛，一无所得。侄能听余言，毋论考试之得失，他日必能成一有用之人。

禀姑母

表弟、妹等在家从何人游？吾邑王怀祖先生，经学家也，昨接
曾夫子来示云，怀祖先生广启门庭，招收词业弟子，如表弟有意于
此，可由侄具函递至白门曾夫子幕内，转送与邑可也。表妹未便远
游，须另设法，方不致失学。倘意姑母大人于家务之暇，授以闺门
训，及《女孝经》之类，一俟稍有门径，再行企园，亦为未晚。侄
在此身体尚安，弗劳遥念。

禀姑母

（谈表弟妹求学事）

　　表弟、妹等在家从何人游？高邮王怀祖先生，经学家也，昨接曾夫子来示云，怀祖先生广启门庭，招收问业弟子，如表弟有意于此，可由侄具函遣至白门曾夫子幕内，转送高邮可也。表妹来便远游，须另设法，方不致失学。便意姑母大人于家务之暇，授以闺门训，及《女孝经》之类，一俟稍有门径，再行企图，亦为未晚。侄在此身体尚安，弗劳遥念。

致弟

　　三弟笔性颇佳，习颜、柳各体似太拘束，活泼之气不能现于纸上，最宜改习赵字，而参以北海之云麾碑，则大有可观。

致弟

（劝改习赵体）

三弟笔性颇佳，习颜、柳各体似太拘束，活泼之气不能现于纸上，
最宜改习赵字，而参以北海之云麾碑，则大有可观。

致弟

三弟来函,既改习赵字,慰甚。唯以功夫太浅,不能深得其意,此天然之理,不足道。只需有恒,不必多写,多写则生厌,厌则无功。每日临赵松雪道教碑三页足矣。尚有一言以相告:临过之后,默思赵字之结构,以指画之,多看亦易进步,所临之字不可废,至翌日齐集订成一册,以之比较,自有心得。

致弟

（论习字之法）

　　三弟来函，既改习赵字，慰甚。唯以功夫太浅，不能深得其意，此天然之理，不足道。只需有恒，不必多写，多写则生厌，厌则无功。每日临赵松雪道教碑三页足矣。尚有一言以相告：临过之后，默思赵字之结构，以指画之，多看亦易进步，所临之字不可废，至朔日齐集订成一册，以之比较，自有心得。

致瀚章兄

　　体气多病，得名人文集静心读之，亦足以养病。凡读书有难解者，不必遽求甚解，有一字不能记者，不必苦求强记，只需从容涵吟，今日看几遍，明日看几遍，久久自然有益。但于已阅过者，自作暗号，略批几字，否则历久忘其为已阅未阅矣。

致瀚章兄

（论读书诀窍）

体气多病，得名人文集静心读之，亦足以养病。凡读书有难解者，不必遽求甚解，有一字不能记者，不必苦求强记，只需从容涵吟，今日看几遍，明日看几遍，久久自然有益。但于已阅过者，自作暗号，略批几字，否则历久忘其为已阅来阅矣。

致三弟

　　余平生最喜读者，为韩愈《论佛骨表》，取气盛也。三弟可常常阅之，每阅数十遍，得神志。譬如饮食，但得一肴，适口充肠，正不求多品也。苏轼代张方平谏用兵书，言之非常痛快，余亦常读。

致三弟

（劝常阅韩愈《论佛骨表》）

余平生最喜读者，为韩愈《论佛骨表》，取气盛也。三弟可常常阅之，多阅数十遍，得神志。譬如饮食，但得一肴，适口充肠，正不求多品也。苏轼代张方午谏用兵书，言之非常痛快，余亦常读。

禀父

曾夫子近编《经史百家杂钞》一书，一曰著述门。内分三类：为记著类，词赋类，序跋类。二曰告语门。内分四类：诏令类，奏议类，书牍类，哀祭类。三曰记载门。内分四类：传志类，叙记类，典志类，杂记类。以上各类，凡经史之绝妙作品，包罗待尽，评者以曾公编此书胆气颇大，今由儿校正，一俟正竣，当付版制印，诸弟等可于执一部，为书斋之消遣品可耳。

禀父

（谈《经史百家杂钞》内容）

曾夫子近编《经史百家杂钞》一书，一曰著述门。内分三类：为论著类，词赋类，序跋类。二曰告语门。内分四类：诏令类，奏议类，书牍类，哀祭类。三曰记载门。内分四类：传志类，叙记类，典志类，杂记类。以上各类，凡经史之隽妙作品，包罗待尽，评者以曾公编此书胆气颇大，今由儿校正，一俟正竣，当付版制印，诸弟等可手执一部，为书斋之消遣品可耳。

第三致

　　俭之一字，能定人之恒久。曾涤笙夫子训诸子弟曰：余兄弟无论在官在家，使此辈以俭字相勖，则可久矣。此其明证也。

致三弟

（论俭字）

俭之一字，能定人之恒久。曾涤笙夫子训诸子弟曰：余兄弟无论在官在家，彼此常以俭字相勖，则可久矣。此其明证也。

致三弟

予身体尚好，总以足爪太长，行路艰难，苦极。门下各人，推荐熟于抒脚者来此，终觉痛苦，每以不必下手，请之去。署中某，晤面时，每谈抒脚术，因命代招之，及来，即施其技，未觉痛，即酬以银二百两为买器具，并嘱其常住于此，不必再至浴室谋生也。兄虽费二百两，而行旅自由，从此复萌，弟等必言兄之奢也。然终身之病，从此脱弃，即巨金亦不可谓为奢矣。

致三弟

（告已治愈终身之病）

予身体尚好，总以足爪太长，行路艰难，苦极。门下各人，推荐熟手扦脚者来此，终觉痛苦，每以不必下手，辞之去。署中某，晤面时，每谈扦脚术，因命代招之，及来，即施其技，未觉痛，即酬以银二百两为买器具，并嘱其常住于此，不必再至浴堂谋生也。兄虽费二百两，而行旅自由，从此复萌，弟等必言兄之奢也。然终身之病，从此脱弃，即巨金亦不可谓为奢矣。

谕俊

　　四弟来信云，俊近读《史记》，甚喜，甚喜。盖《史记》乃不可不看之书，尔既看《史记》，则断不可看他书。功课无一定章法，但须专耳。余从前教诸弟，当限以功课，近来觉限人以课程，往往以所难，苟其不愿，虽日日逼照限程，亦复无益。故近来教弟，但有一专字耳。

谕侄

（论读书宜专）

四弟来信云，侄近读《史记》，甚喜，甚喜。盖《史记》乃不可不看之书，尔既看《史记》，则断不可看他书。功课无一定呆法，但须专耳。余从前教诸弟，当限以功课，近来觉限人以课程，往往以所难，苟其不愿，虽日日遵照限程，亦复无益。故近来教弟，但有一专字耳。

致弟

曾夫子致其弟函曰：余蒙祖宗遗泽，祖父教训，幸得科名。内顾无所忧，外遇无不如意，一无所欠矣。所望者惟得诸弟强立，同心一力，何患令名之不显，何患家运之不兴！余意与曾公之意正同。余与诸弟虽隔千里，盼望诸人之心，未尝或断，每间一月，乃作一函训诸弟，未知诸弟对余意如何。

致弟

（借论兄弟同心之益处）

　　曾夫子致其弟函曰：余蒙祖宗遗泽，祖父教训，幸得科名。内顾无所忧，外遇无不如意，一无所触矣。所望者再得诸弟强立，同心一力，何患令名之不显，何患家运之不兴！余意与曾公之意正同。余与诸弟虽隔千里，盼望诸人之心，未尝或断，每间一月，乃作一函训诸弟，未知诸弟对余意如何。

致弟

为学之道，勿求外出，亦可成名。昔婺源王玖臣先生，家贫如洗，在三十岁之前，为窑工画碗，三十岁之后，读书训蒙到老，终身不应科举，著作逾百。为本朝杰出名儒。彼一生未拜师友，不出洞里。故余所望诸弟亦如是，唯不出恒之一字耳。

致弟

（论为学之道）

　　为学之道，勿求外出，亦可成名。昔婺源王双鱼先生，家贫如洗，在三十岁之前，为窑工画碗，三十岁之后，读书训蒙到老，终身不应科举，著作逾百。为本朝杰出名儒。彼一生未拜师友，不出闾里。故余所望诸弟亦如是，唯不出恒之一字耳。

致瀚章兄

四弟来示言书法云：钩联顿挫，纯用弧过庭草法；而间架纯用赵法。柔中寓刚，绵里藏针，动合自然等语，弟亦欣慰此说。子昂集古今之大成，于初唐四家内师虞永兴，而参以钟绍京，因此以上窥二王，下法庭闻，此一径也。唐中叶师李北斯，参以真卿、季海之沉着，又一径也。晚唐师苏灵芝，亦一径也。由虞永兴以溯二王，以及六朝诸家，世称南派。由李北海以溯欧阳询、褚遂良及魏北齐诸家，世称北派。欲学书者，先务二派之所以分，南派以神韵胜，北派以魄力胜。宋之苏东坡、黄山谷，似近南派；米襄阳、蔡襄，似近北派。子昂合二派而为一。嘱四弟从赵法入门，他日趋南派或北派，庶不迷于所往也。望将此意转告二弟。大哥于公退之余，可随时指导诸弟侄，甚盼。

030

致瀚章兄

（论历代书法家）

　　四弟来示言书法云：钩联顿挫，纯用孙过庭草法；而间架纯用赵法。柔中寓刚，绵里藏针，动合自然等语，弟亦欣慰此说。子昂集古今之大成，于初唐四家内师虞永兴，而参以钟绍京，因此以上窥二王，下法庭间，此一径也。唐中叶师李北斯，参以真卿、季海之沉着，又一径也。晚唐师苏灵芝，亦一径也。由虞永兴以溯二王，以及六朝诸家，世称南派。由李北海以溯欧阳询、褚遂良及魏北齐诸家，世称北派。欲学书者，先明二派之所以分，南派以神韵胜，北派以魄力胜。宋之苏东坡、黄山谷，似近南派；米襄阳、蔡襄，似近北派。子昂合二派而为一。嘱四弟从赵法入门，他日趋南派或北派，庶不迷于所往也。望将此意转告二弟。大哥于公退之余，可随时指导诸弟侄，甚盼。

致昭庆弟

兄从涤生夫子游时，授书法云：其落笔结体，以珠圆玉润四字为主。前以活字济弟不足，今后以圆字成其功。欧、虞、颜、柳四大书家，如天地之日星江河也，弟有志学书，须窥寻四人门径，用油纸临摹，间架则易进。

致昭庆弟

（学书宜临摹大家）

兄从涤生夫子游时，授书法云：其落笔结体，以珠圆玉润四字为主。前以活字济弟不足，今后以圆字成其功。欧、虞、颜、柳四大书家，如天地之日星江河也，弟有志学书，须窥寻四人门径，用油纸临摹，间架则易进。

致鹤章弟

小学之道，非深用功夫，仅得其面目。来函弟今后研究小学，颇好。今以小学门径，略告我弟，俾易入乎。小学约分三大宗，言字形者以《说文》为宗，古书唯大、小徐二本，至本朝而段氏特开生面，而钱坫、王筠、桂馥之作，亦可参观。言训诂者以《尔雅》为宗，古书唯郭注邢疏，至本朝而邵二云之《尔雅正义》，王怀祖之《广雅疏证》，郝兰皋之《尔雅义疏》，皆称不朽之作。言音韵者以《唐韵》为宗，古书唯《广韵》、《集韵》，至本朝而顾氏《音学五书》乃为不刊之典，而慎修、东原、茂堂、怀祖、楘轩、晋三诸作，亦可参观。弟欲小学，钻研古义，则三宗如顾、江、段、邵、郝、王六家之书，均不可不涉猎而探讨之，则小学自可入门焉。

致鹤章弟

（论小学之道）

小学之道，非深用功夫，仅得其面目。来函弟今后研究小学，颇好。今以小学门径，略告我弟，俾易入手。小学约分三大宗，言字形者以《说文》为宗，古书唯大、小徐二本，至本朝而段氏特开生面，而钱坫、王筠、桂馥之作，亦可参观。言训诂者以《尔雅》为宗，古书唯郭注邢疏，至本朝而邵二云之《尔雅正义》，王怀祖之《广雅疏证》，郝兰皋之《尔雅义疏》，皆称不朽之作。言音韵者以《唐韵》为宗，古书唯《广韵》、《集韵》，至本朝而顾氏《音学五书》乃为不刊之典，而慎修、东原、茂堂、怀祖、巽轩、晋三诸作，亦可参观。弟欲小学，钻研古义，则三宗如顾、江、段、邵、郝、王六家之书，均不可不涉猎而探讨之，则小学自可入门焉。

致鹤章弟

　　羲、献父子书法，自唐初君相推崇，遂风行于右。唐代诸贤其驰骛，而赵宋诸家以下，无非其婴祝也。顾世人徒占于辗转翻刻之诸丛帖中，袭取其面目，而不知探取本原，学古人之所学。故褚阴先生既述其逸事，而兄以经验述其途径技方法以授诸弟。羲之《题卫夫人笔阵图后》云：夫书，先须引八分，章草入隶字中，发人意气，若直取俗字，则不能先发，予少时学卫夫人书，将谓大能；及渡江北游名山，见李斯、曹喜等书，又之许下，见钟繇、梁鹄书，又之洛下，见蔡邕《石经》三体书，又于从兄洽处，见张昶《华岳碑》，略知学卫夫人书，徒费年月耳。遂改本师，仍于众碑学习焉时年五十有三，恐风烛奄及，聊道于子孙耳。又《笔势论》云：穷研篆籀，功省而易成，纂集精专，形彰而势显。存意学者，半载可见其功。如吾弟笔性灵敏，旬月亦知其本。羲之《笔阵图》云：每书，欲十迟五急，十曲五直，十藏五出，十起五伏，方可谓书。若直点急掣急裹，此瞥看似书，久味无力，仍须用笔着纸不过三分，不得深渥毛弱无力，显用松节研之，久久不动弥佳矣。直点急掣急裹，俗书类然，教者学者，或且以为能事，此宜切戒者也。其十送五急云云，首句极言运笔宜缓，万勿轻率，此最易解者也。十藏五出，则谓用笔务取中锋迎入，此必多习籀篆分隶乃悟。如世所传二王及欧、褚诸家书法佳拓，其圆浑藏踪之笔，每从篆分得来，不习篆分者，每苦不得其门而入。令兄授诸弟，若从籀、篆、隶入手，再学欧、虞诸家，神似不难。区区藏踪之法，何足为奇！其十起五伏之法，则必虚掌、圆脱、悬肩者能之。盖执笔法不讲，任令五指如绵猫爬树，手脘如乌龟上阶沿，恶能如矛发戈斫？盖执笔贵有力，而运笔贵灵活，果能使笔如优于技击者之用器，则方圆屈伸自无不神似矣。至十曲五直之法，向苦不得其解，盖世俗通行之正草隶篆无不削光剔滑，从未有凹凸作线串形。见钟鼎、石鼓、石门诸拓本，乃晓然，十曲五直者，直以笔着纸之后，竖则一左一右，屈曲则向左行去，横则一上一下，屈曲则向右行去，而笔满画中之义亦悟。夫用此十曲五直之法以行笔，笔势不必凹凸如线串形也，而笔墨之沉厚，自与轻掣急裹者迥别。兄意用笔着纸不过三分，不可深渥毛弱之利病，兄以为不易之法，用长锋羊毫最妙。涤生夫子曰：写字，不熟则不遒，不遒则不能敛以园功。吾弟其细察而仿行之。

致鹤章弟

（详论书法）

　　羲、献父子书法，自唐初君相推崇，遂风行千古。唐代诸贤其孙曾，而赵宋诸家以下，无非其婆衍也。顾世人徒占于转展翻刻之诸丛帖中，袭取其面目，而不知探取本原，学古人之所学。故惜阴先生既述其逸事，而兄以经验述其途径技方法以授诸弟。羲之《题卫夫人笔阵图后》云：夫书，先须引八分，章草入隶字中，发人意气，若直取俗字，则不能先发，予少时学卫夫人书，将谓大能；及渡江北游名山，见李斯、曹喜等书，又之许下，见钟繇、梁鹄书，又之洛下，见蔡邕《石经》三体书，又于从兄洽处，见张昶《华岳碑》，始知学卫夫人书，徒费年月耳。遂改本师，仍于众碑学习焉时年五十有三，恐风烛奄及，聊遗于子孙耳。又《笔势论》云：穷研篆籀，功省而易成，纂集精专，形彰而势显。存意学者，半载可见其功。如吾弟笔性灵敏，旬月亦知其本。羲之《笔阵图》云：每书，欲十迟五急，十曲五直，十藏五出，十起五伏，方可谓书。若直点急牵急裹，此暂看似书，久味无力，仍须用

038

笔着墨不过三分，不得深浸毛弱无力，墨用松节研之，久久不动弥佳矣。直点急牵急裹，俗书类然，教者学者，或且以为能事，此宜切戒者也。其十迟五急云云，首句极言连笔宜缓，万勿轻率，此最易解者也。十藏五出，则谓用笔务取中锋迎入，此必多习籀篆分隶乃悟。如世所传二王及欧、褚诸家书法佳拓，其圆浑藏锋之笔，多从篆分得来，不习篆分者，每苦不得其门而入。令兄授诸弟，若从籀、篆、隶入手，再学欧、虞诸家，神似不难。区区藏锋之法，何足为奇！其十起五伏之法，则必虚掌、圆腕、悬肩者能之。盖执笔法不讲，任令五指如猢狲爬树，手腕如乌龟上阶沿，恶能如矛发戈斫？盖执笔贵有力，而运笔贵灵活，果能使笔如优于技击者之用器，则方圆屈伸自无不神似矣。至十曲五直之法，向苦不得其解，盖世俗通行之正草隶篆无不绢光削滑，从未有凹凸作钱串形。见钟鼎、石鼓、石门诸拓木，乃恍然，十曲五直者，直以笔着纸之后，竖则一左一右，屈曲则向左行去，横则一上一下，屈曲则向右行去，而笔满画中之义亦悟。夫用此十曲五直之法以行笔，笔势不必凹凸如钱串形也，而笔量之沉厚，自与轻牵急裹者迥别。兄意用笔着墨不过三分，不可深浸毛弱之利病，兄以为不易之法，用长锋羊毫最妙。涤生夫子曰：写字，不熟则不速，不速则不能敏以图功。吾弟其细察而仿行之。

谕文儿

文儿来禀询文学，今为汝告。文字为思想之代表，思想为文字之基础，故二者之研练，相为表里者也。且夫思想为事实之母，今日学者所识之思想，他日皆将见诸事实者也。思想有不宜于事实者，则立身处世，安保无自误误人之患。是以读文宜先读纪叙文字，作文亦宜先作纪叙文字，参以文家法律，而平日尤宜随时留心事物之实际，如此循序奋进，虽愚必智，虽柔必强，可预决焉。读文之选择，既以真确为标准，则八股既行以后，不如八股未行以前（更细别之，道、咸以前为佳，道咸以后乃每况愈下矣），唐宋以后，尤不如汉魏以前。盖古之文字，于事实较切，后世之文字，于事实多疏，不足为表示思想之模范。而汉唐以上，文字却又为本国人素所笃信，择其尤切于世者阐发之，于全国人精神之连贯，大有关系也。读文之法，可择爱熟诵之，每季必以能背诵者若干篇为目的，则字句之如何联合，篇段之如何布置，行思坐想，便可取

040

象于收视反听之间。猜种之研习既深，行文自极熟而流利，故高声朗诵，与俯察沉吟种种功夫，万不可少也。所以须熟读者，以吾国人素无普及教育，言语与文字久离为二，非脑海中蓄有数百篇之佳文，三四千个可以分类（谓名、代、动、静、状、介、连、助、叹九类之文法）之字，必乎必不能相应（寻常人说话所用之字，大约三千余，但无规律耳）。秉资虽有敏拙，习性虽有文野，而此熟读功夫则不可少耳。

谕文儿

（论作文之法）

文儿来禀洵文学，今为汝告。文字为思想之代表，思想为文字之基础，故二者之研练，相为表里者也。且夫思想为事实之母，今日学者所积之思想，他日皆将见诸事实者也。思想有不宜于事实者，则立身处世，安保无自误误人之虑。是以读文宜先读纪叙文字，作文亦宜先作纪叙文字，参以文家法律，而平日要宜随时留心事物之实际，如此循序奋进，虽愚必明，虽柔必强，可预决焉。读文之选择，既以真确为标准，则八股既行以后，不如八股未行以前（更细别之，道、咸以前尚佳，道咸以后乃每况愈下矣），唐宋以后，尤不如汉魏以前。盖古之文字，于事实较切，后世之文字，于事实多疏，不足为表示思想之模范。而汉唐以上，文字抑又为本国人素所尊信，择其尤切于世者阐明之，于全国人精神之连贯，大有关系也。读文之法，可择爱熟诵之，每季必以能背诵者若干篇为目的，则字句之如何联合，篇段之如何布置，行思坐想，便可取象于收视反听之间。精神之研习既深，行文自极熟而流利，故高声朗诵，与俯察沉吟种种功夫，万不可少也。所以须熟读者，以吾国人素无普及教育，言语与文字久离为二，非脑海中蓄有数百篇之佳文，三四千个可以分类（谓名、代、动、静、状、介、连、助、叹九类之文法）之字，心手必不能相应（寻常人说话所用之字，大约三千多，但无规律耳）。秉资虽有敏拙，习性虽有文野，而此熟读功夫则不可少耳。

谕玉偃

朔日来禀，谓古今五伦之不同，尚属合理。其中尚有一二未备断者，来友人回多之便，为偃剖解。吾国自古相传之伦理，曰君臣，曰父子，曰夫妇，曰兄弟，曰朋友。此五者之纲纪，在家族封建时代似可通行，然已不甚适当，故三代盛时孔子亦只谓之小康。洎乎封建既破为郡县，此五者之伦理更觉其不当，况乎大地交通，国家种族之竞争愈烈，故吾之古伦理愈不适于世用，而吾国人扰泥之，此吾方所以不发达，邦国之所以日受人侮也。夫吾国之所谓五伦，非有谬也，但不周备耳。今世界学者公定之伦理，大概为对于己，对于家庭，对于社会，对于邦国，对于世界，亦五大纲。而以个人与邦国之关系为最重。一国民法由此定，修身道德即以此为标准，此实吾国向者之伦理所不及也。吾国家族伦理，父子间但重孝养，故谚有养儿防老之说。西洋各国，人重自立，养老自有储蓄，而对子教育则有不可不尽之义务，故其人皆有学识，少家累，故能尽力于地方邦国，非不必养亲也。盖托生之社会国家，较二亲为尤重也。且人能自养无须待养于子孙也。世界各国，成年自二十岁至二十五岁，各国不同，男子莫不有纳税当兵之义务。既成婚，则自为一家之户主，籍有专职。凡生死婚姻迁居皆不确注于册，无漏无隐。吾国则以五代同堂为美事，有祖父子孙曾，即年长成材，亦不得为户主。与地方国家，毫无关系，是徒增家累减国力，乌能适宜于此竞争之世乎！总之一国之法度，当随时势为变迁，而道德即随之为轻重。今后一国之民族，乃趋乎适者生存之轨。凡此种种，非片楮可尽，所愿吾侪注意及之。

谕玉侄

（论古今中外五伦之异同）

朔日来禀，谓古今五伦之不同，尚属合理。其中尚有一二未明晰者，乘友人回乡之便，为侄剖解。吾国自古相传之伦理，曰君臣，曰父子，曰夫妇，曰兄弟，曰朋友。此五者之纲纪，在家族封建时代似可通行，然已不甚适当，故三代盛时孔子亦只谓之小康。洎乎封建既破为郡县，此五者之伦理更觉其不当，况乎大地交通，国家种族之竞争愈烈，故吾之古伦理愈不适于世用，而吾国人犹泥之，此地方所以不发达，邦国之所以日受人侮也。夫吾国之所谓五伦，非有谬也，但不周备耳。今世界学者公定之伦理，大概为对于己，对于家庭，对于社会，对于邦国，对于世界，亦五大纲。而以个人与邦国之关系为最重。一国民法由此定，修身道德即以此为标准，此实吾国向者之伦理所不及也。吾国家族伦理，父子间但重孝养，故谚有养儿防老之说。西洋各国，人重自立，养老自有储蓄，而对子教育则有不可不尽之义务，故其人皆有学识，少家累，故能尽力于地方邦国，非不必养亲也。盖托生之社会国家，较二亲为尤重也。且人能自养无须待养于子孙也。世界各国，成年自二十岁至二十五岁，各国不同，男子莫不有纳税当兵之义务。既成婚，则自为一家之户主，籍有专职。凡生死婚姻迁居真不确注于册，无漏无隐。吾国则以五代同堂为美事，有祖父子孙曾，即年长成材，亦不得为户主。与地方国家，毫无关系，是徒增家累减国力，乌能适宜于此竞争之世乎！总之一国之法度，当随时势为变迁，而道德即缘之为轻重。今后一国之民族，乃趋乎适者生存之轨。凡此种种，非片楮可尽，所愿吾侄注意及之。

禀母

拜别赴京,于遥遥长途中,托母亲大人洪福,一路平安。与朱世叔雇车至铜山,给车银一两四钱,弃车换马,仆仆于山东大道,兼程进京,已于本月十二日安抵圣都。当夜寓安徽会馆,翌晨即移居狮子胡同九号马文虎家,议定每月房金白银一两二钱。马君温厚诚笃,年逾五旬,精神矍铄,评阅诗文,则窃窃间论,竟日无倦态,与男意气相投,足堪告慰者也。京中繁华奢靡之气,触目皆是,唯男作客此间,万不敢背庭训而稍涉浮华也。行装初卸,不及细禀。

禀母

（告抵京情形）

拜别赴京，于迢迢长路中，托母亲大人洪福，一路平安。与朱世叔坐车至铜山，给车银一两四钱，弃车换马，仆仆于山东大道，攒程进京，已于本月十二日安抵圣都。当夜寓安徽会馆，翌晨即移居狮子胡同九号马文虎家，议定每月房金白银一两二钱。马君温厚诚笃，年逾五旬，精神尚矍铄，评阅诗文，则高谈阔论，竟日无倦态，与男意气相投，足堪告慰者也。京中繁华富贵之气，触目皆是，唯男作客此间，万不敢背庭训而稍涉浮华也。行装初卸，不及细禀。

禀母

六月十五日抵京后所发家书，不知收到否？前日各地应举文人组织文社，于九条胡同三号，恭曾涤生夫子之名，请渠出任社长。社规每月应交文三篇，诗八首。初次会试，男以诗文受知于曾夫子，因师事之，而朝夕过从，求义理经世之学。

禀母

（告师事曾国藩事）

　　六月十五日抵京后所发家书，不知收到否？前日各地应举文人组织文社，于九条胡同三号，慕曾涤生夫子之名，请渠出任社长。社规每月应交文三篇，诗八首。初次会试，男以诗文受知于曾夫子，因师事之，而朝夕过从，求义理经世之学。

寄弟

日前寄母亲大人一禀中，言及文墨能定人生天寿，想两弟均能神会。盖长于新奇藻丽，短于含蓄雍容，以之取科第则有余，享天年则不足。譬如出水芙蓉，光华夺目，曾几何时，无复当初颜色；苍松翠柏，视似平常，而百年不谢也。此外于写字一层极宜留意，如有路无终，则送善之年难得善果。此曾夫子时时论及，因转告吾弟，望善自为之。兄远客京师，晨昏定省，不得不有劳两弟。兹得胡君晋甫南旋之便，托渠带回毛颖二十管，每管银一钱，望分赠亲友，留作纪念。试期在迩，余不多述，如有人进省进京，可复我一函，以慰悬念。兄鸿章手草。

寄弟

（论文墨能定天寿）

　　日前寄母亲大人一禀中，言及文墨能定人生天寿，想两弟均能神会。盖长于新奇藻丽，短于含蓄雍容，以之取科第则有余，享天年则不足。譬如出水芙蓉，光华夺目，曾几何时，无复当初颜色；苍松翠柏，视似平常，而百年不谢也。此外于写字一层极宜留意，如有始无终，则迟暮之年难得善果。此曾夫子时时论及，因转告吾弟，望善自为之。兄远客京师，晨昏定省，不得不有劳两弟。兹得胡君晋甫南旋之便，托渠带回毛颖二十管，每管银一钱，望分赠亲友，留作纪念。试期在迩，余不多述，如有人进省进京，可复我一函，以慰惦念。兄鸿章手草。

禀母

　　跪诵八月十九日在省所发手谕，备悉福躬康健，台家清吉，不胜愉快。北闱秋试，三场文竟，差堪自满，不稔能托母亲洪福，不致名落孙山否？近来同诸好友酬答，时时出游胜地，以涤俗尘，呈未能如太史公游名山大川，要亦跋山涉水，得登临之乐耳。残秋将去，转瞬小春，为此托赵君梦蝶寄回人参四两，阿胶十金，鹿筋二付。如其奏效，万望赐知，陆续寄奉，俏尽寸草春晖之报。知注上禀，不尽缕缕。男跪禀呈。

禀母

（告试后近况并呈补品）

跪诵八月十九日在省所发手谕，备悉福躬康健，台家清吉，不胜愉快。北闱秋试，三场文墨，差堪自满，不稔能托母亲洪福，不致名落孙山否？近来同诸好友酬答，时时出游胜地，以涤俗尘，虽未能如太史公游名山大川，要亦跋山涉水，得登临之乐耳。残秋将去，转瞬小春，为此托赵君梦蝶寄回人参四两，阿胶十盒，鹿筋二付。如其奏效，万望赐示，陆续寄奉，稍尽寸草春晖之报。知注上禀，不尽缕缕。男跪禀呈。

禀母

十一月廿四日发第五号家信，不知收到否？放榜之计，男列二甲第十三名，诸好友均高中，曾夫子门下可谓鼎盛。现仍会集一处，论古今文学之盛衰，与时文派别，以备会试进场之事。儿媳能克守妇职，教子有方否？近来母亲大人想多纳福。男鸿章跪禀。

禀母

（禀告秋闱榜上有名）

　　十一月廿四日发第五号家信，不知收到否？放榜之升，男列二甲第十三名，诸好友均高中，曾夫子门下可谓盛矣。现仍会集一处，论古今文学之盛衰，与时文派别，以备会试进场之事。儿媳能克守妇职，教子有方否？近来母亲大人想多纳福。男鸿章跪禀。

致弟

兄蒙曾夫子重爱，荐馆于细仲高幕府，居停系初年翰林，学问渊博，晨昏清讲，实获吾心。公子亦少年好学。顷上月初九日两弟手书，并《感怀》八章，足征刻苦用功，远人阅之，无任欣悦。唯功名有迟早，无须介介也。细玩《感怀》诗中，词躇未免太露。母亲大人前望晨昏奉侍，千万留意，以慰旅人。兹托同年朱吉甫寄上银六十两，以充家用，到后速即作复，免兄悬系。兄鸿章手书。

致弟

（告荐馆何府等事）

　　兄蒙曾夫子垂爱，荐馆于何仲高幕府，居停系初年翰林，学问渊博，晨昏清讲，实获吾心。公子亦少年好学。读上月初九日两弟手书，并《感怀》八章，足征刻苦用功，远人闻之，无任欣悦。唯功名有迟早，无须介介也。细玩《感怀》诗中，词锋未免太露。母亲大人前望晨昏奉侍，千万留意，以慰旅人。兹托同年朱吉甫寄上银六十两，以充家用，到后速即作复，免兄悬系。兄鸿章手书。

致瀚章兄

天南地北，想念之忱，无刻或忘。屡欲致书奉候，终以不得其便而为之搁笔。兹以两粤总戎进表使者返垣之便，托伊奉上一书。弟抵京之始，富狮子胡同九号马文虎家。北闱中式，蒙曾涤生夫子荐馆于何仲舆幕府。何公少年人第，学识渊博，安现此间，差堪告慰。春闱试后，必告假归省，以慰倚闾之望。两弟因功名不遂，满腹牢骚，吾兄知其一二否？望有以教之。严冬霜雪，调摄自珍。弟鸿章拜。

致瀚章兄

（告近况）

　　天南地北，想念之忱，无刻或忘。屡欲致书奉候，终以不得其便而为之搁笔。兹以两粤总戎进表使者返垣之便，托伊奉上一书。弟抵京之始，寓狮子胡同九号马文虎家。北闱中式，蒙曾涤生夫子荐馆于何仲高幕府。何公少年人第，学识渊博，安砚此间，差堪告慰。春闱试后，必告假归省，以慰倚闾之望。两弟因功名不遂，满腹牢骚，吾兄知其一二否？望有以教之。严冬霜雪，调摄自珍。弟鸿章拜。

禀母

九月廿四寄禀第一信不知收到否？开读上月十八日手谕，忻悉人参、阿胶克奏大功，白银收到为慰。所示十款，朝夕拜诵，如睹亲颜，出入奉遵，以慰慈念。男现阅《十三经注疏》，春闱即应经试，无论得第与否，必乞假归省，以补漫游之罪，消泯荩水之忱。现以同乡陶邦良旋里之便，奉上银四十两，人参六枝，阿胶十盒，伏望检收。男鸿章谨禀。

禀母

（告得母手谕情形）

　　九月廿四寄两弟一信不知收到否？开读上月十八日手谕，忻悉人参、阿胶克奏大功，白银收到为慰。所示十款，朝夕拜诵，如睹亲颜，出入奉遵，以慰慈念。男现阅《十三经注疏》，春闱即应经试，无论得第与否，必乞假归省，以补漫游之罪，稍承菽水之欢。现以同乡陶邦良旋里之便，奉上银四十两，人参六枝，阿胶十盒，伏望检收。男鸿章谨禀。

禀母

　　四月廿四日一禀不知收到否？前日何公率子女婿邀男与三弟作西山之游，流连六日，返车回京。西山离京百余里，登其巅，俯瞰四方，胸次俗尘一扫而尽，山水之胜，遥想桂林不过尔尔也。三弟等为秋试已迫，连日看书写字，足不出户，男以渠进境甚速，使其从同年郭寅峰游。郭同年文名满天下，更兼于言倚马，有韩潮苏海之风，三弟文气依稀相似，师之似得其所。季弟自二月十六日寄男一信后，信息杳然，男知其不得意，屡次作书相慰，不得一报，未卜读书写字能起劲否？盖能时时归宁否？遥想芙甥文儿，此刻章表相问，况入竹马，渐知颜笑矣。

禀母

（禀告与三弟在京情形）

四月廿四日一禀不知收到否？前日何公率子女甥邀男与三弟作西山之游，流连六日，返车回京。西山离京百余里，登其巅，俯瞰四方，胸次俗生一扫而尽，山水之胜，遥想桂林不过尔尔也。三弟等为秋试已迫，连日看书写字，足不出户，男以渠进境甚速，使其从同年郭寅皋游。郭同年文名满天下，更兼千言倚马，有韩潮苏海之风，三弟文气依稀相似，师之似得其所。季弟自二月十六日寄男一信后，信息杳然，男知其不得意，屡次作书相慰，不得一报，未卜读书写字能起劲否？益妹能时时归宁否？遥想英甥文儿，此刻牵表相问，泥入竹马，渐知顽笑矣。

致季弟

接诵十月二日手书，备悉昧文已中南闱，择吉来京，何日起程，望专函告知，以便到站迎送。文社诸好友，本月十四日起，于社中开梅花会二天，正连大雪点缀阶砌，红白成辉，作诗甚多，将来付梓成册，当寄一卷也。大哥于前月十六日抵粤后当有信来，一路安静，现照常视事。

致季弟

（告梅花会等情形）

接诵十月二日手书，备悉妹丈已中南闱，择吉来京，何日起程，望专函告知，以便到站迎迓。文社诸好友，本月十四日起，于社中开梅花会二天，适逢大雪点缀阶砌，红白成辉，作诗甚多，将来付梓成册，当寄一卷也。大哥于前月十六日抵粤后曾有信来，一路安静，现照常视事。

京母

　　味夫同年友严俊等于十二日驰抵京都，由男代觅住屋一所，言定每月价银二两，该处与幕府相隔一窗，可时刻往来。前日会试味夫以反声失拈，何公子以气魄不足，遂不得意。男春闱仍应经试，若看文墨疑上科销为遂心，不稔能偿素否？前日偕诸好友游通州，返京后蒙上皇恩泽赐游北海，通州天然胜景，北海以匠工争巧，眩人耳目，虑其他竟流连不思去也。

禀母

（禀告妹丈科场失意等事）

　　妹丈同年友严俊等于十二日驰抵京都，由男代觅住屋一所，言定每月价银二两，该处与幕府相隔一箭，可时刻往来。前日会试妹丈以厌声失拈，何公于以气魄不足，遂不得意。男春闱仍应经试，者番文墨较上科稍为遂心，不稔能侥幸否？前日偕诸好友游通州，返京后蒙上皇恩泽赐游北海，通州天然胜景，北海以匠工争巧，眩人耳目，履其地竟流连不忍去也。

禀母

挂榜之日，男托大人洪福，名列二院编修。男出诸馆序，录何公至诚款留，故席坚请仍安身幕府，现已入院视事。三弟从郭同年游只得九阅月，头角渐露，可慰亲心。季弟聪颖过人，想近作可渐入佳境矣。

禀母

（告春闱名列编修）

挂榜之日，男托大人洪福，名列二院编修。男出辞馆席，承何公至诚款留，故席虽辞仍安身幕府，现已入院视事。三弟从郭同年游只得九阅月，头角渐露，可慰亲心。季弟聪颖过人，想近作可渐入佳境矣。

致四弟

学业才识，不日进，则日退，须随时随事，留心着力为要。事无大小，均有一定当然之理。即事穷理，何处非学？昔人云：此心如水，不流即腐。张敬斋亦云，人当随时用智。此为无所用心一辈人说法，果能日日留心，则一日有一日之长进；事事留心，则一事有一事之长进。由此而日积月累，何患学业才识之不能及人也。作官能称职，颇不容易。做件好事，亦须几番盘根错节，而后有成。昔人事业到手，即能处措裕如，均由平常留心体验，熟谙其理，习于其事所致。未有当前遇事放过，而日后有成者也。弟于此层最宜留意。

致四弟

（论增学识须随时随事留心）

学业才识，不日进，则日退，须随时随事，留心着力为要。事无大小，均有一定当然之理。即事穷理，何处非学？昔人云：此心如水，不流即腐。张乖崖亦云，人当随时用智。此为无所用心一辈人说法，果能日日留心，则一日有一日之长进；事事留心，则一事有一事之长进。由此而日积月累，何患学业才识之不能及人也。作官能称职，颇不容易。做件好事，亦须几番盘根错节，而后有成。昔人事业到手，即能处措裕如，均由平常留心体验，能明其理，习于其事所致。未有当前遇事放过，而日后有成者也。弟于此层最宜留意。

谕玉垒

汝今每病，我不忍以学业督汝，然病者身也，而心志则不能病也。当病之时，宜息养其身，而不可灰颓其志气，且安知夫病之久而不愈乎！夫病同，而病之者异，古人有咏病鹤者，有咏病马者，鹤与马虽病，而其凌云之气，追风逐电之心，故在也。鸡犬岂必不病，而古人无咏之者，彼即不病，固无望其高远耳。余向者抱病，志气不少衰，而病且等于无病，何也？立心坚确，阴阳亦退而听命也。勖哉吾垒，敬听我言。

谕玉侄

（论身痛心志不能病）

　　汝今多病，我不忍以学业督汝，然病者身也，而心志则不能病也。当病之时，宜息养其身，而不可灰颓其志气，且安知夫病之久而不愈乎！夫病同，而病之者异，古人有咏病鹤者，有咏病马者，鹤与马虽病，而其凌云之气，追风逐电之心，故在也。鸡犬岂必不病，而古人无咏之者，彼即不病，固无望其高远耳。余向者抱病，志气不少衰，而病且等于无病，何也？立心坚确，阴阳亦退而听命也。勖哉吾侄，敬听我言。

致瀚章兄

涤生夫子与鲍春霆书，有"勋位并隆，各宜敬以持躬，恕以待人，敬则小心翼翼，事无巨细皆不敢忽；恕则凡事留余地以处人，功不独居，过不推诿。常常记此二字，则长履大任，福祚无量"等语。弟以敬恕二字自是立身要旨，因为录寄吾兄，愿其勉之。

致瀚章兄

（敬恕为立身之要）

  涤生夫子与鲍春霆书，有"勋位并隆，务宜敬以持躬，恕以待人，敬则小心翼翼，事无巨细皆不敢忽；恕则凡事留余地以处人，功不独居，过不推诿。常常记此二字，则长履大任，福祚无量"等语。弟以敬恕二字自是立身要旨，因为录寄吾兄，愿其勉之。

谕文儿

汝兄弟来禀，以读书不得其法，颇为怅惋。要知读古文，须从头至尾一气读完，万不可分段读。盖文贵气晚，忌散漫，分段读，势必失通篇精警处，而淡然无味也。既知读法，则一面读，应一面想。如李华《吊古战场文》，李陵《答苏武书》，能想到一幅凄凉图画，满纸生风，汉皇负德，只字泪寄千行，而为之声泪俱下者，可谓得读书之玄奥焉。此层我与伯叔等时时论及，汝可翻阅长上之日记，就近请教四叔。汝兄弟家居，宜听诸长训言，读书写字，刻苦用功。我以身体不适，不能多及，他日当反复论之。

谕文儿

（读古文要一气呵成）

汝兄弟来禀，以读书不得其法，颇为怅恨。要知读古文，须从头至尾一气读完，万不可分段读。盖文贵气魄，忌散漫，分段读，势必失通篇精警处，而淡然无味也。既知读法，则一面读，应一面想。如李华《吊古战场文》，李陵《答苏武书》，能想到一幅凄凉图画，满纸生风，汉皇负德，只字泪寄千行，而为之声泪俱下者，可谓得读书之玄奥焉。此层我与伯叔等时时论及，汝可翻阅长上之日记，就近请教四叔。汝兄弟家居，宜听诸长训言，读书写字，刻苦用功。我以身体不适，不能多及，他日当反复论之。

禀母

前贼犯上海，上海官绅立会防局，议结外国助剿，遣使由海道进都，请旨旋得嘉许。至是贼犯吴淞口，又盘踞浦东高桥镇，均为美人华尔、英阿伯法两提督与法人卜罗德击退。华尔与白齐文教练中国兵勇习洋枪，称洋枪队，为常胜军。旋华尔阵亡，白齐文以索饷不遂，投贼军，于是以戈登代领常胜军。二月曾夫子遣男赴援上海，初曾夫子议遣男别领一军，由镇江进窥苏、常，适以上海会防局雇备轮船，遣员至安庆迎援师，遂改令男率楚军及新募李多军来轮东下，扎营于上海城南。圣恩浩荡，授男江苏巡抚，男以军事有燃眉之急，遂于十二日拜表谢恩，受职视事。而别授薛焕通商大臣，专办交涉事宜。营中条例，悉遵曾夫子宸定之湘军规则。

禀母

（告上海军情）

前贼犯上海，上海官绅立会防局，议结外国助剿，遣使由海道进都，请旨旋得嘉许。至是贼犯吴淞口，又盘踞浦东高桥镇，均为美人华尔、英何伯法两提督与法人卜罗德击退。华尔与白齐文教练中国兵勇习洋枪，称洋枪队，为常胜军。旋华尔阵亡，白齐文以索饷不遂，投贼军，于是以戈登代领常胜军。二月曾夫子遣男赴援上海，初曾夫子议遣男别领一军，由镇江进窥苏、常，适以上海会防局雇备轮船，遣员至安庆迎援师，遂改令男率楚军及新募本乡军乘轮东下，扎营于上海城南。圣恩浩荡，授男江苏巡抚，男以军事有燃眉之急，遂于十二日拜表谢恩，受职视事。面别授薛焕通商大臣，专办交涉事宜。营中条例，悉遵曾夫子厘定之湘军规则。

致昭庆弟

五陸阿将军攻克庐州府城，贼酋陈玉成奔寿州，乞援于平北王苗沛霖部。沛霖诱玉贼入城，起伏兵擒之，并将其部将二十余人解送颍州胜保军前。胜保槛送京师，未至，诏于河南卫辉府之延津，将玉成凌迟处死。玉成号四眼狗，勇悍亚杨秀清，谋略过李秀成，一朝处死，皖楚间之贼军大不如前，想易于剿灭矣。

致昭庆弟

（告处死陈玉成事）

　　多隆阿将军攻克庐州府城，贼酋陈玉成奔寿州，乞援于平北王苗沛霖部。沛霖诱玉贼入城，起伏兵擒之，并将其部将二十余人解送颍州胜保军前。胜保槛进京师，未至，诏于河南卫辉府之延津，将玉成凌迟处死。玉成号四眼狗，勇悍亚杨秀清，谋略过李秀成，一朝处死，皖楚间之贼军大不如前，想易于剿灭矣。

禀母

　　贼军踞浦东各地，闾里邱墟，鸡犬不宁，来沪避难者十万余人。芸芸众生，罹此浩劫，夫妻分散，父子失踪，一片哭声震动山岳。男身肩重寄，职负巡抚，对此景象，寝食难安。计与贼军开火二十余次，各有胜负。前日一役，于枪林弹雨中，出生入死者计四百余人，法提督卜罗德亦阵亡。幸赖天佑本朝，将士饮血，士卒用命，而贼众尽数溃退。现拟用士卒之余勇，进援苏、常，使贼腹背受敌，早日剿灭。

禀母

（告上海战事）

　　贼军踞浦东各地，闾里邱墟，鸡犬不宁，来沪避难者十万余人。芸芸众生，罹此浩劫，夫妻分散，父子失踪，一片哭声震动山岳。男身膺疆寄，职负巡抚，对此景象，寝食难安。计与贼军开火二十余次，各有胜负。前日一役，子枪林弹雨中，出生入死者计四百余人，法提督卜罗德亦阵亡。卒赖天佑圣朝，将士饮血，士卒用命，而贼众尽数覆没。现拟用士卒之余勇，进援苏、常，使贼腹背受敌，早日翦灭。

致昭庆弟

曾国荃自攻克秣陵关等要隘，围逼江宁，驻军雨花台后，贼军守城兵出战，辄败创以回，惮于对阵。坌此贼首洪秀全，伪侍王李世贤，伪忠王李秀成还援。适以左宗棠力攻衢州，世贤不克赴浙，秀成先遣其国宗回援，战攻数次，俱以粮枪闻。曾军以百战百胜之勇，日夜猛攻，正可一鼓而下。无奈贼不该灭，大疫流行，鲍超等病不成军，金陵围师亦死者山积。闰八月上浣，贼秀成自苏、常率众六十万进援，围官军营数重，日夜猛攻。国荃裹创苦守，对垒相持，未及一月，贼世贤自浙至，开隧道以攻。官军掘内濠以阻之，相持四十六日，始解重围。是役也，官军伤亡五千余人，国荃之弟贞干，以病后过劳，遂致不起。

致昭庆弟

（告金陵围城战况）

　　曾国荃自攻克秣陵关等要隘，围逼江宁，驻军雨花台后，贼军守城兵出战，辄败创以回，惮于对阵。坐此贼首洪秀全，促伪侍王李世贤，伪忠王李秀成还援。适以左宗棠力攻衢州，世贤不克离浙，秀成先遣其国宗回援，战攻数次，俱以狼狈闻。曾军以百战百胜之勇，日夜猛攻，正可一鼓而下。无奈贼不该灭，大疫流行，鲍超等病不成军，金陵围师亦死者山积。闰八月上浣，贼秀成自苏、常率众六十万进援，围官军营数重，日夜猛攻。国荃裹创苦守，对垒相持，未及一月，贼世贤自浙至，开隧道以攻。官军掘内濠以阻之，相持四十六日，始解重围。是役也，官军伤亡五千余人，国荃之弟贞干，以病后过劳，遂致不起。

禀母

前日圣旨下，命薛焕调京使用，着男哲署办理通商事务。男即进表谢恩，就职视事。顿以深沐皇恩，遇事必再三慎重，以副九重委托。三弟在署，读书写字，一如往昔，办理顷事，实获儿心，可慰可喜。季弟与文儿、玉侄，耕读之道，不知可慰先人于地下否？

禀母

（告署理通商事务等事）

前日圣旨下，命薛焕调京使用，着男暂署办理通商事务。男即进表谢恩，就职视事。顾以深沐皇恩，遇事必再三慎重，以副九重委托。三弟在署，读书写字，一如往昔，办理琐事，实获儿心，可慰可喜。季弟与文儿、玉侄，耕读之道，不知可慰先人于地下否？

致昭庆弟

前书云逆贼世贤往援金陵，贼先是踞金华，围衢州，赖左宗棠自开化遂安·星夜援衢，力破之。及贼往援金陵，浙军蒋益沣、刘典等围攻汤溪，至是克之，往数更克龙游、兰溪，遂复金华府城。旋进克浦江、诸暨，并克绍兴府桐庐县，浙东已有清矣。

致昭庆弟

（告浙东胜况）

前书云逆贼世贤往援金陵，贼先是踞金华，围衢州，赖左宗棠自开化遂安星夜援衢，力破之。及贼往援金陵，浙军蒋益沣、刘典等围攻汤溪，至是克之，继鼓勇克龙游、兰溪，遂复金华府城。旋进克浦江、诸暨，并克绍兴府桐庐县，浙东已肃清矣。

致昭庆弟

常熟太平守将骆国忠附贼数载，半途省悟，请降于兄，已准其所请，勉渠戴罪立功，以示圣朝宽厚之意。不料贼并不悔过，进围常邑。官军驰攻昆山、太仓，为伪慕王谭绍洸击退。于是兄令刘铭传来轮船济师，洋将戈登率洋枪队助之，遂克昆山、太仓，而解常熟之围。文儿玉佳家居攻读，端赖吾弟百方指导，纳于正轨。母亲桑榆之境，尤望弟勤于定省，以慰兄于客地也。

致昭庆弟

（告解常熟之围）

  常熟太平守将骆国忠附贼数载，半途省悟，请降于兄，已准其所请，勖渠戴罪立功，以示圣朝宽厚之意。不料贼并不悔过，进围常邑。官军驰攻昆山、太仓，为伪慕王谭绍洸击退。于是兄令刘铭传乘轮船济师，洋将戈登率洋枪队助之，遂克昆山、太仓，而解常熟之围。文儿玉侄家居攻读，端赖吾弟百方指导，纳于正轨。母亲桑榆之境，尤望弟勤于定省，以慰兄于客地也。

禀母

男等自克昆山、太仓后，上海军又连克吴江、江阴各县，并攻克沿太湖之各卡，遂合力进逼苏州。李秀成力谋解苏州之围，然吾军奋勇攻击，又夺得浒墅关，李贼知难以为力，遂入城与谭逆绍洸坚守不出。吾军以炸炮轰城外石垒皆破，秀成魂丧，无复当初慓悍之象。适以洪贼秀全待援迫于眉睫，遂留绍洸驻城巡守，来夜遁去。我军中程学启等攻城昼夜不息，伪纳王郜云官等，因副将郑国魁通款于学启，遂刺死绍洸，开齐门请降。男入城抚枳，学启初与云官等约为兄弟，至是恐降众复叛，力请于男，尽杀云官等八伪王及其党数百人。此事虽大不仁，然攸关大局，不得不为。

禀母

（告攻克苏州、杀降等事）

男等自克昆山、太仓后，上海军又迭克吴江、江阴各县，并攻克沿太湖之各卡，遂合力进逼苏州。李秀成力谋解苏州之围，然吾军奋勇攻击，又夺得浒墅关，李贼知难以为力，遂入城与谭逆绍洸坚守不出。吾军以炸炮轰城外石垒皆破，秀成魂丧，无复当初慓悍之象。适以洪贼秀全待援迫于眉睫，遂留绍洸驻城巡守，乘夜遁去。我军中程学启等攻城昼夜不息，伪纳王郜云官等，因副将郑国魁通款于学启，遂刺死绍洸，开齐门请降。男入城抚视，学启初与云官等约为兄弟，至是恐降众复叛，力请于男，尽杀云官等八伪王及其党数百人。此事虽大不仁，然攸关大局，不得不为。

致昭庆弟

　　江宁围师用命猛攻，互有胜负。顷得捷报，已攻克钟山天保城，遂合力围攻，勇气百倍。九帅之将师，令人钦仰。先是曾国荃驻军雨花台，夺取附城诸要隘，东南西三面皆为曾军所得。唯东北钟山各垒相持未克，九帅乘夜进攻，遂克钟山之巅大石垒名天保城者。自此城北之围始合，而洪贼困守城内，无所倚据，想来易于戈获矣。

致昭庆弟

（告攻克钟山天保城等）

江宁围师用命猛攻，互有胜负。顷得捷报，已攻克钟山天保城，遂合力围攻，勇气百倍。九帅之将师，令人钦仰。先是曾国荃驻军雨花台，夺取附城诸要隘，东南西三而悉为曾军所得。唯东北钟山各垒相持未克，九帅乘夜进攻，遂克钟山之巅大石垒名天保城者。自此城北之围始合，而洪贼困守城内，无所依据，想来易于弋获矣。

致昭庆弟

涤生夫子令怀宁人程学启投兄处立功，所向克敌，奋勇先登，实国家难得之人才。而竟以此次进攻嘉兴，挥兵肉搏，登城时受伤胸部，舁归，以创重而卒。部下愤贼军之戕其主将，争为先登，遂克服之。余以其从兄有年，智勇堪嘉，一朝为国致命，如失手足，当即请议奖恤，以示来者。圣德隆高，准如所请，予谥忠烈。

致昭庆弟

（告克嘉兴及程学启战死状）

涤生夫子令怀宁人程学启投兄处立功，所向克敌，奋勇先登，实国家难得之人才。而竟以此次进攻嘉兴，挥众肉搏，登城时受伤脑部，界归，以创重而卒。部下恨贼军之戕其主将，争为先登，遂克服之。余以其从兄有年，智勇堪嘉，一朝为国致命，如失手足，当即请议奖恤，以示来者。圣德隆高，准如所请，予谥忠烈。

致昭庆弟

　　我军自克苏州，即分兵攻嘉兴、常州，前克嘉兴，已函告矣。攻常州之军，由先督刘铭传、郭松林及戈登之常胜军分道进攻，城破，获纳护王陈坤书。时镇江扬州官军克丹阳之捷报亦不期而至，全军七年企谓行军以来，克服之速，以常邑为破题儿第一次。更兼同日攻下丹阳，为天心厌乱，逆贼当灭之预兆。

致昭庆弟

（告攻克常州等）

我军自克苏州，即分兵攻嘉兴、常州，前克嘉兴，已函告矣。攻常州之军，由兄督刘铭传、郭松林及戈登之常胜军分道进攻，城破，获伪护王陈坤书。时镇江扬州官军克丹阳之捷报亦不期而至，全军士卒佥谓行军以来，克服之速，以常邑为破题儿第一次。更兼同日攻下丹阳，为天心厌乱，逆贼当灭之预兆。

禀母

金陵围师自攻克钟山石垒后，昼夜猛攻，创伤枕藉。率以洪贼困守城中，粮援俱绝，李秀成力劝洪贼弃城逃走，贼不听，乃令李世贤先就食江西，而自留金陵，背城固守。再于城内先月城以御官军，自谓安如磐石。九帅百计围攻，思筑隧道以袭之，无奈月城相阻，不得越雷池一步。五月三十日攻克龙膊子山阴坚垒，俗所谓地保城者，遂筑炮台于上，日夜轰击，而潜穴于下，时刻进取。六月十六日，地道火发，倾城二十余丈。李臣典、萧泗辈率众附争登，城遂破。九帅日夜劳心，风餐露宿，以致苍黑憔悴，无复书生面貌。其忠义之气，令人感运。当今伟绩，尽出曾氏一门，是天赋之独厚耳。城破后伪天王府火起，九帅闭门搜杀贼众三日夜，太平酋目三千，兵十余万皆死。生擒李秀成，及伪天王之兄洪仁达等。伪天王知不得善终，先于五月二十七日服毒自尽。其子福瑱，年十五六，为部下拥之突围出走。相扰数十年，至是始抵于平。李阎于朝，奏上以平加颖，破颅作反，于是诏封曾涤生夫子为一等侯，国荃一等伯，李臣典一等子，萧泗孚一等男，宫文与儿均一等伯爵，杨岳斌、彭玉麟、鲇来章、鲍超均一等轻车都尉，余各按功升赏。李秀成等诸逆均磔于市。现查得福瑱之出走也，伪堵王黄文金迎至湖州，是时苏州军力攻破其城，浙军亦下安吉，文金于仓促中扶福瑱走宁国，苏州军并收复广德州城。

禀母

（告攻克金陵情形）

金陵围师自攻克钟山石垒后，昼夜猛攻，创伤枕藉。卒以洪贼困守城中，粮援俱绝，李秀成力劝洪贼弃城逃走，贼不听，乃令李世贤先就食江西，而自留金陵，背城固守。再于城内筑月城以御官军，自谓安如磐石。九帅百计围攻，思筑隧道以轰之，无奈月城相阻，不得越雷池一步。五月三十日攻克龙膊子山阴坚垒，俗所谓地保城者，遂筑炮台于上，日夜轰击，而潜穴于下，时刻进取。六月十六日，地道火发，倾城二十余丈。李臣典、萧泗孚辈蚁附争登，城遂破。九帅日夜劳心，风餐露宿，以致苍黑憔悴，无复书生面貌。其忠义之气，令人感泣。当今伟绩，尽出曾氏一门，是天赋之独厚耳。城破后伪天王府火起，九帅闭门搜杀贼众三日夜，太平酋目三千，兵十余万皆死。生擒李秀成，及伪天王之兄洪仁达等。伪天王知不得善终，先于五月二十七日服毒自尽。其子福填，年十五六，为部下挟之突围出走。相扰数十年，至是始抵于平。事闻于朝，圣上以手加额，破颜作庆，于是诏封曾涤生夫子为一等侯，国荃一等伯，李臣典一等子，萧泗孚一等男，官文与儿均一等伯爵，杨岳斌、彭玉麟、骆秉章、鲍超均一等轻车都尉，余各按功升赏。李秀成等诸逆均磔于市。现查得福填之出走也，伪堵王黄文金迎至湖州，是时苏州军力攻破其城，浙军亦下安吉，文金于仓促中挟福填走宁国，苏州军并收复广德州城。

禀母

　　逆贼洪福瑱亡走宁国，又走广德，广德被苏州军破后，鲍超又大破逆军于许湾。黄文金又扶福瑱走浙江之淳安，为浙军黄少春所破，至于文金死，福瑱辗转走广信，为江西军席宝田率轻兵尾其后。及至石城，围破之而俘斩过半，卒获福瑱于荒谷中，磔于南昌市。伪天王之兄伪恤王洪仁政，弟伪干王洪仁玕，及黄文金伪昭王黄文英等，已先为席宝田所擒。于是逆贼余众，仅存李世贤、汪海洋入闽一股。事闻，诏赏江南巡抚沈保桢一等轻车都尉，并赏鲍超一等子爵，席宝田云骑尉。

禀母

（告追杀福填情形）

逆贼洪福填亡走宁国，又走广德，广德被苏州军破后，鲍超又大破逆军于许湾。黄文金又挟福填走浙江之淳安，为浙军黄少春所破，至于文金死，福填辗转走广信，为江西军席宝田率轻兵尾其后。及至石城，围破之而俘斩过半，卒获福填于荒谷中，磔于南昌市。伪天王之兄伪恤王洪仁政，弟伪干王洪仁玕，及黄文金伪昭王黄文英等，已先为席宝田所擒。于是逆贼余众，仅存李世贤、汪海洋入闽一股。事闻，诏赏江南巡抚沈保桢一等轻车都尉，并赏鲍超一等子爵，席宝田云骑尉。

致昭庆弟

逆贼余众李世贤、汪海洋窜福建，陷龙岩漳州，按察使张运兰进军围剿，屡次败北，捽死于兵。后署福建提督林文察进攻漳州，亦不果而死。似此蕞尔，漏网出亡，骚扰八闽，张、林不能剿灭，反以致死，何其弱也。

108

致昭庆弟

（告福建战况）

　　逆贼余众李世贤、汪海洋窜福建，陷龙岩漳州，按察使张运兰进军围剿，屡次败北，猝死于兵。后署福建提督林文察进攻漳州，亦不果而死。似此蕞尔，漏网出亡，骚扰八闽，张、林不能剿灭，反以致死，何其弱也。

京母

　　僧格林沁既歼苗沛霖等诸大臣，于淮、颍以北，揭竿乌合之众，扫荡无遗，威震中原。此次为剿捻匪于楚之间，因其依山谷退洇，骑不得逞，累中伏敌，伤良将恒龄、舒通额、苏克金等。至是大股捻匪张总愚、赖文洸等窜入山东曹州境，僧格林沁率师疾追，日夜进一二百里，且自率亲兵数千先大军而行，时官军与捻匪皆重趼羸疲，寒者不能休息，势且偾踣。既而追及曹西，捻匪勾结郓北伏莽数万，四路麇集，僧格林沁进击，大败，退入空堡。故围之数重，及夜，突围出，降卒叛，反冲官军，故乘之，遂全军覆亡。僧格林沁及总兵何建鳌、内阁学士全顺皆战死。呜呼一世之雄，竟死于捻匪之手，能不发指！事闻，诏以亲王饰终典礼从优议恤，予谥曰忠，并命配飨太庙，绘像紫光阁，子伯伯彦讷谟袭亲王爵，并赏博多勒噶台王号。此后即命钦差大人曾涤生夫子赴山东督师，以男哲署两江总督，旋又命曾夫子督办直隶、山东、河南三省军务事宜。

禀母

（告僧格林沁败亡情形）

僧格林沁既歼苗沛霖等诸大臣，于淮、颍以北，揭竿乌合之众扫荡无遗，威震中原。此次为剿捻匪于楚之间，园其地山谷沮洳，骑不得逞，累中伏敌，伤良将恒龄、舒通额、苏克金等。至是大股捻匪张总愚、赖文洸等悉入山东曹州境，僧格林沁率师疾追，日夜进一二百里，且自率亲兵数千先大军而行，时官军与捻匪皆重趼羸饿，寒暑不能休息，势且俱蹐。既而追及曹西，捻匪勾结郓北伏莽数万，四路麇集，僧格林沁进击，大败，避入空堡。敌围之数重，及夜，突围出，降卒叛，反冲官军，敌乘之，遂全军覆亡。僧格林沁及总兵何建鳌、内阁学士全顺皆战死。呜呼一世之雄，竟死于捻匪之手，能不发指！事闻，诏以亲王饰终典礼从优议恤，于谥曰忠，并命配飨太庙，绘像紫光阁，子伯伯彦讷谟袭亲王爵，并赏博多勒噶台王号。此后即命钦差大人曾涤生夫子赴山东督师，以男暂署两江总督，旋又命曾夫子督办直隶、山东、河南三省军务事宜。

烹母

捻匪张总愚等窜海、沭，竟敢藐视皇师，夜郎自大。曾夫子命刘铭传等星夜倍程，趋往淮、徐援剿。既至清江浦，捻不得下窜，遂由沭阳西走郓城，而纠合各方伏莽攻扑雉河。曾夫子乃调刘铭传、周盛波进援雉河，大破捻匪于涡河两岸，而解雉河之围。然捻匪一败之后，不复成军，渐成流寇。曾夫子以匪流而兵亦与之慢流，深虑匪徒到处搜劫，资粮无限，而官军兵力有穷，乃议定以四省十三府州地设四镇重兵，以资弹压。于是安徽以临淮为老营，山东以济宁为老营，河南以周家口为老营，江苏以徐州为老营，各驻大营，为四省之重镇。一省有急，三省佳援，庶不致人民常于水深火热中也。驻防之地定，遂以刘铭传驻周家口，张树声驻徐州，潘鼎新驻济宁，刘松山驻临淮。而另以昭庆弟之马队一直为游击之师，自此办捻匪之局略有纲纪，肃清之期想不远矣。

禀母

（告已定剿捻格局）

捻匪张总愚等窜海、沭，竟敢藐视皇师，夜郎自大。曾夫子命刘铭传等星夜催程，驰往淮、徐援剿。既至清江浦，捻不得下窜，遂由沭阳西走郓城，而纠合各方伏莽攻扑雉河。曾夫子乃调刘铭传、周盛波进援雉河，大破捻匪于涡河西岸，而解雉河之围。然捻匪一败之后，不复成军，渐成流寇。曾夫子以匪流而兵亦与之俱流，深虞匪徒到处搜劫，资粮无限，而官军兵力有穷，乃议定以四省十三府州地设四镇重兵，以资弹压。于是安徽以临淮为老营，山东以济宁为老营，河南以周家口为老营，江苏以徐州为老营，各驻大营，为四省之重镇。一省有急，三省往援，庶不致人民常于水深火热中也。驻防之地定，遂以刘铭传驻周家口，张树声驻徐州，潘鼎新驻济宁，刘松山驻临难。而另以昭庆弟之马队一直为游击之师，自此办捻匪之局始有纲纪，肃清之期想不远矣。

致昭庆弟

闻逆汪海洋为浙军会同苏军攻克漳州巢穴，李世贤等星夜奔逃，又破之至永安，闽境遂肃清。不料海洋寇粤，败粤军于镇平，复台瓂营溃卒，势以复振。世贤与海洋有仇，寻为海洋所杀。天佑圣朝，贼众肖天，而瓂营溃卒，与海洋所部争粮，每降于粤军方瞾。旋康围并克镇平，海洋走平远，被江西军席宝田破之赣南，矛伤其背，遂复走广东，突陷嘉应州。官军攻之，海洋中炮死，其党推伪嘉王谭体元驻城蛇令，城破，自南面出走，至黄沙嶂。官军四面蛰之，贼众以蹄陷围堙，不得突出，降者万余人。贼体元与部下诸将皆死于谷。洪贼纵横数十年，害生灵数百万，至此方告肃清。溯洄往事，能不使人吊泪！吾弟游击捻匪，望时以畏人之托，终人之事，而报皇恩于万一。

致昭庆弟

（告追剿汪海洋之情形）

　　馀逆汪海洋为浙军会同苏军攻克漳州巢穴，李世贤等星夜奔遁，又破之至永安，闽境遂肃清。不料海洋寇粤，败粤军于镇平，复台霆营溃卒，势以复振。世贤与海洋有仇，寻为海洋所杀。天佑圣朝，贼众当灭，而霆营溃卒，与海洋所部争粮，多降于粤军方曜。旋康国器克镇平，海洋走平远，被江西军席宝田破之赣南，矛伤其背，遂复走广东，突陷嘉应州。官军攻之，海洋中炮死，其党推伪嘉王谭体元驻城施令，城破，自南面出走，至黄沙嶂。官军四面蹙之，贼众以蹄险围重，不得突出，降者万余人。贼体元与部下诸将皆死于谷。洪贼纵横数十年，害生灵数百万，至此方告肃清。溯洄往事，能不使人吊泪！吾弟游击捻匪，望时以受人之托，终人之事，而报皇恩于万一。

禀母

曾夫子自谓剿捻无功，精力大衰，不能当此大任，屡请罢斥。当蒙圣上照准，命曾夫子回两江总督任，授男钦差大臣，专办剿匪事宜。男已拜表谢恩，一俟曾夫子到署，当即文代北上。设或路出临淮，阅军进剿，一得肤功，拟驰抵家园，以慰数年来白云亲舍之情。

禀母

（告授钦差大臣之事）

曾夫子自谓剿捻无功，精力太衰，不能当此大任，屡请罢斥。当蒙圣上照准，命曾夫子回两江总督任，授男钦差大臣，专办剿匪事宜。男已拜表谢恩，一俟曾夫子到署，当即交代北上。设或路出临淮，阅军进剿，一得肤功，拟驰抵家园，以慰数年来白云亲舍之情。

禀母

捻匪任柱、赖文光、李允等，由河南趋湖北，盘旋德安、安陆之间。郭松林进剿，以路径生疏，被围于沙冈集，张树珊战死于杨家河，于是捻势甚张，屯尹隆河以窥安陆。当由鲍超率霆军，刘铭传率铭军，由襄樊、随、枣分路进剿，会于安陆。霆军驻臼口，铭军驻下洋港，期以庚午日辰时进军夹攻。而铭传冀独得首功，先一刻进攻，竟大败，所部唐殿魁等死之。及霆军践期来，乃大破捻匪，杀敌万余，生擒八千有奇，救铭传于重围之中，又败贼众于直河、丰乐河及袁河之边，如其天从人愿，捻匪之灭当不远矣。

118

禀母

（告败捻军战况）

捻匪任柱、赖文光、李允等，由河南趋湖北，盘旋德安、安陆之间。郭松林进剿，以路径生疏，被围于沙冈集，张树珊战死于杨家河，于是捻势甚张，屯尹隆河以窥安陆。当由鲍超率霆军，刘铭传率铭军，由襄樊、随、枣分路进剿，会于安陆。霆军驻臼口，铭军驻下洋港，期以庚午日辰时进军夹攻。而铭传冀独得首功，先一刻进攻，竟大败，所部唐殿魁等死之。及霆军践期来，乃大破捻匪，杀敌万余，生擒八千有奇，救铭传于重围之中，又败贼众于直河、丰乐河及襄河之边，如其天从人愿，捻匪之灭当不远矣。

京母

九帅奏参湖广总督官文贪庸骄蹇，朝廷命绵森、谭廷襄驰抵湖北查办。以九帅所奏属实，命官文先行撤任。侍郎胡家玉，以收受官文馈遗，革职留任，并毋庸在军机大臣上学习行走，官文旋革去总督。仍留大学士伯爵，改为革职留任，调京供职。并命谭廷襄暂行署理湖广总督。本月六日，命男为湖广总督，仍在营暂办剿匪事宜，并调瀚章兄为江苏巡抚，命署理湖广总督。

禀母

（告官文被撤职等事）

　　九帅奏参湖广总督官文贪庸骄蹇，朝廷命绵森、谭廷襄驰抵湖北查办。以九帅所奏属实，命官文先行撤任。侍郎胡家玉，以收受官文馈遗，革职留任，并毋庸在军机大臣上学习行走，官文旋革去总督。仍留大学士伯爵，改为革职留任，调京供职。并命谭廷襄暂行署理湖广总督。本月六日，命男为湖广总督，仍在营督办剿匪事宜，并调瀚章兄为江苏巡抚，命署理湖广总督。

致瀚章

　　剿捻计划，初议于山东之运河东岸，河南之贾鲁河、沙河西岸，沿堤筑长墙，不料河南长墙已于上年为捻军破，唯运堤屡次被攻未陷，山东赖以完固，其分泛济宁以北东军守之。台庄以南，闽、淮各军守之。会天旱水涸，运河成干沟，人马可行，于是捻酋任柱、赖文光等以郓城梁山寨有土匪勾引，率众直纪戴庙，东军失守，遂冲过运河东岸长墙。是月初捻由海神庙渡潍河，胶、莱防溃，任、赖各捻渡运河后，脾趋登、莱。弟采诸将议，倒守运河，进抗胶、莱，脾盛之海阳，调东预各军，会同淮军守运河南堤，于炎炎赤日之下，冒暑兴筑堤墙。至是捻股疾驰回窜，屡攻防守各军，卒不得逞，乃由海神庙以北海滩扑渡潍河，于是胶、莱之防又溃。似此跳梁小丑，经年累月而不能剿克，以分宵旰之忧，妄食圣朝之禄，奈何奈何。兄以两广之经历，治湖广之大事，遐维得心应手，运用自如。

致瀚章

（告与捻军战于运河战况）

剿捻计划，初议于山东之运河东岸，河南之贾鲁河、沙河西岸，沿堤筑长墙，不料河南长墙已于上年为捻窜破，唯运堤屡次被攻未陷，山东赖以完固，其分泛济宁以北东军守之。台庄以南，湘、淮各军守之。会天旱水涸，运河成干沟，人马可行，于是捻酋任柱、赖文光等以郓城梁山寨有土匪勾引，率众直犯戴庙，东军失守，遂冲过运河东岸长墙。是月初捻由海神庙渡潍河，胶、莱防溃，任、赖各捻渡运河后，将趋登、莱。弟采诸将议，倒守运河，进扼胶、莱，将蹙之海隅，调东预各军，会同淮军守运河南堤，于炎炎赤日之下，冒暑兴筑堤墙。至是捻股疾驰回窜，屡攻防守各军，卒不得逞，乃由海神庙以北海滩扑渡潍河，于是胶、莱之防又溃。似此跳梁小丑，经年累月而不能剿克，以分宵旰之忧，妄食圣朝之禄，奈何奈何。兄以两广之经历，治湖广之大事，遥维得心应手，运用自如。

致鹤章弟

吾弟来书，说起周济亲族事，兄亦颇赞成。前吾祖父穷且困，至年终时，索债者几如过江之卿，祖父无法以偿，唯有支吾以对。支吾终非久长之计，即向亲友商借，借无还期，亦渐为亲友所厌。其时幸有烟太伯父周荀初者稍有积蓄，时为周济，并劝祖父以勤俭，并至命儿驰就学。吾祖父从其言，得有今日。吾弟年少，此事或未之详也。吾与诸弟能有功名，非有周烟太伯，焉克至此？吾虽服役在外，未尝敢一刻或忘。今周烟太伯之后，亦如吾祖父之穷困，至应筹款接济，以报昔日之功。今特命使者携银五十两送去暂济涸辙。至吾祖父所欠未偿者尚多，兄至年终当更筹百两，吾弟景况亦非昔比，当可分任其劳。至大哥处，兄亦去信矣。吾弟兄四人，将来能积资十万，仿范文正之例，开办义庄，庶族中贫者养孤有教也。

致鹤章弟

（关于周济亲族事）

吾弟来书，说起周济亲族事，兄亦颇赞成。前吾祖父穷且困，至年终时，索债者几如过江之鲫，祖父无法以偿，唯有支吾以对。支吾终非久长之计，即向亲友商借，借无还期，亦渐为亲友所厌。其时幸有姻太伯父周菊初者稍有积蓄，时为周济，并劝祖父以勤俭，并亟命儿孙就学。吾祖父从其言，得有今日。吾弟年少，此事或未之详也。吾与诸弟能有功名，非有周姻太伯，焉克至此？吾虽服役在外，未尝敢一刻或忘。今周姻太伯之后，亦如吾祖父之穷困，亟应筹款接济，以报昔日之功。今特命使者携银五十两送去暂济涸辙。至吾祖父所欠未偿者尚多，兄至年终当更筹百两，吾弟景况亦非昔比，当可分任其劳。至大哥处，兄亦去信矣。吾弟兄四人，将来能积资十万，仿范文正之例，开办义庄，庶族中贫有养孤有教也。

致瀚章兄

接鹤弟来信言，周济亲戚事，弟极赞成。今约吾兄弟四人，先理旧债，待债清后，设立义庄，仿范文正先例。弟今拟提每俸之一部，偿祖父所欠之利金。昨日命役者持白银五十两往本乡中周太姻伯之孙处，以报昔日之恩。盖祖父晚年颇受周姻伯之厚惠，此事吾兄固知之。今闻周荀初太姻伯之后，竟一如吾祖父当日之情状，可叹也。

致瀚章兄

（告用年俸报恩等事）

　　接鹤弟来信言，周济亲戚事，弟极赞成。今约吾兄弟四人，先理夙债，待偿清后，设立义庄，仿范文正先例。弟今拟提年俸之一部，偿祖父所欠之利金。昨日命使者持白银五十两往本乡中周太姻伯之孙处，以报昔日之恩。盖祖父晚年颇受周姻伯之厚蕙，此事吾兄固知之。今闻周菊初太姻伯之后，竟一如吾祖父当日之情状，可叹也。

致季弟

　　昨日枉书来，知吾弟患湿温症，据云脉濡滑，舌苔黄腻而厚，胸闷泛恶，口渴不欲饮，小便黄沽，服蔡叔君所用石斛等救津药剂，因之更剧。兄细视此方，知蔡叔君实多误解。兄对此道虽属门外汉，然略辨草木性质，石斛阴腻碍邪之症，决不可用。口渴舌燥，乃湿壅而津不上承之故，检内科方脉亦如是说。商之同僚郭永斌。渠少从绉子嘉游，颇谙医理，所言亦与兄相仿。故兄意，决用燥湿药以治之，当无大碍。医药之重要，三尺童子，无不知之。虽医生握断症之全权，然当事者不可不稍知一二，以防不测也。兄固此得一教训，无论何种学问，均须研究。

致季弟

（关于湿温症之治法）

　　昨日高升来，知吾弟患湿温症，据云脉濡滑，舌苔黄腻而厚，脑闷泛恶，口渴不欲饮，小便黄浊，服秦叔君所用石斛等救津药剂，因之更剧。兄细视此方，知秦叔君实多误解。兄对此道虽属门外汉，然略辨草木性质，石斛阴腻碍邪之症，决不可用。口渴舌燥，乃湿壅而津不上承之故，检内科方脉亦如是说。商之同僚郭永斌。渠少从徐子嘉游，颇明医理，所言亦与兄相彷。故兄意，决用燥湿药以治之，当无大碍。医药之重要，三尺童子，无不知之。虽医生握断症之全权，然当事者不可不稍知一二，以防不测也。兄因此得一教训，无论何种学问，均须研究。

致鹤章弟

来书告吾弟湿温渐愈，寒热停止，喜甚。此后当格外留心，饮食只进八分已够，如觉饿时，再进少许。起居亦当注意，古人曰：勤脱勤着，胜如吃药。湿温症最为累赘，微有不慎，旧病即将复萌，复萌后，非特无种益亏，且病根已深，更难医治，务望注意为要。

致鹤章弟

（调养要注意饮食起居）

　　来书告吾弟湿温渐愈，寒热停止，喜甚。此后当格外留心，饮食只进八分已够，如觉饿时，再进少许。起居亦当注意，古人曰：勤脱勤着，胜如吃药。湿温症最为累赘，微有不慎，旧病即将复萌，复萌后，非特元神益亏，且病根已深，更难医治，务望注意为要。

谕文儿

顷见曾夫子涤生书寄其世兄一笺，亦颇可为吾儿，训录以转示："凡做好人，做好官，做名将，倶要好师好友好榜样。"吾儿少蓄为官之志，颇好，唯行事尚未就于正轨，业师足为吾儿模范，唯友朋辈尚嫌未足耳。师长常具畏惧之心，未敢朝亲夕近，虽有良师教训，难于转移学生性情。友朋等食则同席，出入同房，唯有爱慕之心，不若师生间之敬惧而难于转移也。今尔友多都大家风气，习俗殊生厌恶，而有志为官者，亦所更忌者也。吾儿不可因恃父兄显赏而仗势欺人，尔知汝祖父穷乏之时，为人所凌暴，敢怒而不敢言，尔当念祖父之被困，而生反感焉。

谕文儿

（友朋须择善而交）

　　顷见曾夫子涤生书寄其世兄一笺，亦颇可为吾儿，训录以转示："凡做好人，做好官，做名将，俱要好师好友好榜样。"吾儿少蓄为官之志，颇好，唯行事尚来就于正轨，业师足为吾儿模范，唯友朋辈尚嫌未足耳。师长常具畏惧之心，未敢朝亲夕近，虽有良师教训，难于转移学生性情。友朋等食则同席，出入同阶，唯有爱慕之心，不若师生间之敬惧而难于转移也。今尔友类都大家风气，习俗殊生厌恶，而有志为官者，亦所更忌者也。吾儿不可因恃父兄显贵而仗势欺人，尔知汝祖父穷乏之时，为人所凌暴，敢怒而不敢言，尔当念祖父之被困，而生反感焉。

第四致

人虽有文章、名誉、金钱，而无强健之身体，亦何所用之？故养生之术，不可不注意也。养生非求不死，求暂时之康健而处安乐之境耳。常人不知养生，其最易致病而促寿者有十六条，愿我弟细阅之。

一、终年懒于洗浴，污垢堵塞，皮肤几无排泄之功用，肺之负荷益重。

二、每日晏起，一起身即以点心朝饭饱塞胃部。

三、一日三餐皆贪美味，食之过饱，《淮南子》曰：五味乱口，使口损伤。傅休奕曰：病从口入。

四、一日三餐之前后，皆食点心及一切润食，使胃肠无休息之时。《博志》曰：所食愈少，心愈开，年愈益；所食愈多，心愈塞，年愈损。

五、每次食物均不细嚼，且咽下甚速，使胃作咀嚼之功。

134

六、晚餐甫毕，即就寝，或就寝时饱食干点心。

七、深夜坐谈，或狂饮或赌博，至来夜方就寝。

八、终日终夜紧闭卧室之窗门，凡灯火、衣服、便桶、便壶等发生之浊气，及人体放出之臭气，皆郁积于房内。

九、终日坐卧不甚运动，不出门户，不见日光。

十、终日畏风，所呼吸者唯屋内之浊空气，卧时又以被蒙其首。

十一、吸水烟、旱烟，或鸦片，使肉脏及血液皆染烟毒或鸦片毒。

十二、饮酒狂醉，使心脏积垢脂肪，以致强心跳动，使脑积血，或脑出血（卒中）之原因，此外如肝、胃、肺、脏、血液，无不大受其损。

十三、终年饱食肉类，血肉蕴毒既多，一旦为外症或传染症所侵袭，则轻症变为重症而死。《吕氏春秋》曰：肥肉厚酒，务必自强命曰烂肠之食。方令各派提倡素食者渐众，且集会素食者有之，吾弟慎勿轻信迷于信佛也。

十四、看淫剧纪乎淫，以致神经衰弱。其余有碍风化之事，率能挑动色欲之端。

十五、宿娟买妾无有不发生花柳者，幸而免焉，则事过度，旦旦伐之，生健忘、心跳、不消化等，继则阳痿、血薄、肺痨，而大命乃倾。

十六、大便闭结，往往三四日一次，甚有七八日一次，十余日一次者，粪块压迫大肠，致真阳郁血而有痔疮之患，粪毒亦吸入血肉。

致四弟

（养生禁忌十六条）

人虽有文章、名誉、金钱，而无强健之身体，亦何所用之？故养生之术，不可不注意也。养生非求不死，求暂时之康健而处安乐之境耳。常人不知养生，其最易致病而促寿者有十六条，愿我弟细阅之。

一、终年懒于洗浴，污垢堵塞，皮肤几无排泄之功用，肺之负荷较重。

二、每日晏起，一起身即以点心朝饭饱塞胃部。

三、一日三餐皆贪美味，食之过饱，《淮南子》曰：五味乱口，使口损伤。傅休奕曰：病从口入。

四、一日三餐之前后，皆食点心及一切闲食，使胃肠无休息之时。《博志》曰：所食愈少，心愈开，年愈益；所食愈多，心愈塞，年愈损。

五、每次食物均不细嚼，且咽下甚速，使胃作咀嚼之功。

六、晚餐甫毕，即就寝，或就寝时饱食干点心。

七、深夜坐谈，或狂饮或赌博，至来夜方就寝。

八、终日终夜紧闭卧室之窗门，凡灯火、衣服、便桶、便壶等发生之浊气，及人体放出之臭气，皆郁积于房内。

九、终日坐卧不甚运动，不出门户，不见日光。

十、终日畏风，所呼吸者唯屋内之浊空气，卧时又以被覆其首。

十一、吸水烟、旱烟，或鸦片，使内脏及血液皆染烟毒或鸦片毒。

十二、饮酒狂醉，使心脏积多脂肪，以致疑心跳动，使脑积血，或脑出血（卒中）之原因，此外如肝、胃、肺、脏、血液，无不大受其损。

十三、终年饱食肉类，血内蕴毒既多，一日为外症或传染症所侵袭，则轻症变为重症而死。《吕氏春秋》曰：肥肉厚酒，务必自强命甘烂肠之食。方令各派提倡素食者渐众，且集会素食者有之，吾弟慎勿轻信迷于信佛也。

十四、看淫剧犯手淫，以致神经衰弱。其余有碍风化之事，悉能挑动色欲之端。

十五、宿娼买妾无有不发生花柳者，幸而免焉，则事过度，旦旦伐之，生健忘、心跳、不消化等，继则阳痿、血薄、肺痨，而大命乃倾。

十六、大便闭结，往往三四日一次，甚有七八日一次，十余日一次者，粪块压迫大肠，致真阳郁血而有痔疮之患，粪毒亦吸入血肉。

于玉堦

余近每觉精神不舒，四肢乏力，腰痛脊酸，因参现医经，得下十二段，接日运导按摩，渐觉安适，已似恢复二一年前之景象矣。闻尔曷氏与余有同病，特录出以之转告，大可试行也。

一、叩齿。齿为筋骨之余，常宜叩击，使筋骨活动，心神清爽，每次叩三十六数。

二、咽津。将舌舐上腭，久则津生，满口便当咽之，咽下■然有声，使灌溉五脏，降火甚捷，咽数以多为妙。

三、浴面。将两手自相摩热，热气而揉之，如浴面之状，则须发不白，即针冠髭，不跳之法，颜如童矣。

四、鸣天鼓。将两手掩两耳窝，先以第二指压第中指，弹脑后骨，上下左右二十四次，去头脑痰。

五、运肩肓。此穴在背上第四椎下脊两旁各三寸，药力所不到，将两肩扭转二十七次，治一身诸痰。

六、托天，以两手握拳，以鼻收气，运至泥丸，即向天托起，随放左右膝上，每行三次，去胸膛中邪气。

七、左右开弓。此法要闭气，将左右手伸直，右手作攀弓状，以两目看右手，左右各三次，泻三焦火，可以去臂腋风邪积气。

八、摩丹田。此法将左手托肾囊，右手摩丹田三十六次，然后转换如前法。

九、搓内肾穴。此法要闭气，将两手搓热，向背后搓肾堂，及近脊命门穴，左右各三十六次。

十、搓涌泉穴。此法用左右手把住左脚，以右手搓左脚心，左右交换，各三十六次。

十一、摩夹脊穴。此穴在背脊之下，大便之上，统会一身之气血，运之有益，并可疗痔。

十二、洒腿。足不运，则气血不和，行走不能爽快。须将左足立定，右足提起，洒七次，左右变换如前。

据《医经》云，按日行之，却病延年咎白显易。庄子呼吸吐纳，熊经鸟伸为寿而已矣。此导引之士，养形之人，彭祖寿考者之所好也。余按日所行之成绩，却病已足为咎证。而延年一语，尚难预料也。唯以不药而治病，断无大碍于寿命，故余特命吾侄转告尔等，以期进愈也。

予玉侄

（运寻按摩十二法）

余近每觉精神不舒，四肢乏力，腰痛脊酸，因参观医经，得下十二段，按日运导按摩，渐觉安适，已似恢复二一年前之景象矣。闻尔舅氏与余有同病，特录出以之转告，大可试行也。

一、叩齿。齿为筋骨之余，常宜叩击，使筋骨活动，心神清爽，每次叩三十六数。

二、咽津。将舌舐上腭，久则津生，满口便当咽之，咽下喝然有声，使灌溉五脏，降火甚捷，咽数以多为妙。

三、浴面。将两手自相摩熟，热覆而擦之，如浴面之状，则须发不白，即升冠鬓，不班之法，颜如童矣。

四、鸣天鼓。将两手掩两耳窍，先以第二指压第中指，弹脑后骨，上下左右二十四次，去头脑疾。

五、运膏育。此穴在背上第四推下脊两旁各三寸，药力所不到，将两肩扭转二十七次，治一身诸疾。

六、托天，以两手握拳，以鼻收气，运至泥丸，即向天托起，随放左右膝上，每行三次，去胸腹中邪气。

七、左右开弓。此法要闭气，将左右手伸直，右手作攀弓状，以两目看右手，左右各三次，泻三焦火，可以去臂腋风邪积气。

八、摩丹田。此法将左手托肾囊，右手摩丹田三十六次，然后转换如前法。

九、擦内肾穴。此法要闭气，将两手搓熟，向背后擦肾堂，及近脊命门穴，左右各三十六次。

十、擦涌泉穴。此法用左右手把住左脚，以右手擦左脚心，左右交换，各三十六次。

十一、摩夹脊穴。此穴在背脊之下，大便之上，统会一身之气血，运之有益，并可疗痔。

十二、洒腿。足不运，则气血不和，行走不能爽快。须将左足立定，右足提起，洒七次，左右变换如前。

据《医经》云，按日行之，却病延年明白显易。庄子呼吸吐纳，熊经鸟伸为寿而已矣。此导引之士，养形之人，彭祖寿考者之所好也。余按日所行之成绩，却病已足为明证。而延年一语，尚难预料也。唯以不药而治病，断无大碍于禄命，故余特命吾侄转告尔舅，以期速愈也。

致鹤章第

兄日来颇注意于养生之道，参阅《老子导引》四十二势，《婆罗门导引》十二势，《赤松子导引》十八势，《钟离导引》八势，胡见素《五藏导引法》十二势，在诸法中颇有妙解，其切要不过于此，学者能日行一二遍，久久侣健身轻，百邪皆除，不复疲倦。兄以公务冗繁，未能遍行各法，每日只行一遍，自腊至今，未及二月，已稍得其效。来书每提体弱多病，兄意体弱断非药石之功，今节其至要陈之，弟可效法焉。

凡功行每于子后寅前，此时气清腹虚，行之有效。先须两目垂帘，披衣端坐，两手握固趺坐，当以左足后跟曲顶肾茎根下动址，不令精窍漏泄，两手当屈大指抵食指根，余四指捻定大指，是为两手握固，然后叩齿三十通，即以两手抱颈，左右宛转二十四次，此可去两肋积聚之邪。复以两手相叉，虚空托天，反手按顶二十四次，此可除胸膈间病。后复以两手一向前，一向后如挽五石弓状二十四次，此可去脾胃中积邪。复以握固，并挂两肋，摆撼两肩二十四次，此可去腰肋间之风邪。复以两手交捶，臂及膊反捶，背上连腰股各二十四次，此可去四肢胸膛之邪。复大坐斜身偏倚，两手齐向上如作排天状二十四次，此可去肺家积聚之邪。复大坐伸足，以两手向前低头，扳足十二次，却钩所伸，屈在膝上，按摩二十四次，此可去心包络间邪气。复以两手据地缩身，曲脊向上十二举，此可去心肝二经积邪。复起立据床拔身，向背后视左右各二十四次，此可去肾间风邪。复起立综行两手握固，左足前踏，左手摆向前，右手摆向后，右足前踏，右手摆向前，左手摆向后二十四次，此可去两肩俞之邪。复以手向背上相捉，低身综综宛转二十四次，此可去两肋之邪。复以足相纽而行，前进十数步，后退十数步，复高坐伸足，将两足扭向内扭向外各二十四，此可去两手两足间风邪。行此十六节讫，复端坐重新握固，冥心以舌抵上腭，揽取华池神水，漱三十六次，作声咽下，复闭息想丹田之火，自下而上，遍烧身体，内外蒸热乃止。

143

致鹤章弟

（养生之法）

兄日来颇注意于养生之道，参阅《老子导引》四十二势，《婆罗门导引》十二势，《赤松子导引》十八势，《钟离导引》八势，胡见素《五藏导引法》十二势，在诸法中颇有妙解，其切要不过于此，学者能日行一二遍，久久体健身轻，百邪皆除，不复疲倦。兄以公务冗繁，未能遍行各法，每日只行一遍，自始至今，未及二月，已稍得其教。来书每提体弱多病，兄意体弱断非药石之功，今节其至要陈之，弗可效法焉。

凡功行每于子后寅前，此时气清腹虚，行之有效。先须两目垂帘，披衣端坐，两手握固趺坐，当以左足后跟曲顶肾茎根下动址，不令精窍漏泄，两手当屈大指抵食指根，余四指捻定大指，是为两手握固，然后叩齿三十通，即以两手抱颈，左右宛转二十四次，此可去两胁积聚之邪。复以两手相叉，虚空托天，反手按顶二十四次，此可除胸膈间病。后复以两手一向前，一向后如挽五石弓状二十四次，此可去脾胃中积

144

邪。复以握固，并挂两肋，摆撼两肩二十四次，此可去腰肋间之风邪。复以两手交捶，臂及膊反捶，背上连腰股各二十四次，此可击四肢胸臆之邪。复大坐斜身偏倚，两手齐向上如作排天状二十四次，此可去肺家积聚之邪。复大坐伸足，以两手向前低头，扳足十二次，却钩所伸，屈在膝上，按摩二十四次，此可去心包络间邪气。复以两手据地缩身，曲脊向上十二举，此可去心肝二经积邪。复起立据床拔身，向背后视左右各二十四次，此可去肾间风邪。复起立徐行两手握固，左足前踏，左手摆向前，右手摆向后，右足前踏，右手摆向前，左手摆向后二十四次，此可去两肩俞之邪。复以手向背上相捉，低身徐徐宛转二十四次，此可去两肋之邪。复以足相纽而行，前进十数步，后退十数步，复高坐伸足，将两足扭向内扭向外各二十四次，此可去两手两足间风邪。行此十六节讫，复端坐垂帘握固，冥心以舌舐上腭，搅取华池神水，漱三十六次，作声咽下，复闭息想丹田之火，自下而上，遍烧身体，内外蒸热乃止。

致瀚章兄

弟近患失眠症，苦终夜不能一寐，至日间午后，觉有倦意，然于办公时间，未便作假寐，每每疏略之处。后同僚王乃圆告我曰，临卧时，默念数目，自一至百，渐能入梦。弟试行之，初不甚效，后强而行之，效乃渐著。

本朝自开海禁以来，东西洋各国往来渐繁，国际间交涉亦因之渐多，然东西各国文字言语各异，为使臣者，每遇交涉，恒有译吏为之传达，终不若直接为便，弟因是之故，特设外国语言文字学馆于上海，选聘各国旅沪侨民为之教授，专授各国文字，养成外交人才。吾兄倘有意于此者，可命玉坚来申学习，将来为国家效力，此亦我李氏所欣幸也。

146

致瀚章兄

（告治失眠及设外国语言文字学馆等事）

弟近患失眠症，苦终夜不能一寐，至日间午后，觉有倦意，然于办公时间，未便作假寐，每多疏略之处。后同僚王为国告我曰，临卧时，默念数目，自一至百，渐能入梦。弟试行之，初不甚效，后强而行之，效乃渐著。

本朝自开海禁以来，东西洋各国往来渐繁，国际间交涉亦因之渐多，然东西各国文字言语各异，为使臣者，每遇交涉，虽有译吏为之传达，终不若直接为便，弟因是之故，特设外国语言文字学馆于上海，选聘各国旅沪侨民为之教授，专授各国文字，养成外交人才。吾兄倘有意于此者，可命玉侄来申学习，将来为国家效力，此亦我李氏所欣幸也。

致四弟

　　我弟兄四人，唯吾弟年幼，尚在专攻读，家中事务，全待母亲主持。老母年近古稀，精神日退，兄服务在外，不能时时回来，吾弟年逾弱冠，世务情形当默自考察，佐母亲精力之不逮。晨昏侍奉，尤须必恭必敬。偶有不满意事，不可逞一时血气，以使母亲不悦。遇疑难事尤宜与诸长辈商量，不可独断独行。谚云：一人腹中无两人志是也。诸堂弟妹及侄等，平日须好好教训，勿令荒疏学业。

148

致四弟

（请佐母亲料理家务）

我弟兄四人，唯吾弟年幼，尚在多攻读，家中事务，全恃母亲主持。老母年近古稀，精神日退，兄服务在外，不能时时回来，吾弟年逾弱冠，世务情形当默自考察，佐母亲精力之不逮。晨昏侍奉，尤须必恭必敬。倘有不满意事，不可趁一时血气，以使母亲不悦。遇疑难事尤宜与诸长辈商量，不可独断独行。谚云：一人腹中无两人志是也。诸堂弟妹及侄等，平日须好好教训，勿令荒疏学业。

谕文儿

吾儿来禀，书法渐有进境，叙事亦有头绪，甚喜甚喜。唯求学须有恒心，不可因稍得门径，以为已足。余近在上海设立外国语言文字学馆，聘请外国知名之士为教授，专授外国语言，吾儿待国学稍有成就，可来申学习西文。余未谙蟹行文字，每与外人交涉，颇感困难。吾儿他日当尽力研求之。余前与四叔书，谓祖母年老，家事不可再使其烦心，吾儿在家，攻读之外，每日至四叔处请安，并讨论学问，虽微小之事，亦可与四叔商量也。四叔之训，不可违背。

150

谕文儿

（求学须有恒心）

　　吾儿来禀，书法渐有进境，叙事亦有头绪，甚喜甚喜。唯求学须有恒心，不可因稍得门径，以为已足。余近在上海设立外国语言文字学馆，聘请外国知名之士为教授，专授外国语言，吾儿待国学稍有成就，可来申学习西文。余未读蟹行文字，每与外人交涉，颇感困难。吾儿他日当尽力研求之。余前与四叔书，谓祖母年老，家事不可再使其烦心，吾儿在家，攻读之外，每日至四叔处请安，并讨论学问，虽微小之事，亦可与四叔商量也。四叔之训，不可违背。

致鹤章弟

兄前致书与四弟，谓母亲年老，侄子家务，劝四弟攻读之外扶助一切，吾弟想亦表同情也。兄今在黄浦江畔设立外国语言文字学馆，聘请外国知名之士为教授，专授西文，以造就一班洋务人员子弟。如愿来学，望弟告我。前书谓行功之道，今更有一言相告，为养生家之秘诀。每日饭后行走数千步是也。弟每餐毕，可围署而行，或走至校场，来回约共三四千步，三月后，必见大效矣。

致鹤章弟

（家务养生等事）

兄前致书与四弟，谓母亲年老，倦于家务，劝四弟攻读之外扶助一切，吾弟想亦表同情也。兄今在歇浦江畔设立外国语言文字学馆，聘请外国知名之士为教授，专授西文，以造就一班洋务人员子弟。如愿来学，望弟告我。前书谓行功之道，今更有一言相告，为养生家之秘诀。每日饭后行走数千步是也。弟每餐毕，可围署而行，或走至校场，来回约共三四千步，三月后，必见大效矣。

致鹤章弟

《礼》云：道而不径，舟而不游。古之言孝者，专以保身为重。乡间路窄桥危，嗣后吾家子弟凡遇过桥，无论轿马，均须下而步行，至要至要。朱柏庐先生作家训，首句即为黎明即起，为养生家之唯一良法。盖清晨之气最佳，终夜紧闭卧室之内，浊气充塞，一吸清气，精神为之一爽，百病皆除。兄前好晏卧，自今春始行此法，身体渐好，食量亦增，敬劝吾弟仿行之。

致鹤章弟

（黎明即起为养生良法）

　　《礼》云：道而不径，舟而不游。古之言孝者，专以保身为重。乡间路窄桥危，嗣后吾家子弟凡遇过桥，无论轮马，均须下而步行，至要至要。朱柏庐先生作家训，首句即为黎明即起，为养生家之唯一良法。盖清晨之气最佳，终夜紧闭卧室之内，浊气充塞，一吸清气，精神为之一爽，百病皆除。兄前好晏卧，自今春始行此法，身体渐好，食量亦增，敢劝吾弟仿行之。

寄昭庆弟

此间年有水灾，人民异常困苦，今年较往年为重。各属烧锅，本应防禁，以裕民食，唯忠州县禁令不齐，私烧仍不能免，而吏役需索，弊窦丛生。且烧户于数百家全行闭歇，亦恐尽失生计。昉据筹赈局司道，议照光绪九年奏案，免其停烧。即以资本之大小，酌令捐输，每户多至五十金，少亦二三十金，公归顺、直助赈，不准影射巧避。兄以为此乃两全之法，盖既不可不顾民困而又不可忽于法治也。

156

寄昭庆弟

（有关烧锅的两全之法）

　　此间年有水灾，人民异常困苦，今年较往年为重。各属烧锅，本应饬禁，以裕民食，唯虑州县禁令不齐，私烧仍不能免，而吏役需索，弊窦丛生。且烧户千数百家全行闭歇，办恐坐失生计。饬据筹赈局司道，议照光绪九年奏案，免其停烧。即以资本之大小，酌令捐输，每户多至五十金，少亦二三十金，公归顺、直助赈，不准影射巧避。兄以为此乃两全之法，盖既不可不顾民困而又不可忽于法治也。

致鹤章弟

兄现顺、直人民，性情轻吾南人为悬挚。昔称重武十而轻文人，近则不然。功名之心，亦非昔比。张家口、独石口、多伦诺尔三处，商业渐次繁盛，塞外人民侨居此者几逾万人。而秀良者亦多有志读书，然向无学官招考，英雄无用武之地，深为可惜。兄咋特奏答奉上，请添三厅学额，录原文以资参酌，吾弟对疏奏文字，尚嫌少做，宜每看，方免临时失措也。

文曰：窃查远北之宣化张家口、独石口、多伦诺尔三厅地面，本系塞外荒区，从前经商种地之人，皆自他处过往，户口甚少，寥去靡常，是以向无学校。近年荒地日辟，生聚日繁，白草黄沙，变为阡陌，荆衔对宇，渐有市屋。臣前派员清查，垦地升科，询诇民间疾苦，其民之秀良者亦有志读书，蒸蒸向上。已奏准将该三厅理事同知改为抚民要缺，并于多伦诺尔驻武职大员，添设三厅，捕盗兵弁，保护商民在案。唯学校缺如，士子高乏进取之路，且塞外

158

民多强悍，尤宜淬以诗书，涵以礼教，俾可化枭顽而格愚顽。据藩司详请可，此道奎斌以因时制宜设学，诚不可缓，酌拟应办事宜，详请核奏前来。臣查热河承德府属之平泉、丰宁、滦平、建昌、赤峰、朝阳六州县，初无学校，嗣于乾隆四十一、四十三等年，议准添设汉民学额，每州县岁科考试，各取进文童四名，岁考各取进武童二名。平泉、丰宁文风较盛，各设廪生四名，增生四名。滦平、建昌、赤峰、朝阳各设廪生三名，增生三名。二年一贡。因未设学官，教官统归承德府教授管其先生。

　　宣云等处，原籍入学各生，改归寄居。平泉等州县管辖内有现系廪生，令其各保寄居。州县童生，如该州县中现无改归廪生，暂取邻邻保结收考等因。今张、独、多三厅，议设汉民学额，与热河情事相同，拟援照成案。即自光绪八年科考为始，每厅岁科考各取进文童四名，岁考各取武童二名。如佳卷不敷，婉缺无滥。该三处亦比照滦平、建昌等县之例，拟各暂设廪生三名，增生三名，二年一贡。现值经费支绌，势难遽设学官教官，拟将张家口厅考试事宜，归附近之万全县教官兼管，独石口、多伦两厅考试事宜，归附近之赤城县教官兼管，府试事宜即归宣化府知府教授管理。该三厅本少土著，民人多系他地流寓，应查各已在该三厅属寄居二十年者，准其改归。如该厅考试其先在宣化等州县，原籍入学各生，今改归寄籍者，即不准再回原籍应考。内有现系廪生，令其各保该厅童生。如该厅现无改归廪生，暂取该童生邻邻保结收考，候补有廪生，再由廪生保结。仍严杜原籍、寄籍两处跨考及附近州县居民。该三厅冒考之弊，如此分离办理，庶边外文教振兴，渐知孝弟忠信

159

之义，殊于地方风俗有裨。其有未尽事宜，容饬该道厅随时察议详办。所有张、桝、五三厅拟请添设学额缘由，理合会同顺天学政臣弘诏恭折具陈。

致鹤章弟

（三厅情形及请添其学额奏折）

兄观顺、直人民，性情较吾南人为恳挚。昔称重武十而轻文人，近则不然。功名之心，亦非昔比。张家口、独石口、多伦诺尔三处，商业渐次繁盛，塞外人民移居此者几逾万人。而秀良者亦多有志读书，然向无学宫招考，英雄无用武之地，深为可惜。兄昨特奏明圣上，请添三厅学额，录原文以资参酌，吾弟对疏奏文字，尚嫌少做，宜多看，方免临时失措也。

文曰：窃查迤北之宣化张家口、独石口、多伦诺尔三厅地面，本系塞外荒区，从前经商种地之人，皆自他处迁往，户口甚少，来去靡常，是以向无学校。近年荒地日僻，生聚日繁，白草黄沙，变为阡陌，望衡对宇，渐有市廛。臣前派员清查，垦地升科，咨询闾间疾苦，其民之秀良者亦有志读书，蒸蒸向上。已奏准将该三厅理事同知改为抚民要缺，并于多伦移驻武职大员，添设三厅，捕盗兵弁，保护商民在案。唯学校缺如，士子尚乏进取之路，且塞外民多强悍，尤宜泽以诗书，诱以礼教，俾可化禀质而格愚顽。据藩司崧骏口，北道奎斌以因时制宜设学，诚不可缓，酌拟应办事宜，详请核奏前来。臣查热河承德府属之平泉、丰宁、滦平、建昌、赤峰、朝阳六州县，初无学校，嗣于乾隆四十一、四十三等年，议准添设汉民学额，每州县岁科考试，各取进文童四名，岁考各取进武童二名。平泉、丰宁文风较盛，各设廪生四名，增生四名。滦平、建昌、赤峰、朝阳各设廪生三名，增生三名。二年一贡。因未设学宫，教官统归承德府教授曾管其先生。

密云等处，原籍入学各生，改归寄居。平泉等州县管辖内有现系廪生，令其各保寄居。州县童生，如该州县中现无改归廪生，暂取地邻保结收考等因。今张、独、多三厅，议设汉民学额，与热河情事相同，拟援照成案。即自光绪八年科考为始，每厅岁科考各取进文童四名，岁考各取武童二名。如佳卷不敷，姑缺无滥。该三处亦比照滦平、建昌等县之例，拟各暂设廪生三名，增生三名，二年一贡。现值经费支绌，势难建设学宫教官，拟将张家口厅考试事宜，归附近之万全县教官兼管，独石口、多伦两厅考试事宜，归附近之赤城县教官兼管，府试事宜即归宣化府知府教授管理。该三厅本少土著，民人多系他地流寓，应查明已在该三厅属寄居二十年者，准其改归。如该厅考试其先在宣化等州县，原籍入学各生，今改归寄籍者，即不准再回原籍应考。内有现系廪生，令其各保该厅童生。如该厅现无改归廪生，暂取该童生地邻保结收考，候补有廪生，再由廪生保结。仍严杜原籍、寄籍两处跨考及附近州县居民。该三厅冒考之弊，如此分离办理，庶边外文教振兴，渐知孝弟忠信

162

之义，殊于地方风俗有裨。其有未尽事宜，容饬该道厅随时察议详办。所有张、独、多三厅拟请添设学额缘由，理合会同顺天学政臣孙诏经恭摺具陈。

致瀚章

　　刘铭传于上月十六日以下向岛，破捻于潍县之松树山，又破之牟山。捻势渐解，残众向诸城南趋。追至日照地方，枪伤任柱，柱径奔江苏临榆县境，铭传追而破之。有潘贵升者，密信乞降，请杀任柱为进身条件，吾军允之，于是贵升乘任柱不备，以枪洞其腰胁，纵马来降，捻众遂大溃。任柱，亳州人，为捻匪各股之总头目，剽忽善战，既死，余股推赖文光为首。是月捻匪窥黄河，诏抽防军协同直东之师守黄河。捻出没昌潍、寿光之间，屡为我军所败，遂不得志于运防，将窥青、济黄河之滨。朝廷恐黄河防军有失，命抽调运防之师协防。自此以往，想捻匪肃清之期不远矣。

致瀚章

（击败捻军情形）

刘铭传于上月十六日以下向高，破捻于潍县之松树山，又破之牟山。捻势渐解，残众向诸城南趋。追至日照地方，枪伤任柱，柱径奔江苏临榆县境，铭传追而破之。有潘贵升者，密信乞降，请杀任柱为进身条件，吾军允之，于是贵升乘任柱不备，以枪洞其腰胁，纵马来降，捻众遂大溃。任柱，亳州人，为捻匪各股之总头目，飘忽善战，既死，馀股推赖文光为首。是月捻匪窥黄河，诏抽防军协同直东之师守黄河。捻出没昌潍、寿光之间，屡为我军所败，缘不得志于运防，将窥青、济黄河之滨。朝旨恐黄河防军有失，命抽调运防之师协防。自此以往，想捻匪肃清之期不远矣。

京母

　　捻匪在前年分股极多，自上年秋合分二股，西可小洞王张总愚，窜陕西；东捻鲁王任柱与赖文光等出入豫鄂苏鲁间，为势甚张。自潍县寿光间，屡为官军所败，至临榆而降将潘贵计杀任柱，精锐略尽。而文光率残捻窜扬州，又为吾军击败，并生擒文光，斩于市，于是东捻尽灭。唯西捻声势浩大，一时难以克服。

禀母

（告剿灭东捻简况）

捻匪在前年分股极多，自上年秋合分二股，西可小阎王张总愚，窜陕西；东捻鲁王任柱与赖文光等出入豫鄂苏鲁间，为势甚张。自潍县寿光间，屡为官军所败，至临榆而降将潘贵升杀任柱，精锐略尽。而文光率残捻窜扬州，又为吾军击败，并生擒文光，斩于市，于是东捻尽灭。唯西捻声势浩大，一时难以克服。

京母

　　捻匪张总愚由陕渡河，纪山西吉安，复由绛州曲沃、垣曲山僻小路窜近畿疆，而出磁州广平，直纪顺德、鸡泽、平乡、巨鹿等处。畿南震扰，以致有干圣眷之怒，诏切责男等均奉职。唯丁宝桢率军先至河间，诏嘉奖。唯男等叨食皇禄，不能分圣上之忧，以致切责，咎无可辞。然羊肠小径，人地生疏，进取为难，彼贼既困男等之所经，纵横骚扰，居驰武夏生，亦所不免也。现捻匪窜扰畿辅，京师震动，为之戒严。诏命恭亲王奕䜣会同神机营王大臣办理巡防事宜，旋命各路统兵大臣暨各督抚均归节制。钦差大臣督办陕甘军务左宗棠，由陕追捻入直隶境，遂命总统直隶各路官军，想瀚章哥此刻已交却旋里矣。

禀母

（告因西捻犯畿而夺职）

捻匪张总愚由陕渡河，犯山西吉安，复由绛州曲沃、垣曲山僻小路窜近豫疆，而出磁州广平，直犯顺德、鸡泽、平乡、巨鹿等处。畿南震扰，以致有干圣聪之怒，诏切责男等均夺职。唯丁宝桢率军先至河间，诏嘉奖。唯男等叨食皇禄，不能分圣上之忧，以致切责，咎无可辞。然羊肠小径，人地生疏，进取为难，彼贼既因男等之所短，纵横骚扰，虽孙武复生，亦所不免也。现捻匪窜扰畿辅，京师震动，为之戒严。诏命恭亲王奕䜣会同神机营王大臣办理巡防事宜，旋命各路统兵大臣暨各督抚均归节制。钦差大臣督办陕甘军务左宗棠，由陕追捻入直隶境，遂命总统直隶各路官军，想瀚章哥此刻已交卸旋里矣。

169

致瀚章兄

初八日命盛京将军都兴阿管理神机营事务，授为钦差大臣，赴天津，会同左宗棠与弟协剿捻匪。初捻匪游弈豫南，弟夏议驱之太行、黄河间。既而捻至濬、滑，西纪新乡，循河至延津，屡败陕西军与淮军。又自内黄趋东昌、茌平、德州、吴桥、东光，遂至天津。恭亲王奏饬诸将限一月平捻，无如限满，而捻仍不能克，是以左帅与弟均交部严议。而命都兴阿为钦差大臣，列名在左帅与弟之上，以侍郎崇厚副之。六部会议，奏请带罪立功，以示宽厚。圣恩浩荡，寻得准奏，于是左帅与弟拜表谢恩，随都将军剿办捻匪。鹤章弟于上月廿六日上道旋里，遥想已安抵家园矣。

致瀚章兄

（告剿捻不胜被交部严议）

　　初八日命盛京将军都兴阿管理神机营事务，授为钦差大臣，赴天津，会同左宗棠与弟协剿捻匪。初捻匪游弈畿南，弟复议驱之太行、黄河间。既而捻至濬、滑，西犯新乡，循河至延津，屡败陕西军与淮军。又自内黄趋东昌、茌平、德州、吴桥、东光，遂至天津。恭亲王奏饬诸将限一月平捻，无何限满，而捻仍不能克，是以左帅与弟均交部严议。而命都兴阿为钦差大臣，列名在左帅与弟之上，以侍郎崇厚副之。六部会议，奏请带罪立功，以示宽厚。圣恩浩荡，寻得准奏，于是左帅与弟拜表谢恩，随都将军剿办捻匪。鹤章弟于上月廿六日上道旋里，遥想已安抵家园矣。

致瀚章兄、鹤章弟

弟建议防守黄、运两河，壅捻海东，而郭松林等屡破捻匪于吴桥等处，运河之防始固。弟以为前东捻在黄河之南，故壅之河北、运东以壅之于海，今西捻在河北，非抚张秋，不能合围。张秋至临清运河二百四十余里，为黄河倒灌，积淤成平陆，故非引黄入运，则运河无水。因令官军挑浚游沙，引黄入运。及捻窜运东，遂力主防运。旋捻南下至沧州，亦防运之功。沧州南有捷地坝者，在运河东岸，当减河口，以时启闭，蓄泄济运者也。减河自捷地坝至海滨牧猪泺，计百有余里，横亘东西，水涨足阻敌骑窜津之路。是时运水远盛涨，故督军士开坝导运入减，并就河北筑墙，以为沧、青、静海屏蔽，自此敌骑所至遂有限制。而郭松林、潘鼎新、周盛波等，又屡败捻匪于海丰杨丁庄、沙河等处，上月又遇之于老海洼及玉镇福隆寺，水师又败之于马家渡，二十八日诸军挥汗追捻至荏平境之广平镇，围之于徒骇黄运之间，河汉分歧，水淖泥陷，于是捻奔走无路，遂将大股歼除。总愚携小骑走至徒骇河滨，下马投水而死。西捻纵横四五年，至是荡平。

事闻，左帅与弟等均开复处分，并命弟以湖广总督协办大学士，曾夫子调任直隶总督，马新贻为两江总督，以英桂为闽浙总督，又命开缺吏部侍郎戴玉麒赴江皖会筹长江水师事宜。鹄章弟何期来营，望早日写信与兄，以定行止。

致瀚章兄、鹤章弟

（告西捻被灭情形）

　　弟建议防守黄、运两河，蹙捻海东，而郭松林等屡破捻匪于吴桥等处，运河之防始固。弟以为前东捻在黄河之南，故蹙之河北、运西以蹙之于海，今西捻在河北，非扼张秋，不能合围。张秋至临清运河二百四十余里，为黄河倒灌，积淤成平陆，故非引黄入运，则运河无水。因令官军挑浚淤沙，引黄入运。及捻窜运东，遂力主防运。旋捻南下至沧州，亦防运之功。沧州南有捷地坝者，在运河东岸，当减河口，以时启闭，蓄泄济运者也。减河自捷地坝至海滨牧猪港，计百有余里，横亘东西，水涨足阻敌骑窜津之路。是时运水适盛涨，故督军士开坝导运入减，并就河北筑墙，以为沧、青、静海屏蔽，自此敌骑所至遂有限制。而郭松林、潘鼎新、周盛波等，又屡败捻匪于海丰杨丁庄、沙河等处，上月又逼之于老海洼及玉镇福隆寺，水师又败之于高家渡，二十八日诸军挥汗追捻至茌平境之广平镇，圈之于徒骇黄运之间，河汊分歧，水溜泥陷，于是捻奔走无路，遂将大股歼除。总愚携八骑走至徒骇河滨，下马投水而死。西捻纵横四五年，至是荡平。

事闻，左帅与弟等均开复处分，并命弟以湖广总督协办大学士，曾夫子调任直隶总督，马新贻为两江总督，以英桂为闽浙总督，又命开缺是部侍郎彭玉麟赴江皖会筹长江水师事宜。鹤章弟何期来营，望早日写信与兄，以定行止。

禀母

　　日来天津有匪徒迷拐人口，人民疑外国教堂所为，并传言有挖眼剖心等事，遂聚众焚毁各国教堂，并殴死法领事丰大业。时适曾夫子以病请假，事发，朝命赴天津查办。法使罗淑亚请以府县官抵偿，否则必大兴问罪之师，以启其后。曾夫子缘民众聚啸，事出意外，苟准其请，实属有伤国体，遂严拒之。旋因曾夫子病转剧，法国有兵船到津，命男驰赴近畿一带驻扎，以防法人蠢动。又命毛昶熙赶至天津，会同曾夫子查办。嗣仍由曾夫子与法使议结，定正法滋事人民十五人，军流二十一人。天津知府张光藻、天津县知县刘杰，均以坐镇无方，削职遣戍。

禀母

（告天津教堂案情形）

日来天津有匪徒迷拐人口，人民疑外国教堂所为，并传言有挖眼剖心等事，遂聚众焚毁各国教堂，并殴死法领事丰大业。时适曾夫子以病请假，事发，朝命赴天津查办。法使罗淑亚请以府县官抵偿，否则必大兴问罪之师，以盾其后。曾夫子缘民众聚啸，事出意外，苟准其请，实属有伤国体，遂严拒之。旋因曾夫子病转剧，法国有兵船到津，命男驰赴近畿一带驻扎，以防法人蠢动。又命毛昶熙赶至天津，会同曾夫子查办。嗣仍由曾夫子与法使议结，定正法滋事人民十五人，军流二十一人。天津知府张光藻、天津县知县刘杰，均以坐镇无方，削职遣戍。

禀母

两江总督马新贻，赴署右箭道校阅时，被逆徒张文祥剺伤胁助，遂卒。事闻，予谥端敏。文祥逆徒，讯无主使，处以极刑。朝廷以两江必须老成练达之才震慑方保无虞，因命曾夫子调任两江总督，以男为直隶总督，瀚章兄为湖广总督。男已于本月二十二日拜表谢恩，到署受印。曾夫子即于翊日起程，赴两江总督署接缮视事。

禀母

（告因马案任直隶总督）

两江总督马新贻，赴署右箭道校阅时，被逆徒张文祥刺伤胁肋，遂卒。事闻，予谥端敏。文祥逆徒，讯无主使，处以极刑。朝廷以两江必须老成练达之才震慑方保无虞，因命曾夫子调任两江总督，以男为直隶总督，瀚章兄为湖广总督。男已于本月二十二日拜表谢恩，到署受印。曾夫子即于翊日起程，赴两江总督署接缩视事。

致鹤章弟

朝命裁撤三口通商大臣，归直隶总督经管，并颁给钦差大臣关防，兼辖山东之东海关、奉天之牛庄关。兄以深沐皇恩，遇事必再三慎重，故春融开冻后，将移驻天津，以利兼顾。一俟封河，再还保定省城，并增设津海关道，以震慑东海、牛庄两关。吾弟在家，上得奉侍母氏，下得训育子侄，啸傲林泉，方之兄之栗碌风尘，东西奔走，苦乐不同矣。

致鹤章弟

（任直隶总督后情形）

　　朝命裁撤三口通商大臣，归直隶总督经管，并颁给钦差大臣关防，兼辖山东之东海关、奉天之牛庄关。兄以深沐皇恩，遇事必再三慎重，故春融开冻后，将移驻天津，以利兼顾。一俟封河，再还保定省城，并增设津海关道，以震慑东海、牛庄两关。吾弟在家，上得奉侍母氏，下得训育子侄，啸傲林泉，方之兄之栗碌风尘，东西奔走，苦乐不同矣。

致鹤章弟

（哀悼曾国藩）

　　曾涤生师自九江劳师，旋回南昌，遽以病入膏肓，扁、卢束手，而于十二月十六日寿终，予谥文正。呜呼！吾师讲义理学，宗尚考据，治古文辞，谋国之忠，知人之明，昭如日月。生平公牍私函，无一欺饰语，治军行政，务求蹈实，或筹议稍迂，成功转奇，发端至难，取效甚远。凡规画天下事，鲜不效者。竟以天下愁遗，黯然长逝。中流失柱，滔滔如何！兄等后学，隐鹄是依，提之携之，端在元老，一朝仙去，不复归来。为公为私，肝肠寸裂。兄本拟为文哭之，无如一字落墨，泪寄千行，不得成句读，面为之搁笔者再。日来心绪稍宁，作联以哭之云：师事近三十年，薪尽火传，筑宣忝为门生长；威名震九万里，内安外攘，旷代难逢天下才。吾弟居家无事，可以涤生夫子之平生事迹，为我代草一篇，以尽阿兄师生之谊。兄久不得瀚章哥来书，未卜家中得音信无间否？梓桑状况，望不嫌其详，写信告我。

致鹤章弟

兄于六月上旬奉命为全权大臣，赴烟台与英国使威妥玛会商滇案。已于十八日莅此。滇案为英翻译官马嘉理，领总理各国事务衙门护照，往缅甸迎印度派来副将柏印等，既遇，折还云南，一月行至腾越厅属盏允地方，被匪徒所戕。而英人指为署云贵总督岑毓英所使，要挟多端，强词查理，无以复加。五月间，派瀚章兄入滇查办，又派薛焕帮同办理。旋瀚章兄等复奏，谓马嘉理由缅还滇，中隔野人土司地界，该处向多匪徒，与野人勾结，劫掠行旅，虽经官军屡次进剿，卒以蹊径生疏，不得如愿。当时马嘉理由滇赴缅，经地方官委为护送，故履险如夷。嗣由滇还缅，未知照地方官，致雕徒来陈而为劫杀，地方官并无调兵阻止及指使戕害事情。总之马嘉理遽生不测，有违旅行条件，曲在彼方，与我地方官风马牛不相及也。乃英使威妥玛与总理衙门王大臣会议，仍坚求将全案人证提京复讯。王大臣等不允，遂于四月出京，因此命兄俟其到京时，与之互商。既而威妥玛至烟台，又命兄赴烟台与议。及至会商，威妥玛仍坚执事由岑毓英主使，要求将全案人证提京。是时正俄、德、美、法等国使臣均在烟台，公论亦以无确实凭据，力请提京，乃非礼举动。威妥玛始知相持不下，必为众矢之的，方允另议办法。旋订定会议条款三端，专款一条，奉旨允准，滇案遂结。计第一端，昭雪滇案；第二端，驻京大臣及各口领事与吾国官员往来之礼，及审办案件交涉事宜；第三端，通商事务。又拟咎年派员赴西藏探路，请给护照，列为事款。此条约，因在烟台议订，即名为《烟台条约》。

致鹤章弟

（订立《烟台条约》情形）

　　兄于六月上旬奉命为全权大臣，赴烟台与英国使世戚妥玛会商滇案。已于十八日莅此。滇案为英翻译官马嘉理，领总理各国事务衙门护照，往缅甸迎印度派来副将柏印等，既遇，折还云南，一月行至腾越厅属蛮允地方，被匪徒所戕。而英人指为署云贵总督岑毓英所使，要挟多端，强词夺理，无以复加。五月间，派瀚章兄入滇查办，又派薛焕帮同办理。旋瀚章兄等复奏，谓马嘉理由缅还滇，中隔野人土司地界，该处向多匪徒，与野人勾结，劫掠行旅，虽经官军屡次进剿，卒以蹊径生疏，不得如愿。当时马嘉理由滇赴缅，经地方官妥为护送，故履险如夷。嗣由滇还缅，未知照地方官，致雕徒乘隙而为劫杀，地方官并无调兵阻止及指使戕害事情。总之马嘉理遭生不测，有违旅行条件，曲在彼方，与我地方官风马牛不相及也。乃英使戚妥玛与总理衙门王大臣会议，仍坚求将全案人证提京复讯。王大臣等不允，遂于四月出京，因此命兄俟其到京时，与之互商。既而戚妥玛至烟台，又命兄赴烟台与议。

及至会商，威妥玛仍坚执事由岑毓英主使，要求将全案人证提京。是时适俄、德、美、法等国使臣均在烟台，公论亦以无确实凭据，力请提京，为非礼举动。威妥玛始知相持不下，必为众矢之的，方允另议办法。旋订定会议条款三端，专款一条，奉旨允准，滇案遂结。计第一端，昭雪滇案；第二端，驻京大臣及各口领事与吾国官员往来之礼，及审办案件交涉事宜；第三端，通商事务。又拟明年派员赴西藏探路，请给护照，列为事款。此条约，因在烟台议订，即名为《烟台条约》。

禀母

前日调瀚章兄为湖广总督，以丁宝桢为四川总督，想瀚章兄现在已交代完，向武汉进发矣。男奉诏与威妥玛委商收还英国商人所筑上海达吴淞之铁道，缘英人擅筑铁路，虽沈葆桢等照会领事阻止之，阿察谩领事每方偏护，置之不允。后由各国事务衙门商之威妥玛，亦不允。于是命男与之委商，会议数次，乃定以二十六万五千两买断，行止听吾国自便。瀚章兄到武昌后，如派人迎母亲大人到署，请以途中情形令瀚章兄写信与男，以慰游子之思。

禀母

（告买断铁路情形）

　　前日调瀚章兄为湖广总督，以丁宝桢为四川总督，想瀚章兄现在已交代完，向武汉进发矣。男奉诏与戚妥玛妥商收还英国商人所筑上海达吴淞之铁道，缘英人擅筑铁路，虽沈葆桢等照会领事阻止之，何奈该领事多方偏护，置之不允。后由各国事务衙门商之戚妥玛，亦不允。于是命男与之妥商，会议多次，乃定以二十六万五千两买断，行止听吾国自便。瀚章兄到武昌后，如派人迎母亲大人到署，请以途中情形令瀚章兄写信与男，以慰游子之思。

谕文儿

　　年来国势日非，吾等执政，虽竭力谋强盛，然未见效，深为可叹。国人思想是非根深，忽然一旦变化，固非易事。然受外人之凌辱，国人未能反省，非愚且钝乎！受人凌辱之原因，莫外乎不谙世事，默守陈法，藏身于文字之间，而鄙视工商，岂知世界文咎，工商业轻重于文字，究亦西各国之强盛，无独不然。今当局者渐醒，于是有遣使出洋考察之议。然考察而未能仿行，等于不察；欲仿行而仍假乎于外人，等于不仿。故曾夫子涤生等有上疏拟选聪颖子弟出洋习艺事，各专所学，报效于国家也。或谓天津、上海、福州等处已设局仿造轮船、枪炮、军火；京师设同文馆，选满汉子弟，延请学者教授；又上海开广方言馆，选文童肄业，似中国已有基础，无须远涉重洋。不知设局制造开馆，所以图振奋之基也；远赴肄业，集思广益，所以收远大之效也。西人学求实济，无论为士、为工、为兵，无不入塾读书，共咎其理，习见其器，躬亲其事，备能

189

其心思巧力，递相师授，期于月异而岁不同。中国欲取其长，一旦遽图尽购其器，不唯力有不逮，且此中奥窍，苟非遍览久习，则本原无由洞彻，曲折无以自笞。古人谓学齐语者，须引而置之庄岳之间；又曰，百闻不如一见。此物此志也。况诚得其法，归而触类引伸，今日所为牧牧以求者，不更扩充于无穷耶！余然曾夫子之说，附其后，图疏垒上，并筹办法。吾儿身体不佳，宜自保重，每日工作，宜有定时，弗过度。余年老力衰耳眼不灵，疏忽之处颇多，可恨可恨。

190

谕文儿

（谈派人出洋学艺道理）

　　年来国势日非，吾等执政，虽竭力谋强盛，然未见效，深为可叹。国人思想受毒根深，忽然一旦变化，固非易事。然受外人之凌辱，国人未能反省，非愚且钝乎！受人凌辱之原因，莫外乎不谙世事，默守陈法，藏身于文字之间，而卑视工商，岂知世界文明，工商业较重于文字，窥东西各国之强盛，无独不然。今当局者渐醒，于是有遣使出洋考察之议。然考察而未能仿行，等于不察；欲仿行而仍假手于外人，等于不仿。故曾夫子涤生等有上疏拟选聪颖子弟出洋习艺事，各专所学，报效于国家也。或谓天津、上海、福州等处已设局仿造轮船、枪炮、军火；京师设同文馆，选满汉子弟，延请学者教授；又上海开广方言馆，选文童肄业，似中国已有基绪，无须远涉重洋。不知设局制造开馆，所以图振奋之基也；远适肄业，集思广益，所以收远大之效也。西人学求实济，无论为士、为工、为兵，无不入塾读书，共明其理，习见其器，躬亲其事，备致其心思巧力，递相师授，期于月异而岁不同。中国欲取其长，一旦遽图尽购其器，不唯力有不逮，且此中奥窔，苟非遍览久习，则本原无由洞彻，曲折无以自明。古人谓学齐语者，须引而置之庄岳之间；又曰，百闻不如一见。此物此志也。况诚得其法，归而触类引伸，今日所为孜孜以求者，不更扩充于无穷耶！余然曾夫子之说，附其后，因疏圣上，并筹办法。吾儿身体不佳，宜自保重，每日工作，宜有定时，弗过度。余年老力衰耳眼不灵，疏忽之处颇多，可恨可恨。

寄四弟

客秋致弟信内，有设外国言语文字学馆事，因再抄录奏本，以备终览。文曰：窃臣前准总理衙门来咨，遵议设立学习外国语言文字学馆等因。伏维中国与洋人交接，必先通其志，达其欲，周知其虚实诚伪，而后有称物平施之效。互市二十年来，彼此之习吾语言文字者不少，其尤者能读我经史，于朝章宪典，吏治民情，言之历历。而我官员绅士中，绝少通习外国语言文字之人。各国在沪均设立翻译官一二员，遇中外大臣会商之事，皆凭外国翻译官传述，亦难保无偏袒捏架情弊。中国能通洋语者，仅恃通事，凡关军营交涉事务，无非雇觅通事往来传语，而其人遂为洋务之大害。查上海通事一途，获利最厚，于士农工商之外，别成一业。其人不外两种：一广东、宁波商伙子弟，佻达游闲，别无转移执事之路者，辄以学习通事为通逃薮。一英法等国设立义学，招本地贫苦童稚，与以衣食，而教肄之，市儿村竖来历难知，习洋泾习气，亦无不传习

193

彼教。此两种人者，类皆资性蠢愚，心术卑鄙，货利声色之外，不知其他。且其仅通洋语者十之八九，兼识洋字者十之一二，所识洋字，亦不过货名价目，与粗浅文理。不特于彼中兵刑、食货、政治懵焉无知，即遇有交涉事宜，词气轻重缓急，往往失其本旨。唯知借洋人势力，播弄挑唆，以遂其利，欲蔑视官长，欺压平民，无所忌惮。即如会办防堵节，阅与通习汉语之大酋暗诛，尚不远乎情理，而琐屑事件，不能面商，因而通事，假乎其间，勾结洋人，为分肥之计。诛求之无厌，挑斥之无理，支销之无艺，欺我聋喑，逞其簧鼓，或遂以小嫌酿大衅。洋务为国家怀远招携之要政，乃以枢纽付若辈之手，遂至彼己之不知，情伪之莫辨，操纵进退，讫不得其要领，此非细故也。京师同文馆之设，实为良法，行之既久，必有正人君子、奇尤异敏之士出乎其中，然后尽得两人之要领，而思所以驾驭之侵靖。边陲之原本，实在于此。唯是洋人荟萃之地，以上海、广东为最，种类较多，书籍较富，见闻较广。语言文字之粗者，一教习已足；其精者，务在博采用洽，集思广益，非求之上海、广东不可。放行之他处，犹一齐人傅之之说也；行之上海、广东，更置之庄岳之间之说也。臣愚拟请仿照同文馆之例，于上海添设外国语言文字馆，选近郡年十四岁以下，资禀聪颖，根器端静之文童，聘西人教习，兼聘内地品学兼优，举贡生员，课以经史文艺。学成之后，送本省督抚考验，请作为该县附学生，准其应试。其候补佐贰、佐杂等官，有年少聪慧愿入馆学习者呈禀，由同乡官出具品行端方切结送局，一律教习，借资照料。学成后，亦酌给升途，以示鼓励。均由海关监督，督筹试办，随时察察具详。三五年

194

后有此一种读书各理之人，精通番语，凡通商督抚衙门，及海关监督应添设翻译官，承办洋务者，即于学馆中遴选。庶亮厂关税军需可期核实，而无赖通事亦可敛迹矣。夫通商纲领，固在总理衙门，而中外交涉事件则两口转多，势以八旗学生兼顾。唯多途以取之，随地以求之，则习其语言文字者必多。人数既多，人才斯出，俊而人所擅长者，推算之学，格物之理，制器尚象之法，无不专精。各实涉有成书，经翻者十才一二，必能尽阅其未译之书，方可探赜索隐，由粗显而入精微。我中华习巧聪咎，岂出西人之下？果有精熟西人，转相传习，一切轮船火器等巧技，当可由渐通晓，于中国自强之道似有裨助。

寄四弟

（关于设外国语言馆之奏本）

客秋致弟信内，有设外国语言文字学馆事，因再抄录奏本，以明终始。文曰：窃臣前准总理衙门来咨，遵议设立学习外国语言文字学馆等因。伏维中国与洋人交接，必先通其志，达其欲，周知其虚实诚伪，而后有称物平施之效。互市二十年来，镀酋之习吾语言文字者不少，其尤者能读我经史，于朝章宪典，吏治民情，言之历历。而我官员绅士中，绝少通习外国语言文字之人。各国在沪均设立翻译官一二员，遇中外大臣会商之事，皆凭外国翻译官传述，亦难保无偏袒捏架情弊。中国能通洋语者，仅恃通事，凡关军营交涉事务，无非雇觅通事往来传语，而其人遂为洋务之大害。查上海通事一途，获利最厚，于士农工商之外，别成一业。其人不外两种：一广东、宁波商伙子弟，佻达游闲，别无转移执事之路者，辄以学习通事为通避薮。一英法等国设立义学，招本地贫苦童稚，与以衣食，而教肄之，市儿村竖来历难知，染洋泾习气，亦无不传习彼教。此两种人者，类皆资性蠢愚，心术卑鄙，货利声色之外，不知其他。且其仅通洋语者十之八九，兼识洋字者十之一二，所识洋字，亦不过货名价目，与俚浅文理。不特于彼中兵刑、食货、政治懵焉无知，即遇有交涉事宜，词气轻重缓急，往往失其本旨。唯知借洋人势力，播弄挑唆，以遂其利，欲蔑视官长，欺压平民，无所忌惮。即如会办防堵节，闲与通习汉语之大酋晤谈，尚不远乎情理，而琐屑事件，不能面商，因而通事，假手其间，勾结洋人，为分肥之计。诛求之无厌，挑斥之无理，支销之无艺，欺我聋喑，逞其簧鼓，或遂以小嫌酿大衅。洋务为国家怀远招携之要政，乃以枢纽付若辈之手，遂至彼已之不知，情伪之莫辨，操纵进退，讫不得其要领，此非细故也。京师同文馆之设，实为良法，行之既久，必有正人君子、奇尤异敏之士出乎其中，然后尽得西人之要领，而思所以驾驭之绥靖。边陲之原本，实在于此。唯是洋人总汇之地，以上海、广东为最，种类较多，书籍较富，见闻较广。语言文字之粗者，一教习已足；其精者，务在博采用咨，集思广益，非求之上海、广东不可。故行之他处，犹一齐人傅之之说也；行之上海、广东，更置之庄岳之间之说也。臣愚拟请仿照同文馆之例，于上海添设外国语言文字馆，选近郡年十四岁以下，资禀聪颖，根器端静之文童，聘西人教习，兼聘内地品学兼优，举贡生员，课以经史文艺。学成之后，送本省督抚考验，请作为该县附学生，准其应试。其候补佐贰、佐杂等官，有年少聪慧愿入馆学习者呈明，由同乡官出具品行端方切结送局，一体教习，借资照料。学成后，亦酌给升途，以示鼓励。均由海关监督，督筹试办，随时察窍具详。三五年后有此一种读书明理之人，精通番语，凡通商督抚衙门，及海关监督应添设翻译官，承办洋务者，即于学馆中遴选。承壳庶关税军需可期核实，而无赖通事亦可敛迹矣。夫通商纲领，固在总理衙门，而中外交涉事件则两口转多，势以八旗学生兼顾。唯多途以取之，随地以求之，则习其语言文字者必多。人数既多，人才斯出，彼西人所擅长者，推算之学，格物之理，制器尚象之法，无不专精。务实泐有成书，经翻者十才一二，必能尽阅其未译之书，方可探迹索隐，由粗显而入精微。我中华智巧聪明，岂出西人之下？果有精熟西人，转相传习，一切轮船火器等巧技，当可由渐通晓，于中国自强之道似有裨助。

附录：李鸿章与古今东西人物比较
——摘自梁启超《李鸿章传》

　　李鸿章必为数千年中国历史上一人物，无可疑也；李鸿章必为十九世纪世界史上一人物，无可疑也。虽然，其人物之位置果何等乎？其与中外人物比较，果有若何之价值乎？试一一论列之。

第一，李鸿章与霍光。

　　史家评霍光曰不学无术，吾评李鸿章亦曰不学无术。则李鸿章与霍光果同流乎？曰：李鸿章无霍光之权位，无霍光之魄力。李鸿章谨守范围之人也，非能因于时势行吾心之所安，而有非常之举动者也。其一，生不能大行其志者以此，安足语霍光？虽然，其于普通学问，或稍过之。

第二，李鸿章与诸葛亮。

　　李鸿章忠臣也，儒臣也，兵家也，政治家也，外交家也。中国三代以后，具此五资格，而永为百世所钦者，莫如诸葛武侯。李鸿章所凭藉，过于诸葛，而得君不及之。其初起于上海也，仅以区区三城，而能奏大功于江南，创业之艰，亦略相类。后此用兵之成就，又远过之矣。然诸葛治崎岖之蜀，能使士不怀奸，民咸自厉，而李鸿章数十年重臣，不能辑和国民，使为己用。诸葛之卒，仅有成都桑八百株，而鸿章以豪富闻于天下，相去何如耶？至其鞠躬尽瘁，死而后已，犬马恋主之诚，亦或仿佛之。

第三，李鸿章与郭子仪。

李鸿章中兴靖乱之功，颇类郭汾阳，其福命亦不相上下。然汾阳于定难以外，更无他事，鸿章则兵事生涯，不过其终身事业之一部分耳。使易地以处，汾阳未必有以过合肥也。

第四，李鸿章与王安石。

王荆公以新法为世所诟病，李鸿章以洋务为世所诟病，荆公之新法与鸿章之洋务，虽皆非完善政策，然其识见规模决非诟之者之所能及也。号称贤士大夫者，莫肯相助，且群焉哄之，掣其肘而议其后，被乃不得不用金壬之人以自佐，安石鸿章之所处同也。然安石得君既专，其布划之兢兢于民事，局面宏远，有过于鸿章者。

第五，李鸿章与秦桧。

中国俗儒骂李鸿章为秦桧者最多焉。法越中日两役间，此论极盛矣。出于市井野人之口，犹可言也，士君子而为此言，吾无以名之，名之曰狂吠而已。

第六，李鸿章与曾国藩。

李鸿章之于曾国藩，犹管仲之于鲍叔，韩信之于萧何也。不宁惟是，其一生之学行见识事业，无一不由国藩提携之而玉成之。故鸿章实曾文正肘下之一人物也。曾非李所及，世人既有定评。虽然，曾文正，儒者也，使以当外交之冲，其术智机警，或视李不如，未可知也。又文正深守知止知足之戒，常以急流勇退为心，而李则血气甚强，无论若何大难，皆挺然以一身当之，未曾有畏难退避之色，是亦其特长也。

第七，李鸿章与左宗棠。

左李齐名于时，然左以发扬胜，李以忍耐胜。语其器量，则李殆非左所能及也。湘人之虚骄者，尝欲奉左为守旧党魁以与李抗，其实两人洋务之见识不相上下，左固非能守旧，李亦非能维新也。左文襄幸早逝十余年，故撝保其时俗之名，而以此后之艰巨谤诟，尽附于李之一身。文襄福命亦云高矣。

第八，李鸿章与李秀成。

二李皆近世之人豪也。秀成忠于本族，鸿章忠于本朝，一封忠王，一谥文忠，皆可以当之而无愧焉。秀成之用兵之政治之外交，皆不让李鸿章，其一败一成，则天也。故吾求诸近世，欲以两人合传而毫无遗憾者，其惟二李乎。然秀成不杀赵景贤，礼葬王有龄，鸿章乃绐八王而骈戮之，此事盖犹有惭德矣。

第九，李鸿章与张之洞。

十年以来，与李齐名者，则张之洞也。虽然，张何足以望李之肩背。李鸿章实践之人也，张之洞浮华之人也。李鸿章最不好名，张之洞最好名，不好名故肯任劳怨，媒名故常趋巧利。之洞于交涉事件，著著与鸿章为难，要其所画之策，无一非能言不能行。鸿章尝语人云：不图香涛作官数十年，仍是书生之见。此一语可以尽其平生矣。至其虚骄狭隘，残忍苛察，较之李鸿章之有常识有大量，尤相去霄壤也。

第十，李鸿章与袁世凯。

今后承李鸿章之遗产者，厥惟袁世凯。世凯，鸿章所豢养之人也。方在壮年，初膺大任，其所表见盖未著，今难悬断焉。但其人功名心重，其有气魄敢为破格之举，视李鸿章或有过之。至其心术如何，其毅力如何，则非今之所能言也。而今日群僚中，其资望才具，可以继鸿章之后者，舍袁殆难其人也。

第十一，李鸿章与梅特涅。

奥宰相梅特涅（Metternich），十九世纪第一大奸雄也。凡当国四十年，专出其狡狯之外交手段，外之以指挥全欧，内之以压制民党。十九世纪前半纪，欧洲大陆之腐败，实此人之罪居多。或谓李鸿章殆几似之，虽然，鸿章之心术，不如梅特涅之险，其才调亦不如梅特涅之雄。梅特涅知民权之利而压之，李鸿章不知民权之利而置之，梅特涅外交政策能操纵群雄，李鸿章外交政策不能安顿一朝鲜，此其所以不伦也。

第十二，李鸿章与俾斯麦。

或有称李鸿章为东方俾斯麦者，虽然，非谀词，则妄言耳。李鸿章何足以望俾斯麦。以兵事论，俾斯麦所胜者敌国也，李鸿章所夷者同胞也，以内政论，俾斯麦能合向来散漫之列国而为一大联邦，……以外交论，俾斯麦联奥意而使为我用，李鸿章联俄而反堕彼谋。三者相较，其霄壤何如也。此非以成败论人也，李鸿章之学问智术胆力，无一能如俾斯麦者，其成就之不能如彼，实优胜劣败之公例然也。虽李之际遇，或不及俾，至其凭藉则有过之。人各有所难，非胜其难，则不足为英雄。李自诉其所处之难，而不知俾亦有俾之难，非李所能喻也。使二人易地以居，吾知其成败之数亦若是已耳。故持东李西俾之论者，是重诬二人也。

第十三，李鸿章与格兰斯顿。

或又以李俾格并称三雄。此殆以其当国之久位望之尊言之耳，李与格固无一相类者。格之所长，专在内治，专在民政，而军事与外交，非其得意之业也。格兰斯顿，有道之士也，民政国人物之圭臬也，李鸿章者，功名之士也，东方之人物也，十八世纪以前之英雄也。二者相去盖远甚矣。

第十四，李鸿章与爹亚士。

法总统爹亚士（Thiers），巴黎城下盟时之议和全权也。其当时所处之地位，恰与李鸿章乙未庚子间相仿佛，存亡危急，忍气吞声，诚人情所最难堪哉。但爹亚士不过偶一为之，李鸿章则至再至三焉，爹亚士所当者只一国，李鸿章则数国，其遇更可悲矣。然爹亚士于议和后能拟一场之演说，使五千兆佛郎立集而有余，而法兰西不十年，依然成为欧洲第一等强国，若李鸿章则为偿款所困，补救无术，而中国之沦危，且日甚一日。其两国人民爱国心之有差率耶？抑用之者不得其道也。

第十五，李鸿章与井伊直弼。

日本大将军柄政时，有幕府重臣井伊直弼者，当内治外交之冲，深察时势，知闭关绝市之不可，因与欧美各国结盟，且汲汲然欲师所长以自立。而当时民间，尊王攘夷之论方盛，井伊以强力镇压之，以效忠于幕府，于是举国怨毒，集彼一身，卒被壮士刺杀于樱田门外。而日本维新之运乃兴。井伊者，明治政府之大敌，亦明治政府之功臣也。其才可敬，其遇可怜，日人至今皆为讼冤。李鸿章之境遇，殆略似之，然困难又较井伊万万也。井伊横死，而鸿章哀荣，其福命则此优于彼焉。然而日本兴矣，然而中国如故也。

第十六，李鸿章与伊藤博文。

李鸿章与日相伊藤，中日战役之两雄也。以败论，自当右伊而左李，虽然，伊非李之匹也。日人常评伊藤为际遇最好之人，其言盖当。彼当日本维新之初，本未尝有大功，其栉风沐雨之阅历，既输一筹，故伊藤之轻重于日本，不如鸿章之轻重于中国，使易地以处，吾恐其不相及也。虽然，伊有优于李者一事焉，则曾游学欧洲，知政治之本原是也。此伊所以能制定宪法为日本长治久安之计，李鸿章则惟弥缝补苴，画虎效颦，而终无成就也。但日本之学如伊藤者，其同辈中不下百数，中国之才如鸿章者，其同辈中不得一人，则又不能专为李咎者也。

李鸿章之治事也，案无留牍，门无留宾，盖其规模一仿曾文正云。其起居饮食，皆立一定时刻，甚有西人之风。其重纪律，严自治，中国人罕有能及之者。不论冬夏，五点钟即起，有家藏一宋榻兰亭，每晨必临摹一百字，其临本从不示人。此盖养心自律之一法。曾文正每日在军中，必围棋一局，亦是此意。每日午饭后，必昼寝一点钟，从不失时。其在总理衙门时，每昼寝将起，欠伸一声，即伸一足穿靴，伸一手穿袍，服役人一刻不许迟误云。

养生一甩西医法，每膳供双鸡之精汁，朝朝经侍医诊验，常上电气。戈登尝访李鸿章于天津，勾留数月。其时俄国以伊犁之役，颇事威吓，将有决裂之势。鸿章以询戈登，戈登曰：中国今日如此情形，终不可以立于往后之世界。除非君自取之，握全权以大加整顿耳。君如有意，仆当执鞭效犬马之劳。鸿章瞿然改容，舌矫而不能言。

李鸿章接人常带傲慢轻侮之色，俯视一切，揶揄弄之，惟事曾文正，如严父，执礼之恭，有不知其然而然者。

李鸿章与外国人交涉，尤轻侮之，其意殆视之如一市侩，谓彼辈皆以利来，我亦持筹握算，惟利是视耳。崇拜西人之劣根性，鸿章所无也。

李鸿章于外国人中，所最敬爱者惟两人，一曰戈登、一曰美国将军格兰德，盖南北美之战立大功者也。格兰德游历至津，李鸿章待以殊礼。此后接见美国公使，辄问询其起居。及历聘泰西时，过美国，闻美人为格兰德立纪功碑，即赠千金以表敬慕之情。

李鸿章之治事最精核，每遇一问题，必再三盘诘，毫无假借，不轻然诺，既诺则必践之，实言行一致之人也。

李鸿章之在欧洲也，屡问人之年及其家产几何。随员或请曰：此西人所最忌也，宜勿尔。鸿章不恤。盖其眼中直无欧人，一切玩之于股掌之上而已。最可笑者，尝游英国某大工厂，观毕后，忽发一奇问于其工头曰：君统领如许大之工场，一年所入几何？工头曰：薪水之外无他入。李徐指其钻石指环曰：然则此钻石从何来？欧人传为奇谈。

世人竟传李鸿章富甲天下，此其事殆不足信，大约数百万金之产业，意中事也，招商局、电报局、开平煤矿、中国通商银行，其股份皆不少。或言南京、上海各地之当铺银号，多属其管业云。

李鸿章之在京师也，常居贤良寺。盖曾文正平江南后，初次入都陛见，即僦居于此，后遂以为常云。将来此寺当为春明梦余录添一故实矣。

李鸿章生平最遗恨者一事，曰未尝掌文衡。戊戌会试时在京师，谓必得之，卒不获。虽朝殿阅卷大臣，亦未尝一次派及，李颇怏怏云。以盖代勋名，而恋恋于此物，可见科举之毒入人深矣。

以上数条，不见偶所触及，拉杂记之，以观其人物之一斑而已。著者与李鸿章相交既不深，不能多识其遗闻轶事，又以无关大体，载不胜载，故从缺如。然则李鸿章果何等之人物乎？吾欲以两言论断之曰：不学无术，不敢破格，是其所短也，不避劳苦，不畏谤言，是其所长也。呜呼！李鸿章往矣，而天下多难，将更有甚于李鸿章时代者，后之君子，何以待之？

吾读日本报，有德富苏峰著论一篇，其品评李鸿章有独到之点，兹译录如下：

……李鸿章逝，东洋之政局，自此不免有寂寞，不独为清廷起乔雕柱折之感而已。

概而言之，谓李鸿章人物之伟大，事功之崇隆，不如谓其福命之过人也。彼早岁得科第，入词馆，占清贵名誉之地位，际长发之乱，为曾国藩幕僚，任淮军统帅，赖戈登之力以平定江苏，及其平捻也，亦实承曾国藩之遗策，遂成大功，及为直隶总督，分天津教案，正当要挟狼狈之际，忽遇普法战起，法英俄美，皆奔走喘息于西欧大事，而此教案遂销沉于无声无形之间。迩来二十有五年，彼统制北洋，开府天津，综中国之大政，立世界之舞台，此实彼之全盛时代也。

虽然，彼之地位，彼之势力，非悉以侥幸而得之者。……确有超卓之眼孔，敏捷之手腕，而非他人之所能及也。彼知西来之大势，识外国之文明，思利用之以自强，此种眼光，虽先辈曾国藩，恐亦让彼一步，而左宗棠、曾国荃更无论也。

彼屯练淮军于天津，教以洋操；兴北洋水师，设防于旅顺、威海、大沽；开招商局，以便沿海河川之交通；置机器局，制造兵器；办开平煤矿；倡议设铁路。自军事商务工业，无一不留意。虽其议之发自彼与否暂勿论，其权全在彼与否暂勿论，其办理之有成效与否暂勿论，然要之导清国使前进以至今日之地位者谁乎？固不得不首屈一指曰：李鸿章也。

世界之人，殆知有李鸿章，不复知有北京朝廷。虽然，北京朝廷之于彼，必非深亲信者。不宁惟是，且常以猜疑憎嫉之眼待之，不过因外部之压迫，排难解纷，非彼莫能，故不得已而用之耳。况各省督抚，满廷群僚，其不释然于彼者，所在皆是。盖虽其全盛时代，而其在内之势

207

力，固已甚微薄，而非如对外之有无限权力无限光荣也。

中日之役是彼一生命运之转潮也。彼果自初蓄意以主战乎？不能深知之。但观其当事机将决裂之际，忽与俄使喀希尼商，请其干涉弭兵，则其始之派兵于朝鲜，或欲用威胁手段，不战而屈日本，亦未可知。大抵彼自视过高，视中国过大，而料敌情颇有不审者，彼盖未知东亚局面之大势。算有遗策，不能为讳也。一言蔽之，则中日之役，实彼平生之孤注一掷也。而此一掷不中，遂至积年之劳绩声名，扫地几尽。

寻常人遇此失意，其不以忧愤死者几希。虽然，彼以七十三岁之高龄，内则受重谴于朝廷，外则任支持于残局，挺出以任议和之事，不幸为凶客所狙，犹能从容，不辱其命，更舆榇赴俄国，贺俄皇加冕，游历欧美，于前事若无一毫介意者，彼之不可及者，在于是。

彼之末路，萧条甚矣。彼之前半生，甚亲英国，其后半生，最亲俄国，故英人目彼为鬻身于俄廷。以吾论之，彼之亲俄也，以其可畏乎？以其可信乎？吾不得而知之，要之，彼认俄国为东方最有势力之国，宁赂关外之地，托庇于其势力之下，以苟安于一时。此其大原因也。彼之中俄密约满洲条约等事，或视之与秦桧之事金，同为卖国贼臣。此其论未免过酷。盖彼之此举，乃利害得失之问题，非正邪善恶之问题也。

彼自退出总理衙门后，或任治河而远出于山东，或任商务而僻驻于两广，直至义和团事起，乃复任直隶总督，与庆王同任议和全权，事方定而溘然长逝，此实可称悲惨之末路，而不可谓耻辱之末路也。何也？彼其雄心，至死未消磨尽也。

使彼而卒于中日战事以前，则彼为十九世纪之一伟人，作世界史者必大书特书而无容疑也。彼其容貌堂堂，其辞令巧善，机锋锐敏，纵擒自由，使人一见而知为伟人。虽然，彼之血管中，曾有一点英雄之血液否乎？此吾所不敢断言也。彼非如格兰斯顿有道义的高情，彼非如俾斯麦有倔强的男性，彼非如康必达有爱国的热火，彼非如西乡隆盛有推心置腹的至诚。至其经世之识量，亦未有能令我感服而不能已者。要而论之，彼非能为鼓吹他人崇拜英雄心之偶像也。

虽然，彼之大横著，有使人惊叹者。……彼无论如何之事，不惊其魂，不恼其心，彼能忍人所不能忍，无论若何失望之事，视之如浮云过空，虽其内心或不能无懊恼乎，无悔恨乎，然其痕迹，从何处求之见之？不观乎铁血宰相俾斯麦乎？一旦失意退隐，其胸中瞋恚之火，直喷出如焰。而李鸿章则于其身上之事，若曾无足以挂其虑者然，其容忍力之伟大，吾人所尊敬膜拜而不能措者也。

若使彼如诸葛孔明之为人，则决无可以久生于此世界之理。何也？彼一生之历史，……如剥笋皮，一日紧一日，与彼同时代之人物，凋落殆尽。彼之一生以前光后暗而终焉。而彼之处此，曾不以扰动其心，或曰：彼殆无脑筋之人也！虽然，天下人能如彼之无脑筋者有几乎？无脑筋之绝技一至此，宁非可叹赏者耶？

陆奥宗光评彼曰：谓彼有豪胆，有逸才，有决断力，宁谓彼分怜俐有奇指，妙察事机之利害得失也。此言殆可谓铁案不移。虽然，彼从不畏避责任，是彼之不可及也，此其所以数十年为清廷最要之人，濒死而犹有绝大关系，负中外之望也。或曰：彼自视如无责任，故虽如何重大之责任，皆当之而不辞。然此之一事，则亦技之所以为大也。

以上之论。确能摹写李鸿章人物之真相，而无所遗，褒之不过其当，贬之不溢其短，吾可无复赞一辞矣。至其以李鸿章为我国人物之代表，则吾四万万人不可不深自反也。吾昔为饮冰室自由书，有《二十世纪之新鬼》一篇，今择其论李鸿章者录于下：

呜呼！若星氏格氏可不谓旷世之豪杰也哉？此五人者（注：指域多利亚、星亨、格里士比、麦坚尼、李鸿章），于其国皆有绝大之关系。除域多利亚为立宪政府国之君主，君主无责任，不必论断外，若格里士比，若麦坚尼，皆使其国一新焉，若星亨，则欲新之而未能竟其志者也。以此论之，则李鸿章之视彼三人，有惭德矣。李鸿章每自解曰：吾被举国所掣肘，有志焉而未逮也，斯固然也。虽然，以视星亨、格里士比之冒万险忍万辱排万难以卒达其目的者何如？夫真英雄恒不假他之势力，而常能自造势力。彼星氏格氏之势力，皆自造者也。若李鸿章则安富尊荣于一政府之下而已。苟其以强国利民为志也，岂有以四十年之勋臣耆宿，而不能结民望以战胜旧党者？惜哉！李鸿章之学识不为星亨，其热诚不能为格里士比，所凭藉者十倍于彼等，而所成就乃远出彼等下也。质而言之，则李鸿章实一无学识无热诚之人也。虽然，以中国之大，其人之有学识有热诚能愈于李鸿章者几何？十九世纪列国皆有英雄，而我国独无一英雄，则吾辈亦安得不指鹿为马，聊自解嘲，翘李鸿章以示于世界曰：此我国之英雄也。呜呼！亦适成为我国之英雄而已矣，亦适成为我国十九世纪以前之英雄而已矣。

要而论之，李鸿章有才气而无学识之人也，有阅历而无血性之人也。彼非无鞠躬尽瘁死而后已之心，后彼弥缝偷安以待死者也。彼于未死之前，当责任而不辞，然未尝有立百年大计以遗后人之志。谚所谓做一日和尚撞一日钟。中国朝野上下之人心，莫不皆然，而李亦其代表人也。虽然，今日举朝二品以上之大员，五十岁以上之达官，无一人能及彼者，此则吾所敢断言也。嗟乎：李鸿章之败绩，既已屡见不一见矣。后此内忧外患之风潮，将有甚于李鸿章时代数倍者，乃今也欲求一如李鸿章其人者，亦渺不可复睹焉。念中国之前途，不禁毛发栗起，而未知其所终极也。

九州生气恃风雷 万马齐喑究可哀
我劝天公重抖擞 不拘一格降人才

家风系列

梁启超家书

梁启超 / 著

北京理工大学出版社
BEIJING INSTITUTE OF TECHNOLOGY PRESS

图书在版编目（CIP）数据

梁启超家书 / 梁启超著. -- 北京：北京理工大学出版社, 2015.7
（家风系列）
ISBN 978-7-5682-0111-7

Ⅰ.①梁… Ⅱ.①梁… Ⅲ.①梁启超（1873～1929）—书信集 Ⅳ.
①K825.1

中国版本图书馆CIP数据核字（2015）第003532号

出版发行 / 北京理工大学出版社有限责任公司
社　　址 / 北京市海淀区中关村南大街 5 号
邮　　编 / 100081
电　　话 /（010）68914775（总编室）
　　　　　　82562903（教材售后服务热线）
　　　　　　68948351（其他图书服务热线）
网　　址 / http://www.bitpress.com.cn
经　　销 / 全国各地新华书店
印　　刷 / 三河市九洲财鑫印刷有限公司
开　　本 / 700 毫米 × 1000 毫米　　1/16
印　　张 / 17　　　　　　　　　　　　　　　　责任编辑 / 钟　博
字　　数 / 260千字　　　　　　　　　　　　　文案编辑 / 钟　博
版　　次 / 2015年7月第1版　2015年7月第1次印刷　责任校对 / 周瑞红
总 定 价 / 160.00元（全四册）　　　　　　　　责任印制 / 边心超

图书出现印装质量问题，请拨打售后服务热线，本社负责调换

目
Contents
录

梁启超的儿女们

梁启超有9个子女，人人成才，各有所长。

长女梁思顺（令娴）（1893—1966），生于广东新会，她自幼爱好诗词和音乐，从小梁启超就在家中教她读书，曾编有《艺蘅馆词选》。她在自序中写道："令娴家中颇有藏书，比年以来，尽读所有词家专集若选本，手钞资讽诵，殆二千首，乞丈更为甄别去取，得如千首……"（梁思顺：《自序》，《艺蘅馆词选》，广东人民出版社1981年版，第1页。）此书1908年初版。抗日战争前和1949年后曾多次再版，颇受读者欢迎。此书也是研究梁启超学术思想的重要参考资料。

长子梁思成（1901—1972），著名建筑学家，生于日本。早年入清华学校学习，1924年赴美国留学，毕业于宾夕法尼亚大学建筑系，获硕士学位。回国后他选择去当时比较艰苦的东北大学创办了我国北方的第一个建筑系。"九一八"事变前夕，他离开东北大学回到北平加入了中国营造学社，从事中国古建筑的研究。

他到学社后改变了学社过去只注重文献考证的研究方法，组织调查队，从1931年至1937年走遍了华北地区，到偏僻的乡村去探寻古代建筑。他对所发现的古建筑，诸如五台山佛光寺（唐）、太原晋祠（宋）等，进行测绘、摄影、分析、研究鉴定，写出了有科学价值的调查报告。他是第一个运用现代科学方法，对我国古建筑进行分析研究的学者，开拓了中国建筑史的研究道路。

1937年抗日战争爆发后，他与学社部分同仁在大后方极端困难的情况下坚持学术工作。这时他完成了我国第一部《中国建筑史》，完成了他的"中国建筑史要由中国人来写"的凤愿，填补了中国建筑史研究的空白，竖起了中国建筑史研究的第一个里程碑。

就在这个时期，他还用英文为外国读者写了一本通俗易懂的《中国建筑史图录》，让中国建筑在国际上闪耀着灿烂的光辉。除了本人的学术成就外，他还培养了许多研究古建筑的人才。

1945年抗战胜利后，他深感国家缺乏建筑人才，因而又创办了清华大学建筑系，并于1946年赴美讲学及考察建筑教育。1947年他被推荐为联合国大厦设计顾问团的中国代表。同年美国普林斯顿大学因他在中国建筑学上的重要贡献授予他名誉博士学位。这时不少朋友劝说，共产党就要来了，建议他留在美国工作，但他还是毅然回到了祖国。1948年他当选为国民政府第一届中央研究院院士。

新中国成立后他立即投身到新中国的建设中去，并成为一个社会活动家。他亲自领导并参加了国徽图案及人民英雄纪念碑的设计工作。1952年他任北京市政协副主席。1955年他因提倡建筑的民族形式而受到批判，但他并未因此疏远共产党，他更加热爱祖国，并于1959年加入中国共产党。

他先后担任了全国政协常委、全国人大常委、中国科学院院士等职。他一生的成就是多方面的，在建筑理论、建筑教育思想、城市规划理论方面都提出了不少超前的新观点，他是我国古建筑研究的先驱者之一，也是我国建筑教育的奠基人之一。十年动乱中他受尽屈辱和折磨，含冤去世。1986年清华大学隆重集会，纪念他的85周年诞辰。

次子梁思永（1904—1954），著名考古学家，生于澳门，1923年毕业于清华学校留美预备班，随后赴美国哈佛大学研究院攻读考古学和人类学，曾参加印第安人古代遗址的发掘，并研究东亚考古。其间，他曾一度回国，在清华学校国学研究所担任助教。1930年从美国哈佛大学毕业后，他回国参加前中央研究院历史语言研究所考古组的工作。1931年春他参加河南安阳小屯和后冈的发掘，秋季参加山东历城（今章丘）龙山镇城子崖的第二次发掘。他的工作提高了中国考古发掘的科学水平，使之被纳入近代考古学的范畴。1934年由他主笔的《城子崖遗址发掘报告》出版，这是我国首次出版的大型田野考古报告集。

抗日战争爆发后，他跟随史语所撤退到长沙，经桂林入昆明最后到达四川李庄。1939年他在"第六次太平洋学术会议"上提出的论文中，全面总结了龙山文化。考古学界目前对龙山文化类型的划分，仍导源于梁思永半个世纪以前的创见。他在1948年当选为国民政府第一届中央研究院院士。1950年8月他被任命为中国科学院考古研究所副所长，他躺在病床上主持着考古所的工作，制定长远规划，指导野外工作和室内研究，热心培养青年一代。由于工作辛劳，其体力更加衰弱，终于不支，于1954年春心脏病发作，于4月2日在北京逝世，终年未满50岁。著名考古学家夏鼐说："梁思永是我国第一个受过西洋的近代考古学正式训练的学者。"著名考古学家安志敏也说他是中国近代考古学和近代考古教育的开拓者之一。

三子梁思忠（1907—1932），生于日本，后毕业于美国弗吉尼亚陆军学院和西点军校，回国后任国民党十九路军炮兵校官，于1932年患腹膜炎，后因贻误治疗而去世，年仅25岁。

次女梁思庄（1908—1986），著名图书馆学家，生于日本，1926—1930年间就读于加拿大蒙特利尔麦基尔大学，获文学学士学位。1930—1931年间就读于美国纽约的哥伦比亚大学图书馆学院，获图书馆学士学位。1931年学成归国后，她立即投身于我国图书馆事业，先后在北平图书馆、燕京大学图书馆、广州中山图书馆从事西文编目工作。1936年她重返燕京大学，任图书馆西文编目组长、主任和图书馆主任等职。

1952年院系调整后她任北京大学图书馆副馆长。"文化大革命"中她作为"保皇党梁启超的女儿、反动学术权威"遭到批斗，并被毒打得遍体鳞伤。1976年她被勒令退休，1978年复职。1980年她当选为中国图书馆学会副理事长。她为图书馆事业呕心沥血、默默无闻地工作了整整50年。她一生致力于西文编目工作，在这方面被公认为全国首屈一指的专家。北大图书馆的几十万种西文图书的目录都经她亲自或指导编制而成。这套目录是她一生心血的结晶，它的高质量受到国内外专家的交口称赞。她留下个人署名的文章不多，但许多专家、教授们的著作和学生们的论文，都包含了她的大量心血和辛勤劳动。

1980年，梁思庄以古稀之年，代表中国图书馆学会赴菲律宾参加国际图书馆协会联合会。

1981年她积劳成疾，于4月患脑栓塞，卧床5年，久治不愈，于1986年5月20日去世。她的骨灰安放在北京卧佛寺梁启超墓地。

四子梁思达（1912—2001），长期从事经济学研究。他生于日本，1935年毕业于南开大学经济系，后留校做研究生，于1937年毕业。抗战期间他在重庆中国银行总管理处任职。1949年他在北京国务院外资企业局任职，该单位后改为国家工商管理局。他曾参与中国科学院经济所编写的《中国近代经济史》一书。1965年他主编了《旧中国机制面粉工业统计资料》一书。他于1972年退休，于2001年病逝。

三女梁思懿（1914—1988），主要从事社会活动，早年在燕京大学读书，初念医预班准备升入协和医学院学医，后为了参加革命转入历史系。她曾参加共产党的外围组织"民族解放先锋队"，是"一二·九"运动中的学生骨干，后参加学生流亡队伍。1941年她到美国学习美国历史，1949年她在太平洋彼岸得知新中国即将诞生的消息后立即回国。她先后在山东医学院、山东省妇联工作，后被调到北京任中国红十字会对外联络部主任，她一直从事对外友好联络工作，多次代表中国参加国际红十字会会议。她为第六届全国政协委员。1988年她病逝于北京。

四女梁思宁（1916—2006），生于上海，在南开大学读一年级时因日军轰炸学校而失学。1940年她在梁思懿的影响下投奔新四军，她参加革命工作数十年，离休后，住在山东济南，于2006年病逝。

五子梁思礼（1924—），也是梁启超最小的孩子，著名火箭控制系统专家，生于北京，1941年他在17岁时随梁思懿赴美留学，在普渡大学获学士学位，接着在辛辛那提大学获硕士和博士学位。他于1949年回国，初在邮电部电信技术研究所和通信兵部电子科学研究所从事技术工作，并参加国务院组织的"十二年科学远景规划"，负责起草运载火箭的长远规划。1956年他被调入国防部第五研究院任导弹系统研究室主任。他为祖国从无到有的导弹控制系统事业贡献自己的才智，是我国航天事业的开拓者之一。

三十多年来，他亲自领导和参加了多种导弹、运载火箭的控制系统的研制试验。他是1964年实验成功的、我国自行设计的第一个"地-地"导弹的控制系统负责人之一，并在以后改进的型号中，领导研制出具有中国特色的全惯性制导系统，使我国导弹控制系统的设计完全脱离了仿制苏联的框框。他参加了1966年10月27日在我国国土上进行的导弹核武器试验。这次试验的成功震惊了全世界，从此我国进入了核大国的行列。梁思礼还是我国向南太平洋发射的远程液体火箭和长征二号运载火箭的副总设计师，负责控制系统工作。在他的主持下我国首次把集成电路用于弹上计算机，并首次以此进行全弹自动化测试。他还参加了1980年向太平洋发射远程火箭的飞行试验，获得了1985年国家科技进步特等奖。

他是中国航天事业的第一代人，也是当代中国导弹控制系统的带头人，为我国的航天事业做出了重要贡献。1987年他当选为国际宇航科学院院士。1993年他当选为中国科学院院士，同年被选为第八届全国政协委员。1994年他当选为国际宇航联合会副主席，1996年10月获"何梁何利基金"奖。"何梁何利基金"由香港何善衡慈善基金会有限公司、梁銶琚博士、何添博士以及伟伦基金有限公司（创办人为利国伟）共同捐款在香港成立。它每年颁授奖金给予国内杰出的中国学者，借以表扬其在科技、医学等领域的成就。它开始于1995年，每年评选一次。1997年9月作为全国十名有突出贡献的老教授之一，梁思礼获"中国老教授科教兴国贡献奖"。

梁启超的子女们各有自己的成就，成为本行业的专家。他们都十分用功，刻苦学习；他们都十分热爱自己的专业；他们学贯中西，善于把自己在国外所学的先进知识技术运用在祖国所需要的研究上；他们都从不炫耀自己的功绩，而是默默无闻地奉献。他们都从不靠父亲梁启超的名声，他们又都和他们的父亲一样，有一颗爱国的心。

梁启超有3个儿子是中国科学院院士。其中，梁思成、梁思永兄弟俩同时于1948年3月当选为第一届国民政府中央研究院院士。梁氏一家真可谓"满门俊秀"，梁启超真可以含笑九泉了。

1912年

致思顺书

十二、十三号禀皆收。

祖父南归一行，自非得已。然乡居如何可久，且亦令吾常悬悬。望仍以吾前书之意，力请明春北来为要。前托刘子楷带各物，本有虾油、辣椒两篓（津中尤物也，北京无之），后子楷言放在车中恐有气味为人所不喜，故已抽出矣。又小说两部呈祖父消闲，有摹本缎两段，乃赏汝两妹者，人各一套。问思庄何故写信与二叔而不与我。岂至今尚未得闲耶？其外国缎一段则赏汝者也。汝三人将所赏衣服穿起照一相寄我。金器两件赏汝，汝两妹亦各一件，此次汝姊妹所得独多，汝诸弟想气不忿矣。然思成所得《四书》乃最贵之品也。可令其熟诵，明年侍我时，必须能背诵，始不辜此大赉也。吾游曲阜可令山东都督办差，张勋[1]派兵

---

[1] 张勋（1854—1923）：字绍轩，江西奉新人。北洋军阀，行伍出身。1895年（光绪二十一年）投靠袁世凯，武昌起义后，为表示忠于清王朝，所部禁剪辫子，被指为"辫子军"。1917年6月率兵入京，解散国会，逼走总统黎元洪，7月1日与康有为宣布复辟，至12月被皖系军阀段祺瑞所击败，逃入荷兰公使馆，被通缉，后病死天津。

护卫。吾亦极思挈汝行，若国内一年内无乱事，吾又一年内可以不组织内阁，则极思挈汝遍游各省。俾汝一瞻圣迹，但又不欲汝辍学耳。津村先生肯则诲汝中央银行制度大善大善，唯吾必欲汝稍学宪法行政法，知其大意（宪法所讲比较尤妙），经济学亦必须毕业，而各课皆须于三月前完了。试以商津村何如？经济学吾曾为汝讲生产论，故此可稍略，交通论中之银行货币既有专课尤可略，然则亦易了也。荷丈月入已八百，尚有数部，力邀彼往，其职约当前清之三品京堂。若皆应之则千余金可得。但今者报馆缺彼不可，印刷局在京非彼莫办也。而鼎父至今无着落，汝诸表兄日日来嬲我求差事，小四小八皆不自量，指缺硬索已四五次矣。吾亦无能为助甚矣，人贵自立也。

示娴儿。

饮冰　　十二月五日

韩集本欲留读，因濒行曾许汝，故复以赉汝。吾又得一明刻本《李杜全集》，字大寸许极可爱，姑以告汝，却不许撒娇来索。思成若解文学则吾他日赏之。

致思顺书

十四、十五号禀均收。吾前为汝计学科，竟忘却财政学，可笑之至。且法学一面亦诚不欲太简略（国际法实须一学），似此非再延数月不可，每来复十四小时大不可，吾决不许汝如此。来复日必须休息，且须多游戏运动。（可与诸师商，每来复最多勿过十时。因自修尚费多时也，可述吾意告之，必须听言，切勿着急。）从前在大同学校以功课多致病，吾至今犹以为戚。万不容再蹈覆辙，吾在此已习安，绝无不便。汝叔沪行亦未定（此事须俟荷丈一到沪乃定），即行后吾亦能自了，得汝成学，吾愿大慰，诸师既如此相厚，尤不可负。且归后决无从得此良师。今但当以汝卒业为度，不必计。此间请商诸师，若能缩短数月固佳，否则迳如前议至明年九月亦无不可，一言蔽之，则归期以诸师之意定之。汝必须顺承我意，若固欲速以致病是大不孝也。汝须知汝乃吾之命根。吾断不许汝病也。前已合寄四千谓夙遣可耳，何尚需尔许耶？此间已无存（有万金存定期不能取出），本月收入须月杪乃到手，明日只得设法向人挪借，若得当电汇以救急耳。子楷带去各物已收否？祖父想已旋南耶。

示娴儿。

饮冰　十二月十六夕

致思顺书

得书知添一幼弟，甚喜慰，想母子平安耶？祖父命以何名，想有书在途矣。大版《通鉴》不须汝索，已嘱擎一购寄，非久或将寄至矣。王姑娘①赏品必给之，但无便人，恐难寄耳。汝母耳珰，则俟归来自置何如。读报见米价落，疑必小有所获，但兹事总极险，终以戒断为善，可仍常谏汝母也。吾昨夕因得须磨书，烦躁异常，又见国事不可收拾，种种可愤可恨之事，日接于耳目，肠如涫汤，不能自制，昨夕大雪，荷丈与汝叔皆外出游乐，吾独处不适，狂饮自遣，今宿酒未解，得汝书极慰耳。因思若吾爱女在侧，当能令我忘他事，故念汝不能去怀，昨夕酒后作一短简，今晨视之乃连呼汝名耳，可笑之至，今不复寄，以乱汝意，吾须欲汝侍我，然欲汝成学之心尤切也。几欲东渡月余，谢绝一切，以自苏息也，大抵居此五浊恶世，唯有雍乐之家庭，庶少得退步耳。吾实

---

① 王姑娘：也称王姨，即王桂荃，梁启超的偏房夫人。

厌此社会，吾常念居东之乐也。汝求学不可太急，勿贻吾忧。

　　示娴儿。

　　　　　　　　　　　　　　　　　　　饮冰　　十二月二十日

　　前书索全家相片，想已寄出，汝近顷照相否，吾极欲见汝近影。

　　乡书仍寄艺新否？一禀可加封寄。

1916年

致思顺书

王姨今晨已安抵沪，幸而今晨到，否则今日必至挨饿。因邻居送饭来者已谢绝也（明日当可举火，今日以面包充饥）。此间对我之消息甚恶，英警署连夜派人来保卫，现决无虞。吾断不致遇险。吾生平所确信，汝等不必为我忧虑。现一步不出门，并不下楼，每日读书甚多，顷方拟著一书名曰《泰西近代思想论》，觉此于中国前途甚有关系，处忧患最是人生幸事，能使人精神振奋，志气强立。两年来所境较安适，而不知不识之间德业已日退，在我犹然，况于汝辈，今复还我忧患生涯，而心境之愉快视前此乃不啻天壤，此亦天之所以玉成汝辈也。使汝辈再处如前数年之境遇者，更阅数年，几何不变为纨绔子哉。此书可寄示汝两弟，且令宝存之。

一月二日

致思顺书

　　数日未得书报，而母近状甚念，甚念，比已出院否？体复元否？曾发见他病否？若因此而更除杂病，益健康，则未始非福耳。此间甚安，吾每日早睡早起，眼病亦渐痊，可每日读书作文甚多，此时暂不他行，一切饮食起居皆王姨一人料理，闻彼曾寄一和文信已收否？至为稳便，汝曹不必远念。

一月七日

　　来书总宜外加一封电日邮发。

致思顺书

　　书及禧柬并收，屋有售〔买〕主速沽为宜，第求不亏已足，勿计赢也。此著既办，冰泮后即可尽室南来，赁庑数椽，虀盐送日，却是居家真乐。孟子言："生于忧患，死于安乐。"汝辈小小年纪，恰值此数年来无端度虚荣之岁月，真是此生一险运。吾今舍安乐而就忧患，非徒对于国家自践责任，抑亦导汝曹脱险也。吾家十数代清白寒素，此乃最足以自豪者，安而逐腥膻而丧吾所守耶？此次义举虽成，吾亦决不再仕宦，使汝等常长育于寒士之家庭，即授汝等以自立之道也。吾近来心境之佳，乃无伦比，每日约以三四时见客治事，以三四时著述，馀暑则以学书（近专临帖不复摹矣），终日孜孜，而无劳倦，斯亦忧患之赐也。

二月八日

012

致思顺书

寄去《从军日记》一篇，共九页，读此当详知吾近状。书（此间无书不拆故不敢付邮）辗转托递，恐须一月后乃达，其时吾踪迹当暴露于报中矣。此记无副本，宜宝存之，将来以示诸弟，此汝曹最有力之精神教育也。文辞亦致斐亹可观矣。吾尚须留此六日，一人枯坐，穷山所接，惟有佣作，然吾滋适，计每日当述作数千言也。王姨计已返津，汝等见报知我已入粤时（粤事定时），即当遣王姨来港（到港住家中，问永乐街同德安便知港家所在），候我招之。盖到粤后不便久与陆同居。一分居后，非王姨司我饮食不可，彼时之险，犹过于居沪时也。越南入境如此其难，汝母归宁只得从缓一两月后，局面剧变，彼时或可自由行动也。

三月十八日自越南帽溪

致思顺书

　　嗟夫思顺，汝知我今夕之苦闷耶？吾作前纸书时九点耳，今则四点犹不能成寐。吾被褥既委不带，今所御者，此间佣保之物也，秽乃不可向迩。地卑湿蚤缘延榻间以百计，嘬吾至无完肤，又一日不御烟卷矣。能乘此戒却，亦大妙。今方渴极，乃不得涓滴水，一灯如豆，油且尽矣，主人非不殷勤，然彼伧也，安能使吾适者。汝亦记台湾之游矣，今之不适且十倍彼时耳。因念频年佚乐太过，致此形骸，习于便安，不堪外境之剧变，此吾学养不足之明证也。人生惟常常受苦乃不觉苦，不致为苦所窘耳。更念吾友受吾指挥效命于疆场者，其苦不知加我几十倍，我在此已太安适耳。吾今当力求睡得，睡后吾明日必以力自振。

　　誓利用此数日间著一书矣。

三月二十夜

致思顺书

娴儿读:

　　吾今成行矣。在此山中恰已十日,而其间却有一极危险之纪念。盖此间有一种病,由烈日炙脑而生者,故土人必以黑布裹头(印度人之红布亦为此)。吾初至之日,主人本已相告,而我不检,乃竟罹之。记一夕曾作书与汝,谓薾闷思家,不能成寐,不知为此病之发也。明晨起来稍觉清明,及下午而热大起,一夜之苦痛,真非言语所能形容。子身在荒山中,不特无一家人且无一国人,实则终日室中并人而无之,若其夕死者,明日乃能发见。灯火尽熄,茶水俱绝,此时殆惟求死,并思家人之念亦不暇起矣。明晨人来省视,急以一种草药(专治此病之药)治之,不半日竟霍然若失,据言幸犹为轻症,然若更一日不治,则亦无救矣。险者!病起后,脑无一事,于是作《国民浅训》一书,三日夜成之,亦大快也。二黄皆已往云南,吾一人独入桂,尚须挟骑走山中四日乃能易舟也。自此以往皆坦途,可勿念。病虽痊愈,然两日来浑身发痒，搔之则起鳞粟，今遍体皆是，非蚤所啮也，不解何故？此地卑湿，非吾侪所堪，幸即离去，否则必再生病也。

三月二十六日

致思顺书

吾日内即往日本，在彼半月当归沪小住，途旅甚安，同行保护之人不乏，可勿远念！汝辈学业切宜勿荒。荷丈家中常往存问。

五月三日

王姨即遣来沪，在沪待我归，已租定住宅，到沪时往周家问询便得。此事极要。

致思成思永

思成、思永同读：

　　来禀已悉。新遭祖父之丧，来禀无哀痛语，殊非知礼。汝年幼姑勿责也。汝等能升级固善，不能也不必愤懑。但向果能用功与否，若既竭吾才则于心无愧。若缘怠荒所致，则是自暴自弃，非吾家佳子弟矣。闻汝姊言，汝等颇知习在苦学俭朴，吾心甚慰，宜益图向上。吾再听汝姊考语，以为忧喜也。

六月二十二日

致思顺书

　　月来季常①丈在此同居，所益不少，前游杭游宁，皆备极欢迎，想在报中已见一二。顷决于十五日返港，省奠灵帏，且看察情形，能否卜葬，若未能，则住港两旬必仍返沪，便当北归小住也。写至此，接来禀，悉一切。希哲②就外交部职无妨，吾亦托人在国务院为谋一位置，未知如何？领事则须俟外交总长定人乃可商。但做官实易损人格，易习于懒惰于巧滑，终非安身立命之所，吾顷方谋一二教育事业，希哲终须向此方面助我耳。十二舅事，循若复电言运使已允设法，吾亦已电告汝母矣。别纸言《京报》事，可呈汝叔。

十月十一日

---

① 季常（1876—1930）：即蹇念益，号季常，遵义老城人。其父蹇洗，先以"军功"保举四川越省、马边知县，后任江北同知。蹇念益比梁启超小3岁，因政治主张相近，与之结为莫逆之交。

② 希哲：即周希哲，梁思顺的丈夫。

1919年

致思顺书

1919

得十月二十一日禀，甚喜，总要在社会上常常尽力，才不愧为我之爱儿。人生在世，常要思报社会之恩，因自己地位做得一分是一分，便人人都有事可做了。吾在此作自己，已成六七万言，本拟再住三月，全书可以脱稿，乃振飞接家电，其夫人病重，本已久病，彼不忍舍我言归，故延至今。归思甚切。此间通法文最得力者，莫如振飞，彼若远行，我辈实大不便，只得一齐提前，现已定阳历正月二十二日船期，若阴历正月杪可到家矣。一来复后便往游德国，并及奥、匈、波兰，准阳历正月十五前返巴黎，即往马赛登舟，船在安南停泊，约一两日，但汝切勿来迎，费数日之程，挈带小孩，图十数点钟欢聚，甚无谓也。但望汝一年后必归耳。

父示娴儿。

十二月二日

1920年

致思顺书

　　吾方与汝母言，已久不得汝书，颇悬悬。汝母谓我归来仅逾月，汝已有一书，不可谓稀，语未终而汝第二书至，吾喜可知也。吾归后极安适，惟客不断，著述又不容缓，顷已全规复两年前生活，动辄夜分不寝，此亦无可如何也。前吾极欲希哲调欧，惟汝母言决不欲就汝等迎养，吾一时又未必能再远游，则亦不欲汝更远离，我已不复作此运动，闻盆威斯领事已别定人矣。汝研究欧、美妇人问题，欲译书甚好，可即从事，我当为汝改削出版，顷吾方约一团体，从事斯业也。今年能归来度岁否，甚望甚望。《欧游心影录》汝已见否?

四月二十日

1921年

致思顺书

　　三次来禀均收，吾自汝行后，未尝入京，且除就餐外，未尝离书案一步，偶欲治他事，辄为著书之念所夺，故并汝处亦未通书也。希哲在彼办事，想极困衡，但吾信希哲必能渡诸难关，望鼓勇平心以应之。薛敏老等来已见（彼已往美），吾略为擘画，彼辈似亦甚满足，他事如常，无可告，聊书数行，慰汝远念耳。

五月十六日

致思顺书

　　我间数日辄得汝一书，欢慰无量。昨晚正得汝书，言大学校长边君当来。今晨方起，未食点心，此老已来了，弄得我狼狈万状，把我那"天吴紫凤"的英话都迫出来对付了十多分钟。后来才偕往参观南开，请张伯苓当了一次翻译。彼今日下午即入京，我明晨仍入京，拟由讲学社请彼一次，但现在京中学潮未息，恐不能热闹耳。某党捣乱此意中事，希哲当不以介意，凡为社会任事之人必受风波，吾数十年日在风波中生活，此汝所见惯者，俗语所谓见怪不怪，其怪自败，吾行吾素可耳。廷伟为补一主事，甚好。尝告彼"学问是生活，生活是学问"，彼宜从实际上日用饮食求学问，非专恃书本也。汝三姑嘉礼日内便举行，吾著书已极忙，人事纷扰，颇以为苦，但家有喜事，总高兴耳。王姨有病入京就医，闻已大痊矣。

　　父示娴儿。

五月三十日

致思顺书

　　吾日来极感希哲有辞职之必要，盖此种鸡肋之官，食之无味，且北京政府倾覆在即，虽不辞亦不能久，况无款可领耶？希哲具有实业上之才能，若更做数年官，恐将经商机会耽搁，深为可惜。汝试以此意告希哲，若谓然，不妨步步为收束计（自然非立刻便辞）。汝母颇不以吾说为然，故吾久未语汝，但此亦不过吾一时感想，姑供汝夫妇参考耳。希哲之才，在外交官方面在实业方面皆可自立，但做外交官则常须与政局生连带关系，苦恼较多也。此所说者，并非目前立刻要实行，但将个中消息一透露，俾汝辈有审择之余裕耳。

七月二十二日

1922年

致成、永、忠

前得汝来禀，意思甚好，我因为太忙，始终未谕与汝等。前晚陈老伯请吃饭，开五十年陈酒相与痛饮，我大醉而归。（到南京后惟此一次耳，常日一滴未入口。）翌晨六点半，坐洋车往听欧阳[1]先生讲佛学（吾日日往听），稍感风寒，归而昏睡。张君劢[2]硬说我有病（说非酒病），今日径约第一医院院长来为我检查身体。据言心脏稍有异状，我不觉什么。惟此两日内脑筋似微胀耳。君劢万分关切。吾今夕本在法政专门有两点钟之讲演，君劢适自医生处归，闻我已往（彼已屡次反对我

---

① 欧阳（1871—1943）：即欧阳渐，亦名欧阳竟无，江西宜黄人。近现代著名佛学大师。

② 张君劢（1887—1968）：原名嘉森，字士林，号立斋，别署"世界室主人"，笔名君劢，江苏宝山（今属上海市宝山区）人。近现代学者，中国民主社会党主席。被部分学者认为是早期新儒家的代表之一。他早年追随梁启超从事立宪活动，是政闻社的骨干人物，自20世纪30年代起，又先后组建过或参与组建过中国国家社会党、中国民主政团同盟和中国民主社会党，参加过两次民主宪政运动，是国防参议会参议员、国民参政会参政员，1964年伍政治协商会议代表，并起草过《中华民国宪法》。

太不惜精力，彼言如此必闹到脑充血云云），仓皇跑到该校，硬将我从讲坛上拉下，痛哭流涕，要我停止讲演一星期，彼并立刻分函各校，将我本星期内（已应许之）讲演，一概停止。且声明非得医生许可后，不准我再讲。我感其诚意，已允除本校常课（每日一点钟）外，暂不多讲矣。彼又干涉我听佛经（本来我听此门功课用脑甚劳），我极舍不得，现姑允彼明晨暂停（但尚未决）一次。其实我并没有什么，不过稍休息亦好耳。因今晚既停讲无事，故写此信与汝等，汝等不必着急，吾自知保养也。

父谕成、永、忠。

十一月二十三日

031

致思顺书

我的宝贝思顺：

我接到你这封信，异常高兴，因为我也许久不看见你的信了，我不是不想你，却是没有工夫想。四五日前吃醉酒。你勿惊，我到南京后已经没有吃酒了，这次因陈伯严老伯请吃饭，拿出五十年陈酒来吃，我们又是二十五年不见的老朋友，所以高兴大吃。

忽然想起来了，据廷灿①说，我那晚拿一张纸写满了"我想我的思顺""思顺回来看我"等话，不知道他曾否寄给汝看。

你猜我一个月以来做的什么事，我且把我的功课表写给汝看。

每日下午二时至三时在东南大学讲《中国政治思想史》。除来复日停课外，日日如是。

每来复五晚为校中各种学术团体讲演，每次二小时以上。

---

① 廷灿：即梁廷灿，是梁启超先生的族侄。

每来复四晚在法政专门讲演，每次二小时。

每来复二上午为第一中学讲演，每次二小时。

每来复六上午为女子师范讲演，每次二小时。

每来复一、三、五从早上七点半起至九点半，最苦是这一件，因为六点钟就要起来。……听欧阳竟无先生讲佛学。

此外各学校或团体之欢迎会等，每来复总有一次以上。

讲演之多既如此，而且讲义都是临时自编，自到南京以来（一个月）所撰约十万字。

十一月十一日

致思顺书

宝贝思顺：

　　十二月十二日的信收到了，欢喜得很。我现在还在南京呢。今日是护国军起义纪念日，我为学界全体讲演了一场，讲了两点多钟。我一面讲，一面忍不住滴泪。今把演稿十来张寄给你。我后日又要到苏州讲演，因为那里学生盼望太久了，不能不去安慰他们一番，但这一天恐怕要很劳苦了。我虽然想我的宝贝，但马尼拉我还是不愿意去，因为我不同你妈妈，到那里总有些无谓的应酬，无谓的是非，何苦呢？我于你妈妈生日以前，一定回到家，便着实休息半年了。

爹爹

十二月二十五日

1923年

致思顺书

宝贝思顺：

　　我三十一夜里去上海，前晚夜里回来，在上海请法国医生诊验身体，说的确有心脏病，但初起甚微，只须静养几个月便好，我这时真有点害怕了。本来这一个星期内，打算拼命把欠下的演说债都还清，现在不敢放恣了，只有五次讲义讲完就走（每次一点钟），酒是要绝对的戒绝了，烟却不能。医生不许我多说话，不许连续讲演到一点钟以外，不许多跑路（这一着正中下怀），最要紧是多睡觉（也愿意），说这一着比吃什么药都好。我回家后，当然一次讲演都没有，我便连日连夜睡它十来点钟，当然就会好了。你却不许挂心，挂心我就什么都不告诉你了。我本来想到日本玩玩，可巧接着日本留学生会馆来书要我去讲演，而且听说日本有几个大学也打算联合来请，吓得我不敢去了。（若没有病，我真高兴去。）今年上半年北京高师要请我，要和别的学校竞争，出到千元一月之报酬。（可笑，我即往，亦不能受此重酬。）东南大学学生又联合全体向我请愿，我只得一概谢绝了。回津后只好杜门不出，因为这几年演讲成了例，无论到什么地方也免不掉，只得回避了。我准十五日回家，到家当在汝母生日前两日哩。思成和徽音①已有成言，我告思成和徽音须彼此学成后乃定婚约，婚约定后不久便结婚。林家欲即行定婚，朋友中也多说该如此。你的意见怎样呢？

爹爹

一月七日

---

① 徽音：即林徽因，中国著名的建筑学家和文学家，是中国第一位女性建筑学家，被胡适誉为"中国一代才女"。林徽因原名林徽音，只因当时有一男作家叫林徽音，她担心日后两人作品相混，遂改为林徽因，并说："我不怕人家把我的作品当成他的，只怕把他的作品错当成我的。"但是在梁启超的家信里，还是称呼她为"徽音"。

致思顺书

宝贝思顺：

　　我现在就上车回家了，明天晚上就和你妈妈弟弟妹妹们在一块了，现在很想起你。这几天并未有依医生的话行事，大讲而特讲，前天讲了五点钟，昨天又讲四点钟，但精神却甚好。几个月没有饮酒了，回家两天就是你妈妈生日，我想破戒饮一回，你答应不答应？回家后打算几个月戒讲演了，但北京高等师范学生正在和我找麻烦，因为我早答应过今年（阳历）上半年在那里讲。打算专门写字和打牌，你听见想一定欢喜。

爹爹

一月十五日

　　难得这一点时候没有事，没有客，所以写这几张纸。

致思顺书

宝贝思顺：

    我现在回家看见许多小宝贝，忘记了你这大宝贝了，把三张好玩的小照寄给你的三个小宝贝罢。

爹爹

一月二十一日

致思顺书

宝贝思顺:

　　你看见今日《晨报》,定要吓坏了。我现在极高兴地告诉你,我们借祖功宗德庇荫,你所最爱的两位弟弟,昨日,从阎王手里把性命争回。我在西山住了差不多一个月,你是知道的,昨日是你二叔生日,又是五七国耻纪念,学生示威游行,那三个淘气精都跟着我进城来了。约摸十一点(午前)时候,思成、思永同坐菲律宾带来的小汽车出门,正出南长街口被一大汽车横撞过来,两个都碰倒在地。思永满面流血,飞跑回家,大家正在惊慌失色,他说快去救二哥罢,二哥碰坏了。等到曹五将思成背到家来,脸上一点血色也没有,两个孩子真勇敢得可爱,思成受如此重伤,忍耐得住,还安慰我们,思永伤亦不轻,还拼命看护他的哥哥。眼睛也几乎定了。思忠看见两个哥哥如此,哇的一声哭起来,几乎晕死。我们那时候不知伤在何处,眼看着更无指望,勉强把心镇定了,赶紧请医生。你三姑丈和七叔乘汽车去(幸我有借来的汽车在门口），差不多一点钟才把医生捉来。出事后约摸二十多分钟，思成渐渐回转过来了，血色也有了，我去拉他的手，他使劲握着我不放，抱着亲我的脸，说道：爹爹啊，你的不孝顺儿子，爹爹妈妈还没有完全把这身体交给我，我便把他毁坏了，你别要想我罢。又说千万不可告诉妈妈。又说姐姐在哪里，我怎样能见她？我那时候心真碎了，只得勉强说，不要紧，不许着急。但我看见他脸上回转过来，实在亦已经放心许多。我心里想，只要拾回性命，便残废也甘心。后来医生到了，全身检视一番，腹部以上丝毫无伤，只是左腿断了，随即将装载病人的汽车开来，送往医院。初时大家忙着招呼思成，不甚留心思永何如。思永自己说没有伤，跟着看护他哥哥。后来思永也睡倒了，我们又担心他不知伤着哪里，把他一齐送到医院检查。啊啊！真谢天谢地，也是腹部以上一点伤没有，不过把嘴唇碰裂了一块，腿上亦微伤，不能吃东西。现在两兄弟都在协和医院同居一房，思永一个礼拜可以出院，思成约要八个礼拜。但思成也不须用手术（不须割），因为骨并未碎，只要扎紧，自会复原，今朝我同你二叔、三姑、七叔去看他们，他们哥儿俩已经说说笑笑，又淘气到了不得了。昨天中饭是你姑丈和三姑合请你二叔寿酒，晚上是我请，中饭全家都没有吃，晚饭我们却放心畅饮压惊了。我怕你妈妈着急发病，昨日一日瞒着没有报告，今朝我从医院出来，写了一封快信，又叫那两个淘气精各写一封去，大约你妈妈明天早车也要来看他们了。内中还把一个徽音也急死了，也饿着守了大半天（林家全家也跟着我们饿），如今大家都欢喜了。你二叔说，若使上帝告诉我们，说你的孩子总要受伤，伤什么地方听你自择，我们只有说是请伤这里，因为除此以外，无论伤哪里，都是不得了。我们今天去踏察他们遇险的地方，只离一寸多，便是几块大石头子，若碰着头部真是万无生理。我们今天在六部口经过，见一个死尸横陈，就是昨天下午汽车碰坏的人，至今还没殡殓，想起来真惊心动魂。今年正月初二，我一出门遇着那么一个大险，这回更险万倍，到底皆逢凶化吉，履险如夷，真是徼天之幸。我本来不打算告诉你，因为《晨报》将情形登出，怕你一见吓倒，所以详细写这封信。我今日已经打了二十多圈牌了，我两三日后仍回西山，我在那里住得舒服极了（每日早起又不饮酒）。

五月八日

致思顺

宝贝思顺：

你看第一封信，吓成怎么样？我叫思成亲自写几个字安慰你，你接到没有？思永现已出院了，思成大概还要住院两月。汝母前日入京抚视他们，好在他们都已复原，所以汝母并未着急。汝母恨极金永炎，亲自入总统府见黄陂请责之。其后金某来院慰问，适值汝母在，大大教训他一场。金某实在可恶，将两个孩子碰倒在地，连车也不下，竟自扬长而去，一直过了两日，连名片也没有一张来问候。初时我们因救命要紧，没有闲工夫和他理论，到那天晚上，惊魂已定，你二叔方大发雷霆，叫警察拘传司机人，并扣留其汽车。随后像有许多人面责金某，渠始来道歉。初次派人差片来院问候，被我教斥一番，第三日始亲来。汝二叔必欲诉诸法庭，汝母亦然，但此事责任仍在司机人，坐车人不过有道德责任而已。我见人已平安，已经心满意足，不欲再与闹。惟汝母必欲见黎元洪，我亦不阻止，见后黎极力替赔一番不是，汝母气亦平了，不致生病，亦大好事也。思成今年能否出洋，尚是一问题，因不能赶大考也（现商通融办法），但迟一年亦无其要紧耳。我现课彼在院中读《论语》《孟子》《资治通鉴》，利用这时候多读点中国书也很好。前两天我去看他们，思永嘴不能吃东西，思成便大嚼大啖去气他。思成腿不能动，思永便大跳大舞去气他。真顽皮得岂有此理。这回小小飞灾，很看出他们弟兄两个勇敢和纯挚的性质，我很喜欢。我已返（昨日）西山著我的书了。今晨天才亮便已起，现在是早上九点钟，我已成了二千多字，等一会儿蹇七叔们就要来（今日礼拜六）和我打牌了。

五月十一日由翠微山秘魔岩

致思成书

父示思成：

　　吾欲汝以在院两月中取《论语》《孟子》，温习暗诵，务能略举其辞，尤于其中有益修身之文句，细加玩味。次则将《左传》《战国策》全部浏览一遍，可益神智，且助文采也。更有余日读《荀子》则益善。各书可向二叔处求取。《荀子》颇有训诂难通者，宜读王先谦《荀子集解》。可令张明去藻玉堂老王处取一部来。

民国十二年五月

致思成书

汝母归后说情形，吾意以迟一年出洋为要，志摩亦如此说，昨得君劢书，亦力以为言。盖身体未完全复元，旅行恐出毛病，为一时欲速之念所中，而贻终身之戚，甚不可也。

人生之旅历途甚长，所争决不在一年半月，万不可因此着急失望，招精神上之萎苶。汝生平处境太顺，小挫折正磨练德性之好机会，况在国内多预备一年，即以学业论，亦本未尝有损失耶。吾星期日或当入京一行，届时来视汝。

七月二十六日

致思顺书

宝贝思顺：

　　一个多月不得你的信，我和你母亲都有点着急了。你不是有病吧？思成还要十日后方能出院。我决意叫他迟一年出洋。总之，须把身子完全复元才可旅行。谅来你也同意。我回津将近一月了。现在南开讲演，家中大小都好。

爹爹

七月二十六日

致思顺书

宝贝思顺：

　　得复电，大慰。我因久不得汝信，神经作用无端疑汝有病耳。昨日在南开讲毕，思永、思忠留校中听别人讲演。我独携思庄去吃大餐。随后你妈妈把思达、思懿带来，吃完后五个人坐汽车兜圈子到马厂一带，把几位小孩子欢喜得了不得。你妈妈说，我居然肯抛弃书桌上一点钟工夫，作此雅游，真是稀奇。我和思庄说，明年姐姐回来，我带着你们姊妹去逛地方，不带男孩子了。庄、懿都拍掌说，哥哥们太便宜了，让他们关在家里哭一回。思达说他要加入女孩子团体，思庄已经答应他了。我今日起得甚早，随意写几句告诉你。

爹爹

八月一日

致思顺书

昨日松坡图书馆成立，馆在北海快雪堂，地方好极了，你还不知道呢，我每来复四日住清华，三日住城里，入城即住馆中。热闹了一天。今天我一个人独住在馆里，天阴雨，我读了一天的书，晚间独酌醉了，好孩子别要着急，我并不怎么醉，酒亦不是常常多吃的。书也不读了，和我最爱的孩子谈谈罢，谈什么，想不起来了。你报告希哲在那边商民爱戴的情形，令我喜欢得了不得。我常想，一个人要用其所长（人才经济主义）。希哲若在国内混沌社会里头混，便一点看不出本领，当领事真是模范领事了。我常说天下事业无所谓大小，士大夫救济天下和农夫善治其十亩之田所成就一样。只要在自己责任内，尽自己力量做去，便是第一等人物。希哲这样勤勤恳恳做他本分的事，便是天地间堂堂的一个人，我实在喜欢他。好孩子，你气不忿弟弟妹妹们，希哲又气不忿你，有趣得很，你请你妈妈和我打弟弟们替你出气，你妈妈给思成们的信帮他们，他们都拍手欢呼胜利，我说我帮我的思顺，他们淘气实

049

在该打。平心而论，爱女儿哪里会不爱女婿呢，但总是间接的爱，是不能为讳的。徽音我也很爱她，我常和你妈妈说，又得一个可爱的女儿。但要我爱她和爱你一样，终究是不可能的。我对于你们的婚姻，得意得了不得，我觉得我的方法好极了，由我留心观察看定一个人，给你们介绍，最后的决定在你们自己，我想这真是理想的婚姻制度。好孩子，你想希哲如何，老夫眼力不错罢。徽音又是我第二回的成功。我希望往后你弟弟妹妹们个个都如此。这是父母对于儿女最后的责任。我希望普天下的婚姻都像我们家孩子一样，唉，但也太费心力了。像你这样有这么多弟弟妹妹，老年心血都会被你们绞尽了，你们两个大的我所尽力总算成功，但也是各人缘法侥幸碰着，如何能确有把握呢？好孩子，你说我往后还是少管你们闲事好呀，还是多操心呢？你妈妈在家寂寞得很，常和我说放暑假时候很高兴，孩子们都上学便闷得慌，这也是没有法的事。像我这样一个人，独处一年我也不闷，因为我做我的学问便已忙不过来；但天下人能有几个像我这种脾气呢？王姑娘近来体气大坏，因为你那两个殇弟产后缺保养，我很担心，他也是我们家庭极重要的人物。他很能伺候我，分你们许多责任，你不妨常常写些信给他，令他欢喜。我本来答应过庄庄，明年暑假绝对不讲演，带着你们玩一个夏天。但前几天我已经答应中国公学暑期学校讲一月了。他们苦苦要我去，我耳朵软答应了。我明春要到陕西讲演一个月，你回来的时候还不知我在家不呢？酒醒了不谈了。

十一月五日

1925年

致思顺思庄

宝贝思顺、小宝贝庄庄：

　　你们走后，我很寂寞。当晚带着忠忠听一次歌剧，第二日整整睡了十三个钟头起来，还是无聊无赖，几次往床上睡，被阿时、忠忠拉起来，打了几圈牌，不到十点又睡了，又睡十个多钟头。思顺离开我多次了，所以倒不觉怎样，庄庄这几个月来天天挨着我，一旦远行，我心里着实有点难过。但为你成就学业起见，不能不忍耐这几年。庄庄跟着你姊姊，我是十二分放心了，但我十五日早晨吩咐你那几段话，你要常常记在心里，等到再见我时，把实行这话的成绩交还我，我便欢喜无量了。

　　我昨天闷了一天，今日已经精神焕发，和你七叔①讲了一会儿书，便着手著述，已成二千多字。现在十一点钟，要睡觉了，趁砚台上余墨

---

① 七叔：即梁启雄。

写这两纸寄你们。你们在日本看过什么地方？寻着你们旧游痕迹没有？在船上有什么好玩（小斐儿曾唱歌否）？我盼望你们用日记体写出，详细寄我（能出一份《特国周报》临时增刊尤妙）。我打算礼拜一人京，那时候你们还在上海呢。在京至多十日便回家，决意在北戴河过夏，可惜庄庄不能跟着，不然当得许多益处。祝你们一路安适，两个礼拜后我就盼你们电报，四个礼拜后就会得你们温哥华来信，内中也许夹着有思成、思永信了。

四月十七日

致思顺书

　　神户信收到，一两天内又当得横滨信了。你们在日本那几天，我恰在北京，在京忙得要死，号称看花，却没有看成，只有一天六点钟起身，到广惠寺去，顺便也对畿辅先哲祠的海棠、法源寺的丁香，飞一个片子，算是请安拜会。灵柩瓷灰已上过了，现在就上光漆，大约一月内完工了。小六北京银行支店事已定，大约先拨资本十万至十五万，交他全权办理。你七叔昨日已回家去了，因为我想他快点回来，跟我到北戴河，所以叫他早点去，家里越发清静了，早饭就只三个人一桌。思永有两封信来，一封是因为你不肯饶徽音，求我劝你，说得很恳切，现在已不成问题，不给你看了。一封是不主张吴文藻，说他身体弱，也不便给你看，你们见面总会谈到了。林宗孟说思成病过一场（说像是喉症），谅来他是瞒着家里，怕我忧心，但我总要你见着他面，把他身体实在情形报告我，我才真放下心哩。

　　　　　　　　　　　　　　　　　　　　　　　　　五月一日

致顺、成、永、庄

五月七日正午接到温哥华安电，十分安慰。六日早晨你妈妈说是日晚上六点钟才能到温，到底是不是？没出息的小庄庄，到底还晕船没有？你们到温那天，正是十五，一路上看着新月初升直到圆时，谅来在船上不知蹭了多少次"江上何人初见月，江月何年照初人"了。我晚上在院子里徘徊，对着月想你们，也在这里唱起来，你们听见没有？

我多少年不做诗了，君劢的老太爷做寿，我忽然高兴做了一首五十五韵的五言长古，极其得意，过两天抄给你们看。

我近来大发情感，大做其政论文章，打算出一份周报，附在"时""晨"两报送人看，大约从六月初旬起便发印。到我要讲的话都讲完，那周报也便停止，你们等着看罢。

我前几天碰着一件很窘的事——当你们动身后，我入京时，所谓善后会议者正在闭会。会议的结果，发生所谓宪法起草会者，他们要我做会长。由林叔叔来游说我，我已经谢绝，以为无事了。不料过了几天，合肥派姚震①带了一封亲笔信来，情词恳切万分。那姚震哀求了三个钟头，还执着说："一次求不着，就跑两次、三次、五次天津，口口要答应才罢。"吾实在被他磨不过，为情感所动，几乎松口答应了。结果只得说容我考虑，一礼拜回话。我立刻写信京、沪两处几位挚友商量，觉得不答应便和绝交一样，意欲稍为迁就。到第二天平旦之气一想，觉得自己糊涂了，决定无论如何非拒绝不可。果然隔一天京中的季常、宰平②、崧生③、印昆、博生，天津的丁在君④一齐反对，责备我主意游移，跟着上海的百里⑤、君劢、东荪⑥来电来函，也是一样看法，大家还大怪宗孟⑦，说他不应该因为自己没有办法，出这些鬼主意，来拖我下水。现在我已经有极委婉而极坚决的信向段谢绝了。以后或者可以不再

---

① 姚震（1885—1935）：安徽贵池人，字次之。早年留学日本，入早稻田大学学习法律。归国后，曾任清政府大理院推事。后依附袁世凯、段祺瑞。充安福国会议员，为安福系骨干分子。

② 宰平（1879—1960）：即林志钧，字宰平，近代著名学者，一生历经晚清、民国、新中国阶段。他在文学、法政、哲学、佛学、诗文、书画诸方面都极具造诣，主持编辑过《饮冰室合集》。

③ 崧生（1877—1941）：即刘崇佑，字崧生。毕业于早稻田大学，20世纪20年代为中国著名律师。

④ 丁在君（1887—1936）：即丁文江，字在君。中国地质事业著名的创始人之一。

⑤ 百里（1882—1938）：即蒋方震，字百里，晚号澹宁，笔名飞生、余一等。蒋百里是把近代西方先进军事理论系统地介绍到中国来的第一人。其代表作《国防论》凝聚着他一生军事著作的精华。

⑥ 东荪（1886—1973）：即张东荪，原名万田，字东荪，曾用笔名"圣心"，晚年自号"独宜老人"。现代哲学家、政治活动家、政论家、报人。

⑦ 宗孟（1876—1925）：即林长民，幼名则泽，字宗孟，自称苣苳、苣苳子，又号桂林一枝室主，晚年号双栝庐主人（卒后徐志摩有《哀双栝老人》）。有女林徽因，为建筑学大家，在诗歌、戏剧、散文方面颇有造诣，被誉为"一代才女"。林长民之女婿即为梁启超之子梁思成。

来麻烦。至于交情呢，总不能不伤点，但也顾不得了。

政局现有很摇动的样子。奉天新派五师入关，津浦路从今日起又不通了。但依我看，一两个月内还不会发生什么事，早则八月，迟则十月，就难保了。

忠忠也碰着和我所遭相类的事。你二叔今日来的快信，寄给你们看。信中所讲那陈某我是知道的，纯然是一个流氓，他那个女孩也真算无耻极了。我得着你二叔信，立刻写了一千多字的信严重告诫忠忠。谅来这孩子不致被人拐去，但你们还要随时警告他。因为他在你们弟兄姐妹中性情是最流动的，你妈妈最不放心也是他。

思永要的书，廷灿今日寄上些，当与这信前后到。

思成身子究竟怎么样？思顺细细看察，和我说真实话。

成、永二人赶紧各照一相寄我看看。我本来打算二十后就到北戴河去，但全国图书馆协会月底在京开成立会，我不能不列席，大约六月初四五始能成行。

五月九日

致思顺书

我昨晚又作一首诗给姚胖子①五十寿，做得好玩极了，过两天我一齐写好给小宝贝庄庄。我近日精神焕发，什么事都做得有趣。

民国十四年五月十一日

以下录寿姚诗：

茫父堕地来，未始作老计，

斗大王城中，带发领一寺。

廿年掩关忙，百虑随缘肆。

疏疏竹几茎，密密花几队。

---

① 姚胖子（1876—1930）：即姚华，字重光，号茫父。曾任中华民国临时政府参议院议员，后退出政界，投身著述、美术及教育事业。姚华学问渊博，精于文字学、音韵学、戏曲理论，尤其是诗文词曲，在当时画坛无人能出其右。姚华在戏曲方面的学识，更使他在梨园界广受尊敬，他结交了不少名人，如王瑶卿、梅兰芳、程砚秋等，都是到莲花庵习画论艺的常客，都尊他为老师。

半秃笔几管，破碎墨几块。

挥汗水竹石，坷冻篆分隶。

弄舌昆弋簧，鼓腹椒葱豉。

食攀唐画埠，睡抱马和志，

校碑约鬻周，攘臂哄真伪。

脯饮来破寒，诙谑遂鼎沸。

烂漫孺子心，裗荡狂奴态。

晓来揽镜诧，五十忽已至。

发如此种种，老矣今伏未。

镜中人鞃然，哪得管许事。

老屋蹋穿空，总有天遮蔽。

去年穷不死，定活十百岁。

（坡诗：嗟我与君皆丙子，四十九年穷不死，茫父亦以丙子生。）

芍药正盛开，胡蝶成团戏。

豆苗已可摘，玄鲫拾宜脍。

昨日卖画钱，况彀供一醉。

相携香满园，大嚼不为泰。

给孩子们

　　我像许久没有写信给你们了。但是前几天寄去的相片，每张上都有一首词，也抵得过信了。今天接着大宝贝五月九日，小宝贝五月三日来信，很高兴。那两位"不甚宝贝"的信，也许明后天就到罢？我本来前十天就去北戴河，因天气很凉，索性等达达放假才去。他明天放假了，却是还在很凉。一面张、冯开战消息甚紧，你们二叔和好些朋友都劝勿去，现在去不去还未定呢。我还是照样的忙，近来和阿时、忠忠三个人合作做点小玩意儿，把他们做得兴高采烈。我们的工作多则一个月，少则三个礼拜，便做完。做完了，你们也可以享受快乐。你们猜猜干些什么？庄庄你的信写许多有趣话告诉我，我喜欢极了。你往后只要每水船都有信，零零碎碎把你的日常生活和感想报告我，我总是喜欢的。我说你"别耍孩子气"，这是叫你对于正事——如做功课，以及料理自己本身各事等，自己要拿主意，不要依赖人。至于做人带几分孩子气，原是好的。你看爹爹有时还有"童心"呢。你入学校，还是在加拿大好。你三个哥哥都受美国教育，我们家庭要变"美国化"了！我很望你将来不经过美国这一级，便到欧洲去，所以在加拿大预备像更好，也并非一定如此，还要看环境的利便。稍旧一点的严正教育，受了很有益；你还是安心入加校罢。至于未能立进大学，这有什么要紧，"求学问不是求文凭"，总要把墙基越筑得厚越好。

你若看见别的同学都入大学，便自己着急，那便是"孩子气"了。思成对于徽音感情完全恢复，我听见真高兴极了。这是思成一生幸福关键所在，我几个月前很怕思成因此生出精神异动，毁掉了这孩子，现在我完全放心了。思成前次给思顺的信说："感觉着做错多少事，便受多少惩罚，非受完了不会转过来。"这是宇宙间唯一真理，佛教说的"业"和"报"就是这个真理。（我笃信佛教，就在此点，七千卷《大藏经》也只说明这点道理。）凡自己造过的"业"，无论为善为恶，自己总要受"报"，一斤报一斤，一两报一两，丝毫不能躲闪，而且善和恶是不准抵消的。佛对一般人说轮回，说他（佛）自己也曾犯过什么罪，因此曾入过某层地狱，做过某种畜生，他自己又也曾做过许多好事，所以亦也曾享过什么福。如此，恶业受完了报，才算善业的账，若使正在享善业的报的时候，又做些恶业，善报受完了，又算恶业的账，并非有个什么上帝做主宰，全是"自业自得"，又并不是像耶教说的"到世界末日算总账"，全是"随作随受"。又不是像耶教说的"多大罪恶一忏悔便完事"，忏悔后固然得好处，但曾经造过的恶业，并不因忏悔而灭，是要等"报"受完了才灭。佛教所说的精理，大略如此。他说的六道轮回等等，不过为一般浅人说法，说些有形的天堂地狱，其实我们刻刻在轮回中，一生不知经过多少天堂地狱。即如思成与徽音，去年便有几个月在刀山剑树上过活！这种地狱比城隍庙十王殿里画出来的还可怕，因为一时造错了一点业，便受如此惨报，非受完了不会转头。倘若这业是故意造的，而且不知忏悔，则受报连绵下去，无有尽时。因为不是故意的，而且忏悔后又造善业，所以地狱的报受毂之后，天堂又到了。若能绝对不造恶业（而且常造善业——最大善业是"利他"），则常住天堂（这是借用俗教名词），佛说是"涅槃"（涅槃的本意是"清凉世界"）。我虽不敢说常住涅槃，但我总算心地清凉的时候多，换句话说，我住天堂的时候比住地狱的时候多，也是因为我比较少造恶业的缘故。我的宗教观、人生观的根本在此，这些话都是我切实受用的所在。因思成那封信像是看见一点这种真理，所以顺便给你们谈谈。思成看着许多本国古代美术，真是眼福，令我羡慕不已，甲胄的扣带，我看来总算你新发明了（可得奖赏），或者书中有讲及，但久已没有实物来证明。昭陵石马怎么会已经流到美国去，真令我大惊！那几只马是有名的美术品，唐诗里"可要昭陵石马来，昭陵风雨埋冠剑，石马无声蔓草寒"，向来诗人讴歌不知多少。那些马都有名字，是唐太宗赐的名，画家雕刻家都有名字可考据的。我所知道的，现在还存四只，我们家里藏有拓片，但太大，无从裱，无从挂，所以你们没有看见。怎么美国人会把它搬走了！若在别国，新闻纸不知若何鼓噪，在我们国里，连我怎么一个人，若非接你信，还连影子都不晓得呢。可叹，可叹！希哲既有余暇做学问，我很希望他将国际法重新研究一番，因为欧战以后国际法的内容和从前差得太远了。十余年前所学现在只好算古董，既已当外交官，便要跟着潮流求自己职务上的新智识。还有中国和各国的条约全文，也须切实研究。希哲能趁这个空闲做这类学问最好。若要有汉文的条约汇纂，我可以买得寄来。和思顺、思永两人特别要说的话，没有什么，下次再说罢。

思顺信说："不能不管政治"，近来我们也很有这种感觉。你们动身前一个月，多人疑议也就是这种心理的表现。现在除我们最亲密的朋友外，多数稳健分子也都拿这些话责备我，看来早晚是不能袖手的。现在打起精神做些预备工夫，这几年来抛空了许久，有点吃亏。等着时局变迁再说罢。

老Baby①好玩极了，从没有听见哭过一声，但整天的喊和笑，也很觳他的肺开张了。自从给亲家收拾之后，每天总睡十三四个钟头，一到八点钟，什么人抱他，他都不要，一抱他，他便横过来表示他要睡，放在床上爬几爬，滚几滚，就睡着了。这几天有点可怕——好咬人，借来磨他的新牙，老郭每天总要着他几口。他虽然还不会叫亲家，却是会填词送给亲家，我问他"是不是要亲家和你一首？"他说"得、得、得，对、对、对。"夜深了，不和你们玩了，睡觉去。前几天填得一首词，词中的寄托，你们看得出来不？

浣溪沙

端午后一日夜坐，

乍有官蛙闹曲池，

更堪鸣砌露蛩悲！

隔林辜负月如眉。

坐久漏签催倦夜，

_____

① 老Baby：即梁思礼，后又称"老白鼻"。

063

归来长簟梦佳期,

不因无益废相思。

（李义山诗："直道相思了无益。"）

七月十日

给孩子们

对岸大群孩子们：

我们来北戴河已两星期了，这里的纬度和阿图利差不多。来后刚碰着雨季，天气很凉，穿夹的时候很多，舒服得很，但下起雨来，觉得有些潮闷罢了。

我每天总是七点钟以前便起床，晚上睡觉没有过十一点以后，中午稍为憩睡半点钟。酒没有带来，故一滴不饮。天晴便下海去，每日多则两次，少则一次。散步时候也很多，脸上手上都晒成黑漆了。

本来是应休息，不打算做什么功课，但每天读的书还是不少，著述也没有间断。每天四点钟以后便打打牌，和"老白鼻"玩玩，绝不用心。所以一上床便睡着，从没有熬夜的事。

我向来写信给你们都是在晚上，现在因为晚上不执笔，所以半个月竟未曾写一封信，谅来忠忠们去的信也不少了。

庄庄跟着驼姑娘补习功课，好极了，我想不惟学问有长进，还可以练习许多实务，我们听见都喜欢得了不得。

庄庄学费每年七百美金便觳了吗？今年那份，我回去替他另折存储起来。今年家计总算很宽裕，除中原公司外，各种股份利息都还照常。执政府每月八百元夫马费，已送过半年，现在还不断。商务印书馆售书费两节共收到将五千元。从本月起清华每月有四百元。预计除去各种临时支出——如办葬事，修屋顶，及寄美洲千元等——之外，或者尚有敷余，我便将庄庄这笔提出。（今年不用，留到他留学最末的那年给他。）便是达达、司马懿①、六六②的游学费，我也想采纳你的条陈，预早（从明年）替他们储蓄些，但须看力量如何才来定多少。至于"老白鼻"那份，我打算不管了，到他出洋留学的时候，他有怎么多姊姊哥哥，还怕供给他不起吗？

坟园工程已择定八月十六日动工了，一切托你二叔照管。昨天正把图样工料价格各清单寄来商量。若坟内用石门四扇（双圹，连我的生圹合计），则共需千二百余元（连围墙工料在内）；若不用石门，只用砖墙堵住洞口，则六百余元便觳。我想四围用"塞门德"灰泥，底下用石床，洞口用砖也觳坚固了。四扇石门价增一倍，实属糜费，已经回信你二叔不用石门了。如此则连买地葬仪种种合计二千元尽觳了，你们意思如何？若不以为然，可立即回信，好在葬期总在两个月后，便加增也来得及。

我打算做一篇小小的墓志铭，自作自写，埋在圹中，另外请陈伯严先生做一篇墓碑文，请姚茫父写，写好藏起，等你们回来后才刻石树

---

① 司马懿：梁启超对梁思懿的戏称。
② 六六：梁启超对梁思宁的称呼。

立。因为坟园外部的工程，打算等思成回来布置才好。

现在有一件事和希哲、思顺商量：我们现在北戴河借住的是章仲和的房子，他要出卖，索价万一千，大约一万便可得。他的房子在东山，据说十亩有零的面积。但据我们看来像不止此数。房子门前直临海滨，地点极好，为海浴计，比西山好多了。西山那边因为中国人争买，地价很高，东山这边都是外国人房子，中国人只有三家。靠海滨的地，须千元以上一亩，还没有肯让。仲和这个房子，工料还坚固，可住的房子有八间，开间皆甚大。若在现时新建，只怕六千元还盖不起。家具也齐备坚实，新置恐亦须千五百元以上。现在各项虽旧，最少亦还有十多年好用。若将房子家具作五千元计，那么地价只合五千元，合不到五百元一亩，总算便宜极了。我想我们生活根据地既在京津一带，北戴河有所房子，每年来住几个月于身体上、精神上都有益。仲和初买来时费八千元，现在他忙着钱用，所以要卖，将来地价必涨，我们若转卖也不致亏本。所以我很想买他。但现在家计情形勉强对付，五千元认点利息也还可以，一万元便太吃力了。所以想和你们搭伙平分，你们若愿意，我便把他留下。

房子在高坡上，须下三十五级阶石才到平地。那平地原有一个打球场，面积约比我们天津两院合计一样大。我们买过来之后，将来若有余钱，可以在那里再盖一所房子。思成回来便可以拿做试验品。我想思成、徽音听见一定高兴。

八月三日

致思顺书

思顺:

到北戴河后已接你三封信了, 我的去信实在较少, 但也有好几封, 想近日都陆续接到了。达达他们实在懒, 但我知道他们常常把信写起, 过一会儿总却寄也就算了。初次接到你信说没有蔬菜吃, 他们曾每人画一幅——萝卜白菜之类, 说送给你们到底寄去没有。

思成、思永学校里都把分数单寄到, 成绩好极了, 今转寄给你看, 我自然要给奖品, 你这老姊姊也该给点才好。

坟园已动工, 二叔来两信寄阅, 增百元将该地全买妙极, 石门所费既加增有限, 已复书仍用之, 亦令你们心里较安也。

北戴河房子我实在爱他不过, 已决定买了。你若有力搭伙, 则我将此间留支薪俸扣用, 若你们也等钱用, 则再将保险单押款买下亦得。现已调查清楚, 此房若在今日建筑, 非万金不办。大开间住房八间, 小屋四间, 下房、厨房、浴房等七间, 全部石墙脚。家具新置亦须三千，外地则有十八亩，若以西山滨海地价计，须万八千也。现在有人要抢，我已电上海告仲和为我留下矣。此地四时皆可居，我退老后极欲常住此也。

别的话在成、永、庄信上说了，不多说罢。

爹爹

八月十二日

阿时们要出一张《特国周报》的老白鼻特号，说了许久，竟没有出来，我已经限期即出了。

致思顺书

顺儿：

昨日又接七月二十日信，我六、七两月寄信很多（相片等项），想已陆续收到了。北大有些人对我捣乱，其实不过少数。彼文发表后，大多数人都不以为然，我答复出后，他们即噤若寒蝉，全国舆论，皆对我表同情。你所忧虑的绝对无其事，请放心罢。只是这回交涉太可惜了。病根全在政府"打民话"，误了交涉步骤，现在已完全失败了。

八月十六日

致思顺书

顺儿：

我们从北戴河返津，已一礼拜了。返时便得你们游尼加拉瀑及千岛许多信及明信片，高兴之至，因连日极忙，故匆匆回思庄一信外，别的信都没有写，现在就要入北京了。在京怕更忙，今晚草草写这一信。

葬期已择定旧历八月十六，即周忌之次日。你二叔这个月以来天天在山上监工（因为石工非监不可），独自一人住在香云旅馆，勤劳极了。你们应该上二叔一书致谢。

墓志铭因赶不及，打算不用了。请曾刚甫年伯撰一墓碑，慢慢的选石精刻。

据二叔来信，全部葬事连买地工程葬仪在内，约费二千五百元，在不丰不俭之间，你们亦可以算尽心了。

你前信请把灵柩留一照片，我大不以为然。留有相片便是了，何必灵柩？等到时再酌斟罢。

家中灵位朝夕上食，向例有至大祥止者（二十五个月），有至小祥止者（十三个月），现在既全家在京住，上食到底办不到，故决意于周忌日（恰十三个月）即请上神道，不复朝夕供了。去北戴河时我原想写一灵位，请去朝夕上食，扶乩说不必，那四十天也没有上食了。惟在戴常常扶乩，每烧香后一两分钟便到（不烧香不到）。你妈妈既然说不吃东西（昨日中元别供水果而已），也不必用此具文了，你们意为何如。

寄去一千元美金，想已收。你们那边谅来钱很紧，非在国内接济不可者。函言北戴河房子认半份事，请你和希哲斟酌力量如何？若实不能，不认亦可，或认而分长期扣出亦可。现在除用去年保险公司借款留下之六千元外，连葬事及北戴河房一共算来今年尚不必透支，因为卖书卖字收入颇多，执政府亦一弥补，但近两月来未送。但替思庄们提贮学费事，只好暂缓了。

国内危机四伏，大战恐又在目前，我只祝等我们葬事完了才发动，不知能待到那时否。

此外官吏绑票层见叠出。半月前范旭东①在德租界本宅出门，即被军警绑去押了三日，硬要五十万元。后来还是黎黄陂亲往探监，说我此来专在证明你们强盗行为，预备在法庭上作证人，才算了事。到底还敲了七万元现金，五万元股票，似此上下夹攻，良善人民真是无葬身之地了。

百里现在在长江一带。军界势力日益膨胀，日内若有战事，他便是最重要的一个角色，因此牵率老夫之处亦不少。他若败，当然无话可说，但于我绝无危险，因我不参与军事行也，请放心。若胜，恐怕我的

---

① 范旭东（1884—1945）：湖南湘阴人。1902年毕业于日本京都帝国大学化学系，1914年在天津塘沽开办久大精盐公司，1917年创办永利制碱公司，是我国著名实业家。

政治生涯不能不复活（胜的把握我觉得很少），我实在不愿意，但全国水深火热，黄萃田在广东方面活动，政府已全权委他，但我亦不敢乐观，他昨日南下，在我们家里上车，忠忠听我嘱咐他的话，说"易水送荆卿"哩。又不能坐视奈何。

我现在觉得有点苦，因为一面政治问题、军事问题前来报告商榷者，络绎不绝，一面又要预备讲义，两者太不相容了。但我努力兼顾，看看如何，若能两不相妨，以后倒可以开出一种新生活。

我自北戴河归来后，仍每日早起（总不过八点钟），酒也绝对不饮了，可惜你们远隔，若看见我结实的脸色，你们定高兴极了。

你二叔那边新添两位孪生的妹妹。前天王姨入京正值分娩，母子平安。

本来还要另写信给思成、思永们，但已夜深要睡了，入京后有空再写罢。你妈妈总说思永不曾到阿图利，到底是不是？

爹爹

九月三日

给孩子们

孩子们：

前日得思成八月十三日，思永十二日信，今日得思顺八月四日及十二日两信，庄庄给忠忠的信也同时到，成、永此时想已回美了，我很着急，不知永去得成去不成，等下次信就揭晓了。

我搬到清华已经五日了（住北院教员住宅第二号）。因此次乃自己租房住，不受校中供应，王姑娘又未来（因待送司马懿入学），廷灿又围困在广东至今未到，我独自一人住着不便极了。昨天大伤风（连夜不甚睡得着），有点发烧，想洗热水澡也没有，找如意油、甘露茶也没有，颇觉狼狈，今日已渐好了。王姨大约一二日也来了，以后便长住校中，你们来信可直寄此间，不必由天津转了。

校课甚忙——大半也是我自己找着忙——我很觉忙得有兴会。新编的讲义极繁难，费的脑力真不少。盼望老白鼻快来，每天给我舒散舒散。

葬期距今仅有二十天了。你二叔在山上住了将近一月，以后还须住一月有奇，住在一个小馆子内，菜也吃不得，每天跑三十里路，大烈日里在坟上监工。从明天起搬往香山见心斋住（稍为舒服点），但离坟更远，跑路更多了。这等事本来是成、永们该做的，现在都在远，忠忠又为校课所追，不能效一点劳，倘若没有这位慈爱的叔叔，真不知如何办得下去。我打算到下葬后，叫忠忠们向二叔磕几头叩谢。你们虽在远，也要各各写一封信，恳切陈谢（庄庄也该写），谅来成、永写信给二叔更少。这种子弟之礼，是要常常在意的，才算我们家的乖孩子。

厨子事等王姨来了再商量。现在清华电灯快灭了，我试上床去，看今晚睡得着不。晚饭后用脑，便睡不着，奈何、奈何。

九月十三日

给孩子们

《后汉书》等本已在上海买妥，因叶领事已行不及托带，当即令补寄并补上所需各书。

相片照得模糊，看了不过瘾（为什么没有斐儿在内），我盼望下次信到便有你们弟兄姊妹合照的美妙相片，庄庄真是白了许多吗？

爹爹

九月十四日

致顺、成、永、庄

思顺、思成、思永、思庄同读：

距葬期仅十三日矣。我今日始能赴墓次巡视，开圹深至二丈，而土质干燥细软，觉虽生人居此亦甚适，真佳城也。初时本拟旧历九月乃葬，经"日者"（日者列传见《史记》，即择日也，此日者乃同一老进上）选定谓八月十六日辰时为千年难得之良辰，故提前半胄赶工，中间曾有四日夜，每日作工二十四小时，分四班轮做。叔之辛勤，不可名状矣。坟园一切布置，皆出二叔意匠，此外麻烦事甚多，如收买园旁余地、筑桥、菠井等等，冢内各种布置及工程，二叔最用心。二叔极得意，吾亦深叹其周备。现在规模已具，所余冢顶上工作，如用西式墓表等事，及墓旁别墅之建筑等，则待汝兄弟归来时矣。

八月十五日晨八时举行周年祭。十时由广惠寺发引，初本。拟用汽车装运，后因种种不便，仍改用抬，最大原因是灵柩不准入城，自前清以来，非奉特旨不可，而西便门外无马路汽车振动，恐于遗骸有损，用相当的仪仗，出西便门后改小杠。届时我及亲友只送到西便门便返，而乘车赴墓先候。惟思忠（小六愿陪之）一人扶柩步行送山上（中间若惫则间坐洋车）约费七点钟，决可到。是晚亦仅由思忠及小六守灵（警察八人彻夜轮班守卫），我率王姨等在香山住。葬后便无事，惟二叔监圹外工，约尚须一月耳。

神道碑文请曾年伯作，但刻石建立等事皆在后。

此次葬事所费统计恐须超过三千元。虽稍费足使汝辈心安，不致后悔。好在此款全由执政府夫马费项下支给已有余。二叔今日笑谓无异国葬也。

吾日来之忙，乃出情理外。二叔、王姨向我唧哝多次，但此乃研究院初办，百事须计划，又加以他事，故致如此耳。十日半月后当然逐渐消减，汝等不必以我过劳为虑也。

日来许多"校长问题"，纠缠到我身上，亦致忙之一。师大小必论，教职员、学生、教育部三方面合起来打我的主意。北大与教部宣战，教部又欲以我易蔡，东南大学则教部、苏省长、校中教员、学生，此数日内又迭相强迫。北大问题最易摆脱，不过一提便了。现在师大、东大尚未肯放手。我惟以极诚恳之辞坚谢之，然即此亦费我时间不少也。

廷灿尚困在广东，不能来，种种感不便，急极，现只得叫阿时来，但亦仅能于抄写方面稍助耳。又六六一人在津，太可怜，日内拟唤来，令阿时授课。灯要灭了，再说罢。

九月二十日

078

致思顺思成

虞美人

（自题小影寄思顺）

一年愁里频来去，（上女去年侍母省婿跋涉海上数次）

泪共沧波注。

悬知一步一回眸。

嵌着阿爷小影在心头。

天涯诸弟相逢道。

哭罢应还笑。

海云不碍雁传书，

可有夜床俊语寄翁无？

鹊桥仙

（自题小影寄思成）

也还安睡，

也还健饭，

忙处此心闲暇。

朝来点检镜中颜，

好像比去年胖些？

天涯游子，

一年恶梦，

多少痛、愁、惊、怕！（此语是事实——作者注）

开缄还汝百温存小，

"爹爹里好寻妈妈"。（末句用来信语意）

民国十四年

致顺、成、永、庄

顺、成、永、庄：

我昨日用一日之力，做成一篇告墓祭文，把我一年多蕴积的哀痛，尽情发露。顺儿啊，我总觉得你妈妈这个怪病，是我们打那一回架打出来的。我实在哀痛至极，悔恨至极，我怕伤你们的心，始终不忍说，现在忍不住了，说出来也像把自己罪过减轻一点。我经过这几天剧烈的悲悼，以后便刻意将前事排去，决不更伤心，你们放心罢。

祭文本来该焚烧的，我想读一遍，你妈妈已经听见，不如将稿交你保存（将来可装成手卷）。你和庄庄读完后，立刻抄一份寄成、永传观，《晨报》已将稿抄去，如已登出，成、永便得见，不必再抄了。过些日子我有空还打算另写一份寄思成。葬礼一切都预备完成了。王姨今日晚车返天津，把达达们带来。十五清晨行周忌祭礼，十点钟发引，忠忠一人扶柩，我们都在山上迎接。在山上住一夜，十六日八点钟安葬。

九月二十九日

致顺、成、永、庄

爱儿思顺、思成、思永、思庄：

葬礼已于今日（十月三日，即旧历八月十六日）上午七点半钟至十二点钟止，在哀痛庄严中完成了。

葬前在广惠寺做佛事三日。昨晨八点钟行周年祭礼，九点钟行移灵告祭礼，九点二十分发引，从两位舅父及姑丈起，亲友五六十人陪我同送到西便门（步行），时已十一点十分（沿途有警察照料），我们先返，忠忠、达达扶枢赴墓次。二叔先在山上预备迎迓（二叔已半月未下山了）。我回清华稍憩，三点半钟带同王姨、宁、礼等赴墓次。直至日落时忠等方奉枢抵山。我们在甘露旅馆一宿，思忠守灵，小六、煜生陪他一夜。有警察四人值夜巡逻，还有工人十人自告奋勇随同陪守。

今晨七点三十五分移灵入圹。从此之后，你妈妈真音容永绝了。全家哀号，悲恋不能自胜，尤其是王姨，去年产后，共劝他节哀，今天尽情一哭，也稍抒积痛。三姑也得尽情了。最可怜思成、思永，到底不能觳凭棺一恸。人事所限，无可如何，你们只好守着遗像，永远哀思罢了。我的深痛极恸，今在祭文上发泄，你们读了便知我这几日间如何情绪。下午三点钟我回到清华。现在虽余哀未忘，思宁、思礼们已嬉笑杂作了。唐人诗云：纸灰飞作白蝴蝶，血泪染成红杜鹃。日落狐狸眠冢上，夜归儿女笑灯前。真能写出我此时实感。

昨日天气阴霾，正很担心今日下雨，凌晨起来，红日杲杲，始升葬时，天无片云，真算大幸。

此次葬礼并未多通告亲友，然而会葬者竟多至百五六十人。各人皆黎明从城里乘汽车远来，汽车把卧佛寺前大路都挤满了。祭席共收四十余桌，送到山上的且有六桌之多，盛情真可感。

你们二叔的勤劳，真是再没有别人能学到了。他在山上住了将近两个月，中间仅入城三次，都是或一宿而返，或当日即返，内中还开过六日夜工，他便半夜才回寓。他连椅子也不带一张去，终日就在墓次东走走西走走。因为有多方面工程他一处都不能放松。他最注意的是圹内工程，真是一砖一石，都经过目，用过心了。我窥他的意思，不但为妈妈，因为这也是我的千年安宅，他怕你们少不更事，弄得不好，所以他趁他精力尚壮，对于他的哥哥尽这一番心。但是你们对于这样的叔叔，不知如何孝敬，才算报答哩。今天葬礼完后，我叫忠忠、达达向二叔深深行一个礼，谢谢二叔替你们姐弟担任这一件大事。你们还要每人各写一封信叩谢才好。

我昨日到清华憩息时，刚接到你们八月三十日来信。信上起工程的那几句话，哪里用着你们耽心，二叔早已研究清楚了。他说先用塞门特不好，要用塞门特和中国石灰和和做成一种新灰，再用石卵或石末或细砂来调，某处宜用石卵，某处宜用细砂，我也说不清楚，但你二叔讲起来如数家珍。砖缝上一点泥没有用过，都是用他这种新灰，冢内圹虽用砖，但砖墙内尚夹有石片砌成的圹，石坛都用新灰灌满，圹内共用新灰原料，专指塞门特及石灰，所调之砂石等在外，一万二千余斤。二叔说算是全圹熔炼成一整块新石了。开穴入地一丈三尺，圹高仅七尺，圹之上培以新灰炼石三尺，再培以三尺普通泥土，方与地平齐。二叔说圹外工程随你们弟兄自出心裁，但他敢保任你们要起一座大塔，也承得住了。据我看果然是如此。

圹内双冢，你妈妈居右，我居左。双冢中间隔以一墙，墙厚二尺余，即由所谓新灰炼石者制成。墙上通一窗，丁方尺许。今日下葬后，便用浮砖将窗堵塞。二叔说到将来我也到了，便将那窗的砖打开，只用红绸蒙在窗上。合葬办法原有几种：（一）是同一冢，内置两石床，这是同时并葬乃合用，既分先后，则第二次，葬时恐伤旧冢，此法当然不适用；（二）是同一坟园分造两冢，但此已乖同穴之义，我不愿意；（三）便是现今所用两冢同一圹，中隔以一墙，第二次葬时旧冢一切不劳惊动，这是再好不过了。还有一件是你二叔自出意匠：他在双冢前另辟一小院子，上盖以石板，两旁用新灰炼石，墙前面则此次用砖堵塞，如此则今次封圹之后，泥土不能侵入左冢，将来第二次葬时将砖打开，葬后再用新灰炼石造一堵，便千年不启。你二叔今日已将各种办法，都详细训示思忠，因为他说第二次葬时，不知他是否还在，即在也怕老迈不能经营了。所以要你们知道，而且遵守他的计划。他过天还要画一圹内的图，将尺寸说明，预备你们将来开圹行第二次葬礼时用。你们须留心记着，不可辜负二叔两个月来心血。

工程坚美而价廉，亲友参观者无不赞叹。盖因二叔事事考究，样样在行，工人不能欺他，他又待工人有恩礼，个个都感激他，乐意出力。他说从前听见罗素说：中国穿短衣服的农人、工人，个个都有极美的人生观。他前次不懂这句话怎么解，现在懂得了。他说，住在都市的人都是天性已漓。他这两个月和工人打伙，打得滚热，才懂得中国的真国民性。我想二叔这话很含至理，但非其人，也遇着看不出罢了。

二叔说他这两个月用他的科学智识和工人的经验合并起来，新发明的东西不少，建筑专家或者还有些地方要请教他哩。思成你写信给二叔，不妨提提这些话，令他高兴。二叔当你妈妈病时，对于你很有点怄气，现在不知气消完了没有。你要趁这机会，大大的亲热一下，令他知道你天性未漓，心里也痛快。你无论功课如何忙，总要写封较长而极恳切的信给二叔才好。

我的祭文也算我一生好文章之一了。情感之文极难工，非到情感剧烈到沸点时，不能表现他（文章）的生命，但到沸点时又往往不能作文。即如去年初遭丧时，我便一个字也写不出来。这篇祭文，我做了一天，慢慢吟哦改削，又经两天才完成。虽然还有改削的余地，但大体已很好了。其中有几段，音节也极美，你们姊弟和徽音都不妨热诵，可以增长性情。

昨天得到你们五个人的杂碎信，令我于悲哀之中得无限欢慰。但这封信完全讲的葬事，别的话下次再说罢。我也劳碌了三天，该早点休息了。

十月三日

致思成书

今天报纸上传出可怕的消息，我不忍告诉你，又不能不告诉你，你要十二分镇定着，看这封信和报纸。

我们总还希望这消息是不确的，我见报后，立刻叫王姨入京，到林家探听，且切实安慰徽音的娘，过一两点他回来，或者有别的较好消息也不定。

林叔叔这一年来的行动，实亦有些反常，向来很信我的话，不知何故，一年来我屡次忠告，他都不采纳。我真是一年到头替他捏着一把汗，最后这一着真是更出我意外。他事前若和我商量，我定要尽我的力量扣马而谏，无论如何决不让他往这条路上走。他一声不响，直到走了过后第二日，我才在报纸上知道，第三日才有人传一句口信给我，说他此行是以进为退，请我放心。其实我听见这消息，真是十倍百倍地替他提心吊胆，如何放心得下。当时我写信给你和徽音，报告他平安出京，一面我盼望在报纸上得着他脱离虎口的消息，但此虎口之不易脱离，是看得见的。

前事不必提了，我现在总还存万一的希冀，他能在乱军中逃命出来。万一这种希望得不薏，我有些话切实嘱咐你。

第一，你要自己十分镇静，不可因刺激太剧，致伤自己的身体。因为一年以来，我对于你的身体，始终没有放心，直到你到阿图利后，姊妹来信，我才算没有什么挂虑。现在又要挂虑起来了，你不要令万里外的老父为着你寝食不宁，这是第一层。徽音遭此惨痛，唯一的伴侣，唯一的安慰，就只靠你。你要自己镇静着，才能安慰他，这是第二层。

第二，这种消息，谅来瞒不过徽音。万一不幸，消息若确，我也无法用别的话解劝他，但你可以传我的话告诉他：我和林叔的关系，他是知道的，林叔的女儿，就是我的女儿，何况更加以你们两个的关系。我从今以后，把他和思庄一样地看待，在无可慰藉之中，我愿意他领受我这种十二分的同情，渡过他目前的苦境。他要鼓起勇气，发挥他的大才，完成他的学问，将来和你共同努力，替中国艺术界有点贡献，才不愧为林叔叔的好孩子。这些话你要用尽你的力量来开解他。

人之生也，与忧患俱来，知其无可奈何，而安之若命。你们都知道我是感情最强烈的人，但经过若干时候之后，总能拿出理性来镇住他，所以我不致受感情牵动，糟蹋我的身子，妨害我的事业。这一点你们虽然不容易学到，但不可不努力学学。

徽音留学总要以和你同时归国为度。学费不成问题，只算我多一个女儿在外留学便了，你们更不必因此着急。

十二月二十七日

1926年

致思成书

思成：

　　我初二进城，因林家事奔走三天，至今尚未返清华。前星期因有营口安电，我们安慰一会儿。初二晨，得续电又复绝望。立刻电告你并发一信，想俱收。徽音有电来，问现在何处。电到时此间已接第二次凶电，故不复。昨晚彼中脱难之人，到京面述情形，希望全绝，今日已发丧了。遭难情形，我也不必详报，只报告两句话：（一）系中流弹而死，死时当无大痛苦，（二）遗骸已被焚烧，无从运回了。我们这几天奔走后事，昨日上午我在王熙农家迻四位姑太太都见着了，今日到雪池见着两位姨太太。现在林家只有现钱三百余元，营口公司被张作霖监视中，现正托日本人保护，声称已抵押日款，或可幸存。实则此公司即能保全，前途办法亦甚困难。字画一时不能脱手，亲友赙奠数恐亦甚微。目前家境已难支持，此后儿女教育费更不知从何说起。现在唯一的办法，仅有一条路，即国际联盟会长一职，每月可有二千元收入（钱是有法拿到的）。我昨日下午和汪年伯商量，请他接手，而将所入仍归林家，汪年伯慷慨答应了。现在与政府交涉，请其立刻发表。此事若办妥而能继续一两年，则稍为积储，可以充将来家计之一部分。我们拟联合几位朋友，连同他家兄弟亲戚，组织一个抚养遗族评议会，托林醒楼及王熙农、卓君庸三人专司执行。因为他们家里问题很复杂，兄弟亲戚们或有见得到，而不便主张者，则朋友们代为主张。这些事过几天（待丧事办完后）我打算约齐各人，当着两位姨太太面前宣布办法，分担责成（家事如何收束等等经我们议定后谁也不许反抗）。但现在唯一希望，在联盟会事成功，若不成，我们也束手无策了。徽音的娘，除自己悲痛外，最挂念的是徽音要急杀。我告诉他，我已经有很长的信给你们了。徽音好孩子，谅来还能信我的话。我问他还有什么（特别）话要我转告徽音没有？他说："没有，只有盼望徽音安命，自己保养身体，此时不必回国。"我的话前两封信都已说过了，现在也没有别的话说，只要你认真解慰便好了。徽音学费现在还有多少，还能支持几个月，可立刻告我，我日内当极力设法，筹多少寄来。我现在虽然也很困难，只好对付一天是一天，倘若家里那几种股票还有利息可分，恐怕最靠得住的几个公司都会发生问题，因为在丧乱如麻的世界中什么事业都无可做。今年总可勉强支持，明年再说明年的话。天下在乱之时，今天谁也料不到明天的事，只好随遇而安罢了。你们现在着急也无益，只有努力把自己学问学够了回来，创造世界才是。

一月五日

给孩子们

你们寒假时的信，先后收到了。海马帽昨日亦到，漂亮极了，我立刻就戴着出门。不戴怕过两日就天暖了，要到今冬才得戴。

今日是旧历十二月二十七了。过两天我们就回南长街过新年，达达、司马懿都早已放假来京了。过年虽没有前几年热闹，但有老白鼻凑趣，也还将就得过去。

我的病还是那样，前两礼拜已见好了。王姨去天津，我便没有去看。又很费心造了一张《先秦学术年表》，于是小便又再红起来，被克礼很抱怨一会儿，一定要我去住医院，没奈何只得过年后去关几天。朋友们都劝我在学校里放一两个月假，我看住院后如何再说。其实我这病一点苦痛也没有，精神体气一切如常，只要小便时闭着眼睛不看，便什么事都没有，我觉得殊无理会之必要。

庄庄暑假后进皇后大学最好。全家都变成美国风实在有点讨厌，所以庄庄能在美国以外的大学一两年是最好不过的。今年家计还不致困难，除中原公司外，别的股份都还好，你们不必担心。

二月九日

给孩子们

我从昨天起被关在医院里了。看这神气三两天内还不能出院，因为医生还没有找出病源来。我精神奕奕，毫无所苦。医生劝令多仰趴不许用心，真闷杀人。（以上正月初四写。）

入医院今已第四日了，医生说是膀胱中长一疙瘩，用折光镜从溺道中插入检查，颇痛苦，但我对此说颇怀疑，因此病已逾半年，小便从无苦痛，不似膀胱中有病也。已照过两次，尚未检出，检出后或须用手术。现已电唐天如速来。但道路梗塞，非半月后不能到。我意非万不得已不用手术，因用麻药后，体子终不免吃亏也。

阳历新年前后顺、庄各信次第收到。庄庄成绩如此，我很满足了。因为你原是提高一年，和那按级递升的洋孩子们竞争，能在三十七人考到第十六，真亏你了。好乖乖，不必着急，只须用相当的努力便好了。

寄过两回钱，共一千五百元，想已收。日内打算再汇二千元。大约思成和庄庄本年费用总够了。思永转学后谅来总须补助些，需用多少即告我。徽音本年需若干，亦告我，当一齐筹来。

庄庄该用的钱就用，不必太过节省。爹爹是知道你不会乱花钱的，再不会因为你用钱多生气的。思成饮食上尤不可太刻苦。前几天见着君劢的弟弟，他说思成像是滋养品不够，脸色很憔悴。你知道爹爹常常记挂你，这一点你要令爹爹安慰才好。

徽音怎么样？我前月有很长的信去开解她，我盼望她能领会我的意思。"人之生也，与忧患俱来，知其无可奈何，而安之若命，是立身第一要诀。"思成、徽音性情皆近狷急，我生怕他们受此刺激后，于身体上精神上皆生不良的影响。他们总要努力镇慑自己，免令老人担心才好。

我这回的病总是太大意了，若是早点医治，总不致如此麻烦。但病总是不要紧的，这信到时，大概当已痊愈了。但在学堂里总须放三两个月假，觉得有点对不住学生们罢了。

前几天在城里过年，很热闹，我把南长街满屋子都贴起春联来了。

军阀们的仗还是打得一塌糊涂。王姨今早上送达达回天津，下半天听说京津路又不通了（不知确否），若把他关在天津，真要急杀他了。

二月十八日

给孩子们

孩子们：

　　我住医院忽忽两星期了，你们看见七叔信上所录二叔笔记，一定又着急又心疼，尤其是庄庄只怕急得要哭了。忠忠真没出息，他在旁边看着出了一身大汗，随后着点凉，回学校后竟病了几天，这样胆子小，还说当大将呢。那天王姨送达达回天津没有在旁，不然也许要急出病来。其实用那点手术，并没什么痛苦，受麻药过后也没有吐，也没有发热，第二天就和常人一样了。检查结果，即是膀胱里无病，于是医生当做血管破裂（极细的）医治，每日劝多卧少动作，说"安静是第一良药"。两三天以来，颇见起色，惟血尚未能尽止（比以前好多了），而每日来看病的人络绎不绝，因各报皆登载我在德医院，除《晨报》外。实际上反增劳碌。我很想立刻出院，克礼说再住一礼拜才放我，只好忍耐着。许多中国医生说这病很寻常，只须几服药便好。我打算出院后试一试，或奏奇效，亦未可知。

天如回电不能来，劝我到上海，我想他在吴佩孚处太久，此时来北京，诚有不便，打算吃谭涤安的药罢了。

忠忠、达达都已上学去，惟思懿原定三月一号上学，现在京津路又不通了，只好留在清华。他们常常入城看我，但城里流行病极多（廷灿染春瘟病极重），恐受传染，今天已驱逐他们都回清华了，惟王姨还常常来看（二叔、七叔在此天天来看），其实什么病都没有，并不需人招呼，家里人来看亦不过说说笑笑罢了。

前两天徽音有电来，请求彼家眷属留京（或彼立归国云云），得电后王姨亲往见其母，其母说回闽属既定之事实，日内便行（大约三五日便动身），彼回来亦不能料理家事，切嘱安心求学云云。她的叔叔说十二月十五（旧历）有长信报告情形，她得信后当可安心云云。我看她的叔叔很好，一定能令她母亲和她的弟妹都得所。他还是令他自己学问告一段落为是。

却是思成学课怕要稍为变更。他本来想思忠学工程，将来和他合作。现在忠忠既走别的路，他所学单纯是美术建筑，回来是否适于谋生，怕是一问题。我的计划，本来你们姐妹弟兄个个结婚后都跟着我在家里三几年，等到生计完全自立后，再实行创造新家庭。但现在情形，思成结婚后不能不迎养徽音之母，立刻便须自立门户，这便困难多了。所以生计问题，刻不容缓。我从前希望他学都市设计，只怕缓不济急。他毕业后转学建筑工程，何如？我对专门学科情形不熟，思成可细细审度，回我一信。

我所望于思永、思庄者，在将来做我助手。第一件，我做的中国史非一人之力所能成，望他们在我指导之下，帮我工作。第二件，把我工作的结果译成外国文。永、庄两人当专作这种预备。

二月二十七日

给大小孩子们

大孩子、小孩子们：

贺寿的电报接到了，你们猜我在哪里接到？乃在协和医院三零四号房。你们猜我现在干什么？刚被医生灌了一杯蓖麻油禁止吃晚饭。活到五十四岁，儿孙满堂，过生日要挨饿，你们说可笑不笑。

Baby，你看！公公不信话，不乖乖过生日还要吃泻油，不许吃东西哩！

我想做一首诗，唱唱这段故事，但做来做去做不好，算了罢。过用心思，又要受王姨娘们唠叨了。

我这封信写得最有趣，是坐在病床上用医院吃饭用的盘当桌子写的，我发明这项工具，过几天可以在病床上临帖了。

现在还是检查（诊断）时期。昨天查过一次，明天再查一次，就可以决定治疗方法了。协和真好，可惜在德国医院耽搁许多日子，不然只怕现在已经全好了。

诊断情形，你二叔们当陆续有详细报告，不消我说了。我写这封信，是要你们知道我的快活顽皮样子。昨晚院中各科专门医生分头来检查我的身体，各部分都查到了，都说：五十岁以上的人体子如此结实，在中国是几乎看不见第二位哩。

正月二十六

给孩子们

出院后一长函，想收。日来甚安好，小便尚偶尔带红，细验似由走动所致（两次皆因散步稍久），大抵仍是微丝血管破裂，只须不磨擦，便可平复也。我近来真是无所用心，每日卧床时间总在十二个钟头以上，欲照此办法一两月，看如何。前书言派代表往领耶鲁学位事，顷查耶鲁向无派代表例，或明年来美一玩耍，亦大佳耳。都中情状剧变，四日前四城紧闭，现每日仍仅开一两次，每次半个钟头耳。幸我早数日出院，否则王姨不免两头担心矣。

四月十九日

致思顺书

顺儿：

四月二十三、五月三日寄南长街两信，连寄叔叔们的信，都先后收到，但四月十五以前像还有一封长信，想已失掉了。那封信上谅来谈到你们不愿意调任的话吧。

我现在还想你们把你们的意思详说，等我斟酌着随时替你们打算哩。

你屡次来信，都问我受手术后情形如何如何，像十二分不放心的样子。这也难怪，因为你们在远方不知情形，但我看见信只是好笑，倘使你在我身边看着，谅来也哑然失笑了。你们的话完全不对题，什么疲倦不疲倦，食欲好不好，我简直不知道有这一回事。我受手术十天之后，早已一切如常，始终没有坐过一回摇推的椅子。记得第十一天晚上，我偷偷地下床上茅房（因不愿在床上出恭，茅房与卧房相隔数间），被看护妇看见，埋怨了半天。我在医院里写了几十把扇子，从医生看护妇到厨子打杂每人都求了一把。受术后第四天便胃口如常，中间因医生未得病源，种种试验，曾经有一个礼拜不给肉品我吃，饿得我像五台山上的鲁智深，天天向医生哀求开荤，出院后更不用说了。总而言之，受手术后十天，早已和无病人一样，现在做什么事情都有兴致，绝不疲倦，一点钟以上的演讲已经演过几次了。七叔、王姨们初时屡屡警告，叫我"自己常常记得还是个病人"。近来他们看惯了，也疲了，连他们也不认我还是病人了。

看见你的信，四月廿前后还像没有复元的样子。五月三日信还说"稍为累点，就不舒服"，真令我诧异。或者你的手术比我重吗？其实我的也很不轻，受麻药的次数，比你多得多了。这样看来，你的体子比我真有天渊之别，我真是得天独厚，医院里医生看护妇都说像我复元得这样快是从没有看见过的。不是经比较，还不自觉哩。

我一月以前，绝不担心你的病，因为我拿自己做例，觉得受手术不算一回事，但是接连看你的信，倒有点不放心了。我希望不久接着你完全复元的信说："虽累了，也照常受得起"，那才好哩。

近来因我的病惹起许多议论。北京报纸有好几家都攻击协和（《现代评论》、《社会日报》攻得最厉害），我有一篇短文在《晨报》副刊发表，带半辩护的性质，谅来已看见了。总之，这回手术的确可以不必用，好在用了之后身子没有丝毫吃亏，唐天如细细诊视，说和从前一样。只算费几百块钱，挨十来天痛苦，换得个安心也还值得。

现在病虽还没有清楚，但确已好多了，而且一天比一天好，或者是协和的药有效（现在还继续吃），或者是休息的效验，现在还不能十分休息（正在将近毕业要细阅学生们成绩），半月后到北戴河去，一定更好了。

我想来美一游，各人也不十分反对，但都怕我到美决不能休息，或者病又复发，所以阻止者多，现在决定不来了。

蹇季常、张君劢们极力劝我在清华告假一年，这几天不停地唠叨我。他们怕一开课后我便不肯休息，且加倍工作。我说我令自己节制。他们都不相信。但是我实在舍不得暂离清华，况且我实际上已经无病了。我到底不能采用他们的建议。总之，极力节制，不令过劳便是。你们放心罢。

由天津电汇四千元，想已收。一半是你们存款，一半给思庄们学费，你斟酌着分给他们。思成在费城，今年须特别耗费，务令他够用，不致吃苦。思永也须贴补点，为暑假旅行及买书等费。

思庄考得怎样，能进大学固甚好，即不能也不必着急，日子多着哩。

我写的一幅小楷，装上镜架给他做奖品，美极了，但很难带去，大概只好留着等他回来再拿了。

许久没有写信给成、永们，好在给你的信，他们都会看见的。

六月五日

致思忠书

　　海滨有绑票之警（事在距车站约十二里之乡村），游客逃避一空，吾亦守垂堂之戒，于今晨尽室返津矣。

　　病虽未痊愈（偶然便带哑色，但已非红非紫），比前次确减轻许多。年余之痼疾，本非三数日所能全治，但药之有效，已灼然矣。往告兄姊可大欣慰也。庄庄入费城暑校，汝到时想尚在彼，至可喜。汝凡百小心，勿诒老亲远念。（以上八月十四日写。）

　　返天津后继续服药，又大见效。北戴河水土不宜，致减药功也。汝到美时，……告姊姊们完全放心便是。

八月十六日

给大小孩子们

一大群大大小小孩子们：

好教你们欢喜，我的病冀真真正正完完全全好得清清楚楚了！服药前和服药后，便色之变迁，忠忠已大略看见。忠忠在津时，色不过转淡而已，尚未纯复原，再到北戴河那两天像有点要翻的样子，后来加减一两味药，回津再服，果然服三剂病根全除，前后共服过十剂，现已停药一礼拜了。总之，药一下去，便见功效，由紫红变粉红，变哑色，变黄，十剂以后，完全变白，血腥气味净尽，回复到平常尿味。这几天内经过种种试验，也曾有朋友来接连剧谈五个钟头，又曾往俄国公园散步一点多钟，又曾吃过一瓶大麦酒，又曾睡眠极久诸如此类，前此偶犯其一，病辄大发，现在完全没有，真算好清楚了。痛快至极！据天如说，病源在胆，因惊皇而起，胆生变动，而郁积结于膀胱，其言虽涉虚杳，但亦有几分近似。盖吾病之起，实在你们妈妈病重时，不过从前不注意，没有告你们耳。天如说的病理对不对，他的药真是其应如响，一年半之积瘤，十日而肃清之，西医群束手谓不可治，而一举收此奇效，可谓能矣。吾现仍小心静养，不太劳，你们十二分放心罢。这封信专报告病之肃清，不说别的。

八月二十二日

给孩子们

孩子们：

今天接顺儿八月四日信，内附庄庄由费城去信，高兴得很。尤可喜者，是徽音待庄庄那种亲热，真是天真烂漫好孩子。庄庄多走些地方（独立的），多认识些朋友，性质格外活泼些，甚好甚好。但择交是最要紧的事，宜慎重留意，不可和轻浮的人多亲近。庄庄以后离开家庭渐渐的远，要常常注意这一点。大学考上没有？我天天盼这个信，谅来不久也到了。

忠忠到美，想你们兄弟姐妹会在一块儿，一定高兴得很，有什么有趣的新闻，讲给我听。

我的病从前天起又好了，因为碰着四姑的事，病翻了五天（五天内服药无效），这两天哀痛过了，药又得力了。昨日已不红，今日很清了，只要没有别事刺激，再养几时，完全断根就好了。

四姑的事，我不但伤悼四姑，因为细婆①太难受了，令我伤心。现在祖父祖母都久已弃养，我对于先人的一点孝心，只好寄在细婆身上，千辛万苦，请了出来，就令他老人家遇着绝对不能宽解的事（怕的是生病），怎么好呢？这几天全家人合力劝慰他，哀痛也减了好些，过几日就全家入京去了。清华八日开学，我六日便入京，在京城里还有许多事要料理，王姨和细婆等迟一个礼拜乃去。

思永两个月没有信来，他娘很记挂，屡屡说："想是冲气吧"，我想断未必，但不知何故没有信。你从前来信说不是悲观，也不是精神异状，我很信得过是如此，但到底是年轻学养未到，我因久不得信，也不能不有点担心了。

国事局面大变，将来未知所届，我病全好之后，对于政治不能不痛发言论了。

九月四日

---

① 细婆：梁启超的继母。

给孩子们

孩子们：

我本月六日入京，七日到清华，八日应开学礼讲演，当日入城，在城中住五日，十三日返清华。王姨奉细婆亦已是日从天津来，我即偕同王姨、阿时、老白鼻同到清华。此后每星期大抵须在城中两日，余日皆在清华。北院二号之屋（日内将迁居一号）只四人住着，很清静。

此后严定节制，每星期上堂讲授仅二小时，接见学生仅八小时，平均每日费在学校的时刻，不过一小时多点。又拟不编讲义，且暂时不执笔属文，决意过半年后再作道理。

我的病又完全好清楚，已经十日没有复发了。在南长街住那几天，你二叔天天将小便留下来看，他说颜色比他的还好，他的还像普洱茶，我的简直像雨前龙井了。自服天如先生药后之十天，本来已经是这样，中间遇你四姑之丧，陡然复发，发得很厉害。那时刚刚碰着伍连德[1]到津，拿小便给他看，他说"这病绝对不能不理会"，他入京当向协和及克礼等详细探索实情云云。五日前在京会着他，他已探听明白了。他再见时，尿色已清，他看着很赞叹中药之神妙（他本来不鄙薄中药），他把药方抄去。天如之方以黄连、玉桂、阿胶三药为主。近闻有别位名医说，敢将黄连和玉桂合在一方，其人必是名医云云。他说很对很对，劝再服下去。他说本病就一意靠中药疗治便是了。却是因手术所发生的影响，最当注意。他已证明手术是协和孟浪错误了，割掉的右肾，他已看过，并没有丝毫病态，他很责备协和粗忽，以人命为儿戏，协和已自承认了。这病根本是内科，不是外科。在手术前克礼、力舒东、山本乃至协和都从外科方面研究，实是误入歧途。但据连德的诊断，也不是所谓"无理由出血"，乃是一种轻微肾炎。西药并不是不能医，但很难求速效，所以他对于中医之用黄连和玉桂，觉得很有道理。但他对于手术善后问题，向我下很严重的警告。他说割掉一个肾，情节很是重大，必须俟左肾慢慢生长，长到大能完全兼代右肾的权能，才算复原。他说"当这内部生理大变化时期中（一种革命的变化），左肾极吃力，极辛苦，极娇嫩，易出毛病，非十分小心保护不可。唯一的戒令，是节劳一切工作，最多只能做从前一半，吃东西要清淡些……"等等。我问他什么时候才能生长完成？他说"没有一定，要看本来体气强弱及保养得宜与否，但在普通体气的人，总要一年"云云。他叫我每星期验一回小便

---

[1] 伍连德（1879—1960）：祖籍广东新宁，生于马来西亚槟榔屿，后入英国剑桥大学学医，获博士学位，与梁启超等人多有交往，1911年后为中华医学会会长。抗战爆发后返马来西亚，后病逝。

（不管色红与否），验一回血压，随时报告他，再经半年才可放心云云。连德这番话，我听着很高兴。我从前很想知道右肾实在有病没有，若右肾实有病，那么不是便血的原因，便是便血的结果。既割掉而血不止，当然不是原因了。若是结果，便更可怕，万一再流血一两年，左肾也得同样结果，岂不糟吗。我屡次探协和确实消息，他们为护短起见，总说右肾是有病（部分腐坏），现在连德才证明他们的谎话了。我却真放心了，所以连德忠告我的话，我总努力自己节制自己，一切依他而行（一切劳作比从前折半）。

但最近于清华以外，忽然又发生一件职务，令我欲谢而不能，又已经答应了。这件事因为这回法权会议的结果，意外良好，各国代表的共同报告书，已承诺撤回领事裁判权，只等我们分区实行。但我们却有点着急了，不能不加工努力。现在为切实预备计，立刻要办两件事：一是继续修订法律，赶紧颁布；二是培养司法人才，预备"审洋鬼子"。头一件要王亮俦①担任。第二件要我担任（名曰司法储才馆）。我入京前一礼拜，亮俦和罗钧任②几次来信来电话，催我入京。我到京一下车，他们两个便跑来南长街，不由分说，责以大义，要我立刻允诺。这件事关系如此重大，全国人渴望已非一日，我还有甚么话可以推辞，当下便答应了。现在只等法权会议签字后（本礼拜签字），便发表开办了。经

---

① 王亮俦（1881—1958）：即王宠惠，字亮俦，广东东莞人。早年留学日本，后留学美国，入耶鲁大学，获博士学位，辛亥革命后任外交总长、司法总长，后历任国民政府司法部长、外交部长等职。病逝于台湾。

② 罗钧任（1888—1941）：即罗文干，字钧任，广东番禺人。早年留学英国学习法律，民国成立后任广东司法局长、广东高等检察厅长，后历任梁士诒内阁司法总长、王宠惠内阁财政总长等职。

费呢每月有万余元，确实收入可以不必操心。在关税项下每年拨十万元，学费收入约四万元。但创办一学校事情何等繁重，在静养中当然是很不相宜；但机会迫在目前，责任压在肩上，有何法逃避呢？好在我向来办事专在"求好副手"。上月工夫我现在已得着一个人替我全权办理，这个人我提出来，亮俦、钧任们都拍手，谅来你们听见也大拍手。其人为谁？林宰平便是。他是司法部的老司长，法学湛深，才具开展，心思致密，这是人人共知的。他和我的关系，与蒋百里、蹇季常相仿佛，他对于我委托的事，其万分忠实，自无待言。储才馆这件事，他也认为必要的急务，我的身体要静养，又是他所强硬主张的（他屡主张我在清华停职一年），所以我找他出来，他简直无片词可以推托。政府原定章程，是"馆长总揽全馆事务"。我要求增设一副馆长，但宰平不肯居此名，结果改为学长兼教务长。（当时情形实不能不代任筹办事，而学长及教务长名义上不愿居，及开馆期迫，商请余樾园兄出任学长兼教务长，饮冰亦赞成，此事遂告解决。——林志钧注。）你二叔当总务长兼会计。我用了这两个人，便可以"卧而治之"了。初办时教员职员之聘任，当然要我筹划，现在亦已大略就绪。教员方面因为经费充足，兼之我平日交情关系，能网罗第一等人才，如王亮俦、刘崧生等皆来担任功课，将来一定声光很好。职员方面，初办时大大小小共用二十人内外，一面为事择人，一面为人择事，你十五舅和曼宣都用为秘书（月薪百六十元，一文不欠），乃至你姑丈（六十元津贴）及黑二爷（二十五元）都点缀到了。藻孙若愿意回北京，我也可以给他二百元的事去办。我比较撙节地制成个预算，每月尚富余三千至四千。大概这件事我当初办时，虽不免一两月劳苦，以后便可以清闲了。你们听见了不必忧虑。

这一两个月却工作不轻，研究院新生有三十余人，加以筹划此事，恐对于伍连德的话，须缓期实行。

做首长的人，"劳于用人而逸于治事"，这句格言真有价值。我去年任图书馆长以来，得了李仲揆及袁守和①任副馆长及图书部长，外面有范静生②替我帮忙，我真是行所无事。我自从入医院后（从入德医院起）从没有到馆一天，忠忠是知道的。这回我入京到馆两个半钟头，他们把大半年办事的记录和表册等给我看，我于半年多大大小小的事都了然了。真办得好，真对得我住！杨鼎甫、蒋慰堂二人从七月一日起到馆，他们在馆办了两个月事，兴高采烈，觉得全馆朝气盎然，为各机关所未有，虽然薪水微薄（每人每月百元），他们都高兴得很。我信得过宰平替我主持储才馆，亮俦在外面替我帮忙也和范静生之在图书馆差不多。将来也是这样。

希哲升任智利的事，已和蔡耀堂面言，大约八九可成。或者这信到时已发表亦未可知。若未发表那恐是无望了。

思顺八月十三日信，昨日在清华收到。忠忠抵美的安电，王姨也从天津带来，欣慰之至。正在我想这封信的时候，想来你们姊弟五人正

---

① 袁守和（1895—1965）：即袁同礼，字守和，河北徐水人。早年入北大预科。后留美，归国后任北大图书馆长，1929年为北京图书馆副馆长。后在美国国会图书馆工作。

② 范静生（1875—1927）：即范源廉，著名化工专家范旭东之长兄，湖南湘阴人，是梁启超的得意门生。百日维新失败后，逃亡日本，先后在日本大同学校、东京高等师范学校学习。1911年任清华大学总办，1922年担任北京师范大学校长。曾于1912年、1916年、1920年三度出任中华民国教育总长。1918年冬，与张伯苓、严修一同赴美国考察教育，回国后即致力于南开大学的创办。

围着高谈阔论，不知多少快活哩。庄庄入美或留坎①问题，谅来已经决定，下次信可得报告了。

思永给思顺的信说"怕我因病而起的变态心理"，有这种事吗？何至如是，你们从我信上看到这种痕迹吗？我决不如是，忠忠在旁边看着是可以证明的。就令是有，经这回唐天如、伍连德诊视之后，心理也豁然一变了。你们大大放心罢。写得太多了，犯了连德的禁令了，再说罢。

爹爹

九月十四日

老白鼻天天说要到美国去，你们谁领他，我便贴四分邮票寄去。

---

① 坎：在此指加拿大

致思顺书

顺儿：

　　九月七日、十日信收到，计发信第二日，忠忠便到阿图利，你们姊弟相见，得到忠忠报告好消息，一切可以释然了。

　　我的信有令你们难过的话吗？谅来那几天忠忠正要动身，有点舍不得，又值那几天病最厉害，服天如药以前，小便觉有点窒塞。所以不知不觉有些感慨的话，其实我这个人你们还不知道吗？

　　我有什么看不开，小小的病何足以灰我的心，我现在早已兴会淋漓地做我应做的工作了。你们不信，只要问阿时便知道了。

　　我现在绝对的不要你回来，即便这点小病未愈，也不相干，何况已经完好了呢！你回来除非全眷回来，不然隔那么远，你一心挂两路，总是不安。你不安，我当然也不安，何必呢！现在几个孙子已入学校，若没有别的事，总令他们能多继续些时候才好。

　　我却不想你调别处，若调动就是回部补一个实缺参事，但不容易办到（部中情形我不熟），又不知你们愿意不？来信顺便告诉我一声。现在少川又回外部。本来智利事可以说话，但我也打算慢点再说（因为我根本不甚愿意你们远调），好在外交总长总离不了这几个，随时可以说的。

我倒要问你一件事。一月前我在报纸上看见一段新闻，像是说明年要在加拿大开万国教育大会，不知确否？你可就近一查。若确，那时我决定要借这名目来一趟，看看我一大群心爱的孩子。你赶紧去查明，把时日告诉我，等我好预备罢。

我现在新添了好些事情：司法储才馆和京师图书馆（去年将教育部之旧图书馆暂行退还不管，现在我又接过来）。好在我有好副手替我办，储才馆托给林宰平，你二叔帮他。旧图书馆托给罗孝高，何澄一帮他。我总其大成并不劳苦。我一天还是在清华过我的舒服日子。

曾刚父年伯病剧。他的病和你妈妈一样，数月前已发，若早割尚可救，现在已溃破，痛苦万状，看情形还不能快去。我数日前去看他，联想起你妈妈病状，伤感得很。他穷得可怜，我稍为送他的钱，一面劝他无须找医生白花钱了。

陈伯严老伯也患便血病，但他很痛苦，比我差多了，年纪太大（七十二了），怕不容易好。十年以来，亲友们死亡疾病的消息，常常络绎不绝，伯严的病由酒得来，我病后把酒根本戒绝，总是最好的事。这也是无可如何的事。

九月十七日

给孩子们

　　昨夜十二时半你们又添一个小弟弟，母子平安。拟到协和分娩，不意突如其来，昨晚十时我写完前信便去睡，刚要睡着，王姨忽觉震动，欲命车进城，恐来不及，乃找本校医生，幸亏医生在家，一切招呼完善，昨日搬家一切东西略已搬毕，惟睡床未搬，临时把王姨的床搬过来，刚刚赶得上。仅一个多钟头便完事了。你们姊妹弟兄真已不少，我倒很盼他是女孩子，那便姊妹弟兄各五人，现在男党太盛了。这是第十个，十为盈数，足够了。

九月二十七日

给孩子们

孩子们：

今天从讲堂下来，接着一大堆信——坎拿大三封内夹成、永、庄寄加的好几封，庄庄由纽约来的一封，又前日接到思永来一封，忠忠由域多利来的一封——令我喜欢得手舞足蹈。我骤然看见域多利的信封，很诧异！哪一个跑到域多利去呢？拆开一看，才知忠忠改道去先会姊姊。前接阿图利电说忠忠十一日到，我以为是到美境哩，谁知便是那天到阿图利！忠忠真占便宜，这回放洋，在家里欢天喜地地送他，比着两位哥哥，已经天渊之别了，到了那边，又分两回受欢迎，不知多高兴。

我最喜欢的是庄庄居然进了大学了。尤其喜欢是看你们姊弟兄妹们来往信，看出那活泼样子。我原来有点怕，庄庄性情太枯寂些，因为你妈妈素来管得太严，他又不大不小夹在中间，挨着我的时候不多——不能如老白鼻的两亲家那样——所以觉得欠活泼。这一来很显出青年的本色，我安慰极了。

回坎进大学，当然好极了。我前次信说赞成留美，不过怕顺儿们有迁调时，他太寂寞。其实这也不相干。满地可我也到过，离坎京极近，暂时我大大放心了。过得一两年，年纪更长大，当然不劳我挂念了。我很不愿意全家变成美国风。在坎毕业后往欧洲入研究院，是最好不过的。

时局变化极剧，百里所处地位极困难，又极重要。他最得力的几个学生都在南边，蒋介石三番四复拉拢他，而孙传芳又卑礼厚币要仗他做握鹅毛扇的人。孙、蒋间所以久不决裂，都是由他斡旋。但蒋军侵入江西，逼人太甚（俄国人逼他如此），孙为自卫，不得不决裂。我们的熟人如丁在君、张君劢、刘厚生等都在孙幕，参与密勿，他们都主战，百里亦不能独立异，现在他已经和孙同往前敌去了。老师打学生，岂非笑话（非寻常之师弟）。

顺儿们窘到这样可笑可怜，你们到底负债多少？这回八月节使馆经费一文也发不出，将来恐亦无望，我实在有点替你们心焦。调任事一时更谈不到了（现在纯陷于无政府状态）。我想还是勉强支持一两年（到必要时我可以随时接济些），招呼招呼弟妹们，令我放心，一面令诸孙安定一点，好好的上学，往后看情形再说罢。前所言司法储才馆事，现因政府搁浅，也暂时停顿，但此事为收回法权的主要预备，早晚终须办，现时只好小待。

又同书说：

我的"赤祸"，大概可以扫除净尽了。最近已二十多天没有再发。实际上讲，自忠忠动身时，渐渐肃清，中间惟四姑死后发了一礼拜，初到清华发了三天，中秋日小发，但不甚，过一天便好了。此外都是极好。今年我不编讲义，工夫极轻松，叫周传儒笔记，记得极好，你们在周刊上可以看见。每星期只上讲堂两点钟，在研究室接见学生五点钟（私宅不许人到），我从来没有过这样清闲。我恪守伍连德的忠告，决意等半年后完全恢复，再行自由工作。

九月二十九日

给孩子们

　　我昨天做了一件极不愿意做之事，去替徐志摩[1]证婚。他的新妇是王受庆夫人，与志摩恋爱上，才和受庆离婚，实在是不道德至极。我屡次告诫志摩而无效。胡适之[2]、张彭春[3]苦苦为他说情，到底以姑息志摩之故，卒徇其请。我在礼堂演说一篇训词，大大教训一番，新人及满堂宾客无一不失色，此恐是中外古今所未闻之婚礼矣。今把训词稿子寄给你们一看。青年为感情冲动，不能节制，任意决破礼防的罗网，其实乃是自投苦恼的罗网，真是可痛，真是可怜！徐志摩这个人其实聪明，我爱他不过，此次看着他陷于灭顶，还想救他出来，我也有一番苦心。老朋友们对于他这番举动无不深恶痛绝，我想他若从此见摈于社会，固然

---

① 徐志摩（1897—1931）：名章垿，字志摩，小字幼申。中国著名现代诗人、散文家，是新月派代表诗人。

② 胡适之（1891—1962）：即胡适。现代学者，历史学、文学家、哲学家。以倡导"五四"文学革命著闻于世。历任北京大学教授、北京大学校长等。

③ 张彭春（1892—1957）：字仲述。中国教育家、早期话剧（新剧）活动家、导演。

自作自受，无可怨恨，但觉得这个人太可惜了，或者竟弄到自杀。我又看着他找得这样一个人做伴侣，怕他将来苦痛更无限，所以想对于那个人当头一棒，盼望他能有觉悟（但恐甚难），免得将来把志摩累死，但恐不过是我极痴的婆心便了。闻张歆海近来也很堕落，日日只想做官，志摩却是很高洁，只是发了恋爱狂——变态心理——变态心理的犯罪。此外还有许多招物议之处，我也不愿多讲了。品性上不曾经过严格的训练，真是可怕，我把昨日的感触，专写这一封信给思成、徽音、思忠们看看。

十月四日

给孩子们

　　我这几天忙得要命，两个机关正在开办，还有两位外宾，一位日本清浦子爵（前首相，旧熟人），一位瑞典皇太子。天天演说宴会，再加上学校功课，真是不得了。每天跑进城，又跑回校，替汽车油房做生意，但我精神极旺盛，一点也不觉疲劳。晚上还替松坡图书馆卖字，自己又临帖临出瘾。天天被王姨唠叨，逼着去睡。现在他又快来捣乱了，只得不写了。

　　前几天上坟去回来（重阳那天），"赤祸"又发作了三天，现在又全好了，大抵走路最不相宜。

十月十九日

给孩子们

孩子们：

前天接着你们由费城来的杂碎信和庄庄进大学后来的信，真真高兴。

你们那种活泼亲热样子活现在纸上，我好容易细细研究算是把各人的笔迹勉强分别出来了，但是许多名词还不很清楚，只得当做先秦古书读。"心知其意"，"于其所不知，盖阙如也"。

你们一群小伙子怎么把一位老姊姊当做玩意儿去欺负他呢？做姊姊的也是不济事，为什么不板起面孔来每人给他几个嘴巴呢？你们别要得意，还有报应哩，再过十几年二十年，老白鼻、小白鼻也会照样地收拾你们！但是，到那时候，五十多岁老姊姊只怕更惹不起这群更小的小伙子了。

十月二十二日

致思永书

思永：

　　得十一月七日信，喜欢至极。李济之[①]现在山西乡下（非陕西），正采掘得兴高采烈，我已立刻写信给他，告诉以你的志愿及条件，大约十日内外可有回信。我想他们没有不愿意的，只要能派你实在职务，得有实习机会，盘费食住费等等都算不了什么大问题，家里景况对于这点点钱还负担得起也。你所问统计一类的资料，我有一部分可以回答你，一部分尚须问人。我现在忙极，要过十天半月后再回你，怕你悬望，先草草回此数行。我近来真忙，本礼拜天天有讲演，城里的学生因学校开不了课，组织学术讲演会，免不了常去讲演。又著述之兴不可遏，已经动手执笔了（半月来已破戒亲自动笔）。还有司法储才馆和国立图书馆都正在开办，越发忙得要命。最可喜者，旧病并未再发，有时睡眠

[①] 李济之（1896—1979）：李济，湖北钟祥人，字济之，中国近代考古学的开创者之一，为中国最早独立进行野外考古工作的学者。

不足，小便偶然带一点黄或粉红，只须酣睡一次，就立刻恢复了。因为忙，有好多天没有给你们信（只怕十天八天内还不得空），你这信看完后立刻转给姊姊他们，免得姊姊又因为不得信挂心。

爹爹

十二月十日

给孩子们

孩子们：

寄去美金九十元作压岁钱，大孩子们每人十元，小孩子们共二十元，可分领买糖吃去。

我近来因为病已痊愈，一切照常工作，渐渐忙起来了。新近著成一书，名曰《王阳明知行合一之教》，约四万余言，印出后寄给你们读。

前两礼拜几乎天天都有讲演，每次短者一点半钟，多者继续至三点钟，内中有北京学术讲演会所讲三次，地点在前众议院（法大第一院），听众充满全院（约四千人），在大冷天并无火炉（学校穷，生不起火），讲时要很大声，但我讲了几次，病并未发，可见是痊愈了。

前几天耶鲁大学又有电报来，再送博士，请六月二十二到该校，电辞极恳切，已经复电答应去了。你二叔不甚赞成，说还要写信问顺儿以那边详细情形，我想没有甚么要紧的，只须不到唐人街（不到西部），不上杂碎馆，上落船时稍微注意，便够了。我实在想你们，想得很，借这个机会来看你们一趟，最好不过，我如何肯把他轻轻放过。

时局变迁非常剧烈，百里联络孙、唐、蒋的计划全归失败，北洋军阀确已到末日了。将此麻木不仁的状态打破，总是好的，但将来起的变症如何，现在真不敢说了。

十二月二十日

1927年

给孩子们

孩子们：

　　今天总算我最近两个月来最清闲的日子，正在一个人坐在书房里拿着一部杜诗来吟哦。思顺十一月二十九日、十二月四日，思成十二月一日的信，同时到了，真高兴。

　　思成信上说徽音二月间回国的事，我一月前已经有信提过这事，想已收到。徽音回家看他娘娘一趟，原是极应该的，我也不忍阻止，但以现在情形而论，福州附近很混乱，交通极不便，有好几位福建朋友们想回去，也回不成。最近几个月中，总怕恢复原状的希望很少，若回来还是蹲在北京或上海，岂不更伤心吗？况且他的娘，屡次劝他不必回来，我想还是暂不回来的好。至于清华官费若回来考，我想没有考不上的。过两天我也把招考章程叫他们寄去，但若打定主意不回来，则亦用不着了。

　　思永回国的事，现尚未得李济之回话。济之（三日前）已经由山西回到北京了，但我刚刚进城去，还没有见着他。他这回采掘大有所获，捆载了七十五箱东西回来，不久便在清华考古室（今年新成立）陈列起来了，这也是我们极高兴的一件事。思永的事我本礼拜内准见着他，下次的信便有确答。

忠忠去法国的计划，关于经费这一点毫无问题，你只管预备着便是。

思顺们的生计前途，却真可忧虑，过几天我试和少川切实谈一回，但恐没有什么办法，因为使领经费据我看是绝望的，除非是调一个有收入的缺。

司法储才馆下礼拜便开馆，以后我真忙死了，每礼拜大概要有三天住城里。清华功课有增无减，因为清华寒假后兼行导师制，这是由各教授自愿的，我完全不理也可以，但我不肯如此。每教授担任指导学生十人，大学部学生要求受我指导者已十六人，我不好拒绝。又在燕京担任有钟点，燕京学生比清华多，他们那边师生热诚恳求我，也不好拒绝。真没有一刻空闲了。但我体子已完全复原，两个月来旧病完全不发，所以很放心工作去。

上月为北京学术讲演会作四次公开的讲演，讲坛在旧众议院，每次都是满座，连讲两三点钟，全场肃静无哗，每次都是距开讲前一两点钟已经人满。在大冷天气，火炉也开不起，而听众如此热诚，不能不令我感动。我常感觉我的工作，还不能报答社会上待我的恩惠。

我游美的意思还没有变更，现在正商量筹款，大约非有万金以上不够（美金五千），若想得出法子，定要来的，你们没有什么意见吧？

时局变迁极可忧，北洋军阀末日已到，不成问题了。北京政府命运谁也不敢作半年的保险，但一党专制的局面谁也不能往光明上看。尤其

133

可怕者是利用工人鼓动工潮，现在汉口、九江大大小小铺子十有九不能开张，车夫要和主人同桌吃饭，结果闹到中产阶级不能自存，我想他们到了北京时，我除了为党派观念所逼不能不亡命外，大约还可以勉强住下去，因为我们家里的工人老郭、老吴、唐五三位，大约还不致和我们捣乱。你二叔那边只怕非二叔亲自买菜，二婶亲自煮饭不可了。而正当的工人也全部失业。放火容易救火难，党人们正不知何以善其后也。现在军阀游魂尚在，我们殊不愿对党人宣战，待彼辈统一后，终不能不为多数人自由与彼辈一拼耳。

思顺们的留支似已寄到十一月，日内当再汇上七百五十元，由我先垫出两个月，暂救你们之急。

寄上些中国画给思永、忠忠、庄庄三人挂挂书房。思成处来往的人，谅来多是美术家，不好的倒不好挂，只寄些影片，大率皆故宫所藏名迹也。

现在北京灾官们可怜极了。因为我近来担任几件事，穷亲戚穷朋友们稍为得点缀。十五舅处东拼西凑三件事，合得二百五十元（可以实得到手），勉强过得去，你妈妈最关心的是这件事，我不能不尽力设法。其余如杨鼎甫也在图书馆任职得百元，黑二爷（在储才馆）也得三十元，玉衡表叔也得六十元，许多人都望之若登仙了。七叔得百六十元，廷灿得百元（和别人比较），其实都算过分了。

细婆近来心境渐好，精神亦健，是我们最高兴的事。现在细婆、七婶都住南长街，相处甚好，大约春暖后七叔或另租屋住。

老白鼻一天一天越得人爱，非常聪明，又非常听话，每天总逗我笑几场。他读了十几首唐诗，天天教他的老郭念，刚才他来告诉我说：

老郭真笨，我教他念"少小离家"，他不会念，念成"乡音无改把猫摔"。他一面说一面抱着小猫就把那猫摔下地，惹得哄堂大笑。他念："两人对酌山花开，一杯一杯又一杯，我醉欲眠君且去，明朝有意抱琴来。"总要我一个人和他对酌，念到第三句便躺下，念到第四句便去抱一部书当琴弹。诸如此类每天趣话多着哩。

我打算寒假时到汤山住几天，好生休息，现在正打听那边安静不安静。我近来极少打牌，一个月打不到一次，这几天司马懿来了，倒过了几回桥。酒是久已一滴不入口，虽宴会席上有极好的酒，看着也不动心。写字倒是短不了，近一个月来少些，因为忙得没有工夫。

一月二日

致思永书

思永读：

今天李济之回到清华，我跟他商量你归国事宜，那封信也是昨天从山西打回来他才接着，怪不得许久没有回信。

他把那七十六箱成绩平平安安运到本校，陆续打开，陈列在我们新设的考古室了。今天晚上他和袁复礼（是他同伴学地质学的）在研究院茶话会里头作长篇的报告演说，虽以我们门外汉听了，也深感兴味。他们演说里头还带着讲："他们两个人都是半路出家的考古学者（济之是学人类学的），真正专门研究考古学的人还在美国——梁先生之公子。"我听了替你高兴又替你惶恐，你将来如何才能当得起"中国第一位考古专门学者"这个名誉，总要非常努力才好。

他们这回意外的成绩，真令我高兴。他们所发掘者是新石器时代的石层，地点在夏朝部城——安邑的附近一个村庄，发掘到的东西略分为三大部分，陶器、石器、骨器。此外，他们最得意的是得着半个蚕茧，证明在石器时代已经会制丝。其中陶器花纹问题最复杂，这几年来（民国九年以后）瑞典人安迪生在甘肃、奉天发掘的这类花纹的陶器，力倡中国文化西来之说。自经这回的发掘，他们想翻这个案。

最高兴的是，这回所得的东西完全归我们所有（中华民国的东西暂陈设在清华），美国人不能搬出去，将来即以清华为研究的机关，只要把研究结果报告美国那学术团体便是，这是济之的外交手段高强，也是因为美国代表人卑士波到中国三年无从进行，最后非在这种条件之下和我们合作不可，所以只得依我们了。这回我们也很费点事，头一次去算是失败了，第二次居然得意外的成功。听说美国国务院总理还有电报来贺。

他们所看定采掘的地方，开方八百亩，已经采掘的只有三分——一亩十分之三——竟自得了七十六箱，倘若全部掘完，只怕故宫各殿的全部都不够陈列了。以考古学家眼光看中国遍地皆黄金，可惜没有人会捡，真是不错。

关于你回国一年的事情，今天已经和济之仔细商量。他说可采掘的地方是多极了。但是时局不靖，几乎寸步难行，不敢保今年秋间能否一定有机会出去。即如山西这个地方，本来可继续采掘，但几个月后变迁如何，谁也不敢说。还有一层采掘如开矿一样，也许失败，白费几个月工夫，毫无所得。你老远跑回来或者会令你失望。但是有一样，现在所掘得七十六箱东西整理研究便须莫大的工作，你回来后看时局如何（还有安迪生所掘得的有一部分放在地质调查所中也要整理），若可以出去，他便约你结伴，若不能出去，你便在清华帮他整理研究，两者任居其一也，断不致白费这一年光阴云云，你的意思如何？据我看是很好的，回来后若不能出去，除在清华做这种工作外，我还可以介绍你去请教几位金石家，把中国考古学的常识弄丰富一点。再往美两年，往欧一两年，一定益处更多。城里头几个博物院你除看过武英殿外，故宫博物院、历史博物馆都是新近成立或发展的，回来实地研究所益亦多。

关于美国团体出资或薪水这一点，我和济之商量，不提为是。因为这回和他们订的条件是他们出钱我们出力。东西却是全归我们所有。所以这两次出去一切费用由他们担任，惟济之及袁复礼却是领学校薪俸，不是他们的雇佣，将来我们利用他这个机关的日子正长，犯不着贬低身份，受他薪水，别人且然，何况你是我的孩子呢？只要你决定回来，这点来往盘费，家里还拿得出，我等你回信便立刻汇去。

至于回来后，若出去便用他的费用，若在清华便在家里吃饭，更不成问题了。

我们散会已经十一点钟。这封信第二页以下都是点洋蜡写的，因为极高兴，写完了才睡觉，别的事都改日再说罢。济之说要直接和你通信，已经把你的信封要去，想不日也到。

爹爹
一月十日

给孩子们

　　我游美之举，朋友们反对的太多，而且游费也不容易，只怕未必能成行。

　　思永回国一年，我极赞成，前信已详细说过。现在思成离开彭大，又发生回国与否的问题。这问题要分两点讨论。第一是回来后于学业进益有无帮助，若为看中国旧建筑起见，恐怕除了北京外，很少地方可以通行，若为看些中国美术品倒还可以（故宫博物馆可看的较多），若欲做什么工程，怕不是时候，我也不愿你如此速成，谅来你更是不愿的。第二是徽音回来与否的问题，这话我连两信都曾提起，就怕是回不了福州，她心里更难过，这件事请你们细细斟酌罢。若不回来，为什么不径转学校，要做一年工干什么呢？一若有别种理由便再商量，若专为学费问题——为徽音学费问题，那么我本来预备三千元在这里，因为你们勉强支持得住，放留起作留欧之用，若要用时，只要来信我便寄去。

　　思永来信所讲的政治谭，这种心理无怪其然，连我都如此，何况你们青年呢？打倒万恶的军阀，不能不算他们的功劳，我们想做而做不到，人家做了当然赞成，但前途有光明没有呢？还是绝对的没有。他们最糟的是鼓动工潮，将社会上最坏的地痞流氓一翻，翻过来做政治上的支配者，安分守己的工人们的饭碗都被那些不做工的流氓打烂了。商业更不用说，现在汉口、武昌的商店，几乎全部倒闭。失业工人骤增数万，而所谓总工会者每月抽勒十余万元供宣传费（养党人），有业工人之怨恨日增一日，一般商民更不用说了。从前在广东出发的军队，纪律的确不坏（也因为有钱），现在收编烂军队，日日增加，纪律已大不如前。军队既增，欠饷之弊一如北军，江西、福建骚扰与北军无异（两湖有唐主智的较好），将来真不知何法收拾。所谓人心云者，从前厌恶北军已极，故不期而然的都欢迎党军，恐怕这种心理不久将起大反勿。换一个方面看，北方有力的军阀并没有一毫觉悟（原不能望他们有觉悟），他们的举动只有增加民众的厌恶和反动。（以上是一月十八日晚写的）。这一段还未写完，电灯灭了便睡去。十九日一起来就进城，因为清华已经放寒假，可以不上堂，而司法储才馆正在开学，事情很忙，所以我在城里一住数日，直到二十五日才回校。王姨也是十九日带着老白鼻等返天津，今天早车带着达达回京，下午同返学校，司马懿、六六再过三天才放假。二十五日晚写。

我一个礼拜没有回学校，昨天回来，学生围绕着，忙个不了，还有好几篇文章等着要做，这封信不赶紧写完，恐怕又要耽搁多少天才能发了，所以抽空再写几句寄去。

思永问我的朋友何故多站在孙传芳那边？这话很难说。内中关系最重要者，是丁在君、蒋百里二人，他们与孙的关系都在一年以前，当时并没有孙、蒋对抗的局面。孙在北洋军阀中总算比较的好，江浙地方政象亦总算比较的清明，他们与孙合作并不算无理由，既已与人发生关系，到吃紧时候舍之而去，是不作兴的。直到最近两个月，孙倒行逆施，到天津勾结二张，和丁、蒋等意见大相反，他们方能老老实实地和他脱离关系。中间这一段诚然是万分不值（既有今日，何必当初），然在一年前他们的梦想原亦很难怪。故丁在君刻意欲在上海办一较良的市政，以渐进手段收回租界。至于我呢？原来不甚赞成他们这类活动（近数月来屡次劝他们自拔），但我们没有团体的严整组织，朋友们总是自由活动，各行其是，亦没有法子去部勒他们（也从未作此想），别人看见我们的朋友关系，便认为党派关系，把个人行动认为党派行动，既无从辩白，抑亦不欲辩白。我之代人受过，总是免不了的（亦自甘心），但因此颇感觉没有团体组织之苦痛，朋友中有能力的人确不少，道德学问和宗旨都是对的，但没有团体的一致行动，不惟不能发挥其势力，而且往往因不一致之故，取消势力，真是可痛。

万恶的军阀，离末日不远了，不复成多大的问题，而党人之不能把政治弄好，也是看得见的。其最大致命伤，在不能脱离鲍罗庭、加伦的羁绊，蒋介石及其他一二重要军人屡思反抗俄国势力，每发动一次辄失败一次，结果还是屈服。

留美学生中，此团体发达状况何如（听说从前是不甚多），你们不特随时留意，恐怕将来要救中国，还是要看这一派的发展运用如何。

政谈姑止于此。

一月十八、二十五日

给孩子们

现在我要做的事，在编两部书：一是《中国图书大辞典》，预备一年成功；二是《中国图书索引》，预备五年成功。两书成后，读中国书真大大方便了。关于编这两部书，我要放许多心血在里头才能成，尤其是头一年训练出能编纂的人才，非我亲自出马不可。

现在清华每日工作不轻，又加以燕大，再添上这两件事，真够忙了，但我兴致勃勃，不觉其劳。

通例上年纪的人，睡眠较少，我却是相反，现在每日总要酣睡八个钟头，睡足了便精神焕发。思成说对于我的体子有绝对信仰，我想这种信仰是不会打破的。

我昨日亲自到照相馆去照相，专为寄给你们之用。大约一礼拜后便可寄出，你们看了，一定很安慰，很高兴。

今日王姨带达达往协和割痔疮去，剩我和老白鼻看家。细婆喜欢小

老白鼻极了，我还是不大理会他，专一喜欢大老白鼻。李济之给思永的
信寄去。

一月二十六日

给孩子们

忠忠的信很可爱，说的话很有见地，我在今日若还不理会政治，实在对不起国家，对不起自己的良心。不过出面打起旗帜，时机还早，只有密密预备，便是我现在担任这些事业，也靠着他可以多养活几个人材。内中固然有亲戚故旧，勉强招呼不以人材为标准者。近来多在学校演说，多接见学生，也是如此——虽然你娘娘为我的身子天天唠叨我，我还是要这样干。中国病太深了，症候天天变，每变一症，病深一度，将来能否在我们手上救活转来，真不敢说。但国家生命民族生命总是永久的（比个人长的），我们总是做我们责任内的事，成效如何，自己能否看见，都不必管。

庄庄很乖，你的法文居然赶过四哥了，将来我还要看你的历史学等赶过三哥呢。

思永的字真难认识，我每看你的信，都很费神，你将来回国跟着我，非逼着你写一年九宫格不可。

达达昨日入协和，明日才开刀，大概要在协和过年了。我拟带着司马懿、六六们在清华过年（先令他们向你妈妈相片拜年），元旦日才入城，向祖宗拜年，过年后打算去汤山住一礼拜，因为近日太劳碌了，寒假后开学恐更甚。

　　每天老白鼻总来搅局几次，是我最好的休息机会。（他又来了，又要写信给亲家了。）我游美的事你们意见如何，我现在仍是无可无不可，朋友们却反对得厉害。

一月二十七日

致思顺书

顺儿:

　　这一礼拜内写信真多,若是同一水船到,总要够你们忙好几点钟才看完。

　　昨天下午才返清华,今日又有事入城,可巧张之事上午来南长街,没有见着他,过了新年定要找他谈谈,打听你们的状况。

　　我昨天才给老白鼻买了许多灯来,已经把他跳得个不亦乐乎。今日把你带来的皮包打开,先给他穿上那套白羊毛的连衫带裤带袜子,添上手套,变成一个白狗熊。可惜前几天大雪刚下过——一连下了四天,民国以来没有大雪,现在还未化尽——不然叫他在雪里站着真好玩极了,穿了一会儿脱下换上那套浅蓝的,再披上昨年寄他的外套,他舍不得脱,现在十点钟了还不肯去睡,可巧前三天刚带他照过一幅相,等过了新年再叫他穿齐照一幅,你们看着才知道他如何可爱呢。

谢谢希哲送我的东西真合用，我也学老白鼻样子立刻试用起来了。细婆的提包等年初一带进城去，只怕把他老人家的嘴也笑得整天合不拢来。细婆近两三个月哀痛渐忘，终日很快乐的样子，令我们十分高兴。他老人家喜欢小同同①极了，尤其希罕的是他一天到晚不哭一声。

我三日前亲自去照相馆，照得幅相，现在只将样本拿来，先寄你和庄庄各一张——成、永、忠处过几天直接分寄——你们看着一定欢喜得连觉也睡不着，说道："想不到爹爹这样胖，这样精神！"

达达现在关在协和医院，原来他的病不是痔乃是漏，幸亏早医，不然将来身子将大吃亏，一定会残废夭折，好在还很轻，他前天割了，只用局部麻醉，一点不觉痛。一个礼拜便可出院了。却是他种种计划说：新年如何如何地玩。现在不能不有点失望了。

六六的喉咙本来也要同时割，因为他放学迟，只好过年再说。

我前天看见刘瑞恒，他说已经把我的诊断书寄给你了，收到没有？但现在已经过时，谅来你也不着急了。

麦机路的汉文科，如此规模宏大真可惊羡，张君劢去当教授，当然最好，也许可以去待我和他商量，研究院学生中却也有一两位可充此职，等下次信再详细说罢。

昨天电汇去五百美金想已收到。暑假时庄庄去美国，是我最喜欢的，只管打定主意罢。庄庄今年尚须用多少钱（除这五百金外），我等你信就寄来。

---

① 小同同：即梁启超最小的儿子，一直称他小白鼻。

这几天学堂放假，我正在极力玩耍，得你的信助我不少兴致。

爹爹

一月三十日

给孩子们

（这几张可由思成保存，但仍须各人传观，因为教训的话于你们都有益的。）

思成和思永同走一条路，将来互得联络观摩之益，真是最好没有了。思成来信问有用无用之别，这个问题很容易解答，试问唐开元、天宝间李白、杜甫与姚崇、宋璟比较，其贡献于国家者孰多？为中国文化史及全人类文化史起见，姚、宋之有无，算不得什么事，若没有了李、杜，试问历史减色多少呢？我也并不是要人人都做李、杜，不做姚、宋，要之，要各人自审其性之所近何如，人人发挥其个性之特长，以靖献于社会，人才经济莫过于此。思成所当自策厉者，惧不能为我国美术界作李、杜耳。如其能之，则开元、天宝间时局之小小安危，算什么呢？你还是保持这两三年来的态度，埋头埋脑做去了。

便对你觉得自己天才不能副你的理想，又觉得这几年专做呆板工夫，生怕会变成画匠。你有这种感觉，便是你的学问在这时期内将发生进步的

149

特征，我听见倒喜欢极了。孟子说："能与人规矩，不能使人巧。"凡学校所教与所学总不外规矩方面的事，若巧则要离了学校方能发见。规矩不过求巧的一种工具，然而终不能不以此为教，以此为学者，正以能巧之人，习熟规矩后，乃愈益其巧耳。不能巧者，依着规矩可以无大过。你的天才到底怎么样，我想你自己现在也未能测定，因为终日在师长指定的范围与条件内用功，还没有自由发掘自己性灵的余地。况且凡一位大文学家、大美术家之成就，常常还要许多环境与附带学问的帮助。中国先辈说要"读万卷书，行万里路"。你两三年来蛰居于一个学校的图案室之小天地中，许多潜伏的机能如何便会发育出来，即如此次你到波士顿一趟，便发生许多刺激，区区波士顿算得什么，比起欧洲来真是"河伯"之与"海若"，若和自然界的崇高伟丽之美相比，那更不及万分之一了。然而令你触发者已经如此，将来你学成之后，常常找机会转变自己的环境，扩大自己的眼界和胸怀，到那时候或者天才会爆发出来，今尚非其时也。今在学校中只有把应学的规矩，尽量学足，不惟如此，将来到欧洲回中国，所有未学的规矩也还须补学，这种工作乃为一生历程所必须经过的，而且有天才的人绝不会因此而阻抑他的天才，你千万别要对此而生厌倦，一厌倦即退步矣。至于将来能否大成，大成到怎么程度，当然还是以天才为之分限。我生平最服膺曾文正两句话："莫问收获，但问耕耘。"将来成就如何，现在想他则甚？着急他则甚？一面不可骄盈自慢，一面又不可怯弱自馁，尽自己能力做去，做到哪里是哪里，如此则可以无入而不自得，而于社会亦总有多少贡献。我一生学问得力专在此一点，我盼望你们都能应用我这点精神。

二月十六日

给孩子们

今年还是过旧历的生日，在城里热闹一两天，今日（旧正月二十七）才回到清华。却是这两天有点小小的不幸，小白鼻病得甚危险，这全然为日本医生所误，小白鼻种痘后有点着凉不舒服，已经几天了，二十五日早上同仁医院医生看过，还说绝不要紧。许是吃的药错了，早上还好好的。到晚上十一点钟时病转剧，电召克礼来，已说太迟了，恐怕保不住，连夜由王姨带去医院住，打了无数的药针来"争命"，能否争得回来，尚不可知（但今天已比前天好得多了）。因此生日那天，王姨整天不在，家里人都有些着急不欢样子，细婆最甚，因为他特别喜欢小白鼻。今日王姨也未回清华，倘若有救，怕王姨还要在城里住一两礼拜才行哩。

我在百忙中还打了两天牌，十四五舅姑丈们在一块玩儿很有趣，但我许没有吃酒，近一年来我的酒真算戒绝了，看着人吃，并不垂涎。

过两天细婆、二婶、大姑们要请我吃乡下菜，各人亲自下厨房，每人做两样，绝对不许厨子动手，菜单已开好出来了，真有趣。本来预备今日做，一因我在学校有功课，定要回来，二因王姨没有心神，已改到星期五了（今日是星期一），只有那时小白鼻病好，便更热闹了。

回来接着思顺一月二十六、忠忠一月十九的信和庄庄一月十一日给阿时的信，知道压岁钱已收到了。前几个月我记得有过些时候因功课太忙，许久没有信给你们（难怪你们记挂），最近一两个月来信却像是很多，谅来早已放心了。总之，我体子是好极了，近来精神尤为旺盛，倘使偶然去信少些，也不过是因为忙的缘故，你们万不可以相猜。

使领经费有无着落，还要看一个月方能定，前信说向外国银行借垫，由外交部承认的办法，希哲可以办到不？目前除此恐无他法。

君劢可以就坎大学之聘，我曾有电报告，并问两事：一问所授科目（君劢意欲授中国哲学），二问有中国书籍没有，若没有请汇万元来买（华银）。该电发去半月以上了，我还把回电的（十个字）电费都付过，至今尚未得回电，不知何故。

忠忠信上说的话很对，我断不至于在这个当口出来做什么政治活动，亲戚朋友们也并没有哪个怂恿我，你们可以大大放心，但中国现在政治前途像我这样一个人绝对的消极旁观，总不是一回事，非独良心所不许，事势亦不容如此。我已经立定主意，于最近期间内发表我政治上全部的具体主张，现在先在清华讲堂上讲起，分经济制度问题、政治组织问题、社会组织问题、教育问题四项。每礼拜一晚在旧礼堂讲演，已经讲过两回，今日赶回学校，也专为此。以这两回听讲情形而论，像还很好。第二次比前一次听众增加，内中国民党员乃至共产党员听了。研究院便有共产党二人，国民党七八人，像都首肯。现在同学颇有人想自组织—精神最紧密之团体（周传儒、方壮猷等），一面讲学，一面作政治运动，我只好听他们做去再看。我想忠忠听着这话最高兴了。

庄庄给时姊的信（时姊去南开教书了），娘娘看见了很高兴。娘娘最记挂的是你，我前些日子和他说笑话，你们学校要请我教书，我愿意带着他和老白鼻们去，把达达们放在家里怎么样？他说很愿意去一年看看你，却是老郭听着着急到了不得，因为舍不得离开老白鼻，真是好笑。

从讲堂下来，不想用心，胡乱和你们谈几句天，便睡觉去了。

二月二十八日

给孩子们

孩子们：

　　有件小小不幸事情报告你们，那小同同已经死了。他的病是肺炎，在医院住了六天，死得像很辛苦很可怜。这是近一个月来京津间的流行病，听说因这病死的小孩，每天总有好几个，初起时不甚觉得重大，稍迟已无救了。同同大概被清华医生耽搁了三天，一起病已吃药，但并不对症。克礼来看时已是不行了。我倒没有什么伤感，他娘娘在医院中连着五天五夜，几乎完全没有睡觉，辛苦憔悴极了。还好他还能达观，过两天身体以及心境都完全恢复了，你们不必担心。

　　当小同同病重时，老白鼻也犯同样的病，当时他在清华，他娘在城里，幸亏发现得早立刻去医，也在德国医院住了四天，现在已经出院四天，完全安心了。克礼说若迟两天医也很危险哩。说起来也奇怪，据老郭说，那天晚上他做梦，梦见你们妈妈来骂他道："那小的已经不行了，老白鼻也危险，你还不赶紧抱他去看，走！走！快走，快走！"就

154

这样的把他从睡梦里打起来了。他那天来和我说，没有说做梦，这些梦话是他到京后和王姨说的。老白鼻夜里咳嗽得颇厉害，但是胃口很好，出恭很好，谅来没什么要紧罢，本来因为北京空气不好，南长街孩子太多，不愿意他在那边住，所以把他带回清华。我叫到清华医院看，也说绝不要紧，到底有点不放心，那天我本来要进城，于是把他带去，谁知克礼一看说正是现在流行最危险的病，叫在医院住下。那天晚上小同同便死了。他娘还带着老白鼻住院四天，现在总算安心了。你们都知道，我对于老白鼻非常之爱，倘使他有什么差池，我的刺激却太过了，老郭的梦虽然杳茫，但你妈妈在天之灵常常保护他一群心爱的孩子，也在情理之中，这回把老白鼻救转来是老郭一梦。实也功劳不小哩。

　　使馆经费看着丝毫办法没有，真替思顺们着急，前信说在外国银行自行借垫，由外交部承认担保，这种办法希哲有方法办到吗？望速进行，若不能办到，恐怕除回国外无别路可走，但回国也很难，不惟没有饭吃，只怕连住的地方都没有。北京因连年兵灾，灾民在城圈里骤增十几万，一旦兵事有变动（看着变动很快，怕不能保半年），没有人维持秩序，恐怕京城里绝对不能住，天津租界也不见安稳得多少，因为洋鬼子的纸老虎已经戳穿，那里还能靠租界作避世桃源呢。现在武汉一带，中产阶级简直无生存之余地，你们回来又怎么样呢？所以我颇想希哲在外国找一件职业，暂时维持生活，过一两年再作道理，你们想想有职业可找吗？

　　前信颇主张思永暑期回国，据现在情形还是不来的好，也许我就要亡命出去了。

　　这信上讲了好些悲观的话，你们别要以为我心境不好，我现在讲学正讲得起劲哩，每星期有五天讲演，其余办的事，也兴会淋漓，我总是抱着"有一天做一天"的主义（不是"得过且过"却是"得做且做"），所以一样的活泼、愉快，谅来你们知道我的性格，不会替我担忧。

爹爹

三月九日

给孩子们

昨信未发，今日又得顺儿正月三十一、二月五日、二月九日，永儿二月四日、十日的信，顺便再回几句。

使领经费看来总是没有办法，问少川也回答不出所以然，不问他我们亦知道情形。二五附加税若能归中央支配，当然那每年二百万是有的，但这点钱到手后，丘八先生那里肯吐出来，现在听说又向旧关税下打主意，五十万若能成功，也可以发两个月，但据我看，是没有希望的。你们不回来，真要饿死，但回来后不能安居，也眼看得见。所以我很希望希哲趁早改行，但改行不是件容易的事，我也很知道，请你们斟酌罢。

藻孙是绝对不会有钱还的，他正在天天饿饭，到处该了无数的账，还有八百块钱是我担保的，也没有方法还起。我看他借贷之路，亦已穷了，真不知他将来如何得了。我现在也不能有什么事情来招呼他，因为我现在所招呼的都不过百元内外的事情，但现在的北京得一百元的现金收入，已经等于从前的五六百元了，所以我招呼的几个人别人已经看着眼红。你二叔在储才馆当很重要的职务，不过百二十元（一天忙得要命），鼎甫在图书馆不过百元，十五舅八十元（算是领干粮不办事），藻孙不愿回北京，他在京也非百元内外可够用，所以我没有法子招呼他，他的前途我看着是很悲惨的，其实哪一个不悲惨，我看许多亲友们一年以后都落到这种境遇。你别要希望他还钱罢。

我从前虽然很愿意思永回国一年，但我现在也不敢主张了，因为也许回来后只做一年的"避难"生涯，那真不值得了。我看暑假后清华也不是现在的局面了，你还是一口气在外国学成之后再说罢。你的信，我过两天只管再和李济之商量一下，但据现在情形，恐怕连他不敢主张了。

思永说我的《中国史》诚然是我对于国人该下一笔大账，我若不把他做成，真是对国民不住，对自己不住。也许最近期间内，因为我在北京不能安居，逼着埋头三两年，专做这种事业，亦未可知，我是无可无不可，随便环境怎么样，都有我的事情做，都可以助长我的兴会和努力的。

三月十日

给孩子们

今日正写起一封短信给思顺，尚未发，顺的二月十八、二十两信同时到了，很喜欢。

问外交部要房租的事等，我试问问顾少川有无办法，若得了此款，便能将就住一年倒很好，因为回国后什么地方能安居，很是渺茫。

今日下午消息很紧，恐怕北京的变化意外迅速，朋友多劝我早为避地之计（上海那边如黄炎培及东南大学稳健教授都要逃难），因为暴烈分子定要和我过不去，是显而易见的。更恐北京有变后，京、津交通断绝，那时便欲避不能。我现在正在斟酌中。本来拟在学校放暑假前作一结束，现在怕等不到那时了。

在这种情形之下，思永回国问题当然再无商量之余地，把前议完全打消罢。

再看一两星期怎么样，若风声加紧，我便先回天津；若天津秩序不乱，我也许可以安居，便屏弃百事，专用三两年工夫，做那《中国史》，若并此不能，那时再想方法。总是随遇而安，不必事前干着急。

南方最闹得糟的是两湖，比较好的是浙江。将来北方怕要蹈两湖覆辙，因为穷人太多了，我总感觉着全个北京将有大劫临头，所以思顺们立刻回来的事，也不敢十分主张。但天津之遭劫，总该稍迟而且稍轻。你们回来好在人不多，在津寓或可以勉强安居。

还有一种最可怕的现象——金融界破裂。我想这是免不了的事，很难挨过一年，若到那一天，全国中产阶级真都要饿死了。现在湖南确已到这种田地，试举一个例：蔡松坡家里的人已经饿饭了，现流寓在上海。他们并非有意与蔡松坡为难（他们很优待他家），但买下那几亩田没有人耕，迫着要在外边叫化，别的人更不消说了。

恐怕北方不久也要学湖南榜样。

我本来想凑几个钱汇给思顺，替我存着，预备将来万一之需，但凑也凑不了多少，而且寄往远处，调用不便，现在打算存入（连兴业的透支可凑万元）花旗银行作一两年维持生活之用。

这些话本来不想和你们多讲，但你们大概都有点见识，有点器量，谅来也不致因此而发愁着急，所以也不妨告诉你们。总之，我是挨得苦的人，你们都深知道全国人都在黑暗和艰难的境遇中，我当然也该如此，只有应该比别人加倍，因为我们平常比别人舒服加倍。所以这些事我满不在意，总是老守着我那"得做且做"主义，不惟没有烦恼，而且有时兴会淋漓。

三月二十一日

给孩子们

这几天上海、南京消息想早已知道了。南京事件真相如何连我也未十分明白（也许你们消息比我还灵通），外人张大其词，虽在所不免，然党军中有一部分人有意捣乱亦绝无可疑。

北京正是满地火药，待时而发，一旦爆裂，也许比南京更惨。希望能暂时弥缝，延到暑假。暑假后大概不能再安居清华了。天津也不稳当，但不如北京之绝地，有变尚可设法避难，现已饬人打扫津屋，随时搬回。司马懿、六六们的培华，恐亦开不成了（中西、南开也是一样）。

现在最令人焦躁者，还不止这些事。老白鼻得病已逾一月，时好时发，今日热度很高，怕成肺炎，我看着很难过。

我十天前去检查身体一次，一切甚好，血压极平稳，心脏及其他都好，惟"赤化"不灭。医生说："没有别的药比节劳更要紧。"近来功课太重，几乎没有一刻能停，若时局有异动，而天津尚能安居，利于养生有益哩。

　　顾少川说汇点钱给你们，不知曾否汇去，已再催他了。思永回国事，当然罢议。思顺们或者还是回来共尝苦辛罢。

三月二十九日

给孩子们

老白鼻病厉害极了，昨天早上还是好好的，说笑跳玩，下午忽然发起烧来，夜里到三十九度四，现在证明是由百日咳转到肺炎，很危险，拟立刻送到城里去入协和医院。还不知协和收不收，清华医院正在打电话去问。只望他能脱渡危关，我们诚心求你妈妈默佑他。

我现在心很乱，今日讲课拟暂停了，正在靠临帖来镇定自己。

三月三十日

致思顺书

前三天因老白鼻着急万分，你们看信谅亦惊惶，现在险象已过，大约断不致有意外。现又由协和移入德院，因协和不准亲人在旁，以如此小孩委之看护妇，彼终日啼哭，病终难愈也。北京近两月来死去小孩无数，现二叔家的李妹妹两个又都在危险中，真令人惊心动魄。气候太不正常了，再过三天便是清明，今日仍下雪，寒暑表早晚升降，往往相差二十度，真难得保养也。

我受手术后，刚满一年，因老白鼻入协和之便，我也去住院两日，切实检查一番（今日上午与老白鼻同时出院），据称肾的功能已完全恢复，其他各部分都很好，"赤化"虽未殄灭，于身体完全无伤，不理他便是。他们说唯一的药，只有节劳（克礼亦云然）。此亦老生常谈，我总相当的注意便是。

前得信后，催少川汇款接济，彼回信言即当设法。又再加信催促，嘱彼汇后复我一信，今得信言三月二十七已电汇二千三百元。又王荫泰

164

亦有信来，今一并寄阅。部中大权全在次长手，我和他不相识，所以致少川信问候他，他来信却非常恭敬。此款谅已收到，你们也可以勉强多维持几个月了。

我大约必须亡命，但以现在情形而论，或者可以挨到暑假。本来打算这几天便回天津，现在拟稍迟乃行。

老白鼻平安，真谢天谢地，我很高兴，怕你们因前信担忧，所以赶紧写这封。

四月二日

致思顺书

　　南海先生忽然在青岛死去，前日我们在京为他而哭，好生伤感。我的祭文，谅来已在《晨报》上见着了。他身后萧条得万分可怜，我得着电报，赶紧电汇几百块钱去，才能草草成殓哩。我打算替希哲送奠敬百元。你们虽穷，但借贷典当，还有法可想。希哲受南海先生提携之恩最早，总应该尽一点心，谅来你们一定同意。

四月十九日

致思顺书

顺儿：

我有封长信给你们（内关于忠忠想回国的事）。写了好几天，还没有完，现在有别的事，先告诉你。

现在因为国内太不安宁，大有国民破产的景象，真怕过一两年，连我这样大年纪也要饿饭，所以我把所有的现钱凑五千美金汇存你那里，请你们夫妇替我经理着，生一点利息，最好能靠这点利息供给庄庄们的学费，本钱便留着作他日不时之需。你去年来信不是说那边一分利以上事业，还很有机会吗？请你们全权替我经营，虽亏本也不要紧，凡生意总不能说一定有盈无亏，总之，我全权托你们就是。过一两月若能将所有股票之类卖些出去，我还想凑足美金一万元哩。你说好不好。

你们外交官运气也真坏，外交部好容易凑得七万五千美金，向使领馆稍为点缀点缀，被汇丰银行中国账房倒账，只怕连这点都落空了。

其余改天再谈。五千美金有一千由北京通易公司汇，有四千由天津兴业汇，想不久当陆续汇到。

五月四日

致思忠书

以下的话专教训忠忠。

三个礼拜前，接忠忠信，商量回国，在我万千心事中又增加一重心事。我有好多天把这问题在我脑里盘旋。因为你要求我保密，我尊重你的意思，在你二叔、你娘娘跟前也未提起，我回你的信也不由你姊姊那里转。但是关于你终身一件大事情，本来应该和你姊姊、哥哥们商量，因为你姊姊哥哥不同别家，他们都是有程度的人。现在得姊姊信，知道你有一部分秘密已经向姊姊吐露了，所以我就在这公信内把我替你打算的和盘说出，顺便等姊姊哥哥们都替你筹划一下。

你想自己改造环境，吃苦冒险，这种精神是很值得夸奖的，我看见你这信非常喜欢。你们谅来都知道，爹爹虽然是挚爱你们，却从不肯姑息溺爱，常常盼望你们在苦困危险中把人格能磨炼出来。你看这回西域冒险旅行，我想你三哥加入，不知多少起劲，就这一件事也很可以证明你爹爹爱你们是如何的爱法了，所以我最初接你的信，倒有六七分赞成的意思，所费商量者就只在投奔什么人，详情已见前信，想早已收到。但现在我主张已全变，绝对地反对你回来了。因为三个礼拜前情形不同，对他们还有相当的希望，觉得你到那边阅历一年总是好的。现在呢？假使你现在国内，也许我还相当地主张你去，但觉得老远跑回来一趟，太犯不着了。头一件，现在所谓北伐，已完全停顿，参加他们军队，不外是参加他们火拼，所为何来？第二件，自从党军发展之后，素质一天坏一天，现在迥非前比，白崇禧军队算是极好的，到上海后纪律已大坏，人人都说远不如孙传芳军哩；跑进去不会有什么好东西学得来。第三件，他们正火拼得起劲——李济深在粤，一天内杀左派二千人，两湖那边杀右派也是一样的起劲——人人都有自危之心，你们跑进去立刻便卷搅在这种危险旋涡中。危险固然不必避，但须有目的才犯得着冒险。现这样不分皂白切葱一般杀人，死了真报不出账来。冒险总不是这种冒法。这是我近来对于你的行为变更主张的理由，也许你自己亦已经变更了。我知道你当初的计划，是几经考虑才定的，并不是一时的冲动。但因为你在远，不知事实，当时几视党人为神圣，想参加进去，最少也认为是自己历练事情的唯一机会。这也难怪。北京的智识阶级，从教授到学生，纷纷南下者，几个月以前不知若干百千人，但他们大多数都极狼狈，极失望而归了。你若现在在中国，倒不妨去试一试（他们也一定有人欢迎你），长点见识，但老远跑回来，在极懊丧极狼狈中白费一年光阴却太不值了。

至于你那种改造环境的计划，我始终是极端赞成的，早晚总要实行三几年，但不争在这一时。你说："照这样舒服几年下去，便会把人格送掉。"这是没出息的话！一个人若是在舒服的环境中会消磨志气，那么在困苦懊丧的环境中也一定会消磨志气，你看你爹爹困苦日子也过过多少，舒服日子也经过多少，老是那样子，到底志气消磨了没有？——也许你们有时会感觉爹爹是怠惰了（我自己常常有这种警惧），不过你再转眼一看，一定会仍旧看清楚不是这样——我自己常常感觉我要拿自己做青年的人格模范，最少也要不愧做你们姊妹弟兄的模范。我又很相信我的孩子们，个个都会受我这种遗传和教训，不会因为环境的困苦或舒服而堕落的。你若有这种自信力，便"随遇而安"地做现在所该做的工作，将来绝不怕没有地方没有机会去磨炼，你放心罢。你明年能进西点便进去，不能也没有什么可懊恼，进南部的"打入学校"也可，到日本也可，回来入黄埔也可（假使那时还有黄埔），我总尽力替你设法。就是明年不行，把政治经济学学得可以自信回来，再入那个军队当排长，乃至当兵，我都赞成。但现在殊不必牺牲光阴，太勉强去干。你试和姊姊、哥哥们切实商量，只怕也和我同一见解。

这封信前后经过十几天，才陆续写成，要说的话还不到十分之一。电灯久灭了，点着洋蜡，赶紧写成，明天又要进城去。

你们看这信，也该看出我近来生活情形的一斑了。我虽然为政治问题很绞些脑髓，却使我本来的工作并没有停。每礼拜四堂讲义都讲得极得意，因为《清华周刊》被党人把持，周传儒不肯把讲义笔记给他们登载。每次总讲两点钟以上，又要看学生们成绩，每天写字时候仍极多。昨今两天给庄庄、桂儿写了两把小楷扇子。每天还和老白鼻玩得极热闹，陆续写给你们的信也真不少。你们可以想见爹爹精神何等健旺了。

五月五日

致思顺书

麦机路送我学位，我真是想去，但今年总来不及了（谅来总是在行毕业礼时）。明年你若还留坎京，我真非来不可。到那时国内情形又不知变成怎样，或者我到美国无甚危险，亦不可知。受他招待倒没有什么不可。他们若再来问时，你便告诉他说："明年若国内无特别事故，当可一来。"因为我来看你们一趟之后，心里不知几多愉快，精神力量都要加增哩。

北京局面现在当可苟安，但隐忧四伏，最多也不过保持年把命运罢了。将来破绽的导火线，发自何方，现在尚看不出。举国中无一可以戡定大难之人，真是不了。多数人尤其是南方的智识阶级，颇希望我负此责任，我自审亦一无把握，所以不敢挑起担子。日来为这大问题极感苦痛，只好暂时冷静看一看再说罢。

再过两礼拜，我便离开学校，仍到北戴河去，你们来信寄天津或北戴河使得。

汇去五千美金，想先后收到，你们的留支，过十天八天再寄罢。

五月十一日

致思顺书

　　我看见你近日来的信，很欣慰。你们缩小生活程度，暂在坎挨一两年，是最好的。你和希哲都是寒士家风出身，总不要坏自己家门本色，才能给孩子们以磨炼人格的机会。生当乱世，要吃得苦，才能站得住（其实何止乱世为然），一个人在物质上的享用，只要能维持着生命便够了。至于快乐与否，全不是物质上可以支配。能在困苦中求快活，才真是会打算盘哩。何况你们并不算穷苦呢？拿你们（两个人）比你们的父母，已经舒服多少倍了，以后困苦日子，也许要比现在加多少倍，拿现在当作一种学校，慢慢磨炼自己，真是再好不过的事，你们该感谢上帝。

　　你好几封信提小六还债事，我都没有答复。我想你们这笔债权只好算拉倒罢。小六现在上海，是靠向朋友借一块两块钱过日子，他不肯回京，即回京也没有法好想，他因为家庭不好，兴致索然，我怕这个人就此完了。除了他家庭特别关系以外，也是因中国政治太坏，政客的末路应该如此。古人说："择术不可不慎"，真是不错。但亦由于自己修养功夫太浅，所以立不住脚，假使我虽处他这种环境，也断不致像他这样子。他还没有学下流，到底还算可爱，只是万分可怜罢了。

我们家几个大孩子大概都可以放心，你和思永大概绝无问题了。思成呢？我就怕因为徽音的境遇不好，把他牵动，忧伤憔悴是容易消磨人志气的（最怕是慢慢地磨）。即如目前因学费艰难，也足以磨人，但这是一时的现象，还不要紧，怕将来为日方长。我所忧虑者还不在物质上，全在精神上。我到底不深知徽音胸襟如何，若胸襟窄狭的人，一定抵挡不住忧伤憔悴，影响到思成，便把我的思成毁了。你看不致如此吧！关于这一点，你要常常帮助着思成注意预防。总要常常保持着元气淋漓的气象，才有前途事业之可言。

思忠呢，最为活泼，但太年轻，血气未定，以现在情形而论，大概不会学下流，我们家孩子断不致下流，大概总可放心。只怕进锐迟速，受不起打击。他所择的术政治军事，又最含危险性，在中国现在社会做这种职务很容易堕落。即如他这次想回国，虽是一种极有志气的举动，我也很夸奖他，但是发动得太孟浪了。这种过度的热度，遇着冷水浇过来，就会抵不住。从前许多青年的堕落，都是如此。我对于这种志气，不愿高压，所以只把事业上的利害慢慢和他解释，不知他听了如何？这种教育方法，很是困难，一面不可以打断他的勇气，一面又不可以听他走错了路，走错了本来没有什么要紧，聪明的人会回头另走，但修养功夫未够，也许便因挫折而堕落。所以我对于他还有好几年未得放心，你要就近常察看情形，帮着我指导他。

今日没有功课，心境清闲得很，随便和你谈谈家常，很是快活。要睡觉了，改天再谈罢。

五月十三日

给孩子们

本拟从容到暑假时乃离校，这两天北方局势骤变，昨今两日连接城里电话，催促急行，乃仓皇而遁，可笑之至。好在校阅成绩恰已完工，本年学课总算全始全终，良心上十分过得去。

今日一面点检行李，因许多要紧书籍稿件拟带往津，下午急急带着老白鼻往坟上看一趟，因为此次离开北京，也许要较长的时日才能再来。整夜不睡，点着蜡结束校中功课及其他杂事，明日入城，后日早车往津。

今日接思永信，说要去西部考古，我极赞成，所需旅费美金二百，即汇去，计共汇中国银一千二百元（合美金多少未分），内七百五十元系希哲四、五、六三个月留支（先垫出一个月），余四百五十元即给永旅费，顺收到美金多少，即依此数分配便是。若永得到监督处拨款，此数（四百五十元）即留为庄学费。

津租界或尚勉强可住，出去数日看情形如何，再定行止？不得已或避地日本，大约不消如此。我本身无特别危险，只要地方安宁，便可匿迹销声，安住若干时日。

北京却险极，恐二叔也要逃难。

五月三十一日

给孩子们

　　三个多月不得思成来信，正在天天悬念，今日忽然由费城打回来相片一包——系第一次所寄者（阴历新年），合家惊惶失措。当即发电坎京询问，谅一二日即得复电矣。你们须知你爹爹是最富于情感的人，对于你们的感情，十二分热烈。你们无论功课若何忙迫，最少隔个把月总要来一封信，便几个字报报平安也好。你爹爹已经是上年纪的人，这几年来，国忧家难，重重叠叠，自己身体也不如前。你们在外边几个大孩子，总不要增我的忧虑才好。

　　我本月初三离开清华，本想立刻回津，第二天得着王静安①先生自杀的噩耗，又复奔回清华，料理他的后事及研究院未完的首尾，直至初八才返到津寓。现在到津已将一星期了。

　　静安先生自杀的动机，如他遗嘱上所说："五十之年，只欠一死，

---

① 王静安（1877—1927）：即王国维。近代中国著名学者，杰出的古文字、古器物、古史地学家，诗人，文艺理论学家，哲学家，国学大师。

遭此世变，义无再辱。"他平日对于时局的悲观，本极深刻。最近的刺激，则由两湖学者叶德辉、王葆心之被枪毙。叶平日为人本不自爱（学问却甚好），也还可说是有自取之道，王葆心是七十岁的老先生，在乡里德望甚重，只因通信有"此间是地狱"一语，被暴徒拽出，极端篡辱，卒置之死地。静公深痛之，故效屈子沉渊，一瞑不复视。此公治学方法，极新极密，今年仅五十一岁，若再延寿十年，为中国学界发明，当不可限量。今竟为恶社会所杀，海内外识与不识莫不痛悼。研究院学生皆痛哭失声，我之受刺激更不待言了。

半月以来，京津已入恐慌时代，亲友们颇有劝我避地日本者，但我极不欲往，因国势如此，见外人极难为情也。天津外兵云集，秩序大概无虞。昨遣人往询意领事，据言意界必可与他界同一安全。既如此则所防者不过暴徒对于个人之特别暗算。现已实行闭门二字，镇日将外园铁门关锁，除少数亲友外，不接一杂宾，亦不出门一步，决可无虑也。

（以上六月十四写）

十五日傍晚，得坎京复电，大大放心了。早上检查费城打回之包封，乃知寄信时神经病的阿时将住址写错，错了三十多条街，难怪找不着了。但远因总缘久不接思成信。我一个月来常常和王姨谈起，担心思成身子。昨日忽接该件，王姨惊慌失其常度，只好发电一问以慰其心。你们知道家中系念游子，每月各人总来一信便好了。

我一个月来旧病发得颇厉害，约摸四十余天没有停止。原因在学校暑期前批阅学生成绩太劳，王静安事变又未免大受刺激。到津后刻意养息，一星期来真是饱食终日无所用心。这两天渐渐转过来了。好在下半年十有九不再到清华，趁此大大休息年把，亦是佳事。

180

我本想暑期中作些政论文章，蹇季常、丁在君、林宰平大大反对，说只有"知其不可而为之"，没有"知其不可而言之"。他们的话也甚有理，我决意作纯粹的休息。每天除写写字、读读文学书外，更不做他事。如此数月，包管旧病可痊愈。

　　十五舅现常居天津，我替他在银行里找得百元的差事，他在储才馆可以不到。隔天或每天来打几圈牌，倒也快活。

　　我若到必须避地国外时，与其到日本，宁可到加拿大。我若来坎时，打算把王姨和老白鼻都带来，或者竟全眷俱往，你们看怎么样？因为若在坎赁屋住多几人吃饭差不了多少，所差不过来往盘费罢了。麦机利教授我也愿意当，但唯一的条件，须添聘思永当助教（翻译）。希哲不妨斟酌情形，向该校示意。

　　以现在局势论，若南京派得势，当然无避地之必要；若武汉派得势，不独我要避地，京津间无论何人都不能安居了。以常理论，武汉派似无成功之可能。然中国现情，多不可以常理测度，所以不能不作种种准备。

　　广东现在倒比较安宁些，那边当局倒还很买我的面子。两个月前新会各乡受军队骚扰，勒缴乡团枪支，到处拿人，茶坑亦拿去四十几人，你四叔也在内。（你四叔近来很好，大改变了。）乡人函电求救情词哀切，我无法，只好托人写一封信去，以为断未必发生效力，不过稍尽人事罢了，谁知那信一到，便全体释放（邻乡皆不如是），枪支也发还，且托人来道歉。我倒不知他们对于我何故如此敬重，亦算奇事了。若京津间有大变动时，拟请七叔奉细婆仍回乡居住，倒比在京放心些。

　　前月汇去美金五千元，想早收到。现在将中国银行股票五折出卖，买时本用四折，中交票领了七八年利息，并不吃亏。卖去二百股得一万元，日内更由你二叔处再凑足美金五千元汇去，想与这信前后收到。有一万美金，托希哲代为经营，以后思庄学费或者可以不消我再管了。天津租界地价渐渐恢复转来，新房子有人要买。我索价四万五千，或还到四万，打算也出脱了，便一并汇给你们代理。

忠忠劝我卫生的那封六张纸的长信，半月前收到了。好啰嗦的孩子，管爷管娘的，比先生管学生还严，讨厌讨厌。但我已领受他的孝心，一星期来已实行八九了。我的病本来是"无理由"，而且无妨碍的，因为我大大小小事，都不瞒你们。所以随时将情形告诉你们一声，你们若常常啰嗦我，我便不说实话，免得你们担心了。

六月十五日

致思顺书

顺儿：

　　一星期前由二叔处寄去美金五千想收，今再将副票寄上。十九日接思永信，言决廿一日离美返国，因京津间形势剧变，故即发电阻止。思永此次行止屡变，皆我所致，然亦缘时局太难捉摸耳。我现在作暑期后不复入京之计划，又打算非到万不得已时不避地国外，似此倒觉极安适。旬日实行休息，病又将痊愈（佳象为近三个月所无），近虽著述之兴渐动，然仍极力节制，决俟秋凉后，乃着手工作。顷十五舅在津，每日来家晚饭，饭后率打牌四圈至八圈，饭菜都是王姨亲做（老吴当二把刀）。达达等三人聘得一位先生专教国文，读得十二分起劲。据他们说读一日，比在校中读三四日得益更多也。那先生一面当学生，也高兴到了不得。

六月二十三日

致思顺书

这几天热得很，楼上书房简直不能坐，我每天在大客厅铺张藤床，看看书，睡睡午觉，十五舅来打打牌，就过一天，真是饱食终日（胃口大好，饭量增加半碗），无所用心。却也奇怪，大半年来的病好得清清楚楚了，和去年忠忠动身后那个把月一样。这样看来，这病岂不是"老太爷病"吗？要享清福的人才配害的，与我的性格太不相容了。但是倘使能这样子几个月便断根，那么牺牲半年或大半年的工作，我也愿意的。

我现在对于北京各事尽行辞却，因为既立意不到京，决不肯拿干薪，受人指摘，自己良心更加不安。北京图书馆不准我辞，我力请的结果，已准请假，派静生代理。（薪水当然归静生，我决不受。）储才馆现尚未摆脱，但尽一月内非摆脱不可，清华也还摆脱不了，或者改用函授，亦勉强不辞。独有国立京师图书馆，因前有垫款关系，此次美庚款委员会以我在馆长职为条件，乃肯接济，故暂且不辞。几件事里头，以储才馆最为痛心。我费半年精神下去，成绩真不坏，若容我将此班办到卒业，必能为司法界立一很好的基础，现在只算白费心力了。北京图书馆有静生接手，倒是一样。清华姑且摆在那里再说。我这样将身子一抖，自己倒没有什么（不过每月少去千把几百块钱收入），却苦了多少亲戚朋友们了。二叔咧、七叔咧、十五舅咧、赵表叔咧、廷灿咧、黑二爷咧，都要受影响。二叔中国银行事还在，倒没有什么，但怕也不能长久。十五舅现在只有交通银行百元了。但也顾不得许多了。其实为我自己身子计，虽没有时局的变迁，也是少揽些事才好。所以王姨见我摆脱这些事，却大大高兴，谅来你们也同一心理。

前几天写一封信，搁了许多天未寄，陆续接到六月一日、九日两封长信，知第一次之五千元已收到了，第二次由二叔处汇去美金五千，想又收到。希哲意先求稳当，最好以希哲的才干经理这点小事，一定千妥万妥的。你也不必月月有报告，你全权管着就是了。我还想将家里点点财产，陆续处分处分，得多少都交你们替我经营去。

七月三日

给孩子们

一个多月没有写信，只怕把你们急坏了。

不写信的理由很简单，因为向来给你们的信都在晚上写的。今年热得要命，加以蚊子的群众运动比武汉民党还要厉害，晚上不是在院中外头，就是在帐子里头，简直五六十晚没有挨着书桌子，自然没有写信的机会了，加以思永回来后，谅来他去信不少，我越发落得躲懒了。

关于忠忠学业的事情，我新近去过一封电，又思永有两封信详细商量，想早已收到。我的主张是叫他在威士康逊把政治学告一段落，再回到本国学陆军，因为美国决非学陆军之地，而且在军界活动，非在本国有些"同学系"的关系不可以。至于国内何校最好，我在这一年内切实替你调查预备便是。

思成再留美一年，转学欧洲一年，然后归来最好。关于思成学业，我有点意见。思成所学太专向了，我愿意你趁毕业后一两年，分出点光阴多学些常识，尤其是文学或人文科学中之某部门，稍微多用点工夫。我怕你因所学太专门之故，把生活也弄成近于单调，太单调的生活，容易厌倦，厌倦即为苦恼，乃至堕落之根源。再者，一个人想要交友取益，或读书取益，也要方面稍多，才有接谈交换，或开卷引进的机会。不独朋友而已，即如在家庭里头，像你有我这样一位爹爹，也属人生难逢的幸福，若你的学问兴味太过单调，将来也会和我相对词竭，不能领着我的教训，你全生活中本来应享的乐趣也削减不少了。我是学问趣味方面极多的人，我之所以不能专积有成者在此。然而我的生活内容，异常丰富，能够永久保持不厌不倦的精神，亦未始不在此。我每历若干时候，趣味转过新方面，便觉得像换个新生命，如朝旭升天，如新荷出水，我自觉这种生活是极可爱的，极有价值的。

看越觉得这话亲切有味。凡做学问总要"猛火熬"和"慢火炖"两种工作，循环交互着用去。在慢火炖的时候才能令所熬的起消化作用融洽而实有诸己。思成，你已经熬过三年了，这一年正该用炖的工夫。不独于你身子有益，即为你的学业计，亦非如此不能得益。你务要听爹爹苦口良言。庄庄在极难升级的大学中居然升级了，从年龄上你们姊妹弟兄们比较，你算是最早一个大学二年级生，你想爹爹听着多么欢喜。你今年还是普通科大学生，明年便要选定专门了，你现在打算选择没有？我想你们弟兄姊妹，到今还没有一个学自然科学，很是我们家里的憾事，不知道你性情到底近这方面不？我很想你以生物学为主科，因为它是现代最进步的自然科学，而且为哲学社会学之主要基础，极有趣而不需粗重的工作，于女孩子极为合宜，学回来后本国的生物随在可以采集试验，容易有新发明。截止到今日止，中国女子还没有人学这门（男子也很少），你来做一个"先登者"不好吗？还有一样，因为这门学问与一切人文科学有密切关系，你学成回来可以做爹爹一个大帮手，我将来许多著作还要请你做顾问哩！不好吗？你自己若觉得性情还近，那么就选他，还选一两样和他有密切联络的学科以为辅。你们学校若有这门的好教授，便留校，否则在美国选一个最好的学校转去，姊姊哥哥们当然会替你调查妥善，你自己想想定主意罢。

专门科学之外，还要选一两样关于自己娱乐的学问，如音乐、文学、美术等。据你三哥说，你近来看文学书不少，甚好甚好。你本来有些音乐天才，能够用点功，叫他发荣滋长最好。

姊姊来信说你因用功太过，不时有些病。你身子还好，我倒不十分担心，但做学问原不必太求猛进，像装罐头样子，塞得太多太急不见得便会受益。我方才教训你二哥，说那"优游涵饮，使自得之"，那两句话，你还要记着受用才好。

你想家想极了，这本难怪，但日子过得极快，你看你三哥转眼已经回来了，再过三年你便变成一个学者回来帮着爹爹工作，多么快活呀！

思顺报告营业情形的信已到。以区区资本而获利如此甚丰，实出意外，希哲不知费多少心血了。但他是一位闲不得的人谅来不以为劳苦。永年保险押借款剩余之部及陆续归还之部，拟随时汇到你们那里经营。永年保险明年秋间便满期。现在借款认息八厘，打算索性不还他，到明年照扣便了。又国内股票公债等，如可出脱者（只要有人买），打算都卖去，欲再凑美金万元交你们（只怕不容易）。因为国内经济界全体做产即在目前，旧物只怕都成废纸了。

我数日前因闹肚子，带着发热，闹了好几天，旧病也跟着发得厉害。新病好了之后，唐天如替我制一药膏方，服了三天，旧病又好去大半了。现在天气已凉，人极舒服。

八月二十九日

给孩子们

我在协和住了十二日，现在又回到天津了。十二日的结果异常之好，血压由百四五十度降到百零四度，小便也跟着清了许多。但医生声明不是吃药的功效，全由休息及饮食上调养得来，现回家已十日。生活和在医院差不多，病亦日见减轻。若照此半年下去，或许竟有复原之望。

思永天天向我唠叨，说我不肯将自己作病人看待。我因为体中并无不适处，如何能认做病人。这次协和详细检查，据称每日所失去之血，幸而新血尚能补上，故体子不致太吃亏。但每日所补者总差些微不足（例如失了百分，补上九十九分），积欠下去，便会衰弱，所以要在起居饮食上调节，令其逐渐恢复平衡。现在全依医生的话，每天工作时间极少，十点钟便上床，每晚总睡八小时以上，食物禁蛋白质，禁茶、咖啡等类（酒不必说绝不入口）。半月以来日起有功了。

思永主张在清华养病，他娘娘反对。在清华的好处是就医方便，但这病既不靠医药，即起居饮食之调养，仍是天津方便得多，而且我到了清华后，节劳到底是不可能的，所以讨论结果，思永拗不过他娘娘。现在看来幸亏没有再搬入京，奉、晋开战后，京中人又纷纷搬家了。

思永原定本月四日起程考古，行装一切已置备，火车位已定妥了，奉、晋战事于其行期三日前爆发，他这回回国计划失败大半了。若早四五日去，虽是消息和此间隔绝，倒可以到他的目的地。幸亏思忠没有回来。前所拟议的学校，现在都解散了。生当今日的中国再没有半年以上的主意可打，真可痛心。

现在战事正在酣畅中，胜负如何，十日后当见分晓，但无论何方胜，前途都不会有光明，奈何奈何！要说的话很多，严守医生之训，分做两三次写罢。

十月十一日

给孩子们

孩子们：

又像许久没有写信了，近一个月内连接顺、忠、庄好多信，独始终没有接到思成的，令我好生悬望。每逢你们三个人的信到时，总盼着一两天内该有思成的一封，但希望总是落空，今年已经过去十个月了。像仅得过思成两封信（最多三封），我最不放心的是他，偏是他老没有消息来安慰我一下，这两天又连得顺、忠的信了，不知三五天内可有成的影子来。

我自从出了协和，回到天津以来，每天在起居饮食上十二分注意，食品全由王姨亲手调理，睡眠总在八小时以上，心思当然不能绝对不用，但常常自己严加节制，大约每日写字时间最多晚上总不做什么工作，"赤化"虽未能骤绝，但血压逐渐低下去，总算日起有功。

我给你们每人写了一幅字，写的都是近诗，还有余樾园给你们每人写了一幅画，都是极得意之作。正裱好付邮，邮局硬要拆开看，认为贵重美术品要课重税，只好不寄，替你们留在家中再说罢。别有扇子六把（希哲、思顺、思成、徽音、忠忠、庄庄各一），已经画好，一两天内便写成，即当寄去。

思成已到哈佛没有？徽音又转学何校？我至今未得消息不胜怅望，你们既不愿意立即结婚，那么总以暂行分住两地为好，不然生理上精神上或者都会发生若干不良的影响。这虽是我远地的幻想或不免有点过忧。但这种推理也许不错，你们自己细细测验一下，当与我同一感想。

我在这里正商量替你们行庄重的聘礼，已和卓君庸商定，大概他正去信福州，征求徽音母亲的意见，一两星期内当有回信了，届时或思永福曼的聘礼同时举行亦未可知。

成、徽结婚的早晚，我当然不干涉。但我总想你们回国之前，先在欧洲住一年或数月，因为你们学此一科，不到欧洲实地开开眼界是要不得的。回国后再作欧游谈何容易，所以除了归途顺道之外，没有别的机会。既然如此则必须结婚后方上大西洋的船，殆为一定不易的办法了。我想的乘暑假后你们也应该去欧洲了，赶紧商议好，等我替你们预备罢。

还有一段事实不能不告诉你们——若现在北京主权者不换人，你们婚礼是不能在京举行的，理由不必多说，你们一想便知，若换人时恐怕也带着换青天白日旗，北京又非我们所能居了。所以恐怕到底不是你们结婚的地点。

忠忠到维校之后来两封信，都收到了。借此来磨练自己的德性，是最好不过的了，你有这种坚强意志真令我欢喜，纵使学科不甚完备，也是值得的，将来回国后，或再补入（国内）某个军官学校都可以。好在你年纪轻，机会多着呢。

　　你加入政治团体的问题，请你自己观察，择其合意者便加入罢。我现在虽没有直接作政治活动，但时势逼人，早晚怕免不了再替国家出一场大汗。现在的形势，我们起他一个名字，叫作"党前运动"，许多非国民党的团体要求拥戴领袖作大结合，大概除了我没有人能统一他们。我认为时机未到，不能答应，但也不能听他们散漫无纪。现在办法，拟设一个虚总部（秘密的），不直接活动而专任务团体之联络——大抵为团体（公开的），如美之各联邦，虚总部则如初期之费城政府，作极稀松的结合，将来各团事业发展后，随时增加其结合之程度。你或你的朋友也不妨自立一"邦"，和现在的备"邦"同时隶于虚总部之下，将来自会有施展之处。我现在只能给你这点暗示，你自己斟酌进行罢。

　　　　　　　　　　　　　　　　　　　　　　　　十月二十九日

给孩子们

昨日又得加拿大一大堆信，高兴得我半夜睡不着，既然思成信还没有来，知道他渐渐恢复活泼样子，我便高兴了。前次和思永谈起，永说："爹爹尽可放心，我们弟兄姊妹都受了爹爹的遗传和教训，不会走到悲观沉郁一路去。"果然如此，我便快乐了。

寒假把成、徽两人提溜到阿图利玩几天，好极了。他们得大姊姊温暖一度，只怕效力比什么都大。

庄庄学生物学和化学好极了，家里学自然科学的人太少了，你可以做个带头马，我希望达达以下还有一两个走这条路，还希望烂名士将来也把名士气摆脱些，做个科学家。

思永出外挖地皮去不成功，但现在事情也很够他忙了。他所挂的头衔真不少——清华学校助教、古物陈列所审查员、故宫博物院审查员——但都不领薪水（故宫或者有少些），他在清华整理西阴遗物，大约本礼拜可以完工，他现在每礼拜六到古物陈列所，过几天故宫改组后开始办事，他或者有很多的工作，他又要到监狱里测量人体，下月也开始工作，只怕要搬到城里住了。我出医院回津后，就没有看见他。过几天是他生日。要把他提溜回家玩一两天。

希哲替我经营，一切顺利，欣慰之至。一月以来，由二叔交寄汇两次，共三千美金，昨天又由天津兴业汇二千美金，想均收到。前后汇寄之款，皆由变卖国内有价证券而来（一部分是保险单押出之款陆续归还者），计卖去中国银行股票面二万，七年长期票面万八千，余皆以半价卖出——但不算吃亏。因为前几年买入的价格都不过三折余，已经拿了多次利息了——国内百业凋残，一两年后怕所有礼券都会成废纸，能卖出多少转到美洲去，也不致把将来饭碗全部摔破，今年内最多只能再寄美金一千，明年下半年保险满期，当可得一笔稍大之款，照希哲这样经营得三两年，将来吃饭当不致发生问题了。

以上十月三十一日写这封信写了多天未成，又搁了多天未寄，意在等思成一封信，昨天等到了，高兴到了不得，要续写话又太多，恐怕耽搁下去，就把前头写的先寄罢。

昨天思永"长尾巴"叫他回家玩三两天，越发没有工夫写信了。你们千万别要盼我多信，因为我寄给你们的信都是晚上写的，我不熬夜便没有信了，你们看见爹爹少信，便想爹爹着实是养病了。

我这一个礼拜小便非常非常之好，简直和常人一样了。你们听见，当大大高兴。

爹爹

十月三十一日

196

给孩子们

有项好消息报告你们，我自出了协和以来，真养得大好而特好，一点药都没有吃，只是如思顺来信所说，拿家里当医院，王姨当看护，严格地从起居饮食上调养。一个月以来，"赤化"像已根本扑灭了，脸色一天比一天好，体子亦胖了些。这回算是思永做总司令，王姨执行他的方略，若真能将宿病从此断根，他这回回家，总算尽代表你们的职守了，我半月前因病已好，想回清华，被他听见消息，来封长信说了一大车唠叨话，现在暂且中止了。虽然著述之兴大动，也只好暂行按住。

思顺这次来信，苦口相劝，说每次写信便流泪，你们个个都是拿爹爹当宝贝，我是很知道的，岂有拿你们的话当耳边风的道理。但两年以来，我一面觉得这病不要紧，一面觉得他无法可医，那么我有什么不能忍耐呢？你们放下十二个心罢。

却是因为我在家养病，引出清华一段风潮，至今未告结束。依思永最初的主张，本来劝我把北京所有的职务都辞掉，后来他住在清华，眼看着惟有清华一时还摆脱不得，所以暂行留着。秋季开学，我到校住数天，将本年应做的事大约定出规模，便到医院去。原是各方面十分相安的，不料我出院后几天，外交部有改组董事会之举，并且章程上规定校长由董事中互选，内中头一位董事就聘了我，当部里征求我同意时，我原以不任校长为条件才应允（虽然王荫泰对我的条件没有明白答复认可），不料曹云祥怕我抢他的位子，便暗中运动教职员反对，结果只有教员朱某一人附和他。我听见这种消息，便立刻离职，他也不知道，又想逼我并清华教授也辞去，好同清华断绝关系，于是由朱某运动一新来之学生（研究院的，年轻受骗）上一封书说，院中教员旷职，请求易人。老曹便将那怪信油印出来寄给我，讽示我自动辞职。不料事为全体学生所闻，大动公愤，向那写匿名信的新生责问，于是种种卑劣阴谋尽行吐露，学生全体跑到天津求我万勿辞职（并勿辞董事），恰好那时老曹的信正到来，我只好顺学生公意，声明绝不自动辞教授，但董事辞函却已发出，学生们又跑去外交部请求：勿许我辞。他们未到前，王外长的挽留函也早发出了。他们请求外部撤换校长及朱某，外部正在派员查办中，大约数日后将有揭晓。这类事情，我只觉得小人可怜可叹，绝不因此动气。而且外部挽留董事时，我复函虽允诺，但仍郑重声明以不任校长为条件，所以我也断不致因这种事情再惹麻烦，姑且当作新闻告诉你一笑罢。

十一月二十三日

给孩子们

　　这几天家里忙着为思成行文定礼，已定本月十八日（阳历）在京寓举行，日子是王姨托人择定的。我们虽不迷信，姑且领受他一片好意。因婚礼十有八九是在美举行，所以此次文定礼特别庄严慎重些。晨起谒祖告聘，男女两家皆用全帖遍拜长亲，午间宴大宾，晚间家族欢宴。我本拟是日入京，但一因京中近日风潮正恶，二因养病正见效，入京数日，起居饮食不能如法，恐或再发旧病，故二叔及王姨皆极力主张我勿往，一切由二叔代为执行，也是一样的。今将告庙文写寄，可由思成保藏之作纪念。

　　聘物我家用玉佩两方，一红一绿，林家初时拟用一玉印，后闻我家用双佩，他家也用双印，但因刻主好手难得，故暂且不刻，完其太璞。礼毕拟将两家聘物汇寄坎京，备结婚时佩带，惟物品太贵重，生恐失落，届时当与邮局及海关交涉，看能否确实担保，若不能，即仍留两家家长处，结婚后归来，乃授与保存。

在美婚礼，我远隔不能遥断，但主张用外国最庄严之仪式，可由希哲、思顺帮同斟酌，拟定告我。惟日期最盼早定，预先来信告知，是日仍当在家里行谒祖礼，又当用电报往贺也。

婚礼所需，思顺当能筹划，应用多少可由思顺全权办理。另有三千元（华币），我在三年前拟补助徽音学费者，徽来信请暂勿拨付，留待归途游欧之用，今可照拨。若"捣把"有余利，当然不成问题，否则在资本内动用若干，亦无妨，因此乃原定之必要费也。

思成请学校给以留欧费一事，现曹校长正和我闹意见，不便向他说项，前星期外部派员到校查办风潮起因，极严厉，大约数日内便见分晓。好在校长问题不久便当解决，曹去后大约由梅教务长代理，届时当为设法。

我的病本来已经痊愈了，二十多天，便色与常人无异，惟最近一星期因做了几篇文章，实在是万不能不做的，但不应该连着做罢了。又渐渐有复发的形势，如此甚属讨厌，若完全叫我过"老太爷的生活"，我岂不成了废人吗？我精神上实在不能受此等痛苦。

晚饭后打完了"三人六圈"的麻将，时候尚很早，抽空写这封信，尚有许多话要说，被王姨干涉，改天再写罢。

十二月十二日

致思顺书

　　十一月份营业报告收到，希哲真能干，怎么几个月工夫已经弄到加倍以上的利（还除了庄庄一笔学费等等不计）。照这样下去，若资本丰富一点，经营三两年岂不成了富翁吗？我现在极力撙节，陆续还寄些去。若趁希哲在外的机会弄到美金五万，寄回来便是十万，我真可以不必更费气力找饭吃，家里经济问题完全解决了。

　　保险单明年七月便满期，保的是三万元，但十五年间所纳费已在三万七八千元内外，若只得三万，岂非我们白亏了七八千元，还有复息不在内，这不太吃亏吗？不知保险公司章程何如，若只有三万，则除去借款一万五千并利息外，明年所收不过一万三千余了。该公司总部设在加拿大，保险单也押存在总公司，若期满后辗转赎回，乃能领款，又须经几个月。我想和公司交涉，一满期便将该款在坎京拨交希哲收。请希哲日内便与总公司交涉，应需何等手续，半年内可以办妥也，省得许多事。

你虽是受父母特别的爱（其实也不算特别，我近来爱弟妹们也并不下于爱你），但你的报答也算很够了。妈妈几次的病，都是你一个人服侍，最后半年多衣不解带地送妈妈寿终正寝。对于我呢，你几十年来常常给我精神上无限的安慰喜悦，这几年来把几个弟弟妹妹交给你，省我多少操劳，最近更把家里经济基础由你们夫妇一手确立，这样女孩儿，真是比别人家男孩儿还得力十倍。你自己所尽的道德责任，也可以令你精神上常常得无限愉快了。所以我劝你不必思家着急，趁着在外的机会，把桂儿、瞻儿的学业打个深厚的基础。只要私人生计勉强维持得下去，外交部文不调动你们，你便索性等到我六十岁时才回来祝寿，也不迟哩。

你们在坎虽清苦，但为桂儿妹弟计，比在菲律宾强多了。第一是养成节俭吃苦的习惯，第二是大陆的教育，到底比殖民地好得多。至于所做帮助我们家里的种种工作，其利益更是计算不出来了。据此说来，很该感谢王正廷的玉成，你们同意吗？

近来著述之兴大动，今晚本又想执笔，被王姨捣乱干涉，只好和你闲谈开开心，便去睡觉。这些零零碎碎写了好多天了，若不寄出又不知要耽搁几时，许多许多要说的话下次再谈吧！

前三个礼拜内，兴业汇去二千美元想已收，昨日又汇去一千，大概以后半年未必有力再汇了。

中原公司你们认股四百元已交去。

十二月十三日

202

致思成书

思成：

　　这几天为你们聘礼，我精神上非常愉快，你想从抱在怀里"小不点点"（是经过千灾百难的），一个孩子盘到成人，品性学问都还算有出息，眼看着就要缔结美满的婚姻，而且不久就要返国，回到我的怀里，如何不高兴呢？今天北京家里典礼极庄严热闹，天津也相当的小小点缀，我和弟弟妹妹们极快乐地玩了半天，想起你妈妈不能小待数年，看见今日，不免起些伤感，但他脱离尘恼，在彼岸上一定是含笑的。除在北京由二叔正式告庙外（思永在京跟着二叔招呼一切），今晨已命达达等在神位前默祷达此诚意。

　　我主张你们在坎京行礼，你们意思如何？我想没有比这样再好的了。你们在美国两个小孩子自己实张罗不来，且总觉太草率，有姊姊代你们请些客，还在中国官署内行谒祖礼（婚礼还是在教堂内好），才庄严像个体统。

婚礼只要庄严不要奢靡，衣服首饰之类，只要相当过得去便够，一切都等回家再行补办，宁可从中节省点钱作旅行费。

你们由欧归国行程，我也盘算到了。头一件我反对由西伯利亚路回来，因为野蛮残破的俄国，没有什么可看，而且入境出境，都有种种意外危险（到满洲里车站总有无数麻烦），你们最主要目的是游南欧，从南欧折回俄京搭火车也太不经济，想省钱也许要多花钱。我替你们打算，到英国后折往瑞典、挪威一行，因北欧极有特色，市政亦极严整有新意，必须一往。新造之市，建筑上最有意思者为南美诸国，可惜力量不能供此游，次则北欧特可观。由是入德国，除几个古都市外，莱茵河畔著名堡垒最好能参观一二，回头折入瑞士看些天。

然之美，再入意大利，多耽搁些日子，把文艺复兴时代的美，彻底研究了解。最后便回到法国，在马赛上船，到西班牙也好，刘子楷在那里当公使，招待极方便，中世及近世初期的欧洲文化实以西班牙为中心。中间最好能腾出点时间和金钱到土耳其一行，附带着看看土耳其革命后政治（替我）。关于这一点，最好能调查得一两部极简明的书（英文的）回来讲给我听听。

思永明年回美，我已决定叫他从欧洲走，但是许走西伯利亚路，因为去年的危难较少。最好你们哥儿俩约定一个碰头地方，大约以使馆为通信处最便。你们只要大概预定某月到某国，届时思永到那边使馆找你们便是。

从印度洋回来，当然以先到福州为顺路，但我要求你们先回京津，后去福州。假使徽音在闽预定仅住一月半月，那自然无妨。但我忖度情理，除非她的母亲已回北京，否则徽一定愿意多住些日子，而且极应该多住，那么必须先回津，将应有典礼都行过之后，你才送去。你在那边住个把月便回来，留徽在娘家一年半载，则双方仁至义尽。关于这一点，谅来你们也都同意。

十二月十八日

致思顺书

得前次书，已猜着几分你有喜信，这回连接两书知道的确了，我和王姨都极欢喜。王外长对我十二分恭敬，我倒不好意思为这点小事直接写信给他。他和吴柳隅极熟，今日已写一封极恳切的信给柳隅，看有办法没有，能有最好。万一不能，就在营业款项上挪用些，万不可惜费，致令体子吃亏。须知你是我第一个宝贝，你的健康和我的幸福关系大着哩。好孩子，切须听爹爹的话。

北方局面看着快要完了。希哲倒没有十分难处，外面使领馆很多，随众人的态度为态度便是。你一时既不能上路，便安心暂住那边，最多是到时把总领事头衔摔下，用私人资格住到能行时为止。这都是等临时定局。目下中国事情谁也不能有半年以上的计划，有也是白饶。

营利方针，本来是托希哲全权办理，我绝不过问的，既是对于分裂之股，你们俩人意见不同，那么就折中办理，留一半，售去一半，何如？

几日来颇想移家大连，将天津新旧房舍都售去，在大连叫思成造一所理想的养老房子。那边尚有生意可做，我想希哲回来后，恐怕除了在大连开一个生意局面外，别的路没有可走，但这是一年后的话，现在先说说罢了。

　　思永明年回到哈佛，或者把庄庄交给他，你的行动便可以自由，这也是后话，那时再说。

　　范静生昨晨死去，可伤之至。他是大便失血太多，把身子弄虚弱了，偶得感冒小病，竟至送命。我一年以来，我们师徒两人见面（我两次入协和时，他也在那里），彼此都谆劝保养。但静生凡事看不开，不会自寻娱乐，究竟算没有养到。半年来我把图书馆事脱卸交给他，也是我对不住他的地方。他死了，图书馆问题又网到我身上，但我无论如何，只好摔下。别的且不说，那馆在北海琼华岛上，每日到馆要上九十三级石梯，就这一点我已断断乎受不住了。

　　这几次写信都没有工夫，特别和忠忠、庄庄两人说话，但每想起他们，总是欢喜的。

十二月二十四日

1928年

致思达书

达达：

本想今日出院，因为治疗有效，医生劝多住几天，看进步如何，大约下礼拜五六乃出，总之必回家过年。

这几天的好处，第一是心脏缩小，第二是血球增加，至于小便仍常常带红，但亦有时甚清。

前后灌了两次血，大抵灌血功效极大，以后或者每月灌一回。

前几天专叫我吃肝（牛肝、羊肝），说是最补血，但这两天又停了，说是补得太多也不好。隔天吃一顿鸡，每天吃一次鸡汤煮挂面，其余都是吃素，但咖啡茶等已不禁了，豆类也常吃。

在医院没有什么不好，只是睡觉不均匀，每晚八九点钟便迷糊睡着，两三点便醒，常常到天亮不再睡，每睡不好，小便必红。

初进院时发烧，医生不许下床，近三日已不禁止了，但我仍终日睡在床上，没有到过客厅一次。

这封信给娘娘看过后，便写信给姊姊们看，因为我懒得写信给他们，你并告诉姊姊说外交部前几天电汇二千美金给他们，他收到没有？

这两天姊姊们有信来，可寄来协和，若再过两三天，便不必寄了，等我回家再看。老白鼻要什么东西，叫他自己写信来要。

一月十二日

给孩子们

　　我这封信叫思永写的，你们不要奇怪，为什么我自己不写写，因为才从医院出来，要拿笔怕你们干涉，所以口讲叫思永写。又因为我就想著一本小书，口述叫思永写，现在练习试试。

　　你们这些孩子真是养得娇，三个礼拜不接到我的信就噘嘴了，想外面留学生两三个月不接家信不算奇怪。我进医院有三个礼拜了，再不写信，你们又不知道怎样抱怨了，所以乘今天过年时，和你们谈谈。

　　这回在医院里经过的情形，思永已报告过了。本来前四天已要退院，忽然有点发烧，被医生留着，昨天还是像前年达达那样要求医生放假出来过年，因为热度没有十分退，不过出来很好，坐火车后热度退了一度，一直到今天，人非常精神。这回住医院的结果，他们治疗的方针很有点变更，专注重补血。自从灌了两回血之后，很有功效，我最高兴的是他们不叫我吃素了，连鸡蛋都一天给我两个吃了。但是他们虽说蛋白质可吃，都劝不要吃太多，却是算来在家里所吃的肉品比在医院里还少，所以往后养病，对食品没有什么刻苦，还与从前一样。

医生说工作是可以做的，不过要很自由的，要放下就放下，但是有固定的职务的事，是不相宜的，所以我决计把清华都辞脱了。以后那就依着医生的话，要做什么工作，高兴一天做两三点钟。总之，极力从"学懒"的方面来做，虽然不甘心受这"老太爷的生活"，只好勉强一年几个月再说。

好几年都是在外边过的"野年"，今年可算是在家过年，险些儿被医院扣留了。现在回到家很高兴，孩子们（这边适半）得了压岁钱，十分高兴，不过过了几回桥，又给我得回来不少，还要赶绵羊，老白鼻坐庄，输了钱，大声哭起来了。

一月二十二日

致思成书

思成：

　　得姊姊电，知你们定三月行婚礼，想是在阿图利吧。不久当有第二封信了（故宫委员事等第二电来再定办法）。国币五千或美金三千可以给你，详信已告姊姊。在这种年头，措此较大之款，颇觉拮据，但这是你学问所关，我总要玉成你，才尽我的责任。除此间划拨那二千美金外，剩下一千，若姊姊处凑不出这数目，你们只好搏节着用，或少到一两处地方罢了。我前几封信都主张你们从海道回国，反对走西伯利亚铁路，但是若为省钱计，我亦无可无不可。若走西伯利亚，要先期告我，等我设法，令你们入境无阻滞。你脚踏到欧陆之后，我盼望你每日有详细日记，将所看的东西留个影像（凡得意的东西都留他一张照片），可以回来供系统研究的资料。若日记能稍带文学的审美的性质回来，我替你校阅后，可以出版，也是公私两益之道。今寄去名片十数张，你到欧洲往访各使馆时，可带着投我一片，问候他们，托其招呼，当较方便些。你在欧洲不能不借使馆作通信机关，否则你几个月内不会得着家里人只字了。你到欧后，须格外多寄些家信（明信片最好），令我知道你一路景况。此外还有许多话，叫思永告诉你，想已收到了。

二月十二日

致思成夫妇

　　我将近两个月没有写"孩子们"的信了，今最可以告慰你们的，是我的体子静养极有进步，半月前入协和灌血并检查，灌血后红血球竟增至四百二十万，和平常健康人一样了。你们远游中得此消息，一定高兴百倍。思成和你们姊姊报告结婚情形的信，都收到了，一家的家嗣，成此大礼，老人欣悦情怀可想而知。尤其令我喜欢者，我以素来偏爱女孩之人，今又添了一位法律上的女儿，其可爱与我原有的女儿们相等，真是我全生涯中极愉快的一件事。你们结婚后，我有两件新希望：头一件你们俩体子都不甚好，希望因生理变化作用，在将来健康上开一新纪元；第二件你们俩从前都有小孩子脾气，爱吵嘴，现在完全成人了，希望全变成大人样子，处处互相体贴，造成终身和睦安乐的基础。这两种希望，我想总能达到的。近来成绩如何，我盼望在没有和你们见面之前，先得着满意的报告。你们游历路程计划如何？预定约某月可以到家？归途从海道抑从陆路？想已有报告在途。若还未报告，则得此信

216

时，务必立刻回信详叙，若是西伯利亚路，尤其要早些通知我，当托人在满洲里招呼你们入国境。

你们回来的职业，正在向各方面筹划进行，虽然未知你们自己打何主意。一是东北大学教授，东北为势最顺，但你们专业有许多不方便处，若你能得清华，徽音能得燕京，那是最好不过了。一是清华学校教授，成否皆未可知，思永当别有详函报告。另外还有一件"非职业的职业"——上海有一位大藏画家庞莱臣，其家有唐（六朝）画十余轴，宋元画近千轴，明清名作不计其数，这位老先生六十多岁了，我想托人介绍你拜他门（已托叶葵初），当他几个月的义务书记，若办得到，倒是你学问前途一个大机会。你的意思如何？亦盼望到家以前先用信表示。你们既已成学，组织新家庭，立刻须找职业，求自立，自是正办，但以现在时局之混乱，职业能否一定找着，也很是问题。我的意思，一面尽人事去找，找得着当然最好，找不着也不妨，暂时随缘安分，徐待机会。若专为生计独立之一目的，勉强去就那不合适或不乐意的职业，以致或贬损人格，或引起精神上苦痛，倒不值得。一股毕业青年中大多数立刻要靠自己的劳作去养老亲，或抚育弟妹，不管什么职业得就便就，那是无法的事。你们算是天幸，不在这种境遇之下，纵令一时得不着职业，便在家里跟着我再当一两年学生（在别人或正是求之不得的），也没什么要紧。所差者，以徽音现在的境遇，该迎养他的娘娘才是正办，若你们未得职业上独立，这一点很感困难。但现在觅业之难，恐非你们意想所及料，所以我一面随时替你们打算，一面愿意你们先有这种觉悟，纵令回国一时未能得相当职业，也不必失望沮丧。失望沮丧，是我们生命上最可怖之敌，我们须终生不许他侵入。

《中国宫室史》诚然是一件大事业，但据我看，一时很难成功，因为古建筑十九被破坏，其所有现存的，因兵乱影响，无从到内地实地调查，除了靠书本上资料外，只有北京一地可以着手。书本上资料我有些可以供给你，尤其是从文字学上研究中国初民建筑，我有些少颇有趣的意见，可惜未能成片段，你将来或者用我所举的例继续研究得有更好的成绩。幸而北京资料不少，用科学的眼光整理出来，也很够你费一两年工夫。所以我盼望你注意你的副产工作——即《中国美术史》。这项工作，我很可以指导你一部分，还可以设法令你看见许多历代名家作品。我所能指导你的，是将各派别提出个纲领，及将各大作家之性行及其时代背景详细告诉你，名家作品家里头虽然藏得很少（也有些佳品为别家所无），但现在故宫开放以及各私家所藏，我总可以设法令你得特别摩挲研究的机会，这便是你比别人便宜的地方。所以我盼望你在旅行中便做这项工作的预备。所谓预备者，其一是多读欧人美术史的名著，以备采用他们的体例。关于这类书认为必要时，不妨多买几部。其二是在欧洲各博物馆、各画苑中见有所藏中国作品，特别注意记录。

回来时立刻得有职业固好，不然便用一两年工夫，在著述上造出将来自己的学术地位，也是大佳事。

你来信终是太少了，老人爱怜儿女，在养病中以得你们的信为最大乐事，你在旅行中尤盼将所历者随时告我（明信片也好），以当卧游，又极盼新得的女儿常有信给我。

民国十七年四月二十六日

　　清华教授事或有成功的希望，若成功（新校长已允力为设法）则你需要开学前到家，届时我或有电报催你回来。二十八日又书。

致思顺书

　　两个月没有亲笔写"孩子们"的信，你们只怕望眼欲穿了。好在思永、达达们的信不少，你们对于我的体子，当可放心。现在最好的消息，是血球已增至四百二十万，便血虽未全止，比从前总是清得很多。此外精神极旺盛，胃口极好，不必多说。

　　报告婚礼情形，各信都收到了，在不丰不俭之间，办得极庄严极美丽，正合吾意。现在又预备新人到家谒祖时的热闹了，届时再报告你们。

　　这回经济上的筹划供给，全亏了希哲，只是太劳苦他了。我真是当了老太爷，你们这些弟弟妹妹们，得着这样的姊夫姊姊，也太便宜了。

　　你来信说从七月起将家用全部担任，这却不必，以现在情形论，本年内家用尚很有富余，现在家用折中尚存四千元左右，两月内尚有其他股息可收，商务印书馆售书收入亦尚有，所以一直到本年年底，还用不着你们接济。若将钱寄回来，倒无安放处（稳妥），不如留在外边生利。我的意思最好是你们将所拟寄回接济家用之款留起来算借给你们作为资本，例如你预备每月寄回二百金，你便按月将这二百金存储，算是借给你们，不用计息，将来把本钱归还便是。如此则半年内你们亦得千二百金资本，一年得二千四百资本，岂不是可以帮助许多吗。你们也借此做些少营业，弥补在外的亏空，如此一举两得，岂非最好。将来若家里需要接济时，预先一两个月告诉你们便得了。保险费全数只有三万三千元，除扣除借款外，只有一万六千八百余元，收到后当即汇来，所汇只能有美金八千。外交部索欠事，已函罗钧任，尚未得复。此次恐怕无效，因为最近各机关收入都归所谓"政费委员会"者管理，外部还能否有特别通融之路，殊不敢知。

庄庄暑期内特别用费可即付，以后凡这类事，你全权办理，不必来问，徒费时日，或者我懒得写信时，便耽误了。总之，我的孩子个个都不会浪费，你做姊姊的，尤其会斟酌支配，你瞧着该怎么办便怎么办，我无不同意，何必常常来麻烦我呢。

这信到时，计算着你快要分娩了，我正天天盼平安喜电哩，我也极望添一个孙女儿，得电后即命名寄去。

要说的话很多，一时想不起来，先把这几张纸写去罢。

四月二十八日

致思顺书

　　三日前一短信，想收到，外部索欠恐绝对的无办法，因为这一两年来外部全靠船钞收入挹注，现在船钞已由南方截留净尽，部中已干瘪，你们别要再指望罢。

　　关于思成职业问题，你的意见如何？他有点胡闹，我在几个月以前，已经有信和他商量，及此他来信一字不提（根本就来信太少），因此我绝不知他打何主意，或者我所替他筹划的事，他根本不以为然，我算是白费心了。这些地方，他可谓少不更事，朋友们若是关心自己的事，替自己筹划，也应该急速回信给他一个方针，何况尊长呢？他不愿以自己的事劳动我的思虑，也是他的孝心，但我既已屡屡问及他，总要把他意旨所在告诉我才是。我生性爱管闲事，尤其是对于你们的事，有机会不能不助一臂之力，但本人意思如何，全未明白，那真难着手了。你去信关于这些地方，应该责备他、教导他一下。

五月四日

致思顺书

不能和思成直接通信，真是着急，别信可急寄去或撮举大意再发电告彼。

时局益加混沌，但京、津间或尚可苟安若干时日。

我清华事到底不能摆脱，我觉得日来体子已渐复元，虽不能摆脱，亦无妨，因为我极舍不得清华研究院。思永大不以为然，大大地撅嘴。别的话改天再谈。

五月八日

致思顺书

昨日电汇美金八千，又另一电致思成，想皆收。

保险费共得三万三千，除去借款外，万六千余恰好合八千金，寄坎营业资本，拟即从此截止。此后每月尚有文化基金会还我从前保单押款五百元，至明年二月乃满，但此款暂留作家用，不寄去了。

在寄去资本总额中，我打算划出三千或五千金借给你们营业，俾你们得以维持生活，到将来，营业结束时，你们把资本还我便是了。因为现在思成婚礼既已告成，美中无须特别用款，津中家用现在亦不须仰给于此，有二万内外资本去营业，所收入已很够了。你在外太刻苦，令我有点难过，能得些贴补，少点焦虑，我精神上便增加愉快。

此信到时，计算你应该免身了，我正在天天盼望平安喜电哩。你和忠忠来信，都说"小加儿"，因此我已经替他取得名字了，大名叫作"嘉平"，小名就叫"嘉儿"，不管是男是女，都可用（若是男孩外国名可以叫作查理士）。新近有人送我一方图章，系明末极有名的美术家蓝田叔（桃花扇中有他的名字）所刻"嘉平"两字，旁边还刻有黄庭经五句，刻手极精，今随信寄去，算是公公给小嘉儿头一封利是。

思成（目前）职业问题，居然已得解决了。清华及东北大学皆请他，两方比较，东北为优，因为那边建筑事业前途极有希望，到彼后便可组织公司，从小规模办起，徐图扩充，所以我不等他回信，径替他作主辞了清华，清华太舒服，会使人懒于进取。就东北聘约了你，谅来也同意吧。但既已应聘，九月开学前须到校，至迟八月初要到家，到家后办理庙见大礼，最少要十天八天的预备，又要到京拜墓，时日已不大够用了。他们回闽省亲事，只怕要迟到寒假时方能举行。庄庄今年考试，纵使不及格，也不要紧，千万别要着急，因为他本勉强进大学，实际上是提高（特别）了一年，功课赶不上，也是应该的。你们弟兄姊妹个个都能勤学向上，我对于你们功课绝不责备，却是因为赶课太过，闹出病来，倒令我不放心了。

看你们来信，像是觉得我体子异常衰弱的样子，其实大不然。你们只要在家里看见我的样子，便放下一千万个心了。你们来信像又怕我常常有忧虑，以致损坏体子，那更是误看了。你们在爹爹膝下几十年，难道还不知道爹爹的脾气吗？你们几时看见过爹爹有一天以上的发愁，或一天以上的生气？我关于德性涵养的功夫，自中年来很经些锻炼，现在越发成熟，近于纯任自然了，我有极通达极强健极伟大的人生观，无论何种境遇，常常是快乐的，何况家庭环境，件件都令我十二分愉快。你们弟兄姊妹个个都争气，我有什么忧虑呢？家计虽不宽裕，也并不算窘迫，我又有什么忧虑呢？

此次灌血之后，进步甚显著，出院时医生说可以半年不消再灌了。

现在实行"老太爷生活",大概半年后可以完全复原,现在小便以清为常态,偶然隔十天八天小小有点红,已成例外了。你们放一万个心罢。

时局变化甚剧,可忧正多,但现在也只好静观,待身子完全复原后,再作道理。

北戴河只怕今年又去不成,也只好随缘。天津治安秩序想不成问题,我只有守着老营不动。

五月十三日

致思成书

　　昨日得电，问清华教什么，清华事有变动，前信已详，计日内当到，所以不复电，再用信补述一下。

　　前在清华提议请你，本来是带几分勉强的，我劝校长增设建筑图案讲座，叫你担任，他很赞成，已经提出评议会。闻会中此类提案甚多，正付审查未表决，而东北大学交涉早渐成熟。我觉得为你前途立身计，东北确比清华好（所差者只是参考书不如北京之多），况且东北相需甚殷，而清华实带勉强。因此我便告校长，请将原案撤回，他曾否照办，未可知，但现在已不成问题了。清华评议会许多议案尚未通过，新教习聘书一概未发（旧教习契约满期者亦尚未续发），而北京局面已翻新，校长辞职，负责无人，下学期校务全在停顿中。该校为党人所必争，不久必将全体改组，你安能插足其间？前议作罢，倒反干净哩。

　　现在剩下的是东北问题。那方面本来是略已定局的，但自沈阳炸弹案发生后，奉天情形全在混沌中，此间也不能得确实消息，恐怕奉天不能安然无事的。下学期东北能否开学，谁也不敢说，现在只得听之。大约一个月内外，形势也可判明了。当此乱世，无论何种计划都受政治波动，不由自主，你回来职业问题有无着落，现在也不敢说。这情形，我前信早已计及，想你也已有觉悟和准备。

东北大学情形如何虽未定局，但你仍以八月前赶回最好。那时京、奉交通能否恢复，未可知（现在不通），你若由铁路来，届时绕大连返津，亦无不可。

在国境上若无人往接，你到哈尔滨时，可往浙江兴业银行或中国银行接洽。

北京图书馆寄去买书费，闻只五十镑，甚为失望。该款寄伦敦使馆交你，收到后即复馆中一信（北海公园内北京图书馆，非松馆也），为要。

六月十日

致思顺书

这几天天天盼你的安电，昨天得到一封外国电报以为是了，打开来却是思成的，大概三五天内，你的好消息也该到哩。

天津这几天在极混乱极危急中，但住在租界里安然无事，我天天照常地读书玩耍，却像世外桃源一般。

我的病不知不觉间已去得无影无踪了，并没有吃药及施行何种治疗，不知怎样竟然自己会好了。中间因着凉，右膀发痛（也是多年前旧病），牵动着小便也红了几天，膀子好后，那老病也跟着好了。

近日最痛快的一件事，是清华完全摆脱，我要求那校长在他自己辞职之前先批准我辞职，已经办妥了。在这种形势之下，学生也不再来纠缠，我从此干干净净，虽十年不到北京，也不发生什么责任问题，精神上很是愉快。

思成回来的职业，倒是问题，清华已经替他辞掉了，东北大学略已定局，惟现在奉天前途极混沌，学校有无变化，殊不可知，只好随遇而安罢，好在他虽暂时不得职业，也没甚紧要。

你们的问题，早晚也要发生，但半年几个月内，怕还顾不及此，你们只好等他怎么来怎么顺应便是了。

我这几个月来生活很有规则，每天九时至十二时，三时至五时做些轻微而有趣的功课，五时以后照例不挨书桌子，晚上总是十二点以前上床，床上看书不能免，有时亦到两点后乃睡着，但早上仍起得不晚。（以上两纸几天以前写的，记不得日子了。）

三天前得着添丁喜安电，阖家高兴之至，你们盼望添个女孩子，却是王姨早猜定是男孩子，他的理由说是你从前脱掉一个牙，便换来一个男孩，这回脱两个牙，越发更是男孩，而且还要加倍有出息，这些话都不管他。这个饱受"犹太式胎教"的孩子，还是男孩好些，将来一定是个陶朱公。这回京津意外安谧，总算万幸，天津连日有便衣队滋扰，但闹不出大事来，河北很遭殃（曹武家里也抢得精光），租界太便宜了。

思永关在北京多天，现在火车已通，廷灿、阿时昨今先后入京，思永再过两三天就回来，回来后不再入京，即由津准备行程了。

王姨天天兴高采烈地打扮新房，现在竟将旧房子全部粉饰一新了（全家沾新人的光），这么一来，约也花千元内外。

奉天形势虽极危险，但东北大学决不致受影响，思成聘书已代收下，每月薪金二百六十五元（系初到校教员中之最高额报酬）。那边建筑事业将来有大发展的机会，比温柔乡的清华园强多了。

现在总比不上在北京舒服，不知他们夫妇愿意不。尚未得他信，他来信总是很少。我想有志气的孩子，总应该往吃苦路上走。

思永准八月十四由哈尔滨动身，九月初四可到波士顿，届时决定抽空来坎一行。

家用现尚能敷衍，不消寄来，但日内或者需意外之费五千元，亦未可知，因去年在美国赔款额内补助我一件事业，原定今年还继续一年，若党人不愿意，我便连去年的也退还他。若需用时，电告你们便是。

我的旧病本来已经好清楚了两个多月，这两天内忽然又有点发作（但很轻微），因为批阅清华学生成绩，一连赶了三天，便立刻发生影响，真是逼着我过纯粹的老太爷生活了。现在功课完全了结（对本年的清华总算始全终），再好生将养几天，一定会复元的。

六月十九日

给孩子们

　　新人到家以来，全家真是喜气洋溢。初到那天看见思成那种风尘憔悴之色，面庞黑瘦，头筋涨起，我很有几分不高兴。这几天将养转来，很是雄姿英发的样子，令我越看越爱。看来他们夫妇体子都不算弱，几年来的忧虑，现在算放心了。新娘子非常大方，又非常亲热，不解作从前旧家庭虚伪的神容，又没有新时髦的讨厌习气，和我们家的孩子像同一个模型铸出来。所以全家人的高兴，就和庄庄回家来一般，连老白鼻也是一天挨着二嫂不肯离去。

　　我辞了图书馆长以后，本来还带着一件未了的事业，是编纂《中国图书大辞典》，每年受美国庚款项下津贴五千元。这件事我本来做得津津有味，但近来廷灿屡次力谏我，说我拖着一件有责任的职业，常常工作过度，于养病不相宜。我的病态据这大半年来的经验，养得好便真好，比许多同年辈的人都健康，但一个不提防，却会大发一次，发起来虽无妨碍，但经两三天的苦痛，元气总不免损伤。所以我再三思维，已决意容纳廷灿的忠告，连这一点首尾，也斩钉截铁地辞掉。本年分所领津贴已经退还了（七月起），去年用过的五千元（因为已交去相当的成绩），论理原可以不还，但为省却葛藤起见，打算也还却。现在定从下月起，每月还二百元，有余力时便一口气还清。你们那边营业若有余利时，可替我预备这笔款，但不忙在一时，尽年内陆续寄些来便得。

八月二十二日

致思顺书

　　九月六日、九日书同日到（九日的却早到几点钟）。希哲那位贵长官竟自有这一手，也颇出我意外，再一想他是要替新贵腾新加坡缺，潮尾卷到坎拿大亦毫不足怪，李骏谅未必肯来别派人。若那人耳目稍灵，知是赔钱地方亦当裹足不前，你们还是爱住多少时，便住多少时也。我一星期前正去信劝希哲和贵部长断绝来往，关起大门，料理自己的事。你九日来信所言正不谋而合，只管去一信索盘费，索不着以后可绝对的不理会矣。

　　现在所谓国民政府者，收入比从前丰富得多（尤其关税项下），不知他们把钱弄到哪里去了，乃至连使馆馆员留支都克扣去。新贵们只要登台三五个月，就是腰缠十万，所谓廉洁政府，如是如是。希哲在这种政府底下做一员官，真算得一种耻辱，不过一时走不开，只得忍耐。他现在撵你们走，真是谢天谢地。

　　写到这里，阿永由坎发来的信也到了，忠忠也有一封信来。阿永给伦敦信和给八爷的信片也是昨天到。两天内连接五六封信，真高兴。

我平常想你还自可，每到病发时便特别想得厉害，觉得像是若顺儿在旁边，我向他撒一撒娇，苦痛便减少许多。但因为你事实上既未能回家，我总不愿意说这种话。现在好了，我的顺儿最少总有三五年依着我膝下，还带着一群可爱的孩子——小小白鼻接上老白鼻——常常跟我玩。我想起八个月以后家里的新生活，已经眉飞色舞了。

你们回来，何必急于在津买房子呢？卖了斐岛房产，当然该用来添做资本去另辟你们的新路，新房子现租给中原公司，几乎连半价的租钱——百二十元——都纳不起（工部局却要照三百六十元收营业税），常常拖欠一两个月，我们早已决意要收回了。催搬不下十数次，王搏沙只是死赖着，交情上只得放松时日。他本来答应年内必搬出，拟和他再切实订明，再不能过明年三月了。收回后却是不能租给别家，因为许多书放在房内，所以横竖总是空着。你们回来在那边住，不是最合适吗？我早打算那新房子，留着给你们姊妹弟兄——已结婚的——回来省亲的，轮流着住，有时两个以上同时回来，也可以够住。将来那边常有人住，不空着，便是我最大的快乐。你当老姊姊的，便做带头马，先住他三两年，岂不好极吗？（思成他们回家自有他们现在收拾得很好那两间房子。）希哲性情是闲不住的，回来不到两三个月，怕就要往外跑——为营业计，也该早去觅机会——跑出去做生意。只怕一年到头在家的时候也不能多，你带着几个孩子，何必另起炉灶，又费钱又费事呢。

回来后生意托给信托公司处理最好，一切由你们全权办理便得。最好是你们动身以前这几个月中，若有机会，把庄庄来年学费和永、庄两人回国川资都弄妥，交给他们。但数目太大，一时怕弄不够，那么交给信托公司办理，亦未尝不可。一切由你们斟酌自定。

今年家用略为差点，能有二三千回来便极好，否则我自有法子对付过去。

前信曾谈及怕生意闪手，现在风浪已过，大放心了，想七八月间，你们很着急罢。

思成说你们吃得太坏，我和全家人都不以为然。宁可别的节省，吃得坏会伤身子，于孩子尤不相宜。虽只有几个月，希望你们还是改良些。

姑丈（全家）已回南了，二叔事情可挨到年底（以后一点办法没有），七叔在南开教书，倒甚好。十四舅还是闲着，常常要我设法子，我实在爱莫能助，奈何。

十月十二日

致思成书

这回上协和一个大当。他只管医痔，不顾及身体的全部，每天两杯泻油，足足灌了十天，把胃口弄倒了。临退院还给了两大瓶，说是一礼拜继续吃，若吃多了非送命不可。也是我自己不好，因胃口不开，想吃些异味炒饭、腊味饭，乱吃了几顿，弄得胃肠一塌糊涂，以致发烧连日不止（前信言感冒误也）。人是瘦到不像样子，精神也很委顿，现由田邨医治，很小心，不乱下药，只是叫睡着（睡得浑身骨节酸痛），好容易到昨今两天热度才退完，但胃口仍未复原，想还要休息几日。古人谓"有病不治，常得中医"，到底不失为一种格言了。好在还没有牵动旧病。每当热度高时，旧病便有窃发的形势，热度稍降，旋即止息，像是勉强抵抗相持的样子。

姊姊和思永、庄庄的信都寄阅。姊姊被撵，早些回来，实是最可喜的事。我在病中想他，格外想得厉害，计算他们在家约在阳历七月，明年北戴河真是热闹了。

你营业还未有机会，不必着急，安有才到一两月便有机会找上门来呢？只是安心教书，以余力做学问，再有余力（腾出些光阴）不妨在交际上稍注意，多认识几个人。

我实在睡床睡怕了，起来闷坐，亦殊苦，所以和你闲谈几句。但仍不宜多写，就此暂止罢。

十月十七日

后记

梁启超先生得病逝世的经过^①

一

一九二八年（民国十七年戊辰）梁启超五十六岁，一、二月间，再入协和医院检查身体，兼行灌血方法，情形颇良好。三月，梁思成与林徽因女士在加拿大结婚。六月，先生完全辞脱清华研究院事。八月，梁思成夫妇返国，思永赴美留学。九月，梁启超开始作《辛稼轩年谱》，未几痔疾发。十月，稿未成而疾大作，遂成绝笔。

十一月二十七日再入协和医院诊治后，病势迄未大减，不久且发见新病，加以身体虚弱太甚，遂卒不支，于一九二九年（民国十八年己

---

① 梁启超先生因患肾结核便血多年，由协和医院诊断决定切除坏死的一侧肾，由当时医学界权威林某主刀。不幸医生竟把左右侧弄错了，把完好的一侧肾切除，把坏死的一侧肾留下了。因这一特大医疗事故对医生及协和均有极大影响，故严加保密，直至林某去世后，才真相大白，并在医学教科书中，将如何识别左右肾写入教材中。梁思成直至1971年在北京医院住院期间，才从他的主治医师任松梅大夫处知道了父亲真正的死因。

巳）一月十九日午后二时溘逝。

二

　　是时女令娴、思庄，子思永、思忠等尚均在美。兹录梁仲策①《病床日记》和梁思成等追述先生得症逝世经过一文于下，借见先生几年来得病和这次逝世的经过情形。一九二九年一月廿一日《大公报》转载梁仲策《病床日记》如下：

　　"任公于四年前，即患小便出血症，当时因在清华讲学，城内各校时有定期讲演，异常忙碌，加以其夫人病体沉重不可救治，任公以此种种关系，未暇医治。及其夫人病殁之后，任公失偶，情极难堪，仍在清华讲学如常，亦借此寄托，以过其难堪之日月也。其小便出血之症，由此愈剧。友人有劝其就医者，因先入德国医院，由克里大夫检查，结果不能断定病源所在。因改入协和医院，由协和泌尿科诸医检验，谓右肾有黑点，血由右边出，即断定右肾为小便出血之原因。任公向来笃信科学，其治学之道，亦无不以科学方法从事研究，故对西洋医学向极笃信，毅然一任协和处置。其友人中有劝其赴欧美就名医诊治者，有劝其不必割治，辞却一切事务专心调养者，有劝其别延中医，谓有某人亦同患此病，曾服某中医之药而见痊者，众论分歧，莫衷一是。而任公微笑曰：'协和为东方设备最完全之医院，余即信任之，不必多疑。'及右肾割去后，小便出血之症并未见轻，稍用心即复发，不用心时便血亦稍减。二三年来，精神体力已大不如从前，时到协和打血针，约一个

———————————
① 梁仲策：梁启超之弟。

240

月一次，此法以生人之血补其血分之不足，打针后，元气稍复。而任公因著述方面未完之工作甚多，虽友朋切劝而思潮时起，欲理旧业，仍不能绝对停止。近数月来，专以词曲自遣，拟撰一《辛稼轩年谱》。去年九月中因痔疾复发，未能脱稿，即来平，入协和割治，服泻药两星期之久，稍见轻。在院中仍托人觅关于辛稼轩材料，忽得《信州府志》等书数类，狂喜，携书出院，痔疾并未见好，即驰回天津，仍带泻药到津服用。拟一面服泻药，一面继续《辛稼轩年谱》之著作。未及数日，即发微热，延日医田邨氏诊治未见有效，热度不稍退，体气渐就衰弱，在津寓约四五十日，衰弱日甚，渐至舌强神昏，几至不起。去年十一月廿七日，乃弟仲策启勋到津视疾，遂偕至平入协和医院诊治。经该校教授柏格兰发见痰内有毒菌，在肺部及左肋之间。此病在美国威士康斯地方有三人曾罹此病，其一已死，其一治愈，一人尚医治中。在病源未发见以前，任公以其病不治，亲嘱家人以其尸身剖验，务求病源之所在，以供医学界之参考。一月十一日，任公拟预备自祝六十岁寿，请其友人作文百篇，请林宰平作关于任公之佛学研究，罗复庵作任公书法。一月十五日病势垂危，至临终时，无一语遗嘱云云。"

三

先君子往矣！先君子盛德大业，国人共知，岂不孝等所能以文字显扬。独以诸亲友或有未详先君子致病之繇与易箦之状况，敢略追述一二，上谢慰唁之盛意。

"先君子体质素强，疾病极少，平日自恃，殚精运思时，于一己体力尤不措意。十二年春，先慈癌病复发，协和医院声言不治，先君子深受刺激，遂得小便带血之症。然以先慈病重，不愿以此增家人累，秘不告人。十五年一月，始入德国医院检查化验尿血后，内中并未含有不良之质，以手术探源，亦未能得究竟，出院以就中医，亦不见效。复入协和医院检查多日，认为右肾生瘤，遂于三月十六日将右肾全部割去，然割后血仍不止，协和医师亦只能作消极防御，不能作积极治疗。自是之后，便血之多寡，辄视工作之劳逸而定。医者惟嘱静养，每二三月则注血一次，以补所失，舍此而外，医者盖已无能为矣。自出医院之后，又讲学清华学校及燕京大学。家人苦谏节劳，然以学问欲太强，不听也。直至十七年四月，始辍讲清华，返天津休养，每身心过劳，或动感情，则病转剧，最近，一年中小便堵塞者凡三次。去岁一月一日，范公静生逝世，先君子伤感甚，小便不通者二十九小时。六月二十七日，约五十余小时。八月十三日，不孝思成偕妇徽音自海外归来，先君子以先慈见背后，初次复见不孝等悲喜交集，小便堵塞又二十余小时。九月二十七日，痔疮复发，入协和医治，本拟用手术，医者谓恐流血过多，不宜割治，故每日服泻油者盈旬，痔未愈而食欲全失。先是先君子著《辛稼轩年谱》，未成而痔发，入院数日，无意中搜得稼轩之轶事二种，遂不俟退院之期，力疾返津，痔疮未收，乃执笔侧身而坐，如是者三日，至十月十二日不能支，乃卧床，从此遂不起矣。先君子曾谓'战士死于沙场，学者死于讲座'。方在清华、燕京讲学，未尝辞劳，乃至病笃仍不忘著述，身验斯言，悲哉！

"先君子病状初若甚微，惟体温不平，食欲不进，他无所苦。始延日医诊治，病势缓和，数日中必一度转剧，以此累进及于绵惙，而日医每日声言愈矣愈矣，直至十一月二十七日，先君子忽自言欲入协和医治，遂于翌日入协和就医。协和医院重施检查数日，谓肺部摄影似有肺痨，左胁微肿，取痰化验，则无痨菌，而有一'末乃厉'菌（monelli）极多，复由左胁肿处取出脓血化验，结果亦同，以脓血注入小动物体中，亦内部溃烂出血。末乃厉菌者，固人体中所常有，本不足以致病也，杀此菌之药极简单，惟用碘质。然协和医院诸医师未有曾诊此病之经验者，遍考医书，惟一九二五年美国维斯康新省某医学杂志有关于与此病同症之论文一篇，病情治法皆同。惟医者深以先君子体过弱，不便用药为优，勉试而已。十二月七日，小便忽又堵塞，约三十小时。经此之后，先君子精神健旺，食欲亦稍进，医生亦稍稍表示或有希望可言，不孝等私心稍慰，岂知十七日，病势又转恶，寒热交作，廿四日，注血二百立方，反动甚剧，平复后，医谓结果小有进步。不孝思成侍疾在侧，望愈心切，徒见精神健旺，病象见轻，心之所冀，目为之迷。而医以药菌剧斗，太伤元气，竟于此数日间并药而不给，延至一月十九日下午二时十五分，遂弃不孝等而长逝，呜呼痛哉！酷哉！

"先君子于人生观无论环境如何，辄以不忧不惧为宗旨，虽至临终之前数日，犹日夜谋病起之后，所以继续述作之计划。欻忽之顷，赍志九泉，不孝等不肖，其将谁为继者。所遗藏书数十万卷，当俟国中有稍完备之图书馆时全数捐赠，以供海内学子之求，则先君子虽往，吾学术界庶几犹沾遗教，亦不孝等所以继先君子讲学之志于万一者也。神志瞀乱，语无伦次，伏唯矜鉴。"（梁思成等述《梁任公得病逝世经过》）

附录
梁启超先生论述三篇

为学与做人

（1922年，任公在苏州的一篇演讲稿）

诸君！我在南京讲学将近三个月了。这边苏州学界里头，有好几回写信邀我，可惜我在南京是天天有功课的，不能分身前来。今天到这里，能够和全城各校诸君聚在一堂，令我感激得很。但有一件，还要请诸君原谅：因为我一个月以来，都带着些病，勉强支持。今天不能作很长的讲演，恐怕有负诸君期望哩。

问诸君"为什么进学校？"我想人人都会众口一辞地答道："为的是求学问。"再问："你为什么要求学问？""你想学些什么？"恐怕各人的答案就很不相同，或者竟自答不出来了。诸君啊！我请替你们总答一句罢："为的是学做人。"你在学校里头学的什么数学几何物理化学生理心理历史地理国文英语，乃至什么哲学文学科学政治法律经济教育农业工业商业等等，不过是做人所需要的一种手段，不能说专靠这些便达到做人的目的。任凭你把这些件件学得精通，你能够成个人不能成个人还是个问题。

人类心理，有知情意三部分。这三部分圆满发达的状态，我们先哲名之为三达德——智、仁、勇。为什么叫作"达德"呢？因为这三件事是人类普通道德的标准，总要三件具备才能成一个人。三件的完成状态怎么样呢？孔子说："知者不惑，仁者不忧，勇者不惧。"所以教育应分为知育情育意育三方面。现在讲的智育德育体育，不对。德育范围太笼统，体育范围太狭隘。知育要教到人不惑，情育要教到人不忧，意育要教到人不惧。教育家教学生，应该以这三件为究竟，我们自动地自己教育自己，也应该以这三件为究竟。

怎么样才能不惑呢？最要紧是养成我们的判断力。想要养成判断力：第一步，最少须有相当的常识；进一步，对于自己要做的事须有专门智识；再进一步，还要有遇事能断的智慧。假如一个人连常识都没有，听见打雷，说是雷公发威；看见月蚀，说是虾蟆贪嘴。那么，一定闹到什么事都没有主意，碰着一点疑难问题，就靠求神问卜看相算命去解决。真所谓"大惑不解"，成了最可怜的人了。学校里小学中学所教，就是要人有了许多基本的常识，免得凡事都暗中摸索，但仅仅有这点常识还不够。我们做人，总要各有一件专门职业，这门职业，也并不是我一人破天荒去做，从前已经许多人做过。他们积了无数经验，发现出好些原理原则，这就是专门学识。我打算做这项职业，就应该有这项专门学识。例如我想做农，怎样改良土壤、怎样改良种子、怎样防御水旱病虫等等都是前人经验有得成为学识的。我们有了这种学识，应用他来处置这些事，自然会不惑；反是则惑了。做工做商等等都各个有他的专门学识，也是如此。我想做财政家：何种租税可以生出何样结果，何种公债可以生出何样结果等等，都是前人经验有得成为学识的。我们有了这种学识，应用他来处置这些事，自然会不惑；反是则惑了。教育家军事家等等都各个有他的专门学识，也是如此。我们在高等以上学校所求的智识，就是这一类。但专靠这种常识和学识就够吗？还不能。宇宙和人生是活的不是呆的，我们每日所碰见的事理是复杂的变化的不是单纯的印板的。倘若我们只是学过这一件才懂这一件，那么，碰着一件没有学过的事来到跟前，便手忙脚乱了。所以还要养成总体的智慧才能得有根本的判断力。这种总体的智慧如何才能养成呢？第一件：要把我们向来粗浮的脑筋，着实磨练他，叫他变成细密而且踏实。那么，无论遇着如何繁难的事，我都可以彻头彻尾想清楚他的条理，自然不至于惑了。第二件：要把我们向来昏浊的脑筋，着实将养他，叫他变成清明。那么，一件事理到跟前，我才能很从容很莹澈地去判断他，自然不至于惑了。以上所说常识学识和总体的智慧，都是智育的要件，目的是教人做到知者不惑。

怎么样才能不忧呢？为什么仁者便会不忧呢？想明白这个道理，先要知道中国先哲的人生观是怎么样。"仁"之一字，儒家人生观的全体大用都包在里头。"仁"到底是什么？很难用言语说明。勉强下个解释，可以说是："普遍人格之实现。"孔子说："仁者人也。"意思说是人格完成就叫作"仁"。但我们要知道：人格不是单独一个人可以表见的，要从人和人的关系上看出来。所以"仁"字从"二人"，郑康成解他作"相人偶"。总而言之，要彼我交感互发，成为一体，然后我的人格才能实现。所以我们若不讲人格主义，那便无话可说。讲到这个主义，当然归宿到普遍人格。换句话说：宇宙即是人生，人生即是宇宙，我的人格和宇宙无二无别。体验得这个道理，就叫作"仁者"。然则这种仁者为什么就会不忧呢？大凡忧之所从来，不外两端，一曰忧成败，二曰忧得失。我们得着"仁"的人生观，就不会忧成败。为什么呢？因为我们知道宇宙和人生是永远不会圆满的，所以《易经》六十四卦，始"乾"而终"未济"。正为在这永远不圆满的宇宙中，才永远容得我们创造进化，我们所做的事，不过在宇宙进化几万万里的长途中，往前挪一寸两寸，哪里配说成功呢？然则不做怎么样呢？不做便连这一寸两寸都不往前挪，那可真真失败了。"仁者"看透这种道理，信得过只有不做事才算失败，凡做事便不会失败。所以《易经》说："君子以自强不息。"换一方面来看：他们又信得过凡事不会成功的，几万万里路挪了一两寸，算成功吗？所以《论语》说："知其不可而为之。"你想！有这种人生观的人，还有什么成败可忧呢？再者：我们得着"仁"的人生观，便不会忧得失。为什么呢？因为认定这件东西是我的，才有得失之可言。连人格都不是单独存在，不能明确地画出这一部分是我的，那一部分是人家的，然则哪里有东西可以为我所得？既已没有东西为我所得，当然也没有东西为我所失。我只是为学问而学问，为劳动而劳动，并不是拿学问劳动等等做手段来达某种目的——可以为我们"所得"的。所以老子说："生而不有，为而不恃。""既以为人己愈有，既以与人己愈多。"你想有这种人生观的人，还有什么得失可忧呢？总而言之：有了这种人生观，自然会觉得"天地与我并生，而万物与我为一"，自然会"无入而不自得"。他的生活，纯然是趣味化艺术化。这是最高的情感教育，目的教人做到仁者不忧。

怎么样才能不惧呢？有了不惑不忧功夫，惧当然会减少许多了，但这是属于意志方面的事。一个人若是意志力薄弱，便有很丰富的智识，临时也会用不着，便有很优美的情操，临时也会变了卦。然则意志怎么才会坚强呢？头一件须要心地光明。孟子说："浩然之气，至大至刚。行有不慊于心，则馁矣。"又说："自反而不缩，虽褐宽博，吾不惴焉；自反而缩，虽千万人，吾往矣。"俗语说得好："生平不做亏心事，夜半敲门也不惊。"一个人要保持勇气，须要从一切行为可以公开做起。这是第一着。第二件要不为劣等欲望之所牵制。《论语》记："子曰：吾未见刚者。或对曰：申枨。子曰：枨也欲，焉得刚？"一被物质上无聊的嗜欲东拉西扯，那么，百炼刚也会变为绕指柔了。总之一个人的意志，由刚强变为薄弱极易，由薄弱返到刚强极难。一个人有了意志薄弱的毛病，这个人可就完了。自己做不起自己的主，还有什么事可做？受别人压制，做别人奴隶，自己只要肯奋斗，终须能恢复自由。自己的意志做了自己情欲的奴隶，那么，真是万劫沉沦，永无恢复自由的余地，终身畏首畏尾，成了个可怜人了。孔子说："和而不流，强哉矫；中立而不倚，强哉矫；国有道，不变塞焉，强哉矫；国无道，至死不变，强哉矫。"我老实告诉诸君说罢：做人不做到如此，决不会成一个人。但做到如此真是不容易，非时时刻刻做磨练意志的功夫不可。意志磨练得到家，自然是看着自己应做的事，一点不迟疑，扛起来便做，"虽千万人吾往矣"。这样才算顶天立地做一世人，绝不会有藏头躲尾左支右绌的丑态。这便是意育的目的，要教人做到勇者不惧。

我们拿这三件事作做人的标准，请诸君想想，我自己现时做到哪一件——哪一件稍为有一点把握。倘若连一件都不能做到，连一点把握都没有，嗳哟！那可真危险了，你将来做人恐怕就做不成。讲到学校里的教育吗：第二层的情育第三层的意育，可以说完全没有，剩下的只有第一层的知育。就算知育罢，又只有所谓常识和学识，至于我所讲的总体智慧靠来养成根本判断力的，却是一点儿也没有。这种"贩卖智识杂货店"的教育，把他前途想下去，真令人不寒而栗！现在这种教育，一时又改革不来，我们可爱的青年，除了他更没有可以受教育的地方。诸君啊！你到底还要做人不要？你要知道危险呀！非你自己抖擞精神想方法自救，没有人能救你呀！

诸君啊！你千万别要以为得些断片的智识就算是有学问呀。我老实不客气告诉你罢：你如果做成一个人，智识自然是越多越好；你如果做不成一个人，智识却是越多越坏。你不信吗？试想想全国人所唾骂的卖国贼某人某人，是有智识的呀，还是没有智识的呢？试想想全国人所痛恨的官僚政客——专门助军阀作恶鱼肉良民的人，是有智识的呀，还是没有智识的呢？诸君须知道啊：这些人当十几年前在学校的时代，意气横厉，天真烂漫，何尝不和诸君一样？为什么就会堕落到这样田地呀？屈原说的："何昔日之芳草兮，今直为此萧艾也！岂其有他故兮，莫好修之害也。"天下最伤心的事，莫过于看着一群好好的青年，一步一步地往坏路上走。诸君猛醒啊！现在你所厌所恨的人，就是你的前车之鉴了。

诸君啊！你现在怀疑吗？沉闷吗？悲哀痛苦吗？觉得外边的压迫你不能抵抗吗？我告诉你：你怀疑和沉闷，便是你因不知才会惑。你悲哀痛苦，便是你因不仁才会忧。你觉得你不能抵抗外界的压迫，便是你因不勇才有惧。这都是你的知情意未经过修养磨练，所以还未成个人。我盼望你有痛切的自觉啊！有了自觉，自然会自动。那么，学校之外，当然有许多学问，读一卷经，翻一部史，到处都可以发见诸君的良师呀！

诸君啊！醒醒罢！养足你的根本智慧，体验出你的人格人生观，保护好你的自由意志。你成人不成人，就看这几年哩！

梁先生北海谈话记

先生这篇谈话，大半都是劝勉学生如何在道德和知识方面修养的话。读这篇谈话，可以看出先生不满于现代学校制度和社会风俗，并谋如何改造之法。此外关于先生施教的情形，和对于清华的期望，也可概见。

反观现在的学校，多变成整套的机械作用，上课下课，闹得头昏眼花。进学校的人大多数除了以得毕业文凭为目的以外，更没有所谓意志，也没有机会做旁的事。有志的青年们，虽然不流于这种现象，也无从跳出圈套外。于是改造教育的要求，一天比一天迫切了。我这两年来在清华学校当教授，当然有我的相当抱负而来的，我颇想在这新的机关之中，参合着旧的精神。吾所理想的也许太难，不容易实现。我要想把中国儒家道术的修养来做底子，而在学校功课上把他体现出来。在已往的儒家各个不同的派别中，任便做哪一家都可以的，不过总要有这类的修养来打底子。自己把做人的基础先打定了，吾相信假定没有这类做人的基础，那么做学问并非为自己做的。至于智识一方面，固然要用科学方法来研究，而我所希望的，是科学不但应用于求智识，还要用来做自己人格修养的工具。这句话怎么讲呢？例如：当研究一个问题时，态度应如何忠实，工作应如何耐烦，见解要如何独立，整理组织应如何治理而且细密……凡此之类，都一面求智识的推求，一面求道术的修养，两者打成一片。现世界的学校，完全偏在智识一方面，而老先生又统统偏在修养一边，又不免失之太空了。所以要斟酌于两者之间。我最希望的是在求智识的时候，不要忘记了我这种做学问的方法，可以为修养的工具；而一面在修养的时候，也不是参禅打坐的空修养，要如王阳明所谓在事上磨炼。在事上磨炼，并不是等到出了学校入到社会才能实行。因为学校本来就是一个社会，除方才所说用科学方法作磨炼工具外，如朋友间相处的方法，乃至一切应事接物，何一不是我们用力的机会。我很痴心想把清华作这种理想的试验场所，但照这两年的经过看来，我的目的并未能达到多少。第一个原因，全国学风都走到急功近利，及片断的智识相夸耀，谈到儒家道术的修养，都以为迂阔不入耳。在这种雾围之下，想以一个学校极少数人打出一条血路，实在是不容易。第二件，清华学校自有他的历史，自有他的风气，我不过是几十位教员中之一位。当未约到多数教员合作以前，一个人很难为力的。第三件，我自己也因智识方面嗜好太多，在堂上讲课以及在私室和诸君接谈时，多半也驰骛于片断的智识，不能把精神集中于一点。因为这种原因，所以两年所成就，不能如当初的预期。

我对于同学诸君，尤其万分抱歉。大学部选修我的功课的，除了堂上听讲外，绝少接谈的机会，不用说了，就在研究院中，恐怕也不能不令诸君失望。研究院的形式，很有点道尔顿制的教育，各人自己研究各人的嗜好，而请教授指导指导。老实说我对于任何学问并没有专门的特长，所以对于诸同学的工作中间也有我所知道的，我当然很高兴地帮帮他们的忙，也许有我们同学的专门工作比我还做得好，这倒不是客气话。外国研究院中的教授，于很隘小范围内的学问，他真个可以指导研究，而除此隘小范围以外，他都不管。而我今日在研究院中的地位却是糟了。同学以为我什么都懂得，所以很亲密地天天来请教我，而我自己觉得很惭愧，没有充分帮助。不过虽然如此，而我的希望仍是很浓厚着，仍努力继续下去。什么希望呢？假定要我指导某种学问的最高境界，我简直是不能，可以说我对于专门学问深刻的研究在我们同事诸教授中，谁都比我强，我谁都赶不上。但是我情愿每天在讲堂上讲做学问的方法，或者同学从前所用的方法不十分对，我可以略略加以纠正，或者他本来已得到方法，可以为相当的补助。这一点我在智识上对于诸同学可以说是有若干的暗示，也许同学得到我这种暗示，可以得到做学问的路，或者可以增加一点勇气。

还有一点，我自己做人不敢说有所成就，不过直到现在我觉得还是天天想向上，在人格上的磨炼及扩充，吾自少到现在，一点不敢放松。对于诸同学我不敢说有多少人格上的感化，不过我总想努力令不致有若干恶影响到诸同学。诸同学天天看我的起居谈笑，各种琐屑的生活，或者也可以供我同学们相当暗示或模范，大家至少可以感觉到这一点我已有一日之长。五十余岁的人，而自己训练自己的工作，一点都不肯放过，不肯懈怠，天天看惯了这种样子，也可以使我们同学得到许多勇气。所以我多在校内一年，我们一部分同学可以多得一年的熏染，则我的志愿已算是不虚了。

现在中国的情形糟到什么样子，将来如何变化，谁也不敢推测。在现在的当局者，哪一个是有希望的？哪一个党派是有希望的？那么中国就此沉沦下去了吗？不，决不的。如果我们这样想，那我们太没志气，太不长进了。现在一般人做得不好，固然要后人来改正，就是现在一般人做得很好，也要后人来继续下去。现在学校的人，当然是将来中国的中坚。然而现在学校里的人，准备了没有？准备什么样来担任这个重大的责任？智识才能固然是要的，然而道德信仰——不是宗教——是断然不可少的。现在时事糟到这样，难道是缺乏智识才能的缘故吗？老实说，什么坏事情不是智识才能分子做出来的。现在一般人根本就不相信道德的存在，而且想把他留下的残余根本去化除。

我们一回头看数十年前曾文正公那般人的修养。他们看见当时的社会也坏极了，他们一面自己严厉地约束自己，不跟恶社会跑，而同时就以这一点来朋友间互相勉励，天天这样琢磨着。可以从他们往来的书札中考见，一见面一动笔，所用以切磋观摩规劝者，老是这么样坚忍，这么样忠实，这么样吃苦有恒负责任……这一些话，看起来是很普通的，而他们就只用这些普通话来训练自己，不怕难，不偷巧，最先从自己做起，立个标准，扩充下去，渐次声应气求，扩充到一般朋友，久而久之便造成一种风气，到时局不可收拾的时候，就只好让他们这班人出来收拾了。所以曾、胡、江、罗一般书呆子，居然被他们做了这伟大的事业，而后来咸丰以后风气居然被他们改变了，造成了他们做书呆子时候的理想道德社会了。可惜江公、罗公早死一点，不久胡公也卒，单剩曾文正公，晚年精力也衰了。继曾文正公者是李文忠公，他就根本不用曾、胡、江、罗诸人的道德改造政策，而换了他的功利改造政策。他的智力才能确比曾文正公强，他专奖励一班只有才能不讲道德的人物。继他而起的是袁项城，那就变本加厉，明目张胆地专提拔一种无人格的政客，做他的爪牙，天下事就大糟而特糟了。顾亭林《日知录》批评东汉的名节数百年养成不足，被曹操一人破坏之而有余，正是同出一辙呀。

李文忠公功名之士，以功名为本位，比较以富贵为本位的人还算好些，再传下去便不堪设想了。其父杀人报仇，其予必且行劫，袁项城就以富贵为本位了。当年曾、胡、江、罗以道德、气节、廉耻为提倡的成绩，遂消灭无遗。可怜他们用了大半世的功力，像有点眉目了，而被李文忠公以下的党徒根本清除，一点也不留。无怪数十年来中国的内乱，便有增无遗了。一方面又从外国舶来了许多什么党，什么派，什么主义……

现在既然把什么道德的标准统统破坏无遗，同时我们解剖现代思想的潮流，就不出这二股范围之外……而一方面老先生们又全不知挽救的方法，天天空讲些礼教，刚刚被一般青年看作笑话的资料，而瞧不起他。我们试看曾文正公等当时是什么样修养的，是这样的吗？他们所修养的条件，是什么样克己，什么样处事，什么样改变风气……先从个人、朋友少数人做起，诚诚恳恳脚踏实地的一步一步做去，一毫不许放松。我们读曾氏的《原才》，便可见了。风气虽坏，自己先改造自己，依次改造我的朋友，以及朋友的朋友，找到一个是一个。这样继续不断地努力下去，必然有相当的成功。假定曾文正、胡文忠迟死数十年，也许他们的成功是永久了。假定李文忠、袁项城也走这一条路，也许直到现在还能见这种风气呢。然而现在的社会，是必须改造的；不改造他，眼看他就此沉沦下去，这是我们的奇耻大辱。但是谁来改造他？一点不客气，是我辈。我辈不改造谁来改造？要改造社会，先从个人做人方面做去，以次及于旁人，一个、二个……以至千万个。只要我自己的努力不断，不会终没有成绩的。江、罗诸公，我们知道他是个乡下先生，他为什么有这样伟大的事业？在这一点上，我对于诸同学很抱希望。希望什么？希望同学以改造社会风气为各人自己的责任。

至于成功嘛，是不可说的。天地一日没有息，我相信我们没有绝对成功的一日。我们能工作一部分，就有一部分的成绩，最怕是不做。尤其我们断不要忘了这句话，社会我们切不要随其流而扬其波，哺其糟而啜其醨。不然则社会愈弄愈坏，坏至于极，是不堪设想的。至少我有一分力量，要加以一分纠正。至于机会之来不来，是不可说的，但是无论有没有机会，而我们改善社会的决心和责任，是绝对不能放松的。所以我希望我们同学，不要说我们的力量太小，或者说我们在学校里是没有工夫的。实际上只要你有多少力量，尽多少责任就得。至于你无论在什么地方，总是社会的一分子，你也尽一分子的力，我也尽一分子的力，力就大了，将来无论在政治上，或教育上，或文化上，或社会事业上……乃至其他一切方面，你都可以建设你预期的新事业，造成你理想的新风气，不见得我们的中国就此沉沦下去的。这是对于品格上修养的话。

至于智识上的修养——在学问著述方面改造自己，那么因我个人对于史学有特别兴趣，所以昔时曾经发过一个野心，要想发愤重新改造一部《中国史》。现在知道这是绝对不是一个人的力量所可办到的，非分工合作，是断不能做成的。所以我在清华，也是这个目的，希望用了我的方法，遇到和我有同等兴味的几位朋友，合起来工作，忠实地切实地努力一下。我常常这样想，假定有同志约二三十人，用下二三十年工夫去，终可以得到一部比较好的《中国史》。我在清华二年，也总可说已经得到几个了，将来或聚在一块儿，或散在各方，但是终有合作的可能。我希望他们得我多少暗示的帮助，将来他们的成绩比我强几倍。归纳起来罢，以上所讲的有两点：

（一）做人的方法——在社会上造成一种不逐时流的新人。

（二）做学问的方法——在学术界上造成一种适应新潮的国学。

我在清华的目的如此。虽不敢说我的目的已经满足达到，而终得了几个很好的朋友。这也是做我自己可以安慰自己的一点。

今天是一年快满的日子了。趁天气晴和时候，约诸同学在此相聚。我希望在座的同学们，能完全明了了解这两点——做人做学问——而努力向前干下去呀。

是年初夏，先生曾偕清华研究院学生为北海之游，当日先生发表谈话一篇，该文以后刊入《清华研究院同学录》。

（周传儒、吴其昌《梁先生北海谈话记》，丁卯初夏《清华学校研究院同学录》）

1923年梁先生小释"玄学"与"科学"的关系

人类生活，固然离不了理智，但不能说理智包括尽人类生活的全内容，此外还有一极重要部分——或者可以说是生活的原动力，就是情感。情感表示出来的方向很多，内中最少有两件的的确确带有神秘性的，就是"爱"和"美"。科学帝国的版图和威权无论扩大到什么程度，这位"爱先生"和那位"美先生"依然永远保持他们那种"上不臣天子，下不友诸侯"的身份。请你科学家把"美"来分析研究罢，什么线，什么光，什么韵，什么调，任凭你说得如何文理密察，可有一点儿搔着痒处吗？至于"爱"，那更玄之又玄了。假令有两位青年男女相约为"科学的恋爱"，岂不令人喷饭？又何止两性之爱呢，父子朋友……，其中不可思议者何限。孝子割股疗亲，稍有常识的也该知道是无益，但他情急起来，完全计较不到这些。程婴、杵臼代人抚孤，抚成了还要死。田横岛上五百人死得半个也不剩。这等举动，若用理智解剖起来，都是很不合理的，却不能不说是极优美的人生观之一种。推而上之，孔席不暖，墨突不黔，释迦割臂饲鹰，基督钉十字架替人赎罪，他们对于一切众生之爱，正与恋人之对于所欢同一性质，我们想用什么经验什么规范去测算他们的所以然之故，真是痴人说梦。如随便一个人对于所信仰的宗教，对于所美。吾国楷法，线美至极轨也。又曰字为心画。美术之表见作者性格，绝无假借者，惟书为最，然则书道之不能磨灭于天地间，又岂俊论哉。

春夏间，张君劢、丁在君因为人生观的争论，发起很剧烈的玄学与科学的论战。其时先生正在养病翠微山中，因为怕他们过用意气反伤和气的原故，所以当时曾撰《关于玄学科学论战之战时国际公法》和《人生观与科学》两篇文章，借以导入为真理而论战的途径。

家风系列

胡适家书

胡适/著

北京理工大学出版社
BEIJING INSTITUTE OF TECHNOLOGY PRESS

图书在版编目（CIP）数据

胡适家书 / 胡适著. –– 北京：北京理工大学出版社，2015.7
（家风系列）
ISBN 978-7-5682-0111-7

Ⅰ. ①胡… Ⅱ. ①胡… Ⅲ. ①胡适（1891～1962）—书信集 Ⅳ.
①K825.4

中国版本图书馆CIP数据核字（2015）第003536号

出版发行 / 北京理工大学出版社有限责任公司
社　　址 / 北京市海淀区中关村南大街 5 号
邮　　编 / 100081
电　　话 / (010) 68914775（总编室）
　　　　　82562903（教材售后服务热线）
　　　　　68948351（其他图书服务热线）
网　　址 / http://www.bitpress.com.cn
经　　销 / 全国各地新华书店
印　　刷 / 三河市九洲财鑫印刷有限公司
开　　本 / 700 毫米 × 1000 毫米　　1/16
印　　张 / 26.25　　　　　　　　　　　　　　责任编辑 / 钟　博
字　　数 / 330千字　　　　　　　　　　　　文案编辑 / 钟　博
版　　次 / 2015年7月第1版　2015年7月第1次印刷　责任校对 / 周瑞红
总 定 价 / 160.00元（全四册）　　　　　　　责任印制 / 边心超

目 录
Contents

胡适小传

　　胡适，原名嗣穈，学名洪骍，字希疆，后改名胡适，字适之，笔名天风、藏晖等。安徽绩溪上庄村人，因提倡文学革命而成为新文化运动的领袖之一，曾担任国立北京大学校长、中央研究院院长等职，是中国现代史最著名的学者之一。胡适兴趣广泛，著述丰富，在文学、哲学、史学、考据学、教育学、伦理学、红学等诸多领域都有深入的研究。1962年2月24日胡适逝世，1939年他曾获得诺贝尔文学奖的提名。

　　1891年2月17日胡适生于上海大东门外，5岁开蒙，在绩溪老家私塾受过9年旧式教育，打下一定的旧学基础。1904年他到上海进新式学校梅溪学堂、澄衷学堂求学，初步接触了西方的思想文化，接受《天演论》等新思潮，受到梁启超、严复思想的较大影响。1906年他考入中国公学，1910年考中"庚子赔款"留学生，赴美后先入康乃尔大学农学院，1912年春，改入文学院。1914年2月，他得学士学位。1915年9月，他进入哥伦比亚大学哲学系研究院，师从哲学家杜威，接受了杜威的实用主义哲学。1917年他完成博士学位论文《古代中国逻辑方法之进化》。是年7月，胡适回国，任北京大学教授，加入《新青年》编辑部，撰文反对封建主义，宣传个性自由、民主和科学，积极提倡"文学改良"和白话文学，成为当时新文化运动的重要人物。

同年，胡适在《新青年》上发表《文学改良刍议》，主张以白话文代替文言文，他所写的《尝试集》是中国第一部白话诗集。胡适提出写文章"不作无病之呻吟""须言之有物"等主张，为新文学形式作出初步设想。1920年他出版中国新文学史上第一部白话诗集《尝试集》。《尝试集》的新诗充满试验性质，并不成熟。诗人余光中认为"胡适等人在新诗方面的重要性也大半是历史的，不是美学的"。他第一个用白话写作独幕剧《终身大事》，确立了现代话剧的新形式。剧情里女主角留下"孩儿的终身大事，孩儿该自己决断"的字条，与恋人离家出走。这是受易卜生《玩偶之家》的影响。他的小说《一个问题》开启了中国现代小说的第一个流派"问题小说"，"问题小说"的代表作家有叶圣陶、罗家伦、杨振声、冰心等。

胡适是个学识渊博的学者，在文学、哲学、史学、考据学、教育学、伦理学等诸多领域均有不小的建树。胡适在中国现代学术方面，是较早引入西方方法以来研究中国学术的。他首先采用了西方近代哲学的体系和方法研究中国先秦哲学。他以其博士论文《先秦名学史》为基础，编写了《中国哲学史大纲》（上卷），仅写到先秦。

胡适在古典小说《红楼梦》《水浒传》《西游记》《三国演义》《三侠五义》《海上花列传》《儿女英雄传》《官场现形记》《老残游记》等十二部小说的研究皆卓然有成，著述六十万言，结集为《中国章回小说考证》出版。

胡适是新红学派——考据派的创始人，可以说是将小说纳入了学术研究正轨的第一人，取代蔡元培为代表的"索隐派"旧红学。胡适在《红楼梦考证》中说："我现在要忠告诸位爱读《红楼梦》的人：我们若想真正了解《红楼梦》，必须先打破这种牵强附会的《红楼梦》谜学！"

此外，他还重修了禅宗，出版了《中国禅宗史》。晚年他沉浸在对《水经注》的考证和研究中。1961年2月，胡适应邀参加朋友宴会，刚抵达就感到身体不适，立即被送至医院，诊断结果为冠状动脉栓塞症加狭心症。胡适住院2月后回家自养，但身体已日渐衰弱。1962年2月24日，胡适突发心脏病去世，享年72岁。

一九〇七年

致胡近仁

致近仁老叔大人尊前：

半年之中，通问殊少，吾叔或能谅我懒也。日前乃以儿女之私，辱吾叔殷殷垂示，侄非草木，宁不知感激遵命。实以近状如此如此政［致］不获已耳！侄尝为吾叔言，生平有二大恩人，吾母吾兄而已。罔极之思，固不待言。而小人有母，尤非他人泛泛者比。侄乌忍上逆吾母之命而作此忍心之事。总而言之，予不得已也！侄对吾叔不敢打一诳语，叔宜信我耳。近来心中多所思虑，郁郁终年，无日不病。有最近之照片一帧，在吾舅处，可证吾言也。辱示赠周卿诗，第四句甚佳。惜周卿不足当此。吾叔殊未知，周卿实一莽男儿，不学无术者也。近作若干首录呈乞政。今年工课繁重，殊无暇及此。偶有所感，便一为之。六、七月来，得诗不过二十首耳。近来读杜诗，颇用一二分心力。忆得百十首，余无所成，颇用自愧。老叔近读何诗？迩来上海购书稍易，老叔欲得何家诗集者，请以书名见示，当为老叔得之也。此颂

道安

　　侄事已于家信内详说一切，叔可于家母处索观便知。

侄骅顿首

——颜振吾编：《胡适研究丛录》，三联书店，1989年

致胡近仁

近仁先生大人鉴：

　　别后于九月初八日始克抵申，明日即重阳矣。七夕尚与足下携手共观巧云，今日何日？乃不能得与足下共赏黄花令节矣！念之能无黯然魂消耶！小诗数章，附函寄呈，待足下评骘甚殷。匠石之斧，断断不可不挥也。今夕即有人返里，匆此布达。即询近境！

族侄骅顿首

　　英雄得自由，丈夫贵独立。

　　历尽诸险艰，妙理闲中得。

集随园句奉赠

其一

　　有叔有叔字近仁，忘年交谊孰堪伦。

　　香山佳句君知否？同是天涯沦落人。

其二

十年老友三年别，别后相逢互索诗。

含笑高吟含笑读，互拈朱笔互书眉。

其三

怜君潦倒复穷愁，愧我难为借箸谋。

吟到泪随书洒句，那堪相对兴悲秋。

其四

劝君善炼气如虹，莫把穷通怨化工。

错节盘根知利器，勖哉时势造英雄。

其五

十年联交久，何堪际别离！

友师论学业，叔侄叙伦彝。

耿耿维驹意，依依折柳辞。

天涯知己少，怅怅欲何之！

丁未夏，余归自申江，与近仁先生别三年矣。相见依依，不忍言别，而又不能不别。赋此留别，即希教正。

（1907年） 秋八月族侄骍谨识

——沈寂：《胡适早期的书信和诗文》

载于《近代史资料》第65期

致胡近仁

近仁先生赐鉴：

前书成，以无便，故未发。今复得诗若干首录下，即求惠我斧削为荷。驿前曾言此后必守"戒诗"之约，今乃自食其言，可愧也！然以别后景况日趋衰飒，故聊借此用自排遣。友人任君赠驿诗，有"雕虫宁素志，歌哭感当时"之语。驿感谢之至于极地，先生闻此，当知我心也。

侄驿白

（1907年，暂系于此。）

——《胡适研究丛录》

致胡近仁

十月九夜，离群索居，俯仰身世，率成右律。此诗和者甚多，先生肯赐和一、二章否？

生今年十六，所事竟何成？苦虑忧如沸，愁颜酒易损。伤心增马齿，起舞感鸡声。努力完大职，荣名非所营。

题秋女士瑾遗影

生前曾卜邻，相去仅咫尺。云何咫尺间，彼此不相识。身后见君影，倭刀光熠熠。秋雨复秋风（秋女士口供止书秋雨秋风愁煞人一句），斯人不可作！

（附言）途中寄怀一诗，本未入流之流，不足记忆。如先生能为我点铁成金，则尤当九叩首以谢。

附诗：挽王汇川

今年岁正始，揽胜到苏州。下榻劳贤主，先驱导远游。凄凉闻噩耗，儿女有遗忧（君有子未周岁，有女未嫁）。何日苏台畔？携尊〔樽〕奠枚邱！

（1907年）

——《胡适早期的书信和诗文》，《近代史资料》总第65号

一九〇八年

致母亲

慈亲大人膝下：

　　谨禀者，今日接得大人训示及近仁叔手札，均为儿婚事致劳大人焦烦。此事男去岁在里时大人亦曾提及，彼时儿仅承认赶早一二年，并未承认于今年举行也。此事今年万不可行。一则男实系今年十二月毕业，大哥及诸人所云均误耳。此言男可誓之鬼神，大人纵不信儿言，乃不信二哥言耶？二则下半年万不能请假。盖本校定章若此学期有一月中请假一小时者，于毕业分数上扣去廿分；有二月中均有请假者扣四十分，余以次递加。大人素知儿不甘居人下，奈何欲儿以此儿女之私，抑儿使居人后乎！（一小时且不敢，何况二三礼拜乎？）三则吾家今年断无力及此。大人在家万不料男有此言，实则二哥所以迟迟不归者，正欲竭力经营，以图恢复旧业。现方办一大事，拮据已甚，此事若成，吾家将有中兴之望（此事亦不必先行禀知，以里中皆非善口，传之反贻人猜疑，贻人啧啧烦言也）。若大人今年先为男办此事，是又以一重担加之二哥之身也。且男完婚，二哥必归，而此间之事将成画饼矣。大人须念儿言句句可以对上帝，儿断不敢欺吾母。儿今年尤知二哥苦衷，望大人深信儿言，并以此意语二嫂知之。四则男此次辞婚并非故意忤逆，实则男断不敢不娶妻，以慰大人之期望。即儿将来得有机会可以出洋，亦断不敢背吾母私出外洋不来归娶。儿近方以伦理勖人，安敢忤逆如是，大人尽可放心也。儿书至此，儿欲哭矣，嗟夫吾母，儿此举正为吾家计，正为吾二哥计，亦正为吾一身计，不得不如此耳。若此事必行，则吾家四分五裂矣，大人不可不知也。若大人因儿此举而伤心致疾或积忧成痗，则儿万死不足以蔽其辜矣。大人须知儿万不敢忘吾母也。五则大人所言惟恐江氏处不便，今儿自作一书申说此中情形，大人可请禹臣师或近仁叔读之，不识可能中肯，以弟（原文如此）思之，除此以外别无良法矣。大人务必请舅父再为男一行，期于必成，期于必达儿之目的而后已。六则合婚择日儿所最痛恶深绝者，前此在家曾屡屡为家人申说此义。为人父母者，固不能不依此办法，但儿既极恨此事，大人又何必因此极可杀、极可烹、鸡狗不如之愚人蠢虫瞎子之一言。而以极不愿意、极办不到之事，强迫大人所生所爱之儿子耶？以儿思之，此瞎畜生拣此日子，使儿忤逆吾所最亲敬之母亲，其大不利一；使儿费许多笔墨许多脑力宛转陈辞以费去多少光阴，其大不利二；使吾家家人不睦，其大不利三；使母亲伤心，其大不利四；使江氏白忙一场，其大不利五；使舅父奔走往来，两面难为情，其大不利六，有大不利者六，而犹曰今年大利，吾恨不得火其庐，牛马其人而后甘心也。儿言尽于此矣，大人务必体谅儿子之心，善为调停，万不可待至临时贻无穷之忧。男手颤欲哭，不能再书矣。戊申七月初四日不孝儿子嗣縻百拜谨禀。

男现在不时回店，有信不如由泾县转寄之速也。此用红圈皆极紧之言，用作标识耳。

尤有一事，男不敢不告于大人者，男自得此消息至今消瘦甚矣。昨日拍有一照他日寄归，大人当亦伤心，儿何憔悴至此耶！

前寄余川汪上宾兄（即宅坦三老表嫂之义女婿）带有二哥及儿之信已收到未？儿已将致江村之信写好，因大人既以八月毕业为辞，故男信中亦以此为辞，庶不使大人失信于江氏。儿思儿之岳氏既有意与吾家为姻眷，今得儿书，当念二姓他日尚须来往，女婿他日尚须登堂相见，断不肯使儿为难，以阻二姓之好。则大人所言一切为难情形皆儿一身当之。望大人垂念儿子一片为吾家为吾母之苦心，助儿一臂，请舅父亲自为儿一行。有儿此信，大人及舅父均有可措词之道，事无不成之理。儿以昨日作两书，今日又作致江氏书，天气太热，作字太多，致背脊酸痛，今不能多作书矣。今并万言为一句曰："儿万不归也。"

儿子嗣穈饮泣书（7月31日）
——《胡适遗稿及秘藏书信》，第21册

一九〇九年

致母亲

慈亲大人膝下：

日前接读七月十二日手谕，欢喜无量。男与二哥在此均各平安，请勿远念。儿近已不欲他往，下半年仍在中国新公学，已于七月二十六日开课。儿每日授课四时，以外有暇，时时研习他国文字，以为出洋之预备。现所授之时间比上半年每日较少一时，便觉省力多矣（上半年每日五时）。

大人来谕言及债款家用等情，儿自当赶紧筹寄。儿在此所苦出息甚微，校中又万分拮据，以致今年未寄一钱。惟儿从不敢妄用一钱，致蹈浪费之弊，此则大人所能信儿者也。

来谕述舅父病状，令人骇异不已。所望抵家以后得泽舟及禹臣师诸君协力调治，药到回春，则此愿慰矣。惟人命至重，千万不可信愚人之言，妄服仙方或祈禳求愈，想大人必不以儿此言为过虑也。

来谕中附有与二哥一谕及聪儿一禀，均已交二哥看过。二哥昨夜

（廿八日）往川沙料理店事，须数日始能回沪。前此二哥曾有痔疾，现已告痊，请大人及二嫂均可放心，毋庸焦虑也。

大人手谕中附有一信，乃一女子致其母者，署名宝孙。函中称呼人物皆儿所不解。以手谕有"儿妇于初八日来吾家"一语度之，似此函即儿妇手书。果尔，则此函字迹词意已略有可观，不可谓非大进步，此皆出吾母之赐也。儿甚愿其暇日能时时用功，稍稍练习，在吾家有诸侄可以问字，在岳家有其母可以问字，即此已足。现旌、绩两邑俱无完全女学，虽入学亦无大益，不如其已也。儿近年以来于世事阅历上颇有进步，颇能知足。即如儿妇读书一事，至今思之颇悔。从前少年意气太盛，屡屡函请，反累妇姑、岳婿、母子之间多一层意见，岂非多事之过。实则儿如果欲儿妇读书识字，则他年闺房之中又未尝不可为执经问字之地，以伉俪而兼师友，又何尝不是一种乐趣，何必亟亟烦劳大人，乃令媒妁之人蹀躞奔走，为儿寄语。至今思之几欲失笑，想大人闻儿此言，亦必哑然失笑也。

禹臣师嘱买教科书及永儿读书，皆已购就，一并附呈。闻二哥言聪儿近能勉强看小说，此大好事。惟小说中有一种淫书，切不可看。又有石印字太小之书，亦切不可看。聪儿眼目已有毛病，千万不可令以小说之故又受损伤，望大人及二嫂时时留意。此事关系甚大，不可轻易放过也。今日下课无事，执笔作此。舅父现在吾家，故不另禀问安，即乞大人致意问病，无任企切。谨此，叩请金安，伏乞垂鉴

儿縻百拜

又，家中析产阄书，均已见过，惟姨太现在是否仍与大人合住，现

015

在颇康健否？甚念！

七月廿九日（9月13日）

——《胡适遗稿及秘藏书信》，第21册

致胡近仁

槐禅老叔赐鉴：

秋风萧瑟，忽得故人书，长跽奉读，乃复满纸作凄怆语，令人尤难为怀。侄前此闻烧灰叔道及老叔现方赴皖考优，侄已知老叔此行必将有后悔。盖优拔一举，为停科举后第一条生路，捷足者、强有力者早已钻营奔走，岂复尚有余润及于公等乎！老叔念此可以释然矣。所嘱之事，自必竭力代谋。今冬侄亦欲回里一行，届时必有消息奉告。明春或能同时来沪亦未可知，老叔但请放心可也。老叔此时不来沪亦好，若来此见侄在此情形，恐老叔又须抛一副眼泪，为侄一哭也。迩来情况无足告语左右者。小诗数章，写成就正，亦令老叔知我迩来感慨也。匆匆奉闻，即祝

旅安

侄适顿首上言九月望日（10月28日）灯下

——《胡适研究丛录》

一九一〇年

致母亲

慈亲大人膝下：

敬禀者，本月曾托方庆寿兄带上胡开文借票一纸，并嘱其向开文取款带家，不知已收到若干。儿今年本在华童公学教授国文。后，二兄自京中来函，言此次六月京中举行留学美国之考试，被取者留在京中肄业馆预备半年或一年，即行送至美国留学。儿思此次机会甚好，不可错过。后又承许多友人极力相劝，甚且有人允为儿担任养家之费。儿前此所以不读书而为糊口之计者，实为养亲之故。而比年以来，穷年所得，无论儿不敢妄费一钱，终不能上供甘旨，下蓄妻孥，而日复一日年复一年岁不我与，儿亦矗矗老矣。既不能努力学问，又不能顾瞻身家，此真所谓"肚皮跌筋斗，两头皆落空"者是也。且吾家家声衰微极矣，振兴之责惟在儿辈，而现在时势，科举既停，上进之阶惟有出洋留学一途。且此次如果被取，则一切费用皆由国家出之。闻官费甚宽，每年可节省二三百金，则出洋一事于学问既有益，于家用又可无忧，岂非一举两得乎？儿既决此策，遂将华童之事辞去，一面将各种科学温习，以为入京之计。儿于四月中即已将此事始末作书禀告大人。

此书交弼臣姊丈带上，不意弼臣逗留上海不即归去，及儿知之已隔廿余日。事隔多日，遂将此信索回。今儿于廿二夜与二哥同趁"新铭轮"北上，舟中蜷伏斗室不能读书，因作此书奉禀。儿此举虽考取与否，成败尚不可知，然此策实最上之策，想大人亦必以为然也。儿此行如幸而被取则赶紧归至上海，搬取箱箧入京留馆肄业，年假无事当可归来一行。如不能被取，则仍回上海觅一事糊口，一面竭力预备以为明年再举之计。年假中亦必回家一行，望大人放心可也。儿此行舟中风平浪静，又有二兄同行，尤可无虑。抵京之后二哥往东三省，儿则留京预备，考期定于六月中，惟尚无定期，当俟抵京后再行报告也。儿有一照片托弼臣姊丈（即樟林）带上，大人已见之否？弼臣此次来沪带病而归，所患病乃系极危险之症，家中万不能医治，此次以资斧乏绝不能在沪诊治。如抵里后尚未痊愈或更利害，望大人转述儿意，令其再筹款来上海或杭州就西医诊治，千万不可再延，以误终身也。儿抵京后一切情形及考试之事，均俟入京后再行禀告。谨此，叩请金安。

糜儿百拜　五月十四日（6月30日）

家中诸长老均此。

作于"新铭"舟中，时舟行黑水洋，水皆作黑色也。

——《胡适遗稿及秘藏书信》，第21册

致母亲

慈亲大人膝下：

儿此次与二哥北上，在舟中曾作一书托瑞生和转寄，不知已寄到否？儿于廿七日抵京，二哥于二十九日乘火车往奉天矣。儿抵京后始知肄业馆今年尚不能开办，今年所取各生考取后即送出洋。儿既已来京不能不考，如幸而被取，则八月内便须放洋。此次一别迟则五年，早亦三年，始可回国。儿拟如果能被取，则赶紧来家一行，大约七月初十以前可以抵家，惟不能久留，至多不过十日而已。如不能被取，则仍回上海觅一事糊口，一面习德法文及各种高等科学，以为明年再举之计，如此则今夏不能归来，须俟十二月矣。现考试之期定于十五至廿三等日，至廿四日便可分晓。届时如果被取当以电报来家问照也。儿此次北上一切用费皆友人代筹，故今年家用分文未寄，如能被取则有每人五百两之改装费，家用可以无忧；若不能被取，则儿南归后即当赶紧设法筹寄，大人可以放心也。前托方庆寿兄带上开文借据及托其向开文取款寄家，不知有效否。儿无论取与不取，七月初即须南归，俟抵上海后再行禀告。

匆匆奉禀，即叩

福安

                                  糜儿百拜　六月初六日（7月12日）

今日忽念及家中大小团聚吃各种包子，此乐真令天涯游子想煞想煞。

有信可寄上海瑞生和。

                              ——《胡适遗稿及秘藏书信》，第21册

一九一一年

致母亲

第四号 元旦

縻儿百拜，遥祝吾母大人新禧百福。儿今日有大考一次，考毕无事，因执笔追记入学以来之事，以告吾母。想吾母新春无事，家人团聚之时，得此书以为家人笑谈之资，当是一乐也。

（一）体育。外国大学有体育院，中有种种游戏，如杠子、木马、跳高、爬绳、云梯、赛跑、铁环、棍棒之类，皆为习体育之用。大学定章，每人每星期须入此院练习三次。儿初一无所能，颇以为耻。因竭力练习，三月以来，竟能赛跑十围，爬绳至顶，云梯过尽，铁环亦能上去，棍棒能操四磅重者，舞动如飞。现两臂气力增加，儿前此手腕细如小儿，今虽未加粗，然全是筋肉，不复前此之皮包骨头矣。此事于体力上大有关系，如能照常习练，必可大见功效。现儿身体重一百十磅（脱去衣履时称得之重），每磅约中国十二两，一年之后，必可至一百五十磅矣。

（二）交际。美国男女平权，无甚界限。此间大学学生五千人，中有七八百女子，皆与男子受同等之教育。惟美国极敬女子，男女非得友人介绍，不得与女子交言（此种界限较之中国男女之分别尤严，且尤有理）。此间有上等缙绅人家，待中国人极优，时邀吾辈赴其家坐谈。美俗每有客来，皆由主妇招待，主人不过陪侍相助而已。又时延女客与吾辈相见。美国女子较之男子尤为大方，对客侃侃而谈，令人生敬。此亦中西俗尚之不同者也。

（三）饮食。此间食宿分为二事，如儿居此室，主人不为具食，须另觅餐馆。每日早餐有大麦饭（和牛乳）、烘面包（涂牛油）、玉蜀黍衣（和牛乳）之类。中晚两餐，始有肉食，大概是牛羊猪之类。至礼拜日，始有鸡肉。美国烹调之法，殊不佳，各种肉食，皆枯淡无味，中国人皆不喜食之。儿所喜食者，为一种面包，中夹鸡蛋，或鸡蛋火腿，既省事，又省钱，又合口味。有时有烤牛肉，亦极佳，惟不常有耳。儿所居之屋，房东是一老孀，其夫为南美洲人。南美洲地本产米，故土人皆吃饭，其烹肉烧饭之法，颇与中国相同。十一月中，主妇用一女厨子，亦是南美洲人，遂为同居之房客设食。同居者，有中国人七人，皆久不尝中国饭菜之味，今得日日吃饭食肉，其快意可想，儿亦极喜，以为从此不致食膻酪饮矣。不意主妇忽得大病，卧床数日，遂致死去。死后其所用之厨子亦去。如是此种中国风味之饮食，又不可得矣。此一事实，颇有趣味。吾母闻之，亦必为之大笑不已也。

右举三事，拉杂书之，即以奉禀。顺叩

金安

　　　　　　　　　　　　　　糜儿百拜　辛亥元旦（2月18日）
家中长幼均此。

致江冬秀

冬秀贤姊如见：

　　此吾第一次寄姊书也。屡得吾母书，俱言姊时来吾家，为吾母分任家事。闻之深感令堂及姊之盛意。出门游子，可以无内顾之忧矣。吾于十四岁时，曾见令堂一次，且同居数日，彼时似甚康健，今闻时时抱恙，远人闻之，殊以为念。近想已健旺如旧矣。前曾于吾母处，得见姊所作字，字迹亦娟好，可喜，惟似不甚能达意，想是不多读书之过。姊现尚有工夫读书否？甚愿有工夫时，能温习旧日所读之书。如来吾家时可取聪侄所读之书，温习一二。如有不能明白之处，即令侄辈为一讲解。虽不能有大益，然终胜于不读书坐令荒疏也。姊以为何如？吾在此极平安，但颇思归耳。

　　草此奉闻。即祝无恙。

胡适手书　四月廿二日

——《胡适遗稿及秘藏书信》，第21册

致母亲

辛亥第十五号

吾母大人膝下：

　　前日发第十四号信已寄到否？今日至书肆买得世界学生会房屋之图一纸，即儿新迁之屋也，因与大学风景之图二种一并寄上，儿在此甚平安，不日即开学上课矣。此禀即叩

金安

糜儿百拜　辛亥八月初一（9月22日）

——《胡适遗稿及秘藏书信》，第21册

一九一二年

致母亲

第五号上

吾母大人膝下：

　　前寄第四号书想已收到。兹寄上放大照相一张，以原片甚小，故不能再大，即此张虽甚大，然已不十分清楚矣。如吾母喜欢此片，乞下次来信告知，儿当加印寄上也。儿居此极平安，惟苦甚忙，大有日不暇给之势。此外则事事如意，颇不觉苦。且儿居此已久，对于此间几有游子第二故乡之概，友朋亦日多。此间有上等人家常招儿至其家坐谈，有时即饭于其家，其家人以儿去家日久，故深相体恤，视儿如一家之人。中有一老人名白特生，夫妇二人都五十余岁，相待尤恳挚。前日儿以吾母影片示之，彼等甚喜，并嘱儿写家信时代问吾母安否。儿去家万里，得此亦少可慰吾离愁耳。

　　家中诸侄辈现作何种事业？儿以为诸侄年幼，其最要之事乃是本国文字，国文乃人生万不可少之物，若吾家子弟并此亦不知之，则真吾家之大耻矣。夜深作此奉禀，即祝

吾母康健百福

　　　　　　　　　　糜儿百拜　四月廿一日（5月19日）
　　　　　　　　　　——《胡适遗稿及秘藏书信》，第21册

致母亲

第十号上

母亲大人膝下：

　　儿于五月十五日往游卜可罗山小住十日，归时绕道水牛城往游来格拉飞瀑，次日即归校矣。右图及附寄各图皆飞瀑之图，此为天下第一大飞瀑，儿观之殊乐，竟眼界一宽矣。诸图可给诸侄及汝骏表弟等，道太远不能寄他物，但有图画，殊可笑也。二哥已南归，曾归家壹行否？久不得书，甚思念也。

适儿百拜

——《胡适遗稿及秘藏书信》，第21册

致母亲

第三号上

吾母大人膝下：

六月五日发第二号书，想已寄到。儿现大考已毕，已在暑假中矣。今年暑假拟稍事旅行，以增见闻。本月廿一日拟往游"北田"，约住十日可归。七月中当居此，有撰文之事，当勾当清楚。约八月中当可毕事，八月十几当往游维廉城，赴吾国学生大会，归途须至纽约一游。纽约者，世界第一大城也。儿居此邦已二年，尚未一至其地，可谓憾事。自纽约归时，约在八月之末。九月中当闭户读书，为来年计。开学之期，约在九月月底矣。此邦年假仅有十日，而暑假乃至百余日之久。盖暑假中，一则天热不能读书；二则自六月至九月（约吾国旧历自四月中旬至八月初旬）为农忙之候，学生多有归助其父兄尽力农事者，故暑假之长十倍于年假焉。若吾国之年假，除拜年酬应之外，一无他事，而学生多因之废学，真无谓也。家中大小现都平安，家用一时尚不能寄，如需钱可暂时挪借，俟儿筹得款时再行寄归。

岳氏赠婢之惠，殊令人感激。儿当作书谢之，何如？

家中来书总以戒酒为言，儿居此二年，滴酒未尝入口，望大人放心也。

糜儿拜（6月）

——《胡适遗稿及秘藏书信》，第21册

致母亲
第四号上

吾母膝下：

作第三号书未发，而有北田之行，昨日抵北田。此地居美国之东北部，山水清秀，林木郁茂，甚可爱玩，可称避暑乐地。拟于此作十日之游，然后归去。

昨日来时，坐火车终日始达，计程三百余英里，约吾国千一百里。途中山皆秀丽无比，有清溪浅水，似吾国乡间，对之有故乡之思焉。车中思作一诗，但成二句如下："出山活水磷磷浅，扑面群峰兀兀青。"

儿前屡次作书，欲令冬秀勉作一短书寄儿，实非出于好奇之思，不过欲藉此销我客怀，又可令冬秀知读书识字之要耳，并无他意。冬秀能作，则数行亦可，数字亦可，虽不能佳，亦复何妨。以今日新礼俗论之，冬秀作书寄我，亦不为越礼，何必避嫌也。

儿居此甚乐，有暇当寄此间风景图画数张来。匆匆，即祝

吾母康健

适儿拜 六月廿二日

——《胡适遗稿及秘藏书信》，第21册

致母亲

吾母大人膝下：

在维廉市时曾作第八号书，想已收到。儿现已归来，开学之期，尚在月之下旬，故日来颇有暇晷，可以读书、写字、下棋、游山。大忙之后，忽得数日之闲，其乐可知也。因无所事，故将此间风景略记一二如下：

此城名绮色佳，倚山临湖，山下为市镇，有一万五千人，街市亦甚热闹，有电车、报馆之类。山上则为大学校舍，及附近人家。山下除店肆之外，一无可观。山上则风景幽逸雅秀，树目葱郁，与山下尘嚣之气相去远矣。

山高约四百尺，山腰有石筑牌楼，为校之大门。自此入，则道旁绿阴夹径，有小桥亦石筑，为入学必由之道。桥下水声澎湃者，则飞瀑在焉。飞泉迤逦自山中来，至此，乃冲石壁而下，遂成此瀑。过此桥不数武，即见红屋一所，为体育之室。过此，道歧为二，循左手行为中街，道旁皆古槐参天。行数百步，有钟楼巍然矗立者，为大学藏书之楼，楼之前为法律学院。左为校长办事之室。更左则为地学院、博物院、算学院，毗连接壤。其前为一大草地，草绿无际，名之曰方原。方原之西北角有大屋二：一为化学院，一为电学院。方原之北为机械工程学院，方原之东为文艺学院（儿每日上课皆在此院）与建筑工科院及医学院。文艺院之背为物理学院及兽医学院。兽医学院之背即为更高之山，山上为农学院。此校舍之大概也。

在方原之东北角，有小径，循此行百步，可达一大桥，跨大壑而立。桥之右为一飞瀑，为此间最大之瀑泉，急湍下泻，澎湃涌溢，如闻千军万马之声。飞沫溅起，皆冉冉成云，遥望之，气象极壮观。

去山下约二里许，有小湖，名凯约嘉湖。湖面阔仅五里许，而长百余里，故又名曰指湖，以其长而狭如指也。湖上水波平静时，可荡舟，两岸青山如画，每当夏日，荡舟者无算，儿时亦往焉。

此间风景大略也，惜不能得全套之图寄归，亦是憾事。附呈图两张，以见一斑而已。

匆匆作此，即祝

合家平安，吾母康健

适儿百拜　八月卅一日

——《胡适遗稿及秘藏书信》，第21册

致胡绍庭

绍庭足下：

久不通音问，甚念！甚念！

祖国风云，一日千里，世界第一大共和国已呱呱堕地矣！去国游子翘企西望，雀跃鼓舞，何能自已耶！

足下与诸同乡现作何事？故乡音问如何？吾皖得孙少侯为都督，可谓得人。弟居此平安，可告慰故人。现官费学生皆有朝不保夕之势。然吾何恤哉！吾恨不能飞归为新国效力耳！

匆匆奉白，即望时有书来，并祝

无恙

弟适顿首

——《胡适研究丛书》

一九一三年

致母亲

民国二年第一号上

吾母大人膝下：

得十二月十三号信，敬悉一切。所云家用紧迫，儿岂不知。奈去年以来，官费每月减去二十元，故现在每月但有六十元之费。一时受此影响，紧迫可知。然无论如何，儿终当设法筹寄。如家中有处可以暂时挪移，不妨暂借以敷用，儿自当设法筹还也。

节公对儿情意之厚，真可感激，已作书向道谢矣。儿在此身体甚平安，一切都相安如意，乞吾母放心也。今年此间天气忽大暖，经冬仅有一二场大雪，雪后即消，天暖如春二三月，群以为异，以为百年以来所未有云。匆匆，即祝

吾母无恙

适儿百拜　正月卅日

——《胡适遗稿及秘藏书信》，第21册

致母亲

第七号上

吾母：

今日偶捡上星期旧报，见有插画栏中所载今年春季"风尚"（"Fashion"），风尚者吾国所谓时式，上海人所谓时髦者是也。其所载妇女衣式或可供家中人消闲遣闷时之观览，故择优寄归，亦采风问俗之一端也。今日大忙不能作长书，故草此短简。即祝

吾母康健

儿子适　三月廿六日

——《胡适遗稿及秘藏书信》，第21册

致母亲
第七号（不知此系第七号否）

吾母大人膝下：

　得第五号书甚喜，又知上海之款已收到一月，甚望后此可源源而来，庶家中可无薪水之忧，而儿亦安心在外矣。儿之照片所以不常寄来者，因此间照片价昂，而儿友朋极多，每摄一影非得二三十张不敷分赠，故一时不能得耳。实则儿近来变易甚微，与前此所摄影相差正无几，故望吾母能恕儿不寄照片之罪也。儿今夏习夏课之外尚有外事，又须卖文，故忙极，一时未能多作书寄家，此咎亦望吾母宽恕也。儿前收到全家照片时曾作一诗，诗虽不佳，然亦足写儿近来感情，故另录一份寄家，望请禹臣师或近仁叔读之，并乞为吾母讲解之何如？儿近除忙外，他无所苦。今年夏间天气尤凉爽，无灾燠之苦，殊幸事也。今年南北战事又起，海外闻之甚为惶惧，但望兵灾勿及吾乡耳，大哥二哥处都无信来，奈何此信抵家时，想蕙苹侄女已将出嫁，望吾母为我致意贺其为人妇，并祝其后日夫妇和顺，儿女满膝，待儿归来时又有人呼儿作叔公矣。大姊家已抱孙否？砚香甥娶亲至今已将八九年，想已有儿女矣。

匆匆奉禀，即叩

吾母万福康健

合家大小里中长中（幼）均此问安。

适儿百拜　七月卅日

出门一首得家中照片作

出门何所望，缓缓来邮车。

马驯解人意，踟蹰息路隅。

邮人逐户走，歌啸心自如。

客子久凝伫，迎问书有无。

邮人授我书，厚与寻常殊。

开缄喜欲舞，全家在画图。

中图坐吾母，貌戚意不舒。

悠悠六年别，未老已微癯。

梦寐所系思，何以慰倚闾。

对兹一长叹，悔绝温郎裾。

图左立冬秀，朴素真吾妇。

轩车来何迟，累君相待久。

十载远行役，遂令此意负。

归来会有期，与君老畦亩。

筑室杨林桥，背山开户牖。

辟园可十丈，种菜亦种韭。

闭户注群经，誓为扫尘垢。

我当授君读，君为我具酒。

何须赵女瑟，勿用秦人缶。

此中有真趣，可以寿吾母。

——《胡适遗稿及秘藏书信》，第21册

致母亲

第八号上

吾母大人膝下：

前日发第七号信后，承友人以代摄之影片见赠。此片虽不甚佳，然笑容可掬，又甚自然，无拘束之态愁苦之容，故儿甚喜之。因以一片寄呈吾母。已嘱此友代印多张，俟印成时当再多寄几张来也。前月曾寄一影亦作笑容，吾母已收到否？儿现尚未有放大照片，然不久终当寄一份来家，望吾母放心也。

现所习夏课将毕，夏课完后儿即可毕业。儿以年来多习夏课，故能于三年内习完四年之课也。毕业之后拟再留三年，所得者为第一级学位（即学士之位）。西国大学学位共分三级，第一级为学士（四年），第二级为硕士（一年），第三级为博士（二年）。故儿如再留三年可得博士之位矣。现江西有战事，幸不致波及吾乡否？远人闻乱，心日夕不能安也。此祝

吾母康健百福

适儿　八月三日

——《胡适遗稿及秘藏书信》，第21册

致母亲

第十一号上

吾母大人膝下：

月来国中兵事少息，皖南各郡，未受兵灾否？闻浙江派兵来徽保护商民，想乱兵必不敢南来。远人焦思，赖此稍足自慰耳。儿现以事忙之故，久不为《大共和报》作文，不知彼尚陆续付钱否？如已停付，望大人勿忧，儿当另行筹款也。儿现已决计，再留此三年，俟民国五年夏间始可归来。计儿自丁未年归家，于今六年余矣。再加三年，则九年矣。日月之驰，真可谓迅速。然儿在此有山水之胜，友朋之乐，亦殊安之。几谓除故乡外，此绮色住城，即吾第二故乡矣。家中大小想都无恙。匆匆奉禀，即祝

吾母康健百福

适儿百拜　十月廿二日
——《胡适遗稿及秘藏书信》，第21册

一九一四年

致母亲

第五号上

吾母大人膝下：

去冬此间大雪，雪深廿七英寸（约华尺二尺二寸），有人为儿摄一影，今寄呈吾母。此影虽不甚佳，然可见雪深之景也。今春已归来，日朗风和，雪消不可见，曾作小诗一首云：

春暖雪消水作渠，

万山积素一时无。

欲檄东风讨春罪，

夺我遥林粉本图。

诗成后数日，忽又大寒，雪亦大至，万山积雪，又复成图，因又作诗云：

无复污流涨小渠，

但看飞雪压新芜。

东风不负词人意，

还我遥林粉本图。

然春雪究竟不能久留，诗成未一日，而万山积素又都消尽矣。儿久不作诗，此等诗但写一时所见，不足为诗也，然亦可见异邦雪意。

吾母可以此信示禹臣兄及近仁叔，以博二君一笑，何如？另附寄近仁叔书一封，乞转交去为盼。儿在此平安，但苦忙耳。此祝

吾母百福

适儿　四月十七日

——《胡适遗稿及秘藏书信》，第21册

致江冬秀

冬秀姊如见：

顷得了书，喜慰无限。来书词旨通畅，可见姊近来读书进益不少，远人读之快慰何可言喻！

岳母病状闻之焦思不已，不知近已稍愈否？适另有一函，问岳母安好，乞姊转致为盼。令兄嫂及令叔处，均乞代为寄声问好。

来书言放足事，闻之极为欣慰，骨节包惯，本不易复天足原形，可时时行走以舒血脉，或骨节亦可渐次复原耳。

近来尚有工夫读书写字否？识字不在多，在能知字义。读书不在多，在能知书中之意而已。

新得姊之照片（田间执伞之影）甚好，谢谢。

匆匆奉复，即祝无恙。

适白　四月廿八日

——《胡适遗稿及秘藏书信》，第21册

致吕贤英

岳母大人侍前：

久疏音问，负歉实深。顷得家慈手训附贤女手书，两书均道及大人病状，远人闻之焦思不已。不审近来已渐次痊可否？念念。

大人病中尚肯令端秀远离膝前往省家慈，以慰家慈倚闾之思，此厚意真令婿感谢不已。

婿在此邦身体平安，学业亦尚惬意，乞大人勿远念。

婿在此尚有一年半之留。归期有日，相见之时不远。每一念之，辄为神飞。

客中纸劣笔秃，草草奉禀，即祝

康健百福　顺问

合宅安好。

子婿胡适拜上　四月廿八日

——《胡适遗稿及秘藏书信》，第21册

致母亲

吾母大人膝下：

前寄第五号书及放大之照片，想已收到。今又寄呈放大影片一帧，如大人欲多得数张，当即寄呈。儿之照片，因近来未得佳者，佳者价恒甚昂，故一时尚未能寄家。总之，一二月内必摄一张寄来也。儿在此甚平安，秋间即可毕业。惟仍须留此一年，可得硕士学位，然后迁至他校（尚未定何校），再留二年，可得博士学位，归期当在丙辰之秋耳。

家用一事，已在沪设法，不知已寄有款至家否？甚念。收到有款，乞吾母即以书告知。此处每月有二十元（英洋），今年夏间，儿当多作文，或可多得钱，亦未可知耳。

此间方交春景，百卉都放，大可怡悦心神。惟对此佳景，益念吾故乡不已。古人云"虽信美而非吾土兮"，真得吾心云。

二哥在丹阳县作课长，月薪虽微，尚可勉强敷衍。惟二哥家累大（太）重，亦是不了之计耳。

058

儿近来百无所苦，但苦太忙，家书之不常寄，亦以此故也。匆匆
即祝

吾母康健

                         适儿百拜　五月十一日

                  ——《胡适遗稿及秘藏书信》，第21册

致母亲

第七号上

吾母大人膝下：

　　前日发第六号信想已收到。儿昨日得大学奖赏美金五十元，知吾母闻之必甚喜，故急作此书。此项奖赏名"卜朗吟奖赏"。卜朗吟为英国近代大诗人，大学中每年悬赏，凡学生作文论卜朗吟之诗文最佳者得之。儿所作之文约三千字，题为"论卜朗吟之乐观主义"，竟得此赏。儿以外国人得此赏，故校中群皆以为格外荣誉云。儿近来苦贫，得此意外之五十金，亦不无小补，因不独虚名之足喜也。草此奉禀，即祝

吾母万福

合家均此。

适儿　（5月12日）

——《胡适遗稿及秘藏书信》第21册

致母亲

第八号上

吾母大人膝下：

今晨得第三号信（三月廿日），知儿所发第二号信已收到，甚慰。儿前日得节公来书，知所寄之款，除为儿买茶叶寄美外，共得英洋一百八十三元三角，已如数寄家矣。此款并非由文字上得来，乃向友人处暂时挪移。此间友人相待甚优，儿许以每月还以十元，今儿得大学中津贴，明年可得三百元，此款甚易偿还也。夏间，儿或能以文字卖钱，惟不可必耳。上次儿曾以在此得奖赏事奉告。儿以外国人得奖，故此邦报纸争揭载此事，此亦一种无谓之虚名也。儿在此甚平安，明年决计不任外事，一意读书看书。此间五月始交春，今草木怒长，百卉都发，甚惹人乡思，然亦无可如何也。前嘱吾母作一书寄白特生先生之夫人，望勿忘之。夫人待儿如家人骨肉，得吾母书，必甚乐也。匆匆即祝

吾母万福

合家均此

适儿百拜　五月廿日

儿去家日久，故于家中人口之年岁生日都一概忘却，甚愿吾母将家中大
小及外祖母舅母诸姊诸兄之年岁生日一一告知也。

——《胡适遗稿及秘藏书信》，第21册

致母亲
第九号上

吾母大人膝下：

　　前日友人为儿摄一"室中读书图"小影，颇佳，急寄呈吾母一观。另印数张，俟印成时，续寄来也。昨和友人诗一首，写此间景物，其词云：漫说山城小，春来不羡仙。壑深争作瀑，湖静好摇船，归梦难回首，劳人此息肩，绿阴容偃卧，平野草芊芊。

适儿　五月廿八日

——《胡适遗稿及秘藏书信》，第21册

致母亲

第十一号上

吾母大人膝下：

前寄第九、十两号书附影片数张，想都收到。今再寄上两张，一呈外祖母，一与大姊。如里中亲戚吾母以为尚有他人应赠此影者，儿当随后寄来。儿在此第四年已毕，今已入暑假，同学之有家者都已回家，惟无家之外国学生留此耳。心中百无聊赖，寂寞已极。前日与友人四五人同游影菲儿瀑泉山，步行十五英里（约华里五十里），极乐。归来有诗记之，今寄家乞转示近仁叔观之，儿居此平安，乞大人勿念。

适儿　六月十八日

春深百卉发，羁人思故园。

良友知我怀，约我游名山。

清晨集伴侣，朝曦在林端。

并步出郊坰，炊烟上小村。

遥山凝新绿，眼底真无垠。

官道一时尽，觅径穷辛艰。

缘溪入深壑，岩崒不可扪。

道狭草木长（平声），新叶吐奇芬。

鸟歌破深寂，鼯鼠下窥人。

有时蹊径绝，惟见小潺湲。

转石堆作梁，将扶度浅滩。

危岩不容趾，藤根巨可攀。

径险境愈幽，仿佛非人间。

探奇及日午，惊涛忽怒喧。

寻声下前涧，飞瀑当我前。

举头帽欲堕，了不见其巅。

奔流十数折，折折成珠帘。

澎湃激崖石，飞沫作雾翻。

两旁峰入云，逶迤相回环。

譬彼绝代姿，左右围群鬟，

又如叶护花，掩映成奇观，

对此不能去，且复傍水餐。

渴来接流饮，冷冽清肺肝。

坐久忘积暑，更上穷水源，

山石巉可削，履穿欲到跟。

落松覆径滑，跬步不敢奔。

上有壁立崖，下有急流湍。

"一坠那得取"，杜陵无戏言。

（杜诗：百年不敢料，一坠那得取。）

攀援幸及顶，俯视卑群峦。

天风吹我襟，长啸百忧泯。

归途向山脊，稍稍近人烟。

小桥通急涧，石磴凿山根。

从容出林麓，绕道趋平便。

回首与山别，归来日未曛。

兹游不可忘，中有至理存。

佳境每深藏，不与浅人看。

勿惜儿两屦，何畏山神悭。

要知寻山乐，不在花鸟妍。

冠盖看山者，皮相何足论。

作诗叙胜游，特此谢婵娟。

六月十一日
游影菲儿瀑泉山作
胡　适
——《胡适遗稿及秘藏书信》，第21册

致母亲

第十四号上

吾母：

　　今晨得不列号家书（当是五号），五月二日所发，读悉。家中大小平安，外祖母康健如恒，两表弟读书亦肯用心，闻之极喜。又知放足一事，吾母已令冬秀实行，此极好事，儿从今可以放心矣。前寄第十三号信附毕业照相想已收到。儿前存瑞生和之书箱不知已寄回家否，抑尚存上海？如已寄回家，可托人开看。中有儿圈点之《楚辞集注》一部（四本），《墨子》一部（四本），乞代捡出交邮局带来。寄时可用油纸包好，勿封口，但用绳扎好可也（封口即寄费昂）。邮费若干，可问濠寨分局便知，不必挂号也。儿今年夏间大概仍居此地，以旅行太贵也。亦不习夏课，儿前三年每年课夏课颇以为苦，故今年不复读，庶可少休也。匆匆，即祝

067

吾母康健

适儿　六月廿九日

——《胡适遗稿及秘藏书信》，第21册

致江冬秀

冬秀贤姊如见：

　　前由家母转交照片三种（一大二小，小者乃六月内所寄），想皆已收到。适留此邦已四载，已于去秋毕业。今已决计再留二年，俟得博士学位时始归，约归期当在民国五年之夏矣。适去家十载，半生作客他乡，归期一再延展，遂至今日，吾二人之婚期，亦因此延误，殊负贤姊。惟是学问之道，无有涯矣。适数年之功，才得门径。尚未敢自信为已升堂入室，故不敢中道而止。且万里游学，官费之机会殊不易得，尤不敢坐失此好机会。凡此种种不能即归之原因，尚乞贤姊及岳母曲为原谅，则远人受赐多矣。适去家日久，家慈倚闾之思，自不容已。幸贤姊肯时时往来吾家，少慰家慈思子之怀、寂寞之况。此适所感谢不尽者也。前曾得手书，字迹清好。在家时尚有工夫读书写字否？如有暇日，望稍稍读书识字。今世妇女能多读书识字，有许多利益，不可不图也。前得家母来信，知贤姊已肯将两脚放大，闻之甚喜。望逐渐放大，不可再裹小。缠足乃是吾国最惨酷不仁之风俗，不久终当禁绝。贤姊为胡适之之妇，正宜为一乡首倡。望勿恤人言，毅然行之。适日夜望之矣。适在此起居如意，名誉亦好，可慰远念。姊归江村时，望代问岳母起居，及令兄嫂、令叔暨诸人安好。

　　匆匆不尽欲言。即祝无恙。

适手书　七月八日

——《胡适遗稿及秘藏书信》，第21册

致母亲

第十七号上

吾母：

今晨得第七号家信，甚喜。书中所问各节今一一答复如下：

所得卜朗吟之奖赏金每年只有一次，每次仅有一人。

所得荣誉津贴乃由校中教长视平时工夫，而之与（原文如此）卜朗吟奖赏不同也。

冬秀处上次已有书寄去（第十五号中），岳母处容稍缓有暇时补作。

所言汇款由芜转旌一层，儿意以为不如上海转里中之便。盖儿寄款皆是美金，须在上海兑换银洋。儿所用是美国邮局汇票，上海有美邮政分局，他处无之。且节公处曾经理此种款项已有数次，已成熟手，何必改换乎？且由上海寄，只须一转；由芜转旌再转里中是三转也，岂非更费事乎？铭彝表兄好心，甚可感。乞吾母以此意告之。

翰香叔闻前曾抱微恙，不知现已痊愈否？二哥现在何处，二年不通信矣。

大哥现想尚在汉口，惟不知其通信地址，乞吾母下次来信告知。

昨夜此间"世界学生会"开会欢迎夏校学生，儿为此夜主要演说者。儿所演题为《大同主义》，颇不劣，到者四百余人。

今日下午往此间"妇人戒酒会"演说，题为《侨民与美国》。"妇人戒酒会"者，妇人本不饮酒，此会以提倡禁绝酒业，禁沽禁酿为宗旨，其风可敬也。

儿在此演说颇有名，故不时有人招请演说。演说愈多，工夫愈有长进，儿故乐此不疲也。此夏假期中演说仅此两次，当不再有他约矣。

儿在此平安，数日前天气颇热。今则雨后渐凉，早晚尤觉凉爽，甚以为适也。

家中大小想都平安。

适儿　七月二十三日

——《胡适遗稿及秘藏书信》，第21册

致胡近仁

近仁老叔足下：

　　得六月十三日手书，喜极。此函之前，曾有一书，收到后已奉答，想曾达览矣。读来书，叙年来景况，令我感喟不已。幸佳儿聪悟，慰情当不少。孩童体弱者不宜过于爱护，宜多令运动，步行最佳，饱受日光空气，胜日食参苓也。此意前函曾略及之，幸留意。

　　来书谓，拟组织一哀情小说，闻之极欲先睹为快。望先将布局始末及回目见示。来书谓"自问脑海尚不耐过剧之运动"，此言非。脑力愈用则愈出，不用则钝废如钟表中机械，不用则锈蚀之矣。曾文正曰"精神愈用则愈出"，此言是也。惟须用之有节制耳！

　　梦学素所未窥，暇日当一研讨之。如有所得，当以奉闻，以为"梦学真诠"之资料。

　　美、墨并未开战，美兵在墨登岸，占一城，死数十人而已，今已将了结矣，此间并不受影响也。

白特森君是此间商人，业保险。其人极古朴可亲也。其夫人待适真如己子，异乡得此殊不易也。

　　承规睡少之弊，极是。适平均睡七、八时。去国后，身体尚好，数年未尝入病院一下。

　　近颇作诗否？有所作，乞寄示一二。近读何书，亦乞见示。

　　匆匆奉白，即祝

珍摄并请

　　菊坪夫人秋安

适顿首　七月廿三日

——《胡适研究丛录》

致母亲

第十八号上

吾母：

　　儿前日往游活铿谷，其地距此六十余里，山水之奇为目中所仅见。儿适购有图画数幅，附寄数张以代游记。实则儿笔劣，即欲作记，亦不能佳也，故不如图画之不失其真也。

适儿　七月廿七日

以上各书均系图画中录出。

——《胡适遗稿及秘藏书信》，第21册

致母亲

第十九号上

吾母：

前于上月廿七日发第十八号书（此书但有山水图片数张无他言语）想已收到。儿现有小事，故十余日未作书矣，前书中曾乞吾母将儿书箱中之《楚辞集注》及《墨子》两书寄出，今此二书已由上海办到，可无庸寄矣。儿现所若（原文如此）知者数事，望吾母下次写信告知其事如下：

一、吾邑自共和成立后，邑人皆已剪去辫发否？有改易服制者否？

二、吾乡现有学堂几所，学堂中如何教法？

三、乡中有几人在外读书（如在上海、汉口之类）？

四、目下共有几项税捐？

五、邑中政治有变动否？（近仁、禹臣或能告我）县知事由何人拣派，几年一任，有新设之官否，有新裁撤之官否，县中有小学几处？

现欧洲有大战事，世界强国惟美国、日本、意大利及南美诸国未陷入此战火中，今交战之国如下：

德国、奥国（又名奥）为一组
英、法、俄、比、塞维亚为一组
} 两组交敌

此诸国除比及塞之外，皆世界第一等强国。今之战役亦不知何时可以了结，尤不知须死几百万生灵，损失几千万万金钱，真可浩叹。

以大势观之，奥、德或致败衄，然亦未可知也。英、德在中国皆有土地财产（英之香港、威海卫，德之青岛、胶州湾），战祸或竟波及东亚亦意中事也。

此邦战严守中立，又去战地远，故毫无危虞，望吾母放心也。

酷暑已去大半，早晚凉风送爽，居此甚可乐。有时夜出玩月散步，颇念少时在吾家门外坦场夜生石磴上乘凉，仰看天河数流星，此种乐趣都如梦寐。曩时童稚之交，如近仁叔，如细花兄，如秣兄，今想皆儿女盈前作人父矣。凤娇姐、蕙苹侄女今想皆已出嫁，人事卒卒，真可省味。

适儿　八月九日

——《胡适遗稿及秘藏书信》，第21册

致母亲

第廿二号上

吾母：

儿作第廿号书后，即离去绮色佳，初三日至安谋司，赴"东美中国学生年会"，到会者凡一百十七人，中有女子二十余人。今年女学生赴会者人数之多，为历年所未有云，在会遇故人相识甚多，倾谈极欢。

初三日，"选举职员会"，儿被举为明年《留美学生月报》（英文）主笔之一，辞之不获，只可听之。初四日在会，为会之末日。

初五日，会毕，与同学数人同游波士顿，道经唐山，有楼可望见数十里外村市，风景绝佳。初五夜抵波士顿，居一人家。

初六日，为星期，往游波城公家藏书楼，中藏书一百余万册。

下午往游美术院，中藏古今东西雕刻之像、石器、铜器、金石、古玩、名画无数。中有中国古画数十幅，皆极佳。有"宋徽宗缫丝图"真迹，为稀世之宝云。

初七日，以车往游立克信敦，此地多历史古迹。初北美洲本英国属地，百三十余年前，英王乔治第三重税此地，居人人心大愤，久之遂至决裂，故有独立之战。此战事凡历数年之久始定。美国遂脱英之羁绊，而成独立之国。此战之第一战，即在此地，是为立克信敦之战。今其地犹多铭功之碑，战死者之铜像云。

过此十里许，至康可，亦当日战场，古迹尤多。此地不独以历史古迹著也，美洲最有名之文人，如爱麦生，如霍桑，如阿尔恪夫人诸大文豪，生时皆居此，死即葬于是。儿等往游，徘徊凭吊于其墓上，思历史之遗烈，念文人之逸事，感慨之情，何能自已。

初八日，游哈佛大学校舍。哈佛大学开创于二百年前，至于今日，为此邦第一有名大学。校舍凡六十余所，皆高屋大厦，其最著者，为大学博物院。院中有玻璃花数百种，其花为德国植物学家伯纳楷所造，以玻璃为之，其花卉彩色须瓣枝叶，一一如生，为天下驰名之奇观云。世界能造此花者，仅有此君父子二人而已。

下午遇友人，请同往，坐汽车周行公园中，甚快。归来无事，因作此书。

儿拟稍留一二日，即当归去。

余当续寄。

适儿　初八日（9月8日）

——《胡适遗稿及秘藏书信》，第21册

致母亲

吾母：

前日发廿二号信，写波士顿游记，至初八日止。今续记如下：

初九日，上午访友稍谈。

下午往游邦克山，亦美国独立时血战之所。其地今建一塔表之。其塔与中国之层塔异。此塔但有一层，高二百二十一尺，有螺旋形之石级，直至塔巅，凡二百九十四级。上塔时颇费力也。

登塔顶可望见波士顿全市，又可见波士顿海湾，及造船之坞。塔上所见，盖前后左右各数十里云。

次游造船坞，此坞由美国海军部管理。坞长三里许，占地九十亩，有大小屋舍二百所。所造船只，以兵舰、巡洋舰为多。儿等登两舰游览。一舰为一百十七年前所造，其时尚未用蒸汽，但用大帆，船身虽大，然较之今日之战舰远矣。一舰为今日之巡洋舰，可容千余人。船身皆以铁裹之。外国海行之船，无论商船、兵船，皆极大，其大过于吾村之祠堂也。

是夜在一中国饭店吃饭。饭后往访皖人李氏昆季及殷君，倾谈甚欢。

初十日上午稍作书阅报。

下午以船出波士顿港。四年不见海矣，今复在海上，如见故人。至巴点上岸，以电车行至里维尔海滨。此地为游人聚游之所。夏日天热时，海滨多浴者。今日天寒，但见一二人游泳水上耳。时值下午潮来，澎湃涌上。日光自云隙射下，照海上远岛。海鸥数数掠水而过，风景极佳。天将暮，以电车归。

十一日，本拟往更北之朴兰一游。以天气骤寒，不果。

更往游藏书楼。

下午往访此间诸友。

夜十一时十五分趁睡车归。睡车者，火车之夜中行长途者，其壁上及座下，皆暗藏床褥。日间但见座，夜则去座。下榻有厚褥、净被、高枕、深帐，车行虽震动，而因褥厚，不觉其苦，故能安睡不惊也。

昨睡甚酣，今日八时半始起。约今午可回绮色佳矣。

波士顿记止此。

波士顿为美国第三大城，有居民六十余万人，街五千余，船坞二百所，教堂三百五十所，报纸（日报、月报、周报之类）三百种。

此书乃火车中所作。

即祝

吾母康健

适儿　十二日晨

——《胡适遗稿及秘藏书信》，第21册

致胡近仁

近仁老叔足下：

久不通问询矣。舍间书来，知去冬以《图书集成》一事，重劳足下与禹臣兄查检数日。感谢！感谢！

家母处极困窘之境，犹事事为儿子设想。真令游子感谢无地矣！适今已毕业，且不归来，拟再留两年可得博士学位，然后作归计。适岂不怀归？顾求学之机难得而易失，一旦归去，则须任事养家，无复再有清闲工夫，为读书求学计矣。故此时只得硬起心肠再留二年。适离家七年余矣（适丁未门省一次，庚戌去国），一年之后，归期在丙辰之夏。九年之别，此情不易受也。所可自慰者，堂上尚在中年，岳氏亦无责言。否则，虽能勉强忍心居此，亦难自遣耳！

老叔为桑梓文人魁杰，此责不容旁贷也。适近年以来，为蟹行文字所苦，国学荒落不可问。隅有所感，间作诗词，惟都不能佳。写去冬所作古诗三首，奉寄足下，即乞削正。此三诗皆写此间景物，如足下得暇，乞为家慈诵讲之，则感谢不尽矣！适在外不得暇晷，或犹有辞。足下里居，不宜永弃故人坐令以岑寂死也。

附呈英文信面二个，无论粘在何种信封，皆可寄来。匆匆。

即祝

双安

适白

附诗乞示禹臣兄何如？又及。

——《胡适研究丛录》

致江冬秀

冬秀贤姊如见:

夏间得家慈寄来小影一幅。得之如晤对一室,欢喜感谢之至。适去国四载又半,今尚须再留此一年半,约民国五年之秋,可以归国。每念去国日久,归娶之约一再延误,何以对卿。然适今年恰满廿三岁(以足年计),卿大于适约一岁。再过二年,卿廿六岁,而适廿五岁,于婚嫁之期未为晚也。西方男女嫁娶都迟,男子三十四十始婚者甚多。以彼例此,则吾二人尚为早婚耳。岳母大人近想康健如常,乞时代适问安为盼。令兄嫂处亦乞致意问好。适前有书,嘱卿放足。不知已放大否?如未实行,望速放之。勿畏人言。胡适之之妇,不当畏旁人之言也。

适之　十二月十二日

——《胡适遗稿及秘藏书信》,第21册

一九一五年

致母亲
第三号上

吾母：

前日得十一月十八日家书（不列号），具悉一切。儿前仅寄美金四十元，一、二月内当续寄款归家。

白特生夫人及维廉姑娘处，儿当代达母意致谢。

白特生夫人于儿子生日（十一月一十七日）特设馔招儿餐于其家，为儿作生日。儿客中得此，感激之私，伺可言喻！吾母下次作书时，乞附及之。

此间又有韦莲司夫人者，其夫为大学地文学教师，年老告休。夫人待儿甚厚，儿时时往餐其家，亦不知几十次矣。去冬曾嘱儿附笔道候，想已收到。母下次作书时能附一短书与之，想韦夫人必甚喜也。

韦夫人之次女（即吾前廿五号所记之韦莲司女士也）为儿好友。女士在纽约习美术。儿今年自波士顿归，绕道纽约往访之，本月以事往纽约又往访之。儿在此邦所认识之女友以此君为相得最深。女士思想深沉，心地慈祥，见识高尚，儿得其教益不少。儿间与谈及吾母为人，女士每赞叹不已，嘱儿问母安好。吾母如有暇，亦望以一书予之。

吾母书中道及以吾乡产物作赠品，贡墨则西人无所用之，蜜枣及黄柏山茶皆好。吾国产物西方人得之每宝贵之，况吾乡土产乎！望吾母将此二种各寄些来，最好是用小瓶或小匣装好寄来。附上封面数纸可用以寄邮也［赠品不在多，乞母寄黄柏山茶或六瓶或四瓶（每瓶半斤足矣）及蜜枣四盒，以便分赠也］。前次信中所附之冬秀小影，得之甚喜。如下次有照像者至吾乡，望吾母再摄一影寄来（有半身大影更佳）。儿久不得见吾母颜色，能得照像亦慰情聊胜于无之计也。

书中又道及立大嫂康健如恒，闻之甚喜。乞母代儿致意问安为盼。并望代贺凤娇姐合婚大喜。

家中亲长年庚生日已收到，得之甚喜。今年仅得家书甚念甚念。儿在此平安，乞吾母勿念。匆匆，即祝

吾母康健百福

合家清吉。

适儿 二月十八日

——《胡适遗稿及秘藏书信》，第21册

致母亲

吾母：

　　雪消已尽，人皆以为春已归来，不意昨夜今朝又复大雪。惟春雪不能久留，又不能积厚。但道途泥泞，可厌耳。昨日为星期，有奉市"监理会"教堂请儿演说。儿所说"耶教人在中国之机会"，听者颇众。此间教堂甚多，皆豁达大度。儿乃教外人，亦得在其讲坛上演说，可见其大度之一斑也。儿在大学中，颇以演说著名，三年来约演说七十余次，有时竟须旅行数百里外，以应演说之招。儿所以乐为之者，亦自有故：一、以此邦人士多不深晓吾国国情民风，不可不有人详告之。盖恒人心目中之中国，但以为举国皆苦力洗衣工，不知何者为中国之真文明也。吾有此机会，可以消除此种恶感，岂可坐失之乎？二、则演说愈多，则愈有进境。吾今日之英语，大半皆自演说中得进益。吾之乐此不疲，此亦其一因也。人言美国人皆善演说，此虚言也。儿居此五年，阅人多矣。所见真能演说者，可屈指数也。大学中学生五千人，能演说者，不过一二十人，其具思想能感动人者，吾未之见也。传闻失实，多类此。

中日交涉消息颇恶。儿前此颇持乐观主义，以为大隈伯非糊涂人，岂不明中日唇齿之关系？不图日人贪得之念，遂深入膏肓如此。今日吾国必不能战，无拳无勇，安可言战？今之高谈战战战者，皆妄人也。美人爱人道主义，惟彼决不至为他国兴仗义之师耳。

儿远去祖国，坐对此风云，爱莫能助，只得以镇静处之。间作一二篇文字，以笔舌报国于万一耳。

儿居此平安，朋友相待甚殷，望吾母勿念。匆匆，即祝
吾母康健百福。
诸亲长均此。

白特生夫人及维廉姑娘处，均已代吾母致意，彼等甚盼吾母书来也。四月初当寄美金二三十元来。

适儿　三月廿二日
——《胡适遗稿及秘藏书信》，第21册

致母亲

吾母：

　　昨日得十八号书附冬秀一书，读之甚喜。冬秀此书是否渠所自作，抑系他人所拟稿而冬秀所誊写者乎？甚愿吾母下次写信时告知为盼。

　　岳氏病甚，闻之心为恻然，焦急而不能为助，奈何！发此信后即寄美金十元由上海转。此后每月寄十元，至少五元，想可应用矣。

　　二哥有书来，言吾母近有喘病未痊，不知此恙已除否？闻之甚念。望吾母下次写信时详细告知病状，以免儿疑虑。

　　儿处此身体平安，望吾母勿念。

　　连日天热异常，现虽尚在阳历四月底，而昨日乃热至九十度，居人云，盖三十年所未见云。

　　附寄一书致冬秀，乞代寄去。匆匆，即祝

吾母康健。

　　　　　　　　　　儿适拜　四月廿八日
近仁叔处久未有书寄去，不久当有长函至，乞预告之。
　　　　　　　　——《胡适遗稿及秘藏书信》，第21册

致母亲
第九号上

吾母：

十二日得吾母第三号书，附致维廉思姑娘书，及致韦莲司夫人母女二短简，均已分译送去。吾母书中道及白特生夫人为儿作生日一事，并于致维姑娘书中附笔道谢。不意吾母书到之第三日，白特生夫人忽得急病，卧床一时许而暴卒，死时享年五十九岁。夫人待儿真如家人骨肉，天涯羁旅中得此厚爱，真非易事。今夫人遽尔仙逝，报德之私遂成虚愿。儿往唁其家，凭尸一叹，哀从中来。如此书抵家之日，吾母前所备送白夫人礼物尚未寄出，乞且将此诸物竟寄来，当交其夫收。昔吴季子挂剑墓上，以践宿诺。今白夫人虽死，儿与吾母皆心许此赠品矣。

家用已寄十金（五月），六月初当再寄十金，此后当月月寄上。

岳母处已有信附前第八号寄上，想已代送去。不知其病状已有起色否？

二哥来书，言吾母有喘疾未痊，不知近已痊愈否，望早日延医诊视为要。下次家书中望详细告知病状为要。

儿于第三号书中所言冬秀之教育各节，乃儿一时感触而发之言，并无责备冬秀之意，尤不敢归咎吾母。儿对于此事从无一毫怨望之心。盖儿深知吾母对于儿之婚事，实已尽心竭力，为儿谋一美满家庭。儿如有一毫怨望之心，则真成不明时势，不通人情，不识好歹之妄人矣。

今之少年，往往提倡自由结婚之说，有时竟破坏已订之婚姻，致家庭之中龃龉不睦，有时其影响所及，害及数家，此儿所大不取。自由结婚，固有好处，亦有坏处，正如吾国婚制由父母媒妁而定，亦有好处，有坏处也。

女子能读书识字，固是好事。即不能，亦未必即是大缺陷。书中之学问，纸上之学问，不过人品百行之一，吾见有能读书作文而不能为令妻贤母者多矣。吾安敢妄为责备求全之念乎？

伉俪而兼师友，固是人生莫大之幸福。然夫妇之间，真能智识平等者，虽在此邦，亦不多得，况在绝无女子教育之吾国乎？若儿悬"智识平等学问平等"八字，以为求偶之准则，则儿终身鳏居无疑矣。

（5月19日）

——《胡适遗稿及秘藏书信》，第21册

致母亲

吾母：

　　一月以来因学年休假在即，课极繁忙，竟无暇作书，至今日始得暇操笔，望吾母恕儿疏懒之咎也。儿近思离去绮色佳，来年改入哥伦比亚大学。此学在纽约城中，学生九千人，为此邦最大之大学。儿所以欲迁居者，盖有故焉。

　　一、儿居此已五年，此地乃是小城，居民仅万六千人，所见闻皆村市小景。今儿尚有一年之留，宜改适大城，以观是邦大城市之生活状态，盖亦观国采风者，所当有事也。

　　二、儿居此校已久，宜他去，庶可得新见闻，此间教师虽佳，然能得新教师，得其同异之点，得失之处皆不可少。德国学生半年易一校，今儿五年始迁一校，不为过也。

　　三、儿所拟博士论文之题需用书籍甚多，此间地小书籍不敷用。纽约为世界大城，书籍便利无比，此实一大原因也。

四、儿居此已久，友朋甚多，往来交际颇费时日。今去大城，则茫茫人海之中可容儿藏身之地矣。

五、儿在此所习学科，虽易校亦都有用，不致废时。

六、在一校得两学位，不如在两校各得一学位更佳也。

七、哥伦比亚大学哲学教师杜威先生，乃此邦哲学泰斗，故儿欲往游其门下也。

儿居此五年，不但承此间人士厚爱，即一溪一壑都有深情，一旦去此岂不怀思？然此实为一生学业起见，不得不出此耳。

去此之时大约在九月中旬以后，家书可仍寄旧地，有友人可代转也。

儿身体平安，乞吾母勿念。匆匆奉禀，即祝吾母康健。

适儿　七月十一日（7月11日）

——《胡适遗稿及秘藏书信》，第21册

致母亲

第十一号上

吾母：

　　七月廿七日寄第十号信，想已收到。十几日来，天气极热，为几年内所不曾有，幸儿所居地颇高，又有河上吹来的凉风，故尚还可以不为热气所苦，望勿念也。

　　昨日大雨半日，热气顿消。今夜坐房中，开窗读书，乃觉凉风吹入，渐有冷意，秋将至矣。此时静夜独坐，远念家中不知作何景象，亦不知家中人此时作何事，想当在烧午饭耳。

　　去年七月中曾作一词，名之曰"今别离"，不知儿曾写寄家中否？此乃羁人之辞，不可不令家中人知之，其词曰：

水调歌头　今别离

　　（序）一夜独行月光中，念黄公度"今别离"中，"汝魂将何之"一章，以梦写东西两半球昼夜之差。因念此意亦可以月色写之，遂以英文作一诗，后复自译成此词云。

"但愿人长久，千里共婵娟"（东坡句）。我歌坡老佳句。回首几年前，照我春申古渡，照汝云山深处，同此月团栾。皎色映征袖，轻露湿云鬟。今已矣，空对此，月新圆，清光脉脉如许，谁与我同看。遥念今宵此际，伴汝啼莺声里，骄日欲中天。帘外繁花影，村上午炊烟。

此词甚愿得近仁叔为家中人讲解之，并欲近仁告我此诗如何。冬秀现尚在吾家否？家中人想都平安。

适儿　八月九日

——《胡适遗稿及秘藏书信》，第21册

致母亲
第十五号上

吾母：

顷得第七号家书，惊悉七叔父已于七月廿日长逝。先人一辈至今遂无一人，诚如吾母所言，良可惋叹。

此次家书谆谆以归期为念。此事已于前号（第十三号即第十二号）书中言之，可以复按也。

儿亦不自知何时可以得归。总之，儿之所以不归者，第一只为学业起见，其次即为学位。学业已成，学位已得，方可归来。儿决不为儿女婚姻之私，而误我学问之大，亦不为此邦友朋之乐，起居之适，而忘祖国与故乡。此二语可告吾母，亦可以告冬秀，亦可以告江氏岳母。儿远在三万里外，亦无法证此言之无虚。吾母之信儿，儿所深知。若他人不信儿言，儿亦无可如何，只好听其自然而已。至于外间谣传，儿已另行娶妻一说，此种无稽之谈，本不足辩。既有人信之，自不容不斥其妄。

一、儿若别娶何必瞒人？何不早日告知岳氏，令其另为其女择婿？何必瞒人以贻误冬秀之终身乎？

二、儿若有别娶之心，宜早令江氏退婚。今江氏之婚，久为儿所承认。儿若别娶，于法律上为罪人，于社会上为败类。儿将来之事业名誉，岂不扫地以尽乎？此虽下愚所不为，而谓儿为之乎？

三、儿久已认江氏之婚约为不可毁，为不必毁，为不当毁。儿久已自认为已聘未婚之人。儿久已认冬秀为儿未婚之妻。故儿在此邦与女子交际往来，无论其为华人、美人，皆先令彼等知儿为已聘未婚之男子。儿既不存择偶之心，人亦不疑我有觊觎之意，故有时竟以所交女友姓名事实告知吾母。正以此心无愧无怍，故能坦白如此耳。

四、儿主张一夫一妻之制，谓为文明通制。生平最恶多妻之制（娶妾或两头人之类），今岂容躬自蹈之？

五、试问此种风说从何处得来？里中既无人知儿近状，又除儿家书之外，无他处可靠之消息，此种谣传若有人寻根追觅，便知为市虎之讹言。一犬吠影，百犬吠影（原文如此），何足为轻重耶？

以上所云，望吾母转达岳氏以释其疑（或即以此函送去亦可）。母意若令儿作书（儿现实无暇作客气语）寄岳氏"表明心迹，确叙归期"，表明心迹则可，确叙归期则不可。以儿本不自知何时为确定之归期也。大约早则明年之秋，至迟亦不出后年之春，此则可以预告耳。

岳氏向平之愿未了，兼之以疾病，甚为此事焦急，儿岂不知，岂不能为之原谅？但儿终不能以儿女婚姻之细，而误我学问事业之大。亦决不能以此邦友朋之乐，起居之适，而忘吾祖国故里也。

适儿　十月三日

——《胡适遗稿及秘藏书信》，第21册

一九一六年

致母亲

十八号上

吾母：

二月十九号得第十一号家书，惊悉大姊大哥及江氏岳母之死耗。半月以来日日欲作家书，而每一执笔辄不知从何说起。十年去家，遂与骨肉生死永诀，如此如此。今吾家兄弟姊妹仅存二姊二兄及儿三人而已。大姊之死犹［尤］为儿所深痛。犹忆幼时，母尝言"大菊乃非男子，真我家最大不幸之事"，使大姊与大哥易地而处，吾家宁有今日之现状乎？大姊一生好高，而生平所处境地处处限阻之。遂令抑抑以殁，可叹可哀。倘令大姊生于西方女子自由之国，其所成就宁可限也哉！

大哥一生不长进，及老而贫始稍稍敛迹，然已来不及矣。大哥近年来处境大苦，生未必较死乐也。惟身后萧条，闻之伤心。其身后妻子之累，尤不易存养，所望明儿立志成人，庶可养以育弟，为其父稍赎前愆耳。

齐儿之病，儿细思之，乃是其父之遗毒。此种遗毒乃是一种遗传病，非如世俗所谓因果报应也。西方之言曰"父之罪愆乃种于其子女之身"，此之谓也。此儿终身当成残废懵懂，无可药救也。

家中自经此番不幸之事，想吾母自必悲伤不已。所望吾母达观，一切以保身体，以慰游子之心。幸甚幸甚，切盼切盼。

儿自得此书数夜不能合眼，今颇能自排解，已能读书如故矣，望吾母勿以为念。

岳氏之死，闻之惨然。此老向平之愿未了，抱憾以殁，儿不得辞其咎也。江宅并未有信来，祭文之事甚欲为之。奈无可措辞，如何如何！若但作应酬俗套之浯，则又耻为之。儿于岳氏仅甲辰春间遇于中屯外婆家，此外别无往来，欲为文祭之，每苦无话可说（去年曹怀之世兄万里书来，为其母七十寿辰征诗，却之不可，仅成一诗与之，亦以无话可说故也）。

此事儿当努力为之，俟成时寄家，如届时不成则辍之可也。盖作祭文不从心坎中说话，不如不作也。

一二日内当作书慰唁江宅及章宅。岳氏葬后，冬秀似可久居吾家，不必归去矣。彼姑嫂之间颇能相安否？

前得节公来书，言已于年内寄五十金至吾家，并允于今春寄五十金，想皆已到。节公厚意可感也。儿迩来甚思归，此后当力图早归之计。惟此时国中纷乱如麻，归亦何用，当待少承平时再定行止耳。昨日得南京友人来书，言南京高等师范学校校长江易园先生欲招儿往该校教授，儿已以不能即归辞之。大约儿归国旨当可觅一唼饭养家之处耳。去年四川高等师范学校欲得一英文教习，寄书此邦某君，言欲得"中西文兼长如胡适者"，某君举以相告，儿为大笑。

第十一号书中又言"曹尚友君自京都来，说及尔时汇寄洋银与尔二兄"，此言全属子虚。吾国人最喜造谣言，此其一证也。二兄从未乞儿之助，儿亦未寄分文与之，望吾母勿信旁人之言也。二哥年来仅有一书与儿，盖彼年来景况不佳，百不得意，故不乐多作书。其所以不寄书与吾母者，想亦因此之故，非有怠慢之心也。

外婆之病想已占勿药之庆，儿别有书问之。

儿此刻无小影可寄家，俟有印成之时，即当寄来也。

前寄之茶叶蜜枣收到之后，除已分送友人外，余留自用。蜜枣早已吃完，因此间中国朋友皆喜吃之，故早完也。茶叶尚存许多，可敷一年之用。儿室中有小炉子，有时想喝茶则用酒精灯烧水烹茶饮之，有时有朋友相访，则与同享之。

惟所寄丝巾至今未到，想因附在大包内途中遗失耳。匆匆。

即祝

吾母百福

适儿　三月十五日

——《胡适遗稿及秘藏书信》，第21册

致母亲

民国五年第四号上

吾母：

四月初曾寄二三两号，三号中附寄江宅书，想皆收到矣。儿之博士论文，略有端绪。今年暑假中，当不他去，拟以全夏之力做完论文草稿，徐图修改之、润色之。今秋开学后，即以全力预备考试，倘能如一上学期（九月底至正月底为上学期）之中完事，则春间归国亦未可知。然事难预料，不能确定何时归也。

夏间住址殊未能决定，然寄书用现在之地址，亦不致有失误。

上海有友人办一报，欲适为寄稿，适已允之，尚未与言定每月付笔资若干。如有所得，即令由瑞生和转寄来家为家用。该处系友人主持，虽力不能多酬笔资，然亦不致令我白做文字也。俟后有定局，再写信通知吾母及瑞生和号。

今年入春以来，儿身体尚好，望吾母勿念。

匆匆偷闲草此，以报平安而已。

即祝

吾母百福

适儿　五月一日

——《胡适遗稿及秘藏书信》，第21册

致母亲

第六号上

吾母：

　　前得第二号家书，附明侄一信及邮片两张，均已收到。其邮片两张，一自纽约寄，一自南美洲寄，故邮票不同也。其寄来之书一册，必系不甚要紧之物，可不必转寄。

　　此次儿信中附上致仙舫姊丈一书，及明侄一书，均望寄左。

　　今年未曾照有好影片，故不能寄家，俟有好的当只［再］寄来。冬秀能来我家否，其姑嫂之间颇能相安否？儿久客不归，冬秀能不怨我否？儿拟今夏赶完博士论文初稿，故夏间仍居纽约，不他去也。即他去亦不过旅行几日即归，不久居也。今身体平安，望吾母勿念。

适儿　六月九日

——《胡适遗稿及秘藏书信》，第21册

致江冬秀

冬秀姊如见：

适于未归国以前，曾有一书奉寄。后因有便船，遂改早三星期，于阳历六月十五日起程归国。已于阴历六月初九到家。本已与子隽丈约好在芜湖结伴同归。及到芜时，子隽丈适有微恙，适坚乞其暂留芜将息。适以急于欲归，故遂先行。亦不及待令兄仁圃之至矣。归后始知姊有微恙尚未痊愈。闻之深以为念。甚望此时已早痊愈。适本意欲来江村一行，既可与姊一见，又可探问病状。惟尊府此时令叔及令兄皆尚未归，或有不便。故先草此书告知近状。俟子隽丈与仁圃兄归时，当再约期来游江村。行装初解，一切皆极匆匆。即祝病后珍重。

尊府诸亲长处均乞寄声问好。

胡适白　六月十一日（7月29日）

——《胡适遗稿及秘藏书信》，第21册

致母亲

第七号上

吾母：

　　今晨儿往绮色佳一游。一以重游五年旧居之地；二以看视老友；三以访问旧日教员；四以观今年毕业式（儿在上海所教之学生有二人今年毕业于康南耳大学，故甚欲与观其毕业日之典礼也）；五以暂为数日之休息。作此书时儿已在火车站待火车之开。

匆匆，即报平安。

适儿　六月十六日

附小影一张，如爱之可示知。

——《胡适遗稿及秘藏书信》，第21册

致母亲

第八号上

吾母：

儿于十六晨火车站上有书寄家，想已寄到。是夜车抵绮色佳（去纽约共三百英里，约华里一千里），即得韦莲司夫人电话，嘱往寓其家，其情意殷勤，却之不可，遂居其家。是夜大雨，未能出门。次日往访白特生先生之家，晚餐焉。维廉姑娘颇多病，濒行时嘱致意吾母，其意可感也。是日在大学中，见旧时教师及朋友甚多，亦一大快事。昨日又往各处访友，都极欢。儿居此约一星期即须离去，往赴"国际关系研究学会"于克里乌兰城，去此约千余里，约于七月二日归纽约，从此不再出门矣。

匆匆寄此即报平安。

韦莲司夫人及其女韦莲司女士寄声问吾母安好。

适儿　六月十九日

附影片一张与冬秀。

附信封一个（过新历八月即勿用）。

再者，前寄之毛峰茶，儿饮而最喜之，至今饮他种茶，终不如此种之善。即常来往儿处之中国朋友，亦最喜此种茶，儿意［欲］烦吾母今年再寄三四斤来。

——《胡适遗稿及秘藏书信》，第21册

致江冬秀

冬秀姊如见：

适到家后，即有书寄尊府，后以久不得尊府复书，不能久待，遂匆匆出外，周游各地，至廿九日始归。归时闻家慈言，始知尊府已有使者来过。又知姊病状尚未全愈。适已定期七月初十左右出门。此时族中又有纷争之事，一时实未能来江村。因此，家慈特奉恳定达姑婆亲到尊府，一则代询病状，二则托其代邀姊来舍间小住二三日。如姊此时能胜轿行之劳，甚望勉强与姑婆同来，能于初三日来更好。若初三日不能来，初五日亦可，无论如何，终乞尊府即赐一回信。匆匆草此，不能尽所欲言。想姑婆定能面述一切也。

尊府诸亲长均此致意，不一一。

胡适敬白　七月一日（8月18日）

——《胡适遗稿及秘藏书信》，第21册

致江冬秀

冬秀姊如见：

　　昨日之来，一则因欲与令兄一谈，二则欲一看姊病状。适以为吾与姊皆二十七八岁人，又尝通信，且曾寄过照片，或不妨一见。故昨夜请姊一见。不意姊执意不肯见。适亦知家乡风俗如此，决不怪姊也。

　　适已决定十三日出门，故不能久留于此，今晨即须归去。幸姊病已稍愈，闻之甚放心。望好好调养。秋间如身体已好，望去舍间小住一二月。适现虽不能定婚期，然冬季决意归来，婚期不在十一月底，即在十二月初也。匆匆将归去。草此问好。

适　七月初八（8月25日）

——《胡适遗稿及秘藏书信》，第21册

致江耘圃

耘圃姻兄惠览：

今日按足下寄家慈一书，敬悉一切。适此次归来仅有二三十日之勾留。行色太匆匆，决无办婚事之余暇。故未归国时即有书嘱家慈致意尊府，言明今夏不迎娶之意。适到上海时，又有一书申明此意。家慈彼时即有书到尊府，并将适来书附呈省览。其时想足下已出外，故不知此情。适到芜湖时，曾以此意告知令叔子隽先生。今来书乃云至昨日闻七都定达姑婆言始知此意，此诚为适所不能了解者矣。

来书言欲今舍间择定迎娶日期即日相告。此固属姻兄骨肉之情不得已之苦衷，适岂不知。然适此次出外，因国事纷扰，一切事多未能预定，但可决定冬秀来家完婚，惟不能预定吉期。出外后一月内定可决定归期。决定之后，当尽先飞函相告。适素不信拣日子之事，正不须请算命先生择吉日，但求两家均无不便之日足矣。

来书所云，适仅能如此答复。伏乞足下以此意告知令妹为荷。

适此次出外，所以如此忙迫者，因已受北京大学之聘，廿四日即开课，故不得不于廿四日之前到北京也。

此次所以欲接令妹来舍间者，正以结婚之前甚欲先与令妹一见。后闻令妹有恙，即欲亲来尊府一行。到家之后即作书寄尊府致意。适其时姻兄与令叔皆不在家，故十余日不得回信。及适廿九日归来始知尊府有口信来。寄信之人所言殊不甚了了。故家慈商请定达姑婆亲来尊府，一则探问令妹病状，二则因族中有纷争之事，适一时不得离家，故请姑婆商之尊府，若令妹病体已痊，可请其来舍间一见。今令妹既不能来，又幸姻兄已归里，故适拟于初七日亲来江村，既可与姻兄面商一切，又可一见令妹。伏乞姻兄以此意告知令妹为盼。相见有期，匆匆不尽所欲云。即祝暑佳并问尊府诸亲长安好。

姻弟胡适白　初四日（8月21日）

——《胡适遗稿及秘藏书信》，第21册

115

致江冬秀

冬秀如见：

此信寄到之日，不知汝尚在吾家否？汝若能在吾家多住几个月，何妨多住几个月。吾母亦很寂寞，有汝作伴，既可稍减吾母之忧心，而我亦感汝之情不少矣。

我今年竟不能回来，想汝能原谅我所以不回之缘故。我很盼望汝勿怪我迟迟不归，亦勿时时挂念我。怪也无用，挂念也无益。我何时事毕，何时便归，决不无故逗留也。

汝家中兄嫂及其他尊长如问及我时，可以上文所说告之。总之，我归家之时已不远。家中人能等得十年，岂不能再等一年半年乎？

此寄相思，即祝珍重。

适　七月廿七日

——《胡适遗稿及秘藏书信》，第21册

致母亲

第十二号上

吾母：

八月初九日曾寄十一号信，想已收到。今日收到第五号信，甚喜。信中所说归期一节，前数书均已详细说明，可不用再答。母往往说及儿子婚事未完，以为生平第一缺憾。其实此乃母心中过虑也。儿子婚事件件都已由母安排定当，所未完者，不过迎娶一节耳。望母不必远虑，更不必以此一节未完，遂增烦恼。至于"切实之归期"，前书已说明所以不能确定之原故。今以母信敦促，且作下文切实之回复：儿子归期早则春间，迟则夏间，无论如何，夏间决定回国。

此可算得切实的回复否？

冬秀能否常住我家？如能长住，与母作伴，岂不很好？若冬秀定要回去，亦只好听其自便。彼在吾家，终是作客，究竟不如在自己家中的方便。故儿子以为当听其自便，母意何如？

毛峰茶不必多买，两三斤便够了。寄茶时，可用此次寄上的住址

（如已寄出亦不妨事，因可转寄也）。今年夏间大热，幸所居之地高敞风凉，否则不能读书了。此复，即祝

吾母康健百福

适儿　八月卅一日

近仁叔均此致意

——《胡适遗稿及秘藏书信》，第21册

致母亲
第十三号

吾母：

　　前次家书中向儿要影片几张，今加印得五张，收到之后望送近仁叔一张，其余四张随母意分送亲属可也。下次有便当再加印几张寄来。儿现方作博士论文颇忙，脱稿之期正尚遥也，惟身体平安，望母勿念。匆匆，即祝吾母康健

适儿　九月四号

——《胡适遗稿及秘藏书信》，第21册

致胡近仁

近仁足下：

久不通书甚念。惟每得家书，便见老叔笔迹，相思之怀，因以小慰。正如老叔读吾家书，亦可略知适近年以来之景况也。近来作博士论文草稿，日日为之，颇不得暇，故亦不能作书与老叔细谈。近来颇作诗否？昨在友人处借得《小说月报》观之，深嫌其无一篇可看之文章，甚叹李伯元、吴趼人死后小说界之萧条也！

适近已不作文言之诗词。偶欲作诗，每以白话为之，但以自娱，不求世人同好之也。今写二首呈政，以博故人一笑而已。

孔丘

知其不可而为之，亦不知老之将至；

认得这个真孔丘，一部论语都可废。

朋 友

两个黄蝴蝶，双双飞上天。

不知为什么，一个忽飞还。

剩下那一个，孤单怪可怜。

也无心上天，天上太孤单。

老叔以革命诗读之可也，一笑。

适　九月四日

——《胡适研究丛录》

致母亲

吾母：

九月四日寄第十三号信，想已收到。今日为九月廿七日，为哥伦比亚大学开学之期，明日上课。第七年第一学期开课矣。

儿所作博士论文，夏间约成四分之一。今当竭力赶完，以图早归。今年归期至多不过九月、十月耳。当此九月、十月时间，有许多事均须早日筹备。

第一，归国时作何事业。

第二，归国未得久远事业时，该如何办理，如何糊口。

第三，家事如何安排，何时结婚，何时出门。

凡此诸事，似宜早为打算，免得他日临时抱佛脚也。然此三事之中，以第一事为要。此事一定，其他三事，不待言矣。俟有定局时，即当禀知，以释吾母之远念。

一年以来，久不得冬秀之书，岂因其不会写信，就不肯写乎？其实自己家人写信，有话说话，正不必好，即用白字，亦有何妨？亦不必请人起稿，亦不必请人改削也。望母以此意告之。如冬秀尚在吾家，望母令彼写信与我，两行三行都无不可也。

写信最忌作许多套话，说许多假话。前得明侄、永侄两信，都犯此病。冬秀前年来信，并犯此病。若用假话写家信，又何必写乎？

此间有朱经农者，乃儿之旧同学也。日前曾告儿言，新得其夫人来书，"虽有白字，颇极缠绵之致"。儿为填一白话词戏之曰：

先生几日魂颠倒，

他日书来了。

虽然纸短却情长，

带上两三白字又何妨。

可怜一对痴儿女，

不惯分离苦。

别来还没几多时，

早已书来细问几时归。

连类想及之，遂写于此，以博家中人一笑。匆匆，即祝吾母康健。

适儿　九月廿七夜

——《胡适遗稿及秘藏书信》，第21册

一九一七年

致母亲

六年第一号上

吾母膝下：

前日得第八号信及冬秀之信，甚为喜慰。儿近感时症，得重伤风之恙已十余日，尚未全好。病中得家书，喜可知也。儿久不作书之故，已于前号信中言之。实则儿入冬以来，似有病意，虽郁积不发，终觉无有精神，不能高兴。以故，除工课以外，颇无余力及于他事。年假中天气冷暖不时，时症大作，遂亦及我。医生云，但静养几日，便可全愈。今正服药，寒热已退，头亦不疼痛，尚微咳嗽，然亦大减。今日竟觉精神亦好，故作此书耳。

此系不要紧的病，望吾母勿以为念，至要至要。否则儿下次有病痛，亦不再告知家中人了。

冬秀信甚好，此信较其几年前在吾家所作寄其祖母之信，胜几十倍矣。病榻无事，作诗纪之：

病中得他书，不满八行纸。

126

全无要紧话，颇使我欢喜。

我不认得他，他不认得我。

我却能念他，这是为什么？

岂不因我们，分定长相亲。

由分生情意，所以非路人。

天边一游子，生不识故里。

终有故乡情，其理亦如此。

岂不爱自由，此意无人晓。

情愿不自由，便是自由了。

此儿的白话诗也。今年元旦病中作新年词一首，亦是白话。

沁园春·新年

早起开门，

送出病魔，

迎入新年。

你来得真好，

相思已久，

自从去国，

直到今年。

更有些人，

在天那角，

欢喜今年第七年。

何须问，

到明年此日，

谁与过年。

回头请问新年。

那能使今年胜去年。

说"少作些诗，

少写些信，

少说些话，

可以长年。

莫乱思谁，

但专爱我，

定到明年更少年。"

多谢你，

且暂开诗戒，

先贺新年。

茶叶、蜜枣、绣巾已于月初收到。另有函致节甫公，谢其费神，并乞其代挪借今年家用，不知能办到否。

儿婚事之预备，望吾母不必早日为之。俟儿归国时再方之不迟也

此祝

吾母康健百福

适儿　一月十七日

上月得曹庸斋伯之子曹继高一书，此人现在究竟如何，甚愿闻之。

想秋嫂必能告我也。

适儿又及

程鉴泉兄之子程光普兄亦常有书来。吾察其字迹，知其人必老成勤苦。家中亦知其人否（此人即与儿在梅溪学堂同学者）？

——《胡适遗稿及秘藏书信》，第21册

致母亲

第六号上

吾母膝下：

前寄第五号书，言或能于六月初起程归国。今以大考期在五月廿二日，考后匆匆不能于几日之中摒挡一切未了之事。故六月中已不能起程，乃须待至七月初耳。因恐家中人相待，故先以此告知。

前书言欲于归里时与冬秀一见，不知能办得到否。望吾母早与江氏言之。

婚事今夏决不能办，一因无时候，一因此时无钱也。更有一层，吾乡婚礼，有许多迷信无道理的仪节，儿甚不愿遵行。故拟于归里时与里中人士商议一种改良的婚礼。此也可开开风气，惟此事非儿此时所能悬想，故当暂缓耳。

连日因赶紧将论文抄完，故极忙，不能多作书矣。

论文五日内可成，论文完后即须预备大考。

此次大考，乃是面试，不用纸笔，但有口问口答。试者为各科教长，及旁习各科之教员，但想不甚难耳。

此时论文已了，一切事都不在意中，考试得失已非所注意矣。

这几年内，因在外国，不在国内政潮之中，故颇能读书求学问。即此一事，已足满意，学位乃是末事耳。但既以来此，亦不得不应大考以了一事而已。

适儿　四月十九日

——《胡适遗稿及秘藏书信》，第21册

致母亲

吾母膝下：

今日上午十一时安抵上海，有二哥与节公及聪侄在码头相迎。此时大局纷乱，一时尚难定行止。闻北京大学文科长陈独秀先生可于一二日内到上海，且俟他来一谈再定何时归里。届时当先行写信关照家中。儿一路平安，身子甚好，望吾母勿念。

适儿　七月十日

——《胡适遗稿及秘藏书信》，第21册

致母亲

吾母膝下：

到上海之时，即有一书寄家，想已收到。儿在此所有应接洽之事，已将完了。一俟完了，即须归里。大约一星期之内，可到芜湖。昨日接江子隽姻丈手书，言彼亦将归去，拟在芜相待，俟适到时同伴归里。儿已作书答之，乞其相待同行。

儿此次归里，决计暂不迎娶，家中千万勿作迎娶之预备。盖以天气太热，一也。儿在家只有二三十日之久，时日太匆促，二也。长途劳苦，颇思在家少息，不愿办此忙闹之事，三也。无钱何能办此事，若太从俭则无以对吾及冬秀；若从丰，则断非今日力所能及，四也。以此诸故，儿志已决，拟冬假中再办此事，望吾母能鉴儿之意，谅儿之心，并意告知冬秀及江氏家中亲长，使其勿作今夏迎娶之筹备。

此事已缓了十年，今岂并几个月亦不能再缓乎？

儿在美时曾有信言归时欲先与冬秀一见，或在吾家或在江村皆可。

此事不知吾母曾告冬秀否？如能接冬秀来吾家暂住几日更好。儿到芜时，当与子隽姻丈一言之。

适儿　七月十六日

——《胡适遗稿及秘藏书信》，第21册

致母亲

吾母：

昨夜歇三溪，夜间遍访同乡店家景春、鼎和，同兴、同顺及洪□□共五六家。此系歇熟店家的坏处，所以今天不湾泾县城了。今夜歇晏公塘，天色尚早，写了一封长信与节甫叔公。信内（一）谢其买物；（二）谢其历年来代垫各款；（三）言明此款于明年为始，分四期归还；（四）托其代买琼玉膏两斤，此膏泽舟先生言甚合吾母病体。买到时，望问泽翁如何服法。如服之有效，不妨再买。

吾母病体不宜太劳，望千万调养调养，勿太劳。若泽舟之药既有效，望多服几帖，可时时再请其来诊看，望吾母千万勿惜小费以添儿子之远虑也。

所带之塌果很好，昨天中饭吃了三个，今天中饭吃了两个。昨夜在胡正隆号吃了一大碗面，今早吃了三个鸡子一碗粥，今晚吃了两大碗饭。鸭子不甚咸，但尚可吃得。

昨晚睡得不甚熟，明天又要起早，所以不写长信了。一路上再寄信罢。条桌上一支大字笔是茂和侄的，请托人送还他。

有一封小信与冬秀，请交与他。

匆匆奉禀，即祝

吾母康健。并问

合家安好。

适儿　十六日夜（8月3日）

——《胡适遗稿及秘藏书信》，第21册

致母亲

吾母膝下：

　　适于今日午间到芜湖，途中虽颇苦热，然幸无疾病，可释远虑。到芜后即到科学图书社汪孟邹兄处，始知北京大学所以屡次来催者，并无他事，不过因北京招考，无人帮助看卷子，故欲适先去耳。今考期已过，正可不忙。但适已决意不湾上海，且先去北京，俟事体小定，再来上海。其余诸事，且俟他日再说。已作此书后，闻人言明侄有病（脚气），甚欲归来。此病非回徽州不可。适且决计去上海一行，一则可看看明侄，二则可将上海之书箱带去，三则可一看川沙店情形。在途中有两个明信片寄家，想已收到。

　　匆匆奉禀，即祝
吾母康健百福。
合家亲长均此。

适儿　七月十六日（9月2日）

附上信封一包。

——《胡适遗稿及秘藏书信》，第21册

致母亲

吾母膝下：

儿今日到上海，拟住两日即去北京，约廿三可到。

二哥本月内痔疮大作，有几日竟极危险。今幸小愈，然极憔悴矣。

明侄足疾似无大碍，据医院中人云决不妨事，可令家中大小放心也。现入之医院名宝隆医院，手段甚高，看护亦极周到。儿拟俟明侄小愈后即令其归里一行，使其可以调养数月。然此事今亦不能预定，但病决不甚要紧，家中人千万莫急也。

他事今亦不能谈。现因衡卿兄之便，托其先带此书，以慰家中悬望之意，并问

合家清吉

适儿　十九日（9月5日）

——《胡适遗稿及秘藏书信》，第21册

致母亲

吾母：

儿今日午时到北京，下午去大学访蔡先生，不相值。复至其寓，亦不相值。须明日始往访之。大学本定今日开学，今因他故，须延长一星期，故儿此来并不为迟，有许多时可以商酌一切课程。儿此时暂寓中亚旅馆。大约一二日后，即须决定住所，或居大学，或居校外，皆未可知。家中寄信可写：北京 北京大学文科教授胡适之收，可不致有误也。

永侄病状如何，甚以为念。望家中时时写信说明，以免远念。

在上海时，曾往见秕嫂之二姊，即在其寓吃便饭。与彼说及永之足疾，彼言此症恐终系内亏。谓如今所延医无大效，不如暂漂一二月，再作计较。彼曾寄有阿胶、鹿角胶之类，秋凉后可煎与永服之，以为补养之资。如实不能收效，或竟须出外医治，如来上海，可在大姨寓中担搁，亦不无照应。总之，此病非一朝一夕所能收全功。故大姨叮嘱适劝秕嫂及吾母千万勿性急，千万勿心焦，焦急于事无益也。不曾写信来家，儿亦与节甫公谈过。节公亦言今日盘店，亦是不得不如此。节公现在家，望吾母及秕嫂细细一问之，想可得店事一切实情。儿已与绍之谈过几次，秕嫂所嘱各事，也曾细细谈过，其中一切细情，非一言所能尽。且俟店事了结后再细细写一信来家。儿此时太忙不能写信也。儿一路颇辛苦，幸无疾病，可请家中人放心。

信记店中之轿金已付去否？

儿出外之前一日，途中遇庆寿兄，已以观兴之事告之。彼言如吾家愿租与他人，亦须待明春，儿亦以为然。

在芜湖遇江子隽丈，彼欲儿为之谋事，托石锦翁来说。儿告此等事可遇而不可求，但可为之记在心中耳。

爱体姊之子绥汝已托定吉娘带到上海。儿到上海时，曾亲去恩汝处看过，一切都平安。福汝也见过。据云恩汝、福汝皆将于明年正月回家。如家中有便人，可将此意转达爱体姊也。

适儿　（七月廿四）9月10日

——《胡适遗稿及秘藏书信》，第21册

致母亲

吾母膝下：

　　到京已近廿日，而大学尚未上课。初定初十日开学，继改定廿一日开学。廿一日开学时，适演说《大学与中国高等学问之关系》。开学后，初定廿六日开课，后以来不及，又改到十月一日（即八月十六日）上课。来京白白地糟蹋了廿日，若早知如此，还可在家多住廿日，或竟能先把婚事办了。盖大学自"复辟"风潮之后，有两个月无人办事。故各事至今尚乱七八糟，一无头绪，乃到今日尚未开学也。

　　适之薪金已定每月二百六十元。所同居高君亦好学之士。所居甚僻静，可以无外扰，故欲移出同居也。彼处房钱每月不过六元，每人仅出三元耳。合他种开销算起来，也不过每月四五十元之谱。

　　今年所怕须是添置衣服之费，皮衣更不得了。

　　年假若照部定规则，但有十五日，自阳历十二月二十五日起，到正月十日止。现尚不能确定如何请假之法，大概当于年假后加廿日，或可以敷用矣。今年开学已太迟，似不便多请假了。

此事一时亦未能决定，且待开学后再说。

明侄死后适已有信来家，想已收到。不幸事之来，真足令人毫无兴趣。然此亦无可如何之事，只好付之一叹而已。

教者英文学、英文修词学及中国古代哲学三科，每礼拜共有十二点钟。事体本不甚繁，本可兼任外间工课。但此番来京已迟了，各学堂都已聘定了教员。且适初任教科，亦不愿太忙。因此且就此二百六十元过了半年再说。

适现尚暂居大学教员宿舍内，居此可不出房钱。饭钱每月九元，每餐两碟菜一碗汤，饭米颇不如南方之佳，但尚可吃得耳。适意俟拿到钱时，将移出校外居住，拟与友人六安高一涵君。永侄之脚疾已有起色否？久不得家中来书，甚以为念。

适身体平安，望家中勿以为念。

适儿　九月卅日

——《胡适遗稿及秘藏书信》，第21册

致母亲

吾母：

阴历八月三日之家信已收到，读之甚喜。永侄之内疾既退，外病脚疾亦有起色，甚可喜。永侄所附一信，文理甚清楚，读之甚慰。

明侄之丧，家中人定必痛惜，然亦无可如何。此病本难治，当时明侄又以办毕业之故，不肯早日告人，及其病重，始告人。二哥当时痔疾正甚，痔脱不能收入，闻信即往看视，后复为送入医院，一切料理不可谓不竭尽心力。一切医药之费皆二哥所筹措。儿到上海时，闻医院中人言此病尚可医，儿闻之甚慰，不料其竟不起也。死后一切棺材衣裳之费，皆由二哥筹措，到昨日始由适寄款去将余欠之款偿还。

长嫂遭此大变，定必极哀痛，即吾母亦必甚哀伤。但此等事追想亦无益，不如勉作达观耳。

江村一方面究竟如何？冬秀病已愈否？望着人一探听之。

袍料、褂料此间买不甚方便，当托人向上海买去，买了即由上海转寄家，便更觉方便了。

孝丰来信已收到。

北方虽冷，然与纽约及绮色佳均差不多。儿当自己留意，吾母勿念也。

上课已四日了，一切事尚未将就过去。工课并不忙。

适儿　十月五日

——《胡适遗稿及秘藏书信》，第21册

致母亲

吾母:

　　顷得八月廿九日书,如大嫂与秭嫂均有疾病,甚以为念。甚望其早早全愈也。绍之之信,其原因在适一人,适到上海时,曾将秭嫂所问诸事直问绍之,并告以川店之事,秭嫂实难怪有怨言。绍之闻言,颇为愤激,因细说家中种种误会之原因。如可卿叔欠款之[数]字,实系可卿误记。此款收到后,即划在川店账上,故次年之誊清簿上,即将可卿欠项减去五十余千。(当日洋价有一千数百,故六十元可抵五十余千。)

　　只止[此]一端,可见家中路远难免误会错怪之处。至于川店,则几十年之账簿适亦略略翻看,其间大抵亏本之年居多,而盈余之时极少。年来市面更坏,用人又不得当,故已成无可救药之势。绍之苦心把此店盘顶,把亏欠之款摊完,其中一切细情,想节甫公定已向家中说过。至于绍之家眷在川沙,实不致动用川店之款。秭嫂在川沙种种节俭刻苦之情形,实有不能一一笔述者(尚有许多苦情,非写信所

146

能言也）。

家中不知此情，故有误会耳。

总之，绍之对于川店，不可谓不曾用尽心力。无奈绍之年来亦极艰苦困难，故不能有整顿扑救之力耳。

川店久已成为家累，家中决不能靠此为养家吃饭之计。今幸将亏欠之款作一成摊还，免了债累，已为侥幸矣。望秠嫂能明白此一层情形，并望其莫过于心焦着急。他日家中家用及永侄身上之事，适总可以支应。大嫂一方面事可由适承担，请大嫂放心可也。

适在此上月所得薪俸为二百六十元，本月加至二百八十元，此为教授最高级之薪俸。适初入大学便得此数，不为不多矣。他日能兼任他处之事，所得或尚可增加。即仅有此数亦尽够养吾兄弟全家，从此吾家分而再合，更成一家，岂非大好事乎！

茂光表兄信内言，母意此次请假归娶，非两个月不可，此决不能办到，今附上大学章程一页，读之便知年假之短。适在大学中不能多请假之故四条，（一）大学今年开课太迟，故不便多旷课。（二）适所任工课，不易请人代教。（三）此次教育部因改订大学章程事，召集一会讨论此事，适亦被请参预会事。因建议废现行之分年级制，而采用"选科制"。此议已经教育部通过，但一切细目详章尚须拟好。此为中国学制上一大革命，一切办理改革之法，非数月所能料理。适为创议之人，当竭力筹办此事，期于一年之内可见诸实行。故决不能久离京城，头尾一个月已多，两月万不能办到也。（四）大学现拟分部组织教授会，适亦为创此议之人，故非将此事办妥，不能久离京也。有此四层，故上次写信言暂择十二月三十日（十一月十七日）为婚期。适但能于十二月廿二三到家。婚后六七日（至多十日）即须出门返京。以须赶路，故此次或不能带新妇同行。但有这个办法，若此法不能行，则可择以下两条办法：

（一）将冬秀送来北京结婚。

（二）且等明年夏六月（阴历五月）再迎娶。

以上共有三条办法，望母斟酌妥善，再与江宅商量。商量停当，望即日飞函告知适，以便早作筹备（可将此函之后半段送与耘圃兄阅之）。

此间朋友皆劝适在北京结婚，此法实为最便。若能行此法，可与江宅商之。适意在北京结婚之办法，约如下：

（一）可请耘圃兄将冬秀送来，川资由适任之。

（二）今津浦铁路已断，但有趁京汉火车。

（三）可不必先择日期，俟冬秀到时再择日结婚（如能于十二月三十日前到更妙）。

（四）冬秀到时，可先住旅馆中。此间有甚上等的旅馆，一切都方便。

（五）婚礼即于适所租房内行之。

（六）家中此时可不必开贺，俟适明年来家再补请喜酒。

（七）此时京汉火车虽通，但不许客人多带行李（因京汉亦被水冲坏，今新修好，尚不能如旧也）。若来时，千万勿多带物件，但带铺盖衣服可矣，其余可存放家中。

以上办法不过因路远，不便时时用信谈话，故先述于此，以免他日不及陈说。究竟能在北京结婚与否，尚须待家中及江宅斟酌回复也。

此事已不宜延迟，望速即与江宅一商。能请一人往江村当面接洽一切，则更佳矣。

　　匆匆，百忙中草此长书。即祝

吾母百福

适儿（重九后一日）廿五日（10月25日）

致母亲

吾母膝下：

得三四号手书，知前议婚期婚礼各节均已得吾母之同意。现绍之已来京，聪儿亦在此。适本意欲与绍之及聪儿一同来家。然绍之痔疮现尚未痊，行步都不易，且此时尚未有事，亦不当即离京。故适已与绍之说，请其不用来家。聪儿失学已久，初来北方，亦不当即令随都可，俟儿归时再定可也。

耘圃现在芜湖，儿已有信去，请其决定后回信。此时尚未有信来。

如婚期有变更，请着人去屯溪打一电报来。

款子明日即汇二百元，由上海转，想可于十日半月间汇到。儿归时当另带些款子来，想共得三四百元足矣。

儿归去，故儿决计独自来家，不带一人同行。约阳历初十日后可以起程，廿日前可以到家，婚后约可住十几日，约在月十二三可以起程来京。此时政局一日千变，北京尤不安稳，决不可更有家累。故儿决计此时不带家眷同来，约五月中再回家去带家眷，亦未为迟也。

男宅主婚人，随便什么人，婚礼一切事家中无人料理，只得拜托铭彝兄代为办理，但是，心甚过不去耳。

筹备之事，亦不甚多。里中无有大轿，不知他村或江村有之否？吾乡无好酒，可到绩溪县挑些酒来，县中之"甲酒"甚不恶也。

亲友送贺礼一概不收，惟可收贺联耳。

家中若无人帮忙，可雇一二妇人帮忙，莫令家中人太苦也。婚礼衣服儿自己带来，皮袍褂料亦自己带来，彼时再缝做亦不甚迟也。况家中天气不寒冷，有所带之大皮羊皮，已可用了。

前所定婚礼，如江宅不能一概采用，不妨酌量增减一些。儿此时太忙，两星期内除正课外，尚有四处演说（一在农业专门学校，一在高等师范，一在大学，一在天津南开学校），故不能作长书。

铭彝兄处亦不另具函，乞吾母代为致意相托。如有笔墨之事，可请近仁叔代劳。

适儿　十一月廿六日

——《胡适遗稿及秘藏书信》，第21册

致母亲

吾母膝下：

前上一书，言次日即汇寄贰佰元，今以汇款甚迟，不能即到，非十几日不可，故已决计不由上海汇款。儿决于十二月十三日动身，约十二月二十日前可到家，那时当自己带钱来家。此时如有急需，不妨暂时向别处挪移。儿约带四百元来家，想可敷用了。

儿现将此间各事料理清楚，即日动身。儿现为哲学门研究所主任。研究所为本大学毕业生继续读书之所。因系初次创办，故事务甚繁。现本所定于十二月三日开办，开办后一星期，一切事稍有头绪，儿便可抽身矣。

前寄《东方杂志》及《太平洋》各一份与本村阅报社，想已收到。

一切事不及细谈，均俟归时面谈。

此时安徽北部有乱事，甚其不致波及皖南。若皖南亦有兵乱，则归途有阻碍矣。

适儿　十二月一日

——《胡适遗稿及秘藏书信》，第21册

一九一八年

致江冬秀

　　此信到时，铭哥想已动身了。如不曾动身，可把此信与他看。途中因浩泽叔侄相争事，我们出为排解，担搁了大半点钟。到旌德县城时，天已大雨，轿夫全数不肯抬了。旌德县全城，因财政局改组事，有许多绅士往来，竟叫不出一顶轿子（耘圃与月波先生均以此事来城）。没有法子，只好住一夜，明日再赶路。现住大顺店内，大家都平安。此次轿夫大可恶，须叫六来申斥一顿。他借的五百文也不曾扣除。他自己并没来。

适（1月下旬）

——《胡适遗稿及秘藏书信》，第21册

致江冬秀

昨夜（十二月十七）为新婚满月之期，在夜行船上，戏作一词，调名"生查子"，以寄冬秀。

前度月来时，你我初相遇。

相对说相思，私祝长相聚。

今夜月重来，照我荒洲渡。

中夜睡醒时，独觅船家语。

适（1月30日）

——据原件

致母亲

吾母膝下：

　　一路上情形，另见一片，附寄上。昨日车到天津，迟了几点钟，赶不上快车，只好上慢车。不料慢车上没有二等车，只有三等车，坐处已极坏，睡处更没有了。快车两点半钟可到北京，慢车须走六个多钟头，车上又极冷，窗又破了，关不住风，两足冰冷，只好起来，走来走去，以取暖气。直到半夜后两点多钟始到北京。天太晚了，不能进城，遂在客店中睡了。今晨（廿二）进城。二哥已出京往汉口，聪侄尚平安。

　　此次离京前后共四十九日，七个礼拜。

　　一路上虽比别次旅行为最辛苦，然身体尚平安，望吾母放心。连日所最苦者，只是睡眠不足，想是心挂诸事，神不能安之故。今到了北京，心安了，或不致再睡不着了。

　　草奉禀，即祝

吾母康健

合家清吉

　　　　　　　适儿　十二月廿二日（2月3日）晨十时
　临行时，永侄言已愿在余村入学。此系永侄体谅家中人之意，其意
甚善，又能与骐弟作伴，两人多可有进益也。
　　　　　　　　　　——《胡适遗稿及秘藏书信》，第21册

致母亲

吾母膝下：

昨寄一书，想已寄到。昨今两日到大学接洽一切。陈独秀辞职之事，现已取消，陈君仍任学长，儿仍任教授。儿此时尚未上课。现定于二月六号上课。此间于阴历元旦起放寒假七日，儿亦可借此假期补作讲义。大学中人望儿之来甚切，故见儿回京皆甚喜也。

时局更纷乱不可收拾。北京钞票跌至五七八折，若再跌下去，则一块钱仅可作半块用矣。

二哥尚未回京，不知年内回京否？

儿自离京以来，五十日未作讲义，心放了便难收回。故今日竟不能坐下读书，须安心定志休息一两日，始可如旧作事。

冬秀颇识字，可令她勉强写信与我，附在家信内寄来。写得不好，亦不妨。如不愿他人见了，可用纸包好，附人家信中。

今天下雪了，但不很厚。家中有雨雪否？

吾母病体未全愈，望把诸事于宽心，总须以养病安神为要。如泽舟之药有效，可多吃几帖，再望时时请他来复诊。儿此次婚事，一切心愿都了，但以吾母病体为虑耳。望吾母安心调养，以慰儿心。

适儿　（2月4日）

——《胡适遗稿及秘藏书信》，第21册

致母亲

吾母膝下：

今天二十六了，想此信到时，已是新年初四五了，贺年已迟了，我已早贺过年了。如今也不再写拜年的信了。

过年想必很忙，吾母病体不宜太劳，望于新年中无事时静养静养。

今天写讲义，直到半夜后一点半钟。写好了，还高兴，再写一封家信罢。

我到京后，每日有一封信来家，这个法子，吾母看是好不好？写惯了觉得很有趣味，可以作一种消遣事做。

还有一封信，请交冬秀拆看。又有一篇文，请交近仁叔收。

要睡了。

适儿　七（2月7日）夜一点半

——《胡适遗稿及秘藏书信》，第21册

致江冬秀

冬秀如见：

今天早晨梦见母亲有病。我虽不迷信梦境，但心里总有点不放心。故写信与你，请你时时写一封信来，老老实实的说母亲的身体如何，使我好放心。

你自己的病，可好了没有？昨天我看见一书上说，女子月经来时，切不可有发怒、忧郁、气恼诸事。我想你前两月不痛经是因为心事宽了之故。本月又痛经，想是因为心事不宽之故。下月月经将来时，可先扫除一切心事，再看还痛不痛。无论如何，望你写信时，也细说自己身体如何。

千万要写信，不可忘记。

适　二月七日

——《胡适遗稿及秘藏书信》，第21册

致母亲

吾母:

　　这时候已是二十九夜九点半钟了,我想家中年夜饭是吃完了。我十几年没在家过年了,把家乡风俗都忘记了,也不知吃年夜饭后有什么事做。只好不若不劳动这只脚(原文如此),慢慢的便会见好,他说最好是用布把这只脚扎在插拐上不要劳动他,使他慢慢的调养。能做一种西人用的插拐亦可。略如下图:

此处以托住夹胁　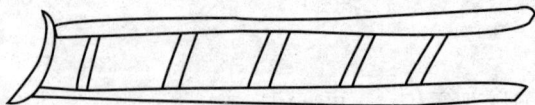

　　用时面抵住夹胁,手拿住第一或第二根横木。行走时,病脚便不用担力。

去想了，且把我今天的事写出来与大家听听罢。

今天起得很早，天未亮便醒了。点起灯看了一会儿的书，天亮明了，便穿衣服起床，那时还不过七点钟，厨子（名阎海）已出去了。因为昨夜我叫他今天午饭办几样菜，为同居的高先生送行，所以他一早便出去买菜去了。我自己去倒了面水，洗过面，看了一点钟的书。厨子回来替我烫了六个生鸡子，吃了当早饭。

十点钟时，同高先生出去看了两家朋友。回来吃午饭，也没有外客，就是我陪高先生喝了两杯酒，聪儿也在座。

吃过饭便有客来，这客去了，又有客来，请我于正月初三日到天津去看他结婚，还替他做一位"好人"。西式婚礼，新郎请两个最好的朋友做"引导员"，亦名"好人"。

我因为这几天须补作讲义，没有工夫，所以辞了他。

客去之后，我也叫车出门，先到大学法科去寻一位朋友，谈了一刻钟，又到大学文科去办了一点事。

五点半钟到一位陶孟和先生家去吃夜饭。陶先生也是大学的教授，是在英国毕业的，学问极好。他和两位严氏兄弟同住。

这两位严先生是前清学部侍郎严修的儿子，一个是医生，一个是画家。吃饭时，还有一位韩先生，也是个医生。

饭后大家畅谈了两点钟，我才回家写了这封信，便也要去睡了。

席上曾同这位严先生谈起永侄的足病，他说这是肺痨的遗传余毒，此是慢性的病，非药石所能治。但须一面多吃滋补的物品，如鸡蛋之类；一面切不可劳动此脚。他又说宜多见日光，他又说此脚需时甚久，不可性急，亦不必用药涂治。这位严先生是京师传染病医院的院长，他的话似乎可信，可以试试看。

适儿　除夕（2月10日）
——《胡适遗稿及秘藏书信》第21册

致母亲

吾母：

今天是寒假的末后一天了（共放七日假），明朝便上课了。

今早七点起来，编了一些讲义，吃了四个生鸡子，又吃了一碗半饭。高先生走了之后，我们早晨不吃粥了，改为吃饭，我实在不喜欢吃粥。

我到北京，朋友们人人都说我比从前胖了，气色也好了。我因为家中都说我更瘦了，所以不相信这话。近来仔细看看，觉得是胖了一些，想是在家中吃食太好之故。有人说新婚之后应该发胖的，这话怕也有点道理。

今天上午做了一个上午的讲义。十二点钟到城外去，有朋友请吃午饭，喝了差不多两斤花雕酒，酒很好，有点醉意了。回来时到琉璃厂去看了几家书摊。回家吃了晚饭，觉得还有些醉意，便睡了两个钟头。起来喝了一壶茶，吃了一个大萝菔（音仆），又预备了明天的工课。现在差不多到十二点钟了。写完了这封信，便要睡了。明天须起早，八点半钟便有课了。

适儿　二月十七日　正月初七日

昨日寄棋子一盒，因包裹不如式，邮局不肯寄，故不曾寄出。

——《胡适遗稿及秘藏书信》，第21册

致母亲

吾母：

今天第一天上课，上午（八点半至十点半）上了两点钟，下午（一点半至三点半）上了两点钟。上课后办了一些杂事，出城到一家照相馆去看我在家时所照的相片洗出来了不曾。这些相片因为我太忙了，所以不曾自己洗。今天去看，都洗出来了。别的都好，只有在岳母坟上照的两张全看不出什么。共照十八张，有十六张可印，四日内可印好，印好时再寄来家，拣好的多印几张送人。从照相馆出来，便出城洗浴。吃了大盘虾仁炒面当夜饭，又到绩溪会馆去坐了一刻，便回来睡了。

今天月色甚好，不知家中今夜月色如何？

适儿　二月十八日

——《胡适遗稿及秘藏书信》，第21册

致母亲

吾母：

今日无课。儿的工课都排在星期一、三、五三日，故星期二、四、六皆无课。

上午编好讲义送到大学去印，回来吃饭。

下午本想编别项讲义，只是没有精神。只得写了二封极长的信与美国诸友。内中有一封是与六七个中国留学生的公信，共写了十九张七行信纸。

这两天身体很好，饭量也好。只是此间自从高先生走了之后，没有人可以谈谈，所以很觉得寂寞冷清，所以很有点想家。家中人听了定然好笑。

其实这是平常的事，有甚么好笑。

写信大可解闷，大可消遣。

适儿　二月十九

永侄的棋子已寄出了，因包裹不如式，又退回来。须要用布缝好，始可寄。此地又没有妇人可做此事，且待找人缝了再寄。

适又及

——《胡适遗稿及秘藏书信》，第21册

致母亲

吾母：

自从昨天起我每日早晨喝"豆精乳"一瓶，此物即是豆腐浆。近年由学者考验，知豆腐浆之功用，等于牛乳。有大学生物学讲师李石曾先生发起个豆食厂，每日所出豆浆，制造极干净，我所吃即此厂所造的。

吾乡俗话说"徽州朝奉，自己保重"，我现在真是自己保重了，一笑。

我在家时，因看见冬秀嫁妆中的剪刀也是十年前所办，如今都上铁锈了。衣裳上的针线也有坏脱的了。我那时觉得这十年中经过了多〔少〕变迁，颇有点感慨，想做一首诗，因为匆忙得很，不曾做成。前天补做了一首，写给家中人看看。诗如下：

> 记得那年，
> 你家办了嫁妆，

我家备了新房，

只不曾捉到我这个新郎！

这十年来，

换了几朝帝王，

看了多少世态炎凉；

锈了你嫁奁中的刀剪，

改了你多少嫁衣新样；

更老了你和我人儿一双！

只有那十年陈的爆竹呵，

越陈偏越响！

近仁来时，可把这首诗与他一读。

今日星期六，明天星期，没有工课，但须编讲义。

适儿　廿三日

——《胡适遗稿及秘藏书信》，第21册

致母亲

吾母：

　　昨晚两点半钟曾写一个明信片，写了我就睡了。今天早晨起来洗面，要照镜子，遍寻不见，又看剃须刀盒也不见了，以为是聪侄拿去剃面去了。那时不过七点多钟，聪还不曾起来。我叫佣人去寻镜子，也寻不着。后来寻到我从前住的房间，见一只外国箱子大开未闭。佣人来叫我去看，始知昨夜有贼偷进来，开箱取去狐皮马褂一件、外国衬衫几件、罩袍一件、单衣几件、帽子两顶、茶壶一把、剃刀一盒、镜子一面、洋袜几双。还有家中带出来的千里镜头两个、破表一只也都拿去了。大概还有些小零碎，如今也想不起来了。镜头和破表包在一包，这位贼先生以为是好贵重的东西。又剃刀一盒，他以为内中是银钱，所以也拿去了，岂不好笑吗？

　　后来在院子后面寻出袜子一双，掉在地上。又见茶叶倒在地上，因此始知贼先生是从屋后墙爬进来的。北京的房子都没有高墙，故易于爬进爬出，昨晚我睡迟了，故睡得很熟，不能听见声响。

此次失物，并不值几个钱，只可惜家中特为我做的马褂也偷去了。还有那剃头须刀，从家中寄来，只用了两次，便被他拿去了。别的东西，他用得着，倒也罢了。这一盒剃刀他拿去一定不会用，岂不是白白地枉费心思吗？

这几天正苦于没有话说，今天真有机会可以同家中大家谈谈天了，哈哈！

适儿　二月廿五日

——《胡适遗稿及秘藏书信》，第21册

致江冬秀

冬秀：

我从前有信要你写信与我，何以至今无信来？

这个月月经来时，还痛经吗？望你写信告我。

我那个病，现在正在医治。并不用药，只用外治的法子。这法子是很可靠的，你可放心。

千万写信寄来。

适　二月廿五日（元宵）

——《胡适遗稿及秘藏书信》，第21册

致母亲

吾母：

　　今晚有人请吃晚饭，主人为威而孙先生夫妇。威先生是美国人，现在大学教英文。他的夫人也是美国人，很懂音乐，能唱歌。

　　我从去年在上海上岸之后，至今不曾吃过真正的美国餐。今晚吃的却真是美国式。

　　吃的东西如下：

　　（一）一盘汤。

　　（二）一块鱼（炸的）加洋山芋。

　　（三）一块牛肉（炙的）加洋山芋。

　　（四）一碟水果（切成小块）和生菜叶。

　　（五）一杯冰乳。

　　（六）一杯咖啡。

　　吃完了，谈到九点半始回家。"冰乳"又名"冰忌廉"最好吃。他们告诉我说，他家每隔一天便吃冰乳。我问他们是否买的，他们说是自己做的。我对他们说，等我的家眷来了，要请威而孙夫人教她做冰乳，威而孙一口答应了。

适　二月廿六日

又寄上外婆影三张，小姨影一张，冬秀影两张。

——《胡适遗稿及秘藏书信》，第21册

致母亲

吾母：

昨日不曾写信。

我在家时，曾答应铭彝兄于二月中为汇寄四百元至芜湖，以二百元还联奎兄，以一百四十元还铭彝，余六十元则托其寄家。现正在筹备，此四百元尚未筹齐也。

今日无课，在家编讲义，编到了半夜后三点钟始完。要睡了。

昨日为吾婚后两月之期，日子过得真快。

适儿　二月二十八日　正月十八日

致母亲

吾母：

今日得第二号家信及冬秀一信，永侄一信，极喜极喜。

家信中所言各节，我天天的信中都已明白回复了。

永侄的信写得极好，读了我很欢喜。所说不去余村一节事，也很有
道理。他是很懂事的孩子，尽可由他自主。家中中文书很多，可以由他
翻看。只有算术一门不可不补习，可将学校用本取回自己补习。

冬秀的信也比从前进步了，内中颇有几个白字（如"是"，写作
"事"，"之"作"知"）都还不要紧，常常写写便更好了。

此后尽可叫他们两人写家信，近仁太忙了，不应常常烦他。永侄写
信已很清楚明白了，既不会误事，又可借此操练作文，岂非一举两得。

适儿　三月一日

——《胡适遗稿子及秘藏书信》，第21册

致母亲

吾母：

昨天不曾写信。

昨天星期六，上午起了一篇"图书馆书目编纂法"的稿子，下午到大学评议会，开了三点钟的会。回到家中，吃了晚饭，编了一些讲义就睡了。今天星期，上午写了几封信，便有许多客来。一个去了，一个又来，有两人在这里吃中饭。他们走了，我没有心思作正经事，还是写写信罢。

我自到京以后几乎天天有一封信来家。这些信可令冬秀与永侄按照时日的先后编排在一处。这些信中，虽没有要紧的话，终是一时的纪念，将来回想，也且有点趣味。

我身体平安。

适儿　三月三日

——《胡适遗稿及秘藏书信》，第21册

致母亲

吾母：

　　前日星期下午写有一信，那天我写讲义写到晚上十二点钟才睡。昨天起来觉得两鼻孔都有点不通，又有点咳嗽，想是有了一点小伤风。昨天下课之后，回到家中也没有精神写讲义，恰好会馆中有一位胡燕谋君来此，吃了晚饭，遂同他去会馆中谈了一会，才回来睡觉。今天起来，鼻孔还有点塞住。咳嗽已好了，这是小伤风，极不要紧，家中可放心也。

　　昨日得铭彝表兄书，知他们开店的事已暂时作罢，故叫我不必汇款去。此款不汇出，于我很方便。今且先寄六十元来家，由芜湖转寄，想此信到后不久即可寄到。

适儿　三月五日

——《胡适遗稿及秘藏书信》，第21册

致母亲

吾母:

　　昨日已由银行汇寄现洋六十元,由芜湖转寄家中。明知此数不够用,且先寄此数,至下月再寄六十元。

　　此时票价五八折,六十元合票洋一百零五元,连汇费在内。

　　昨日有点小伤风,今天好了,请家勿念。

　　此间太寂寞冷静了,不久就要搬家,现尚不曾租到合意的房子。

　　此时国事越弄越浑沌了,真正莫名其妙,真正不得了。

　　昨日有一位日本朋友寄来两部书,说是送来贺我新婚的。这位朋友现在美国耶鲁大学当教授,是一个很有名的学者。去年我回国的时候,先在火车上遇着他,后又与他同船渡海,常常叙谈,很投机的,因此便做了朋友。如今他听说我结婚了,所以送了两部大书来贺喜。我自然是很高兴的了。

适儿　三月六日

——《胡适遗稿及秘藏书信》，第21册

致江冬秀

冬秀:

前次写的信很好,我读了很喜欢。能多写几封,我更欢喜了。

你到江村以后,可以常常写信来与我。

名片尽可不用,怕旁人说你摆架子。

新坟清明诗也没有心思去做。我近来忙得很,常没有睡觉的工夫。

你看见你的照片了,可好不好?你若写几封信与我,我便替你多印几张回家去送人。

回江村时,请你代我致意问候子隽丈、仁圃兄及益三、小轩诸位。

至于病的一层,你可放心。我听你的话,不医了。且等你我同来北京时,再说罢。

你自己要保重身体,莫想着我。

適　三月六日

你的照片现在我的书桌上，和母亲的照片装在一起。

——《胡适遗稿及秘藏书信》，第21册

致母亲

吾母:

    昨日上午在家。下午二时半到大学研究所,上了一点〔钟〕课,四时后回家。写讲义直到晚上二点钟始睡。

    昨日商务印书馆又送来第二次稿费现洋四十五元,正好应用。这时候的四十五元,真抵得八十五元的票子。

    明天晚上,我在会馆中请北京的同乡吃喜糖,大约有两桌人。

    伤风已好了,请勿挂念。

适儿　三月八日晨八时

——《胡适遗稿及秘藏书信》,第21册

致母亲

吾母：

　　昨日为星期，有友人宋君请吃中饭。席设在一位旗人志先生家中。同席者有一个日本人，一个美国人，一个法国人及蔡元培先生。吃的是真正北京菜，很有趣味。在北京吃北京菜，都是假的，都是山东人造的，并不是真北京菜。这一次吃的可是真的了。

　　吃的饭是老米饭，老米是一种多年陈的米，米色微黄。这一次用的米听说是从宫里席上谈起，始知这位志先生有两个外甥，曾在澄衷学堂读书，都和我同过学。如今一个已死了，一个在铁路上办事。同席的几位都是研究文学的，谈起来很有趣。

　　下午回家，编了一些讲义，不曾做别事。今天下课后，出去寻房屋，寻了两处，一处有房十七间，价钱太贵了，房子又太旧了，故不曾和他还价。一处有房十八间，都还新，似乎还合用。我问他价钱。他开口要二十五元一月，大约廿一、二可以租下。明天再去问问看。若可让至二十元，我便租了。现住的房子太坏了，太不紧密了，所以要搬家。

现在时局太坏了，北京竟不成个体统。奉天张作霖的兵已到了北京城外的廊坊。冯总统已有辞职的通电。不知究竟闹到什么田地。

但是北京决没有战事发生，家中人尽可放心。要是北京有战事之虑，我决不去寻新屋了。

适儿　三月十日

——《胡适遗稿及秘藏书信》，第21册

致江冬秀

冬秀：

　　昨天收到你的信，甚喜。信中有好几个白字，如"事"当作"是"。"座"当作"坐"。"记"当作"这"。又"你"字、"听"字也写错了。下回可改正。

　　你的哥哥说五月间来游北京。他若真能来，可托他把你带来。若能这样办，我就可以不回家了。我今年夏天忙得很，能不回来最好。我已把这话同母亲及你哥哥说了。若是这样办，你可早点同你哥哥来，不用等到阴历五月底了，岂不更好吗？来往盘费须由我出，望你劝你哥哥不要客气。

　　今天我已看定了一所房子，共有十七间，地方离大学很近。我已付了定钱，大概二十日内可以搬进去住。

　　我听说你身体好了，心里很欢喜。我身体很平安，你不要挂念。

你在江村何时回去？没有事时，可以多多的写几封信与我。

适　三月十三日

——《胡适遗稿及秘藏书借》第21册

致母亲

吾母：

昨日不曾写信。

昨日下午收到第三号事信，甚喜。

姨太病已痊愈了，使我很欢喜。

永侄之脚只是慢性病，正不必性急，且将汪开地先生的药用了再看如何。

秠嫂之气痛病，事已痊愈，闻之甚慰。

冬秀想已回江村去了。

北京情形如旧，虽不很好，但无乱事。

我身体平安，前天牙齿痛，昨天已止住了。今天还要去找牙医，把蛀洞补好。

适儿　三月十六日

——《胡适遗稿及秘藏书信》，第21册

致母亲

吾母：

　　昨天没有写信。

　　今天收到了冬秀信一封及永侄信一封，心里很欢喜。

　　昨天忙了一天，替《新青年》做了一篇一万字的文章，这文是不卖钱的。不过因为这是我们自己办的报，不能不做文。昨天一直做到半夜后三点半钟方才做好。这篇文字将来一定很有势力，所以我虽吃点小辛苦，也是情愿的。

　　今天星期，大学中请一个美国人演说欧洲文学，请我做翻译。所以一早起来，就到大学去。演说完了，蔡校长请我们吃中饭，直到三点半钟始散坐回来。

　　有点倦了，且去睡一觉。

适儿　三月十七日

——《胡适遗稿及秘藏书信》，第21册

致江冬秀

冬秀：

你为何不写信与我了？我心里很怪你。快点多写几封信寄来罢。今夜是三月十七夜，是我们结婚的第四个满月之期，你记得么？我不知你此时心中想什么。你知道我此时心中想的是什么？

我想你若来京，还该把思永带来，可使母亲与秕嫂在家格外要好些，若不带他来，秕嫂定然心中怪我与你，定使母亲在家不好过。我这话你看对不对？

我昨夜到四点多钟始睡，今天八点钟起来，故疲倦了，要去睡了。

适 三月十七日

窗上的月亮正照着我，可惜你不在这里。

——《胡适遗稿及秘藏书信》，第21册

致江冬秀

冬秀：

　　今日收到你的信，心里很欢喜。你为我医病心里着急。我早已依了你的话不去医了。医生也说我并没有病，养养就好了。你不用着急。

　　这几天很忙，昨晚写文章到三点半钟才睡，今天八点钟又起来了。

适　三月十七日

——《胡适遗稿及秘藏书信》，第21册

致江冬秀

冬秀：

昨夜二哥得川沙电报，说二嫂病危，已不能说话了。今天又得电报说二嫂已死了。二哥决定后天动身回南。

家门真正不幸。我回来之后，死了一个侄儿，又死了一位嫂嫂。最可怜的是二哥的三个小儿女，一个顶小的只有六岁，真不知如何安顿。

今天我在教育部演讲"墨子哲学"，来听的约有五六百人。内中有二百人是女学生。可见近来北京风气开了，比起十年前来，大不相同了。

下午到女子高等师范学校去看一位沈女士，谈了一点钟。这位沈女士是我的同学顾君的聘妻。现在师范学校教音乐。因有朋友介绍，故去看他一次。

寄上照片两张。一张送耘圃，一张送子隽叔。你自己的一张，我寄到家中去了。

适　三月廿一

——《胡适遗稿及秘藏书信》，第21册

致母亲

吾母：

今晚九时，曹胜之（即继高）弟自汉口到京。胜之前有信来言欲来京跟我学英文。我回信说极望他来，此地有屋可以同居。我虽无工夫教英文，尚可以略为帮助。故胜之于廿二日坐京汉火车来京。我这里本太寂寞了，得他来同住几个月，也是极好的事。

明天早晨（星期），我要到教育部会场演说"墨家哲学"。现在北京有一个"学术讲演会"，每星期日请人讲演各种学术。我轮着三次，明天是第一次。

北京有几个月没下雨今晚突然下雨，终夜不歇。

我一切平安，请勿念。

适儿　三月廿三夜

——《胡适遗稿及秘藏书信》，第21册

致母亲

吾母：

昨天寄上照片两张，想已收到了。今天收到冬秀及永侄信各一封，心里很欢喜。

又收到芜湖开文来信说所寄洋六十元已托人带回家了，此时想已收到。

现在政府有变动，内阁换了人。昨天纸票价长了一些，今天又跌下去，但此时颇可望抬高一些。

我还没有搬家，大概七日内可搬出。现在身体平安，请勿念。

适儿　三月廿七

——《胡适遗稿及秘藏书信》，第21册

致江冬秀

冬秀：

今天收到你从江村寄的信，我很欢喜。信里有几个错字，"体"不是"保"。"襄"不是"裹"。"是"不是"事"。"紧"不是"繁"。"谈"不是"淡"。"动身"不是"动生"。"叫轿"不是"教轿"。望你下回改正了。

你哥哥得了一子，可贺可贺，望你替我贺贺你哥哥嫂嫂。

我前在信中要想请你哥哥来京时把你送来。不知他真能来么。你若能同他来，便可不等到五月了。岂可［不］很好。

我已租了一所新屋，预备五六日内搬进去住。这屋有九间正房，五间偏房（作厨房及仆婢住房），两间套房。离大学也不远（与江朝宗住宅相隔一巷）。房租每月二十元。

我身体平安，你可放心。

适　三月廿七夜

——《胡适遗稿及秘藏书信》，第21册

致母亲

吾母：

　　二嫂病死事，前两天已有信说及。二哥今早南归，此时津浦铁路已通车，故坐津浦火车去。我送了二哥动身回来，始得洪安来信，言及二嫂病起于十二、三日（阴历），曾有内热。此信发时病尚未凶，不意其如此之快也。

　　先好几日之前，聪得二嫂信，言曾于梦中见二哥死在汉口，心中自此忧虑。我听聪如此说，急叫他写信去安慰她。我自己也写了一封信去劝她（此是三月廿四日之事）。不料此信未到时，她已死了。我想二嫂之病，必系由于过信梦境之过。梦时在十二月，此后二哥常有信去，二嫂终不信，以为信都是我代写的。女人不识字，不认得笔迹，竟有如此大害。

　　二哥儿女之事，我们昨夜细谈一会，终想不出什么好法子。我劝他把三个小孩都带来北京，再作计较。

我已于卅日搬入新寓居住。此屋很好，入校既便，出城也便。

聪儿昨日去考美术学校，今日去考第二场。大概有可取之望。

大学自昨日起，放春假七天，要到初九日才有课，我这几天，仍旧忙。虽是在假期中，仍须改卷子，编讲义。

我身体平安，请家中勿念。

适儿　四月二日

——《胡适遗稿及秘藏书信》，第21册

致母亲

吾母：

今天收到第五号家信及附加一信。

吾母既不愿冬秀与他哥哥同来，只好罢了，将来再说罢。我在外面独居十几年了，难道不能再耐几个月无家的生活吗？这事且听凭吾母怎样作主就是了。

二哥昨天早晨回南。联奎兄所托的事，我已请二哥到上海时与明法公等一谈，望告知联奎兄为盼。

适儿　四月三日

——《胡适遗稿及秘藏书信》，第21册

致母亲

吾母：

前天有一信，说及托耘圃带冬秀来京之事。匆忙之中，说得不很详细。今把我所以要如此办法的缘故说在下面：

（一）我因耘圃本要来，故托他顺便带妹来，可以省得我费去有用的时候。

（二）我很望冬秀能早些来，因她已近三十岁了，若再不出来受点教育，要来不及了。我的妻子，在外边不能不和朋友们的女眷相见往来，这一层很要紧。至于我个人的方便，还是第二层。

（三）我恐怕夏间或不能来家。我岂不知道吾母望我来家小住？但我仔细一算，这事有许多困难：第一，我预备在暑假中做一部书，若把整段的七八十日割断了，便做不成书了。第二，我是英文部的主任，夏间大学招考，我不能不到（因为我的薪俸是每年作十二个月算的，暑假中也有全俸，不能不办事）。第三，我若是回家，也住不到几天，带了家眷就跑，似乎有点不合道理。若多住，又做不到。若回家只住几天，倒不如不回家了。第四，我很不愿意夏天在内地旅行，去年走了两趟很够受了。故我宁愿到年假时请假回来，还可住上半个月。虽不能多住，究竟比暑假好些。暑假是整段的时间遭［糟］蹋了可惜。年假是零碎的时间，没有大用处，故不可惜。况我在这里，平时从来不请假，年底告两个礼拜的假，决无不可的。

（四）若不令耘圃带来，万一我暑假中不回来，便又须再等半年多，始可带家眷出来，岂不错过了个好机会？这种机会，不容易得，错过了似乎可惜。

这是我当初想托耘圃顺便带家眷的理由。如今吾母既不赞成，只好暂时作罢，耘圃一方面我已有信去，说明吾母望我自己回家之意。他来信说拟于端午节边来京。此时尚有两个多月，时候尽多，如那时我实在不能自己回家，再去托他与冬秀同来，也还不迟。

今天有一位丁先生的夫妇请我吃夜饭，丁先生是英国留学生，现在高等师范教书。他的夫人也是英国留学生（无锡人，他的母舅和我是朋友），现在女子师范教书。同席的有一位陶孟和先生是我的好友。还有位嘉兴的沈女士，是陶先生的朋友，现在差不多要和他订婚了。此外还有一位上海的沈女士，是女子师范的教员，是我的同学顾君（尚在美国）的聘妻，大家都是熟人，很可谈谈。

我在外国惯了，回国后没有女朋友可谈，觉得好像社会上缺了一种重要的分子。在北京几个月，只认得章行严先生的夫人吴弱男女士。吴夫人是安徽大诗人吴君遂（北山楼主人）先生的女儿，曾在英国住了六年，很有学问，故我常去和她谈谈。近来才认得上面所说的几个女朋友。可见中国男女交际还不曾十分发达。

今天是清明节，想家中必很忙。

聪儿昨天去看美术学校招考的榜，居然考取了第八名，我听了极欢喜。他不曾进过学堂，此次共考国文、算术、图画、历史、地理、理科六项，都是四五十日内赶补起来的，竟能考得很高，岂非可喜之事。此校于四月八日开学，学费很低。

聪儿去考的前一夜即是二嫂死信到的时候，入学校时有此绝大的纪念日，当可鼓励他用力上进了。聪儿在此颇勤谨。昨天我买了些外国窗纱回来，要叫裁缝做窗帘，他自己要拿去做，一切剪裁缝绽都是他做的。今天安上去，居然很合用。家中人听了，可不要笑他"男做女工，玷辱祖宗"呢！

一点钟了，我要睡了。

适儿 清明日

看下文（附加）

昨夜一点钟去睡，床上想了一夜，今再将心中所拟办法写在下面：

（一）如吾母病体见好一点，可以离开，则可令冬秀与耘圃同来，永佺亦可同来。但须先与耘圃商量停当。

（二）若单为带冬秀一事，要我自己于夏间回家，恐怕做不到。

（三）若吾母肯于夏间与冬秀同来北京，则我无论如何当亲来家一行。但在家只能住几天不能多住。

（四）若吾母自己不肯出来，冬秀又不能先来，则带家眷一事，可暂时作罢，等到冬天再说。

以上几条望吾母决定早日告知，最好是吾母肯于夏间与冬秀一同出来。

适儿　四月六日

——《胡适遗稿及秘藏书信》，第21册

致母亲

吾母：

今天得上海浩泽叔快信，知节公于廿三日去世，闻之悼叹终日。节公生不曾享一日福，今年七十，乃客死于外，甚可感叹。

我在家出外时，曾在晏公塘写信与节公，请他把生平事迹告我，以便替他作一篇寿序。 我从来不肯替人作这种文字。今因节公待我特厚，故不待人求，自请为之作寿序。后节公复信，已有肯意，不料其竟先死也，思之更加感叹。

二哥有信来，言路上吐血数口，将到浦口时，肚痛大作竟不能举步。幸同车有人替他雇人背至客栈暂息。次日始趁下午快车去上海，可谓苦极矣。

洪安有信来，言二嫂丧事，已由方招俊兄向程云卿（灶永）处借得些钱料理办好。已将棺材送到上海，想二哥赶到时，棺材已到上海了。

连日百忙中，所闻都是伤心事，可叹可叹。

今天第三次去教育部讲演，听者甚多。我还有一次讲演便完了。

今晚文科陈学长与我同席，席上力劝我暑假中不要回去。我说且等家中来信如何说法，再定行止。

适儿　四月七日

——《胡适遗稿及秘藏书信》，第21册

致母亲

吾母：

今天得第六号信，极喜。吾母肯令冬秀与耘圃同来，极好。我岂不知吾母此时病体不应令冬秀远离？但我在此，亦很寂寞，极想冬秀能来。此亦人情之常，想吾母定不怪我不孝也。至于他人说长说短，我是不管的。

家用与盘费，我当赶紧筹寄。耘圃方面，我已有信去，说冬秀暂不同来。今当另具信告知冬秀能同来之事。

至于永侄是否能同来，望母与秬嫂商量停当。如欲同来，可即由家中写信去托耘圃。如此时暂不出来，可等到冬间我自己回家时再带他出来。

今天很忙。不能写长信。但得吾母信后，心中很快乐。

适儿　四月十三

——《胡适遗稿及秘藏书信》，第21册

致母亲

吾母：

　　昨日写家信后，即在家编明天的讲写稿，突然来了南京的一位朋友，带来两个在北京的朋友，谈到晚上就在我这里吃晚饭，到晚上九点钟才去。我被他们担误我的工夫，只得从九点直写到半夜后两点半钟才写好。今天七点钟起来吃了四个鸡子，一碗豆腐浆，坐车到教育部会场讲"墨家哲学"的第四次讲演，足足讲了两点钟。我本只有三次讲演，因章秋桐先生不在北京，故延长一次。共四次讲毕。此项星期讲演专为普通人士设的，颇有功效。我的讲演，不但有许多少年男女学生来听，居然有一些老先生来听。所以我虽辛苦，却很高兴。

　　今星期日，无事。下午在家写讲义。

适儿　四月十四

——《胡适遗稿及秘藏书信》，第21册

致母亲

吾母：

昨日没有信。

昨日为美术学校开学之日，聪第一日上课。我看他颇能用功，将来的成绩定然不坏。

永久没有信来，想因学堂课忙之故。他现在住学堂内，两脚没有什么不便吗？甚念之。

可卿叔前允来带齐去，不知曾否办到，如他不曾来带，可写信去一问。

骐弟在余村上学，若有余暇，望叫他写信寄我。

我身体平安，略觉瘦了一点，想是因为劳苦之故，但并没有照相上那样瘦，那张照片，照得不很准，所以觉得更瘦了。吾母千万不要因此过虑。

这几天天气很暖热，春天又要过完了，日子真是快。

今天下午出城洗了一个浴。这几天忙得很，连洗浴的工夫都没有。

适儿 四月十六

——《胡适遗稿及秘藏书信》，第21册

致母亲

吾母：

　　这几天极忙，两天都到三点钟才睡，每天七点钟起来，故不曾写信。

　　前我得第五号家信言及吾母病状，我当时疑心吾母定有特别缘故，不令冬秀出来。因吾母前信从不曾说到病状，且此时冬秀尚在江村不曾召回。故我以为信中所说病状或系因为家中有特别原故，不便说明，只得托词吾母病状。以此故，当时并不曾想到吾母果然病重。因我心中以为吾母如果病重，定不令冬秀久居江村也。连日得江村信及近仁叔信，始知吾母病体果甚沉重，闻之极为挂念。吾母之病，近虽稍愈，然究竟不知如何情状。望下次来信详细告知。似此情形，若令冬秀远来，我心实不安，望吾母仔细斟酌，然后决定。如冬秀一时实不能离开，尽不必来京。且等到将来，再作计较。此系儿子心中实情，望吾母仔细筹算。筹算定后，早日告知，以便与耘圃商量。若母病未愈，我决不愿令冬秀此时来京也。

今天我到女子师范学校演说"美国的妇女"，演说了一点半钟。

晚间我在南味斋请了七位中国公学旧同学吃晚饭，到十点钟才回来。

胜之在此住了一个多月。我这里太冷静了，他住不惯，已于今晨坐京汉火车回汉口去了。

今天上午上了三点钟讲堂，下午又演说了一点多钟，晚间又有应酬，辛苦了，要睡了。

适儿　四月二十四日
——《胡适遗稿及秘藏书信》，第21册

致母亲

吾母：

今日得到第八号信，甚为欢喜。

所言各节，今分答于下。

永侄来京一节，秫嫂既已赞成，可由家中速与耘圃商妥，速即付信与我，以便加寄盘费。

冬秀来京一节，前函已说过，须俟吾母病好，实在可离开之时，始可来京。此事须以吾母病体为转移，吾母自斟酌之，然后决定，可使我放心。

如冬秀果能来，则盘费自当早日筹寄。但此时已三月半了，我当于十日内筹寄一笔款子来家。无论冬秀来与不来，此款亦必寄来，请吾母放心。

二哥现又有痔疮发作，久无信来了。

大哥棺材不知何时可到。思齐尽可不必在家久待也。

今天有一位朋友请我看戏，看的是名角梅兰芳的《玉堂春》。我自从回到北京直到如今，不曾看过一次戏，那因为太忙之故。胜之在京，我也没有工夫陪他游玩，心甚不安。好在他知道我很忙，故也不怪我。

吾母与聪之信已交与他，他现在天天上课，很能用功。

适儿　四月廿六

——《胡适遗稿及秘藏书信》，第21册

致胡近仁

前得手书，极所感谢。所云一切，皆极中肯要。我生平最爱率真，若于吾母前尚须饰伪，则人道苦矣。前得第五号书，言母病状，吾实不料病是真情。吾初疑此必系家庭中如家秄嫂一方面有为难之处，而家母不愿明言之，故以病为言（此节既非书实，望勿为他人言之）。盖家信从未言吾母病发，又时冬秀方在江村未即召回，故不疑吾母真发病甚"沉重"也。吾之作书询问足下，正以此故。若真知为病，决不复询问足下矣！

今吾母既决令冬秀来，固是好事，惟自得足下书后，极忧冬秀出外后家中无人照应。吾母又极耐苦痛，平常不肯言病。此亦不是细事，真令我左右做人难矣。吾之就此婚事，全为吾母起见，故从不曾挑剔为难（若不为此，吾决不就此婚。此意但可为足下道，不足为外人言也）。今既婚矣，吾力求迁就，以博吾母欢心。吾之所以极力表示闺房之爱者，亦正欲令吾母欢喜耳。岂意反此以令堂上介意乎！

吾之欲令冬秀早来，其原因已详说于家书中，想已见之，此亦补救之一法。不然，吾十余年独居，岂不能耐此几个月之岑寂耶？此事已成往迹，足下阅此书后，乞拉烧之，亦望勿为外人道。切盼！切盼！

　　来书言革新事业，已有头绪，闻之甚喜。革新后，里中万不可居。能来京一行，最佳。此间固不易图事，然适处尽可下榻。即不能谋生计，亦可助适著书，亦不致糊不出一人之生活也。无论如何，总比在里中好些，足下以为何如？

　　冬秀出来时，请足下至吾家将一部《龙川集》一部《王文成全集》检出令彼带来。匆匆

　　即祝

进德勇猛

适上　五月二日

——《胡适家书手稿》

致母亲

吾母：

　　这两天有点小伤风，昨日人更不适意，今晨又好了。今天六点钟起来，忙了一天。晚上不高兴在家读书，坐了车出城，到会馆里拉了同乡章君去游新世界（北京新开的游戏场），看人打桌球，又看了两套戏法，又去听北方的大鼓书，南方的滩簧，到半夜才回来。我最不爱玩，今天实在不耐烦，故玩了一晚，倒觉得很高兴。

　　信写完了，也要睡了。

　　吾母现在病体如何？

　　耘圃有信来令我将款汇到芜湖一家钱庄转交，此法亦不错，一二日内即当汇寄现洋五十元与票洋六十元至芜，家用随后另寄，但须稍迟耳。过此一月后，家用一切，当按月抽寄。这几个月以来，因有意外的开支，故令吾母受窘，心甚不安也。

　　　　　　　　　　　　　适儿

写到此地，仆人烫了两个生鸡子，我吃了也要睡了。

　　　　　　　　　　　　　　　五月三夜

　　　　　　——《胡适遗稿及秘藏书信》，第21册

致母亲

吾母：

今日托芜湖胡开文寄上现洋三十元暂时应用，随时筹寄。

今日得第九号信，知吾母决意令冬秀出来，此皆吾母爱儿子、媳妇的好意，故肯如此安排。但望吾母病体春天后天气温和可以逐渐全愈，则我更放心了。

汝骐弟的信已收到。

五婶病死，儿竟不知。身后之事，自有他女家安排。二哥亦不曾提及。

昨日今日大雨可厌，北京最怕雨。一下雨。路便不可行了，车价贵至一倍多。

我这几天有点小伤风。前天出去买了一对九磅重的铁哑铃，回来做体操出了些汗，身体也爽快些。用心思的人若不运动身体，最易得病。

这几天鼻孔尚不通，别的病都没有了。

适儿　五月十一
——《相适遗稿及秘藏书信》，第21册

致母亲

吾母：

这两天又天晴了。

听说绩溪县知事换了人了，这话确吗？

我有一双皮鞋，可叫冬秀带出来。

今年养蚕不多否？

五月三十日

前天写了这几行，因均无要紧话，故不曾寄去。

昨天在家一天到晚写讲义，没有出门。晚上因不爽快得很，故出城洗浴，回来时已九点钟了。又写讲义至半夜后两点钟始睡。今天上了四个钟头的课，刚才回来。二哥昨有信来，言痔疮已稍好，不久即挈儿女北来。

节公身后事，已有头绪。想家中已有所闻，故不细述。

这时天气已有点热了。此间太寂寞，闷得很，精神也不好。我又不

224

喜欢出门看朋友，故格外无聊。北京的春天，天气真有点讨厌，我从来没过过这种讨厌的春天。

今天约了宅坦、虚臣先生的孙子觐侯君来吃夜饭。此人为幼晴兄之子，现在北京铁路管理学校读书，人极用功。

适儿　五月十五

——《胡适遗稿及秘藏书信》，第21册

致母亲

吾母：

前由芜湖寄三十元，已收到否？

昨日在家写了一天讲义。下午去看章行严先生的夫人吴弱男女士，谈了三点钟。这位夫人是中国女子中很难得的人物。她在英国留学了六年，很读了些书，却又极能治家，现有三个小孩子，都极可爱。

晚上在家正想做事，忽然疲倦了，倒在床上，便睡着了。一睡到十一点钟才醒。醒来又写了两点钟的讲义，方才睡了。

今天上午上了三点钟课，下午在家写讲义。晚上到人家去吃晚饭，主人是英国人，现做英国使馆的参赞。同席的还有两位英国人。饭后回来已十点了。写了这封信，也要去睡了。

适儿　五月十七

——《胡适遗稿及秘藏书信》，第21册

致母亲

吾母：

星期二晚上写了一篇文字，写到天明四点钟才完事。星期三坐火车到清华学校，因有约去彼演说故也。是夜演说后，即在彼住宿，星期四回来。此是这几天不曾写信的原故。

第十号信已收到，冬秀信也收到。

十号信所言节公款事，已由二哥在上海与他家商妥。此款不得作为摊帐之用，另由我立一折与节娘，每月一次起息，令抽拨以为节娘养老之费。望吾母将此意亲告节娘为要。但此事似不必传扬出去。近仁叔看信后，亦乞勿告外人也。

家用已寄三十元，已收到否？

盘费由芜直寄耘圃，据耘圃来信，已收到票洋六十元，尚有现洋五十元未收到，想此时已收到了。

大学前几天因中日密约事，学生全体去见总统，以致蔡校长有辞职之请。现已平复，蔡先生已不辞了。

大雨了两天，可厌之至。

我身体平安，望勿念。

适儿　五月廿四

——《胡适遗稿及秘藏书信》，第21册

致母亲

吾母：

今日得第十一号家信，甚喜。

永侄前月亦有信来，说今次所以不能来的缘故，说得很有道理。这孩子是很明白的，他日读书定很好。他此时在家调养，也是好的。等我冬间自己回来带他，也并不迟。前天晚上，我请大学中前次送贺礼的教员等吃酒。我因到京后极忙，故至今不曾请他们吃酒。现在学堂要放假了，再捱不下去了，只好请他们吃酒，花了六十块钱。会馆中同乡我已请过了。那天晚上，因我是主人，客又多，所以喝酒多了一些，竟醉了。回家后大吐一场。我生平酒醉不曾吐过。此次竟大吐，想是多年不醉之故。第二天病酒，颇不适意。今天好了。从此以后，又要戒酒了，吾母请放心。冬秀等不知何时可到，现尚未接到电报。

我近来极忙，因学年将毕，有许多事要办了，故极忙，信也多日没有写了。过了六月十七，停课后想可休息几天了。

适儿　六月七日

——《胡适遗稿及秘藏书信》，第21册

致母亲

吾母：

冬秀们到了三天多了。冬秀病了一天就好了，但还咳嗽。耘圃病了两天了，两天都有寒热。昨天请医生看了，现在正吃药。他们都不是长［常］出远路的人，所以经不起辛苦。不过这都是时症风寒，不很要紧。

冬秀带来许多家乡食物，如茶叶、干挂豆、萝卜丝、笋衣、豆豉之类，都是吾母一人亲手安排料理的。我心里实在感激，吾母待我们如此之好。等过了几天，我们要把笋衣烧肉，篆笋炖肉，萝卜丝做塌果，请几个熟朋友来吃真正家乡菜可不好吗？

昨天我的课完了，总算过了一个学年。如今又是暑假期近了，此时正预备大考，考完了，月底便放假了。

昨天下午有几个朋友来看我们。两个是大学的教员陶先生和程先生，一个是大学会计课员郑先生，两个是女子师范教员丁夫人和沈女

231

士。下午很闹热的。

　　吾母近来身体如何？望格外保重为要。

适儿　冬秀

六月十五日

——《胡适遗稿及秘藏书信》，第21册

致母亲

吾母:

　　现在冬秀与耘圃病都好了。

　　昨日有一位朋友蒋梦麟先生从上海来,我约他在中央公园吃晚饭。到了晚上,他来了,还带了位客,问起来始知是江苏教育总会会长黄进培先生。黄先生是当今教育界一个最有势力的人。我们几次想相见总不曾见着,今晚才遇着他,两人都很欢喜。后来谈起,他说明天要到东三省去。我问他可要到吉林省?他说是的。我因说先君曾在吉林做官,又曾到过边界上勘界。他问先人名字,我说单名一个传字。他忽然大惊道:"原来令先生〔君〕就是铁花老伯!"后来问起,始知他的父亲是黄烽林先生,且前也在吴清帅幕府里,与先人熟。他常听见他父亲说起先人的学问才气,故还记得。此时谈起,方知我们原来是世交。他说"铁花老伯应该有适之兄这样的后人"。我听了这话,心里很欢喜。我在外边,人家只知道我是胡适,没有人知道我是某人的儿子。今次忽闻

233

此语，觉得我还不致玷辱先人的名誉，故心里颇欢喜。

这几天因补编未完之讲义，又须应酬远来客人，故不得暇，有三日不曾写信了。想吾母身体安好，合家清吉为慰。今年北京极热，此时已穿夏布，不知南边气候如何？

适儿 六月廿日晨六时

——《胡适遗稿及秘藏书信》，第21册

致母亲

吾母：

前次本拟寄三十元，后以票价忽跌，故不曾寄。今日由开文汇上六十元，到日望写信告知。

此时大学已停课，我每日但在家补作讲义。每日往大学去一次，后天有一个考试，此后便更闲暇了，夏间招考在七月十五日，我须看英文卷子。此外便都是我看书的时间了。

冬秀在芜曾寄洋伞两把、席一条，想已收到了。

吾母此时身体如何？望格外保重为要。

冬秀、耘圃前有小恙，现在都好了。

我身体平安。

适儿　六月二十六日

——《胡适遗稿及秘藏书信》，第21册

致母亲

吾母：

　　这几天看卷子，三日看了九十七本卷子，又须办些杂事，故不曾写信。

　　我初以为停课后可以休息几天，谁知不然，连日正没有闲暇，又多无谓之客来，真令人忙煞。耘圃兄在此，我也不曾有工夫陪他去玩耍，连戏都不曾去看一次。

　　近正修改哲学史讲义，预备付印。

　　家中久无信来，想系因近仁叔太忙之故。平时可令汝骐弟写信，也是练习作文字之一法。此间人都平安，但天气已极热，前寄上之六十元，已收到否？

　　匆匆问

吾母安好。

适儿　七月三日

——《胡适遗稿及秘藏书信》，第21册

致母亲

吾母：

今天是六月六日，想家中此时正在吃包过节。永侄此时想已回家。暑假中无事，可叫他常写信来。

昨天晚上，我与冬秀同走中央公园，遇见两家朋友的家眷。同坐了一会，又向园里走了一遍，到了十点钟，方才回家。

这几天天气极热，不能做什么事，可厌得很。大哥棺材已到家吗？齐侄已出发了吗？稷兄病已较好否？

我去年曾有意带嗣迳出来。今念我自己不能回来，此事自不能办到。但闻嗣迳现吃鸦片烟，瘾很不小，此事可是真的？又据冬秀说，他今年曾假造我的信，请七都曹振国（城永）兄阅看。此事未免太不在道理之中。他应该有信来问我一声，不该假造我的信。他若在家，可叫他把那封假信寄来一看，看是谁写的。并可问问他是何用意。

适儿　冬秀

六月六日（7月13日）
——《胡适遗稿及秘藏书信》，第21册

致母亲

吾母：

吾村贞仲娘的儿子蕙生叔在京居住，于月初忽患重病，遍身发烧酸痛，发热而畏寒。卧床数日，势颇沉重。会馆中无人照应伏［服］侍，故由同族生辉公、成亭叔等与我商议，把他送入首善医院。

入院已两日，病势未减。我今早亲去看他，据医生云，这是一种利［厉］害的热病，由于血管中有毒菌（菌即是微生物）所致。医生曾取血化验，想所云不误。现由院中用杀菌的药救治。但此时尚未见退热。前日已有信告知贞仲娘，不知已寄到否？如吾母有便，可亲自告诉贞仲娘，请她暂时放心。此间住医院之医药费用，已由生辉公与我等代为安排。住院费每日两元，药费另算。我们当为竭力医治，请他家中不必过于焦急。我是会馆中董事，又是同族，定当尽力为他照料。但此种病一时不能即见功效，家中人焦急，亦无益也。他病状如何，我当随时告知。

冬秀到京后，我叫她做阔头鞋放脚。现脚指已渐放开，甚可喜也。

二哥尚未来京。

此间人事平安。

适儿　七月十四

——《胡适遗稿及秘藏书信》，第21册

致母亲

吾母:

　　前信说贞仲娘之子蕙生叔之病状,现他的病已大有起色,热已退清,想不日当可起床,现尚在病院中调养医治,望转告贞仲娘,令其放心。

　　连日北京有大雨,天气骤凉,容易伤风。冬秀近有小伤风,头痛终日,但无他病,想不日可愈也。

　　永侄已回家否? 可教他常写信来与我。

　　二哥现尚在川沙,尚未来京。

　　稷兄疾已好否?

　　吾母近来身体如何,家中大小平安否?

适儿　七月廿一

——《胡适遗稿及秘藏书信》,第21册

致母亲

吾母：

    这几天大学招考新生，我要出题目，看卷子。每天九时到大学，下午五时始回来（饭也在大学里吃），故忙得很，把信都不曾写了，冬秀病还不曾好，仍旧是头晕。每日上午更重，下午见好些。

    贞仲娘家的惠生，病已好了，现已搬出医院，在会馆中调养。

    此间人多平安，请家中勿念。

    匆匆，不能多写信。

适儿　冬秀

七月廿八日

——《胡适遗稿及秘藏书信》，第21册

致母亲

吾母：

　　昨日收到永侄的信，今天收到第十三号家信，一切都已知道。思齐出门尽管出门，何必因接馆材的事，遂把他担［耽］搁了，我的意思以为是先令齐出门去罢。

　　十三号信中言及吾母病状，读之甚念。望吾母格外节劳保重为要。家中来发既病了，人手缺乏，何不长雇一个人做事，可以代吾母与秭嫂两人之劳。吾母以为何如？

　　冬秀的病还不曾好，但尚不甚利［厉］害，饭食亦可少进一些，请家中勿念。

　　我这十几天也有点咳嗽，前几天咳嗽了。故昨日请西医验看身体，是否肺病。医生细验一过，说我的肺部一点病都没有。此次乃是外感，不用吃药，不久就会好了。我听了这话，心中便放心了。但两个鼻孔塞住了，讨厌得很！

这几天把第一场的卷子看完，故稍有工夫在家休息。我这个暑假不但不曾有休息的机会，并且比平常还要忙些。但夜间睡得稍早些，自冬秀来后，不曾有一夜在半夜后就寝。冬秀说她奉了母命，不许我晏睡。我要坐迟了，她就像个蚊虫来缠着我，讨厌得很！

此间有三个学生同居，一个是江村人，两个是繁昌县人，都是来考北京大学的，此次有祥棣叔之孙思域在上海投考，已有信来。但此时上海的卷子尚未到，不知能取否。

蕙生叔之病已好了，但体气尚弱，未能复原。前日他已能出门，坐车来吾家申谢。我看他两手尚有点发抖，劝他安心调养。因把家中带出来的笋衣、干挂豆、豆豉等送了他一些，大概他的病已无大碍，可告诉他家中不必挂念也。

这一个月中太忙了，故家信写得很少。此后定可多写信了。

二哥尚未来京，耘圃兄暂定下月初（七日）回南。

适儿　八月三日

致母亲

吾母：

　　耘圃兄于明日（七月八日）回南，我们托他带上阿胶四斤、花子一包、药物一包、棋子一盒。

　　二哥昨有邮片来，言痢疾已稍止，但体尚弱耳。想已无妨，家中尽可放心。

　　冬秀病近日略好些。耘圃兄到吾家来时，当可面告一切。

　　我近来身体平安，家中不必挂念。

　　当此夏令，望吾母病体格外保重。

适儿　冬秀

八月十三日

——《胡适遗稿及秘藏书信》，第21册

致母亲

吾母：

耘圃前天早晨动身，七月十六七日可以到家。他此次来京，本想谋点事做，但京中寻事真不容易。他有许多亲戚本家，做议员的、做将军的，尚且不能帮助，何况我这个"教书先生"，我早已同他说过，他要谋事，是做不到的。故他想不致怪我不替他帮忙。

祥棣叔之孙思域前有信来，说要在上海投考，不知何以不曾去考。我现查上海报名册上，竟没有他的名字，也没有他的卷子，不知何故？望吾母问祥棣叔一声。

冬秀病尚未好。

聪昨有信来，说二哥病已好了，猷侄病也渐退。

我身子平安。

适儿　八月十六

致母亲

吾母：

昨天收到十四号家信，一切都知道了。

我的伤风早已好了，请吾母不要挂念。冬秀近日时时呕吐，但食量还好。

家信中所说劝仙舫姊夫续娶一节，我是不做的。他自己不肯再娶，想必有他的道理，何用旁人劝他？我最不爱劝人娶妻。我不但不劝人娶妻，还劝人不要娶妻。

大学于九月十号开学。

家用本月内一定筹寄。

适儿　八月廿四

——《胡适遗稿及秘藏书信》，第21册

致母亲

吾母：

前天永来信，说巧菊姊死了，听了很使我叹气。我们这几年死了多少亲眷骨肉，想起来真使人不能不叹气。

永又说骐弟今年考得很好，我很高兴。

前天聪从上海回来，说二哥病已好了，小孩子们也都好了。

今日由芜湖汇上三十元，暂应家中急用。

此时时局危急得很，北京市面坏极，票价跌到六四四折，故不能多寄钱。下月底定可多寄钱来。

冬秀头晕呕吐，连日略好些。

我的身体很好。

适儿　九月一日

连日因第二次补考，故极忙。

铭彝兄尚在家否？

——《胡适遗稿及秘藏书信》，第21册

致母亲

吾母：

前天汇上三十块钱，想不久就可寄到了。

今天（九月初四）是选举大总统的日子，总统已举出，是徐世昌。今天居然没有闹什么乱子，京城太平无事，可称侥幸，家中尽可放心。

今天冬秀略好一些，下午坐了车去看他的娘舅及小姨去了。冬秀来京后竟不曾去看过他的亲眷。他前后共总出了三四次大门。

这都是病的缘故。

聪今天上课了。

大学改期九月廿三日上课，我身体平安。

适儿　九月四日

冬秀的病实在不很要紧，大概是"病儿"，请吾母不要记念着。

——《胡适遗稿及秘藏书信》，第21册

致母亲

吾母：

　　昨日收到芜湖开文来信，知所寄的三十元已收到了。不知此款已到家吗？日内再当筹寄三十元，不久就可寄上。

　　冬秀病还是与从前一样，呕吐略好些。

　　二哥还不曾来京。

　　我身体平安。

　　吾母近来身体如何？病已不复发否？

　　家中大小想都平安。

适儿　九月十日

——《胡适遗稿及秘藏书信》，第21册

致母亲

吾母：

前天在西山寄了一信。我在西山住了五日，日日爬山，面色也晒黑了，精神也更好了。今日因大学有事，故回来了。

冬秀近来身体也见好些。

昨日冬秀转寄来家信第十五号。信上说吾母病已不很常发。秠嫂气痛已好，永侄脚病已十去其八，我们读了很喜欢。

信上又问冬秀病妊是否可信。此时已过了三个多月，大概可信。但我们都是没有经验的，故不敢十分决定。

前买的阿胶价每斤一元。此项阿胶是上品的，故本来有玻璃匣，并非是我们故意装匣的。

吸毒石是何种物事，且待向药店中问去。如有，当买来寄上。

适儿　冬秀

九月廿日

——《胡适遗稿及秘藏书信》，第21册

致母亲

吾母：

　　我从西山回来已有一个礼拜了。身体很好，精神也还好，冬秀这半个月来已不呕吐，精神虽不很好，但没有甚么病。吾母尽可放心。

　　大学因新屋一时不能搬好，故须至十月二日始上课。

　　我今年每礼拜只有十点钟功课。课虽不多，但仍旧是很忙的。因为我喜欢干预这样那样，故事体很多。

　　二哥说不久即可来京。他现在还没有事做。聪已上课。

　　现在时局很不好。昨日津浦铁路又断了。江苏恐即有战事，恐怕这封信不能就到家罢。

适儿　九月廿七日

——《胡适遗稿及秘藏书信》，第21册

一九一九年

致江冬秀

昨寄一片，想收到了。

我们昨夜在旌德县只叫得出一把轿子。今晨我坐了先行。又向耘圃兄等借得两把轿子，一把抬永与敬，一把抬行李，其余二哥与聪等步行至三溪换轿，我先到三溪，会见子隽叔与泽涵弟。泽涵弟轿担都已齐备，就同行。今夜歇考坑，明夜可到平堂勘，后日（十一）可到芜湖。

适 一月十三日
——《胡适遗稿及秘藏书信》，第21册

一九二零年

致胡近仁

老近：

谢谢你的信。

我的病好些了。

龟甲文字的研究，要算罗振玉先生为第一，故我把他的一本《殷商贞（占）卜文字考》另挂号寄给你，省得我写长信了。

文字学须从字音一方面入手，此乃清儒的一大贡献；且前那些从"形"下手的人（如王荆公）大半都是荒谬。自从清代学者注重音声假借、声类通转以后，始有"科学的文字学"可言。章太炎的《国故论衡》七卷最宜先看，然后看他的《文始》。若有顾炎武、江永、戴震、段玉裁、孔广森、钱大昕诸人之书，亦可参看（沈兼士之说没有什么意思）。

石鹤舫的诗词我都有了，请不必抄寄。新近又向曹尚友先生处借得一部刻本。你的传何时可成？渴望渴望。做传时，请处处注明材料的来源，但求确实，不务繁多。绩溪做传的人，只有胡培系所作诸传是真有价值的。胡培翚作的次之。程秉钊先生的著作，不知邑中尚可搜求否？乞为留意之。此事比修志更重大。

你的诗——《尝试》——犯了一个大病，就是抽象的议论太多。你曾见我的一篇谈新诗吗？可惜我病中不能细谈诗。

我的女儿名素菲，身体还好。

你们修县志，修的怎么样了？

适　九十一，六
——《胡适研究丛录》

一九二一年

致胡近仁

近仁：

你的《石鹤航传》，我收到已久，因病中不敢作详书，故迟迟未复。今天又得你十，一，五日的信，我不好不先答一封短信。

此传甚好，深合作传体裁。末一段"唉，文人多穷……"以下，略嫌浅俗，故我代删去。余如"总而言之，鹤舫实是一个感情浓厚的人啦！""啦"字即"了"字（京津人语），用在此处，不妥，故代删去，而改"实"为"大概"，又删"总而言之"四字。此皆小节。较大者为传中说他病重时还亲自整理诗词，交给齐章付印。此当是根据齐序。但我细校齐刻本，觉得其中诗词皆非定本，篇数之去取，字句之异同，都远不如先父手抄本之精当，次序亦绝不同（钞本岭北有数本，闻皆同先父本而不同刻本）。此中似有研究之余地。在我看来，齐序所说，甚不可信。便中我当再作一校勘记寄给你一看。

省志如在上庄，请你为我一查，姚际恒（休宁人）的著作及事迹可有查处？他有《庸言录》一书，在四库《存目》里。还有《九经通论》一书，各家书目皆未著录，请代一检，何如？

我的《国语文法》，并未成书。将来大概总有的，但并无"在印刷中"之说。

《哲学史》中、下卷大概夏间可成。

我又病了，现在还不能上课。但此时将愈，请勿念。

《绩溪小丛书》我搜得不少种了，但须等到我余钱时始能陆续付印。此决非短时期中事，但收罗遗著仍不可不努力进行。现在我随时作一"绩溪著作存佚考"，于城中诸胡，略有眉目了。

祝你健康

适 十，一，十八

——《创造研究丛录》

致江冬秀

我昨晚到上海，一切平安。车中我一个人独占了一个包房，很舒服，车上又遇见许多朋友，很不寂寞。

今天大概可以移居汪宅。有信可仍寄亚东转。

二哥已去割治否？小孩子怎样？

请你谢谢泽涵到车站送我，他也许已走了。

适 十，七，十七

——《胡适遗稿及秘藏书信》，第21册

一九二三年

致江冬秀

冬秀：

我廿一日在天津过夜，廿二日南下，车上遇着熟人，一路非常方便，睡觉也很好。车上一时大意，被房门轧伤了手指，去了两块皮，流了一点血。但车上有人带得橡皮膏，又有纱布，扎好了，便不妨事了。

廿三日晚十点半到上海，叔永、经农、高梦旦、王云五在车站接我。现住在叔永家中。一切平安，请勿念。

任太太的女孩子很好玩，她很爱你送她的罗汉。

适 （4月28日）

——《胡适遗稿及秘藏读书信》，第21册

致胡思聪

思聪：

你这几天去看过黄医生吗？他怎么说？他的药有效吗？此等病不妨多试些时。黄先生颇有尝试的态度，不妨让他多试试。二哥有信来吗？

现北京政局大不安宁，昨天京城警察竟不站岗。似此情形，我们一时也不能回去了。所以我想在西湖多住几天。你若得医生允许，可以来西湖玩几天。来时在"城站"下车，雇车到"新新旅馆"，车钱可由账房去付。你到此可问廿四号房。旅费不敷，可问亚东借，不必多带钱。来时可把我的药方各带一瓶来。检药稍缓不妨，但你若不来，可给我一信。

适 （十二，六，十）

寄上两方，其余一个治肺的方，一时检不出，可请黄先生补一个。

（华英药房号码是S6557）

请问希吕，如单本《镜花缘序》已印成，可带十本来。

——《胡适研究丛录》

一九二四年

致胡近仁

近仁叔：

前不多时，曾寄一信，谈宗武事，想已达览了。

二月二十二日手书已收到。

福保的问题，我以为可先进二师。现在真没有好中学堂！那里不是你说的"机械教育"，二师的危险是很明白的，所以不足怕。易卜生的儿子少时，易卜生送他到俄国去留学。人问："你是爱自由的人，为什么不送他到美国去？"易卜生说："美国人得着了自由，故不知道自由的真价值。俄国人没有自由，故反能认识自由的意义。"二师虽专制，却是制造革命党的好地方，胡子承不但替胡适之造了许多信徒，还替陈独秀造了无数党员！（但这个消息，你千万不可让子承先生知道！！）福保不妨先去二师，等到他被子承先生开除出来时，他已是自由的忠心的信徒了。

如果将来福保的经济有不足时，我定可以帮助你一点。

福保的白话诗，都通顺了，"月"一首最好。做诗先要文理通顺，将来总有进步。

绩溪一班少年诗人，无论如何，且还当得起一个"通"字。大概将来绩溪要出不少的诗人！我记得你曾集山谷句送我，中有一句是"少年有功翰墨林"。但将来的少年如果都去学胡适之做白话诗，那么，我也许遗害他们不浅，将来我也许得着"少年流毒翰墨林"的墓铭呢！

素菲又大病，恐不易好了。余都平安。

适　十三，六，四

——《胡适研究丛录》

致江冬秀

冬秀：

今早到了，一切平安。

昨晚七点十五分到奉天，有奉天的满铁事务所长吉武君来迎接，引到一家纯粹日本式的餐馆去吃饭，吃的是日本饭菜。吉武君知道我不懂日本情形，教我入门脱鞋，入室并脱拖鞋。吃饭时，他叫了个日本艺妓来，作一种日本舞，有别一个妓女弹三弦琴和之。这还是中国古代唐、宋朝代的遗风，在中国久没有了。九点二十分上车，今早八点半到大连。天气很凉快，一点都不痛苦。

在没有到大连之前的前四站，即有中国代表四人上车来欢迎；前二站又有二人上来欢迎，使我很不安。

到此后，有许多日本人及中国人在车站欢迎，同到大和旅馆。接着便是日本报馆访员多人来，照相的来，忙的我不能吃早饭了。

后来我没有法子，只好请他们下午再来，我饿的要吃早饭了。早饭后，他们已把医生户谷银三郎请来，给我作诊察。他诊察很仔细，他说一次诊察还不够，须作第二次诊察。约了下星期二上午再诊一次。

祝你们大小都好。

适　十三，七，廿五晨
——《胡适遗稿及秘藏书信》，第21册

致江冬秀

冬秀：

　　今午寄一长信，但误用了中国邮票，不知收到否？据旅馆人说，寄是寄出的，但到时须加倍罚邮票。你若收到"欠资"信时，那是我寄的，我很平安。

适　十三，七，廿五，下午六时

——《胡适遗稿及秘藏书信》，第21册

一九二五年

致江冬秀

车上熟人甚多，颇不寂寞。请放心。此时一切平安。

你要留心你的病，我很担心。

有信寄武昌师范大学杨金甫先生转。

适之　1925年9月25日

——《胡适遗稿及秘藏书信》，第21册

致江冬秀

今早九时到汉口，王雪艇、杨金甫等许多朋友都在车站接我们。十点过江，住在郭复初先生家里。一路平安。你好了吗？

适之 （9月25日）

——《胡适遗稿及秘藏书信》，第21册

一九二六年

致江冬秀

冬秀：

走了一半路了。还有三天半就到莫斯科了。

今早睡不着觉，想到我们临分别那几天的情形。我忍了十天，不曾对你说；现在想想，放在心中倒不好，还是爽快说了，就忘记了。

你自己也许不知道我临走那时候的难过。为了我替志摩、小曼做媒的事，你已经吵了几回了，你为什么到了我临走的下半天还要教训我，还要当了慰慈、孟录的面给我不好过？你当了他们的面前说，我要做这个媒，我到了结婚的台上，你拖都要把我拖下来。我听了这话，只装做没有听见，我面不改色，把别的话岔开去。但我心里很不好过。我是知道你的脾气的；我是打定主意这回在家决不同你吵的。但我这回出远门，要走几万里路，当天就要走了，你不能忍一忍吗？为什么一定要叫我临出国还要带着这样不好过的印象走呢？

我不愿把这件事记在心里，所以现在对你说开了，就算完了，你不

280

怪我说这话吗？你知道我个人最难过的是把不高兴的事放在心里。现在说了，就没有事了。

志摩他们的事，你不要过问。随他们怎么办，与我家里有什么相干？

有些事，你很明白；有些事，你决不会明白。许多旁人的话都不是真相。那回泽涵、洪熙的事，我对你说了，你不相信。我说你不明白实在的情形，你总不信。少年男女的事，你无论怎样都不会完全谅解。这些事，你最好不管。你赞成我的话吗？

我不是怪你。我只要你明白我那天心里的情形，就够了。我若放在心里不说，总不免有点怪你的意思。所以我想想，还是对你说开的好。

适之　道中　十五，七，廿六

——《胡适遗稿及秘藏书信》，第21册

一九二七年

致江冬秀

冬秀：

我今天哭了女儿一场，你说奇怪不奇怪。

我这几天睡少了，今天下午无事，睡了半点钟。梦里忽然看见素菲，脸上都是面〔病〕容。一会儿就醒了。醒来时，我很难过，眼泪流了一枕头；起来写了一首诗，一面写，一面哭。忍了一年半，今天才得哭她一场，真想不到。

我想我很对不住她。如果找早点请好的医生给她医治，也许不会死。我把她糟掉了，真有点罪过。我太不疼孩子了，太不留心他们的事，所以有这样的事。今天我哭她，也只是怪我自己对她不住。

我把这首诗写给你看看。

见通伯、叔华时，把此诗给他们看看。整整一年不作诗了，谁知却是死了的女儿来破我的诗戒！

我昨天第一次在哥伦比亚开讲，很有意思。

礼拜三晚上（二月二），一个旧同学请我吃饭；他们有一男一女。他夫人说起，他们的女孩子病了两年多，现在好了，一年之中添了十六磅重。但她身体还不很强壮，只送她在一个私立学堂里去，每天只做半天的工课，就回来休息。后来我们吃饭时，两个孩子都醒了。女孩子在床上喊妈妈去，说："要看看胡适。"我去见她，她不过八岁，坐起来喊我。我心里很感动。大概今天梦里见着女儿，也是那天留下的影象。

我两星期后到哈佛去，行止还不能十分决定。大概四月的船期不能改了，四月十二开船，月底可到家。

祝你们好。

适之　纽约，十六，二，五

眼泪也是奇怪的东西，你记得，我母亲死后，我接到电报，手直抖，但没有眼泪。后来走到路上，在饭店里，忽然哭了。到中屯，进外婆家的门，方才大哭。

前年在上海，读法国科学家柏斯德的传，忽然掉了不少的泪，手绢都湿了。

素菲

梦中见你的面，

一忽儿就惊觉了。

觉来终不忍开眼，

明知梦境不会重到了。

睁开眼来，

双眼迸堕。

一半想你，

一半怪我。

想你可怜，

想我罪过。

"留这只鸡等爸爸来，

爸爸今天要上山来了。"

……

那天晚上我赶到时，

你已死去两三回了。

……

病院里，那天晚上，

我刚说出"大夫"两个字，

你那一声怪叫，

至今还在我耳朵边直刺！

……

今天梦里的病容，

那晚上的一声怪叫，

素菲，不要叫我忘了，

永永留作人们苦痛的记号！

（十六年二月五日，梦中见女儿素菲，醒来悲痛，含泪作此诗。忍了一年半的眼泪，想不到却在三万里外哭她一场。）

——《胡适遗稿及秘藏书信》，第21册

致胡近仁

近仁叔：

校事得你主持，再好没有了。我今年底也许能回来走一趟，但行期还没有定。

秠嫂说曾代为相定一地，在曹家湾。此地须请你费神一看，如干爽可作坟，便可决定买下。

近年选词一册，日内出版，附呈一册，请你指正。学校同人乞代致意。

适之　十六，十一，廿五
——《胡适研究丛录》

一九二八年

致胡近仁

近仁叔：

前不多时，学校各位同人在我家中会议，对于来书所提各节，均讨论过。大致如下：

1. 本年先汇一百元。

2. 十六年份捐款照旧收齐。

3. 祥善、吉卿、衡卿、在斋、绍之五人均应在学校内立一种永久纪念。（一）校内悬挂他们的照相。（二）请近仁就近征集各人事略，为作小传，用青石刻小碑，嵌入学校墙上。

关于3. 项，鄙意拟定一普通格式，略如下方：

□□（谱名），字□□，生于□□□□□年，死于□□□□年，曾任本校□□，自□□年至□□年，服劳甚勤，本校为立此碑，以垂久远。

中华民国□□年□月 立

4．本校历年捐款，除造清册报告外，应在校内立碑。

碑文用楷书，字不必大。如此措词，可省许多主观的褒词，可免许多口舌。老叔以为何如？

关于课程一事，我年内不能赶回来，请你斟酌办理。老叔不可不任教课，薪俸请照聘请教员常例，不必客气。其现存教员，请你酌量去留。石家有石原皋，北大学生，现在家中，似可与商量，请他暂任一点工课，课程也可与商酌。他的成绩还好，人也极忠厚。

剑奴处，我们未有信去。如校中不需人，可不必去函，如实需人，请你直接去函。

匆匆即祝

府上新年大吉。

适上　正月廿九日

——《胡适研究丛录》

致江冬秀

冬秀：

洪安回来，说起你们吃的苦，我很不好过。希望你们一路上顺顺溜溜的到家，没有这样的困苦了。

这几天天气很好，我很替你们高兴。

钱已托卓林先汇两百，由石恒春送上。

慰慈送了一百元来，连桌子在内，我收了。

丁太太又来请我去讲演，我已答应了，定廿五日与祖望去苏州，廿六（星期）下午回来。

从你走后，我把那篇《红楼梦》写好了，共写了一万六千字，三夜都到两三点钟才睡，真对不住太太。昨夜早睡了。

祖望寂寞的很，第二天晚上哭了，幸而那天思敬、法正都回来了，法正取入大夏中学，就暂时住在我家里，每天早去晚归。祖望晚上也有个伴。

小三怎么样？他喜欢家里吗？

我的肚子从你走那天起，有点作痛，痛了四天，今天可以说是全好了。

士范的信要赶紧寄去，因为陈聘丞来说，他有信给士范，叫他出来到建设厅帮忙。也许他［收］到信后就要出来了。

如士范不能来，你可以同近仁商量决定图样。如新买的地可以葬四棺，那就把祖父母与父母合葬，也好。合葬可以省不少的钱与工夫。

千万不要请什么风水先生。如果六婶七婶要请风水先生，只如让他们去葬祖父母，我们大可以不必管此事。秀之回家了没有？他没有来见我。

我很想念你们。祝你们都好。

适之 十七，一，廿九

记泽叔来过了。房屋的事，由卓林与他议定，除已借一百廿元外，作为二百五十元，把此事清了。

——《胡适遗稿及秘藏书信》，第21册

致胡近仁

近仁老叔：

　　你的信已收到了。你太客气了！其实我原信的意思是请你援照聘请教员最高年薪之例。你既不肯自定，现由我定为年薪贰百四十元，自十七年一月起算。上海同人，由我去通知了，一切费神，十分感谢。

适敬上　十七年二月十二日

——《胡适研究丛录》

致江冬秀

冬秀：

　　老杭今天回来了，我们有菜吃了。徐太太与你家小姨，怕我们饿死在替工厨子手里，常常送菜来吃，可感之至。

　　我这几天肚子好了，饮食如常了。

　　明早与慰慈、祖望同去苏州，大后天（廿六）回来。

　　祝你们都好。

　　小三喜欢徽州吗?

适之　十七，二，廿三（二月初三）

——《胡适遗稿及秘藏书信》，第21册

致江冬秀

冬秀：

路上发了三个邮片，都收到了。但还不曾收到你到家的信。

运棺材的水客名胡成德，是宅坦人。他今天来取了六十元去，后天动身，到家后再向你取六十元。一切都在内，包抬送到家。

秀之今天到了。他不久就要回家。他想独立做生意，要我借他一点资本。我告诉他，我绝对不能帮忙。

圭贞也来了，她明晚动身回北京去，入京师大学理科，明年可毕业。

耘圃有信来，说希望我替丕莹在商务寻个事，又替他自己寻个事。我回了一信，劝他把丕莹送入绩溪县立中学读两三年书。我没有说起帮助他。他若对你说起，我望你答应他，每年帮助一部份的学费。

他自己的事，我此时没有办法。我不曾荐一个人给南京政府的任何机关局所，我也告诉他了。我回的信很长。

我同祖望于廿四日往苏州，住在丁太太的学堂内，他们待我很好。

但三十点钟之内，我演说了六次，真干不了！

廿六日去游邓尉山，那天是星期，轿子都没有了。我们走上山，丁太太姊妹都走不动了，我也倦了。还有一位史监督，也倦了。在元墓山的庙里等候轿子，直到天黑，轿子方才回来。抬到光福镇，一家旅馆都找不到，后来住在一家坏旅馆，勉强过了一夜。廿七日，汽油船来了，赶回苏州，下午回上海。这时总算吃了三天苦头。

新六的老太爷病的很厉害，恐怕不好。

祖望很好，这回游苏州，我吃了苦，他却很高兴。廿五日他跟丁大哥去上了一天课，他很喜欢那学堂，先生们也喜欢他。下学年似可以把他送到苏州去上学。你看何如？

祝你好。

适之　十七，二，廿九

——《胡适遗稿及秘藏书信》，第21册

致江冬秀

冬秀：

到家后的信收到了。

我已有三封信给你了，都收到了吗？

汇款实在有点不方便，已托亚东设法再汇二百元。如不得已时，可先借钱用。屯溪向有交通银行，现在已收歇了。

徐老太爷于十一日死了，十三日大殓，我去吊过。他们家事很复杂，妇女之间很多问题，不容易收拾。老头子由肾病死的，其实是花柳病的根子，他不肯直说，故后来没有法子了。（我听陈叔通说的。不可告他人。）

孟录搬进新房之后，也大病了，是伤寒病。今天我打电话去问，说好一点了。

丁太太来信说，陪我们游山回来之后，也病了。

寄上游邓尉山照相二张。内中有王小姐，杨荫榆，丁太太姊妹，都是你认得的。

祖望今天阴历生日，要我请他看戏，我请万孚、法正同他去了。

我也有点不舒服，有点头痛。

适之　三月六日
——《胡适遗稿及秘藏书信》，第21册

致江冬秀

冬秀：

士范的图样收到了，我看很好。请你照这样子做，就行了。

墓上似可不必别撰碑文，只用我前交给你的碑文式，就够了。请你同近仁谈谈，行不行？如另需碑文，请赶早告诉我。此坟即系祖父母与父母合葬，碑文不大好做，倒不如用我那种简单的碑志格式。

阿翠的事，请你自己斟酌看。我在外面，有什么法子可以决定？你也不必为她生气。年轻的人不懂世事，请你劝劝她。这个世界是不容易住的，有皮〔脾〕气的人总要吃苦。做媳妇固然不易，做妻子也不容易。我们最好此时暂不回绝祥钧叔，等你带他出来再谈，你看如何？

我的肚子早好了；喉痛了两天，我托万孚去买了一瓶福美明达，一盒六神丸，两样同时吃下去，明天就好了。这几天，天天下雨，昨天脚背上又发风气，我勉强穿了皮鞋去看新六，走了不少的路，皮鞋一天不曾脱下。晚上脚背痛的很，有点红肿；我用酒精和湿药水擦了一会，今

300

好多了，但还不能穿皮鞋。

儿子阴历生日，我请他去看戏。阳历生日，我答应送他几部小说。

钱已嘱孟邹赶寄了。

适之　十七，三，十

——《胡适遗稿及秘藏书信》，第21册

致江冬秀、胡思杜

冬秀：

昨天孟邹说，已写信到绩溪县，叫啸青（姓陈，亚东芜湖分店管事，现在家）专人送贰百元给你了。收到之后，请回一信。

士范说，他路过石恒春，已嘱他们先送一百元给你应用。

士范昨天来，谈了半天。今晚我请他们在我家吃便饭，仰之烧了一只锅，亚东来了五个人，他们刚走了不多一会。

我的脚背红肿，前天（礼拜六）我怕是肿毒，请黄钟先生来看，他说可以消去，不叫他出头。他打了一针，又开了一样外敷的药。昨天（礼拜）肿消了不少。今天是孙中山生日，故不用去上课。明天大概可以出门上课了。你不要挂念。

适之　十七，三，十二

小三：

家乡好玩不好玩？

你玩了什么地方？

你想我吗？想哥哥吗？

景山东街的李伯母带了李妹妹到上海了。你早点出来看李妹妹。

爸爸　十七，三，十二

——《胡适遗稿及秘藏书信》，第21册

致江冬秀

冬秀：

三月十一日的信收到了。

阿翠的事真怪。信收到的时候，正好黄钟先生在我家里，我就告诉他阿翠的事。他也说不出什么道理来，你说是"时症"，家乡有别家人害此病死的吗？如外间无此病，那就不是时症。时症总起于贫苦小户人家。我们家中比较要算清洁空敞的了，除非大瘟疫，不容易传染。

黄先生说，小孩子最容易传染，千万要加倍留意。

我问他要几种预防的药。他说，不知是何种病，如何能配药？

我竟没有胆子告诉思敬，迟几天再说。

陈啸青的二百元，已送到否？

卓林说，也是由绩溪县送上贰百元，已收到否？

石恒春取的一百，我已告诉卓林了，也算代我汇的。

共五百元。还差多少，请你早点告诉我。

我美国的钱还没有来，已有信去催了。我大概有法子想。

我的脚上肿痛，上星期六（十一号）请黄钟打了一针，本已好了，到昨天（十八）又大肿起来。白天要去做证婚人，只好勉强出去，吃力了，回来便走不动了。

今早睡下不敢起来，请黄钟先生来看。他说，还是上回的余毒。上回像要出两个头，现在只有一处了。他给我又打了一针，想把他消去，不让他出头。明天他还要来，再要打一针。

自从你走后，我没有好过一天。先是肚痛，后是头颈左边痛，后是喉痛，现在又是脚痛。我在外边，医药便当，决不要紧。但愿你们在家十分小心，保重身体。

你和小三最好是住楼上。楼上干净宽敞的多。

老实说，我看了阿翠的事，身上发抖，千万小心。

    适之　三月十九日坐在床上写的

——《胡适选稿及秘藏书信》，第21册

致江冬秀

冬秀：

孟邹说，绩溪有信来，那二百元已送去了。卓林的二百元送到了没有？

汝齐的七十元，我已告知卓林，由我送去。

我脚上的病好了，黄钟来打了四针，现在完全没有事了。

你上回信上说，想把坟事交给秀之，早点出来。回此事须请你自己斟酌情形，然后决定。如可以早点出来，那是很好的事。如托别人办不了，还是多住几天，把事体办妥再走。

北京的会，改期到六月。我一时去不了。

家中的事，我想起一两件，请你替我办理。

（1）我自己名下的田，请你托几个本家来谈谈，分作两份，一份归稼嫂收租，一份归秄嫂收租。田虽不多，于他们两家总有点小补。

（2）膳莹田仍照旧由他们轮年收租。

（3）书田也轮年收租。但我的意思，最好与膳莹田不同年轮收。今年秭嫂收膳莹，则稼嫂收书田。明年秭嫂收书田，则稼嫂收膳莹。

（4）几家老佃户，都同我家有感情，不必更换。

坟上的墓碑，我不知道尺寸，请你把我寄回家的坟墓图样寄来，或者把两块碑的尺寸钞了寄来，愈快愈好。

惠平又生了一个儿子，今天第五天了。

思敬知道了阿翠的死信，哭得不得了。我看了十分难过。

适之　十七，三，廿九夜

——《胡适遗稿及秘藏秘书信》，第21册

致江冬秀

冬秀：

江村寄的邮片收到了。

明天（四月二日）当令亚东赶汇两百元。

祖望近来似有病，我晚上常常看见他出大汗，连看了多少次，心里决定这不是怕热，必是一种根本的病。明天我要送他去，给一个有名外国医生细细一验。

我怕他是肺病。

阿翠死后，家乡出了许多奇怪谣言。前天近仁说，有人说阿翠吞金死的，我听了当作笑话。今天去看祥钧叔，他也说，听见人说阿翠吞金。我把你信上说的病症告诉他。大概外面总还有不少的怪话。这种话不知如何造出来的。可不必告诉在秄嫂，也不必同外人谈。不去理他，谣言自消灭了。

前天信上，我不劝你早出来，现在我劝你早点出来。将来如必要时，让我自己再回去一遭。

你到杭州，在拱宸桥起岸后，可直到西湖边上，住西湖饭店，或聚英雄馆，或环湖旅馆都好。到后可打电报给我。

你若走芜湖，若到南京住下，便不必打电报叫我。因为我此时还不愿到南京。

昌伯、仰南都到上海了。住在斗南处。

适之　四月一日

——《胡适遗稿及秘藏书信》，第21册

致江冬秀

冬秀：

今天同祖望去看美国斯温医生，细细验了一点半钟。他说，没有肺病的情形。明天要去用"爱克思光线"照肺部，看有无病状。

看今天的诊验，大概没有什么病。

我怕你看了我昨天的信要着急，故写此信。

适之　十七，四，二

徐家明天开吊。

——《胡适遗稿及秘藏书信》，第21册

致江冬秀

冬秀：

昨天早上高梦旦与沈昆三来说，他们决定趁着假期内去游庐山，今晚动身，问我去不去。我连日不能睡眠，也想出去休息几天，遂答应同去。昨晚他们便把船票送来了。

今晚上船，与祖望同去，可以让他换换空气。半夜后开船。同行的还有陈叔通先生，蒋竹庄先生。

昨天早上到医院，医生用"爱克思光"给祖望照了几次。昨天下午去看斯温医生，今天下午又去看一次。今天去时，"爱克思光"的报告也到了，医生同我细细谈了一会，祖望的左肺不很好，但完全没有危险。此时须加倍留意。你可以放心。

亚东已汇了二百元。

士范到我家中吃夜饭，同车出来。

我七日后可以回到上海。

适之　四月四日夜

——《胡适遗稿及秘藏书信》，第21册

致江冬秀

冬秀:

　　我们在庐山玩了三日（八日，九日，十日），游了不少地方。我同儿子的脸同手都晒黑了。儿子的身体很好，咳嗽也完全好了。

　　昨天（十一）下山，到九江等船。昆三上水到汉口去。我同梦旦下水。梦旦在南京上岸，要看他儿子同女儿。我们决定直到上海，不湾南京了。今日下午过芜湖，后日（十四）早晨可到上海。

　　匆匆先祝你们都好，别的话到上海后再谈。我的脚好了，前天山上走了不少的路，并不觉得困难。

适之　四月十二日船上

——《胡适遗稿及秘藏书信》，第21册

致江冬秀

冬秀：

　　我因为明天有个英文演讲，今天要预备，实在忙，这封信是叫万孚代写的。三封信都收到了。

　　这一个月之内，一定要汇给你一千块钱。石恒春的账，也由我这边寄去。

　　坟上的字，我因为等家里寄尺寸来，所以没有写。现在同近仁商量，决计先写前面的墓碑。碑心作二尺高，三尺五寸阔，大概不差多少了吧？字是请郑孝胥先生写的，写好后就寄给你。

　　我同祖望都很好，你可勿念。

适之　四月十八日（孚代）

——《胡适遗稿及秘藏书信》，第21册

致江冬秀

冬秀：

今日亚东打电话来说，绩溪来信，第二次的贰百元已送给你了。

卓林说，石恒春的两百元，也早汇去了。他先由徽州府汇，后来因那边要每百元加五元汇水，故又退回，改由石恒春，故延迟了。

我明天送六百元给卓林，请他汇给你。这回大概不会迟（俟决定由何家汇，即通知你）。

你信上说的墓碑尺寸，士范也来看了，又算了一次。他说，恐怕你把四边镶嵌的地位都算足了。我们商量了尺寸，仍用长三尺五，高二尺。小一点不妨，可以加一道线。口太大了便没有法子了。

墓碑已送给郑孝胥先生写，明后天大概写好（他的夫人新丧，故不好催逼他，只好托梦旦去说）。

适之　四月廿二

——《胡适遗稿及秘藏书信》，第21册

致江冬秀

冬秀：

　　墓碑字今日送来！请即付刻。字系名人之笔，刻工望特别注意。如碑大字小，请四边留余地，便好了。

　　卓林说，已嘱汝昌送六百给我家应用，请向汝昌取款。

　　仍缺多少，请早日告我。我这几天睡眠不足，有点辛苦了。但没有病。

　　你们都好吗？何时可以出来？

适之　四月廿四日

——《胡适遗稿及秘藏书信》，第21册

致胡近仁

近仁老叔：

上次失迎，真正对不住！

我五月一日一定在家，你可以来吃中饭吗？或饭后来也可。

福宝的病现在怎么样？我虽敬爱王仲奇先生，但我以为此病终宜请西医诊看。所住的地方亦须注意，如在煤烟重而空气不佳的地方住，不如带了方子回家乡去吸新鲜空气也。

适之　四月廿九日

——《胡适家书手稿》

致江冬秀

冬秀：

士范刚从安庆回来，我问过他了，他说，墓碑四面须有麻石架子。

我的美国钱还不曾到，大概下月可到。

我把祖望的一千元存款单向银行借了一千元。大概我的钱到就可还此款。

汝祺处七十元，我已还了。

我前天做了一件事，你一定要怪我。吴淞中国公学是我的"母校"，近来起了风潮，收拾不下来。一班校董，云五、经农、但怒刚等三番五次逼我出来维持此校。我被他们包围，闹的没有法子，只得应允出来担任校长两个月。今天去第一次，把这个学期完了再说。你定要笑我了，可不是吗？

你若走得开，请早早出来。我衣服都等你来再办。晚上常常睡不着，很想你出来。

五月十五日南京开全国教育会，我怕不能不去。广东中山大学打了几个电报来催我去讲演，我也想去走一趟。六月廿三日，文化基金会在大连开会，我又不能不去。

你不出来，我不能走开。庐山可带儿子去，开会讲演却不能带了儿子去。

你若走芜湖出来，可到南京等我。

适之　四月卅夜

——《胡适遗稿及秘藏书信》，第21册

致江冬秀

冬秀：

今日又托亚东汇上四百元。

我昨夜发一电给傅斯年，广东决定不去了。南京的教育会议，大概也不去了。忙的要死，只有摆脱一切外事再说。

身体还不算坏，每天只能睡七个钟头。

你何时出来。若能离开，望早日出来。

适之 十七，五，三夜

——《胡适遗稿及秘藏书信》，第21册

致江冬秀

冬秀：

　　家中有《四史》一部，请交近仁叔捐与毓英学校。

适之　十七，五，四

——《胡适家书手稿》

致江冬秀

冬秀：

　　昨夜一信，说又托亚东汇四百元，今天亚东的人来说，家乡划付四百元很不容易；问我有别的法子汇没有。我已教他们先邮局汇寄旌德县石恒春转付了。你得信可叫人去问一声，如钱已到可留一百元还石恒春。

　　现在山东闹出了一件大案子，中日兵冲突，中国死了七八百人。将来不知如何结束。

　　卓林日内就要同近仁同由余杭回家，你可以同他出来。

适之　十七，五，六

——《胡适遗稿及秘藏书信》，第21册

致江冬秀

冬秀：

今天士范来了。我们谈过，纪念碑可以不用石头镶边。纪念碑此时可以不刻字。将来若有碑文，再刻不迟。墓山碑可请家中学校先生写一块，不必在此托人写了。墓山碑上可刻"上川锄月山房墓地"八个字。

上回信上附来两纸，我看不懂。大概是你误封入信内的。今仍寄还你。

卓林后天动身。

适之 十七，五，十一
——《胡适遗稿子及秘藏书信》，第21册

致江冬秀

冬秀：

五月六日的信收到了。信寄欠六十元，并不错。先付的二十元是会馆租钱。

墓碑字决计不刻了，留着空碑，将来要刻也不难。南京的事，我去信辞职，蔡先生至今不曾回信，大概是很不高兴。但今天报上说，胡适之辞职，已补了廖茂如。我可以不去南京了。广东也不去了。武汉方面也打电话来请我去，也回掉了。

汇款事，我当同卓林接洽。卓林明后天可动身回家，你要款可问他划。近仁也要同他回家。他的儿子的病还不见好。

真正对不住你，我心里真不安。但这件事非你办不了，我同绍之都不行。等你回来，好好的谢谢你。你们都安好吗？

适之 十七，五，十二

——《胡适遗稿及秘藏书信》，第21册

致江冬秀

冬秀：

十七（星期四）夜搭夜车往南京去了一趟，住了三夜，昨（廿一）夜仍搭夜车回来。我虽然辞了"专家"委员，又辞了公开讲演，但经农、端升、云五都写信来，说至少须以"大学委员会"名义到一次会，免得"太露相"了，一班朋友不好相见。所以我决定去走一次，开了两次大会，陪蔡先生、夫人玩了一天（星期）山，始终不曾在会场开上开口一次。只在两次宴会席上说了几句话，总算不曾得罪人。

星期六上午的审查会我没有去，偷空去下浮桥看了大嫂一家。保和憔悴的很，去年两个儿子都死了，家中凄惨的很。大嫂头发全白了，大姊精神很好。我已托文伯为保和觅一事。他们都不知道你回家了。大姊今年二月还想来上海给思祖做十岁生日呢。后来因为走不开，遂不曾来。二姊也见着了。

我本想带祖望去，后来因为招待所须带铺盖，故不便带他去。若把他交给大姊，我又怕他们家中有肺病。故决计留他在家中，睡在万孚房里。

墓碑刻好，请拓印几张寄来一看。今天秀之有信来问墓山碑字。墓山碑决计请家中托人写，前信已说了。纪念碑决计空着，前信也说了。

适之　十七，五，廿一
——《胡适遗稿及秘藏书信》，第21册

致江冬秀

冬秀：

十八日的信收到了。

你这封信是有气的时候写的，有些话全是误会。纪念碑文当初我本不曾想着要做。士范既留此碑地位，我起初就决定留着空碑，后来再补刻。此墓乃是四人合葬，碑文最不易说话；祖父的事实，我很模糊了；借来一本族谱，不料连他死的年月日都没有，真是奇怪。所以在上回写信给你说碑文不必刻了。

这是实在情形，你说我"不拿你当人"，又说我"害"的你，都是想错了。

士范今天也在我家中，他谈到此碑。他说此碑斜平在上，将来不妨补刻。如嫌空碑不雅观，可以不用碑，全用灰泥盖顶，将来有碑时再立不迟。

你此次替我做了这件大事，我心中只有感激，一百二十分的感激。

你若怪害苦你，那就是太多心了。千万不要往坏处想，我不是一个没有心肝的人。这话是我挖空心肝来同你说的。

我时时刻却想你回来，卓林回家时，我还托他想法子托个人照应，请他同你回来。

昨天想做两条灰色哔叽的单裤，托徐太太去买材料，她叫新六来说，她叫人去做罢。

祖望身体还好。夏天到了，小孩子在这个空气干净地方，总还没有大危险。

祝你们好。

适之　十七，五，廿五

信写成了，我想了一想，也许能自己写一篇空泛的碑文。你等我三天，若三天之后，碑文不寄到，请决计不用碑了。

适之　半夜后两点钟

——《胡适遗稿及秘藏书信》，第21册

致江冬秀

冬秀：

秀之：

　　昨寄一信与冬秀，说明纪念碑不做的缘故，并说两条办法：（1）不刻字，先安上去；（2）先不要安碑，用灰盖顶。

　　但我在信尾上又说：我想试试看，做一篇短碑文。如三日内做成，便寄来。

　　今天做了一篇，总做不好。下午又得秀之的信，说"或者不要纪念碑也可"。

　　我想，还是决计不要纪念碑罢。先用灰盖顶。把碑石留在家中，把尺寸量准，除去镶边，共有若干尺寸（我同士范算的是长二尺，阔一尺八寸。除去镶边，长一尺七，阔一尺四寸半）。最好用纸比量，因为尺长不同。这样便可从容托人做碑文了。也许我自己做了，托名家写，将来补刻。

请你们把祖父母的生死年月日抄了寄来。不要忘了。

我明早九点搭车去苏州讲演，下午六点四十二分车回上海。

适之　十七，五，廿六夜

——《胡适遗稿及秘藏书信》，第21册

致江冬秀

冬秀：

星期日我到苏州去讲演，早车去，晚车时来。丁太太病了一场，至今没有好完全。她胆子里面有三块小石头，叫做胆石，肚痛的要命，每回肚痛，就想自杀。那天她还勉强出来听我的讲演。她瘦了许多，但气色还好。

文伯要出洋去了。

孟和到上海来了。知行一家也来了。

我近来身体很好，只是过劳一点，有时觉得背脊痛。祖望身体不坏。他们的李先生找到了事情，忽然走了。现在还没有请到先生。

今天是五月卅日，我有一处讲演，要出门了。今天各地戒严，但大概不会有暴动。

五卅虽是大纪念，但现在大家排日本，故排英的热度减多了。我没有法子推辞讲演，但说的话一定不会闹乱子的。

祝你们都好。

适之　十七，五，卅

——《胡适遗稿及秘藏书信》，第21册

致江冬秀

冬秀：

卓林到了，他说你仍旧要刻纪念碑，我今天勉强做成一篇空泛的碑，写了一天一夜，到半夜才写成一幅，大概勉强可用了。字的笔画很细，刻时请留意。

红线的格子都不要刻。外面也不必刻线边，只须四边排的平均就是了。

千万早早出来。皖南有土匪，我很着急。

祖望的出汗，我告诉南京大姊。大姊说，你的祖父有个方子，用浮麦与红枣两味可治。

我回来就买给祖望吃，果然很有效。

我的身子还好，只是睡觉不够。

适之　六月四日夜

——《胡适遗稿及秘藏书信》，第21册

致江冬秀、胡思杜

冬秀:

碑文收到否?

皖南土匪的消息使我很担心事;有时候晚上替你们设想,使我不能睡着。千万请你时时寄信,告诉我家乡的情形。

如事可托汝昌管理,千万早早出来,使我放心。

儿子身体还好,只是晚上还有时出汗。

我的身子平安,但太忙一点。

祝你们好。

适之

小三:

听说你会说徽州话了,我很高兴。你不要忘了北京话。早点出来。

爸爸同哥哥都很想念你。

爸爸　六月十三

——《胡适遗稿及秘藏书信》，第21册

致江冬秀

冬秀：

久不得你信，实在挂念。

今见报上说绩溪一带无危险，我心稍安。千万望你早日出来。使我放心。

北京基金会来了许多电报，催我去开会。会期本来是六月廿一，因为我不能去，改在六月廿八。我还不能去，一来因为你不在家，二来因为中国公学没有人接手。今天已去电，请他们再改期五日或七日。如他们真改期，我便不能不去走一趟了。

中国公学的事，再三辞不掉。校董会没有法子，特设副校长一人，代我住校办事。我已寻得一位杨亮功君来做副校长。七月以后，我可以不必每星期到吴淞去了。

光华的事已辞去，东吴的事也辞了，大学院的大学委员会也辞了。

《白话文学史》今日出版，可以卖点钱。

一切事，等你面谈。

千万即日动身。

适之　十七，六，十九

——《胡适遗稿及秘藏书信》，第21册

致胡近仁

近仁老叔：

　　你昨天说起要进广慈医院去戒烟，我听了十分高兴。希望此事能成功。鸦片之害确可以破家灭族，此不待远求例证，即看本族大分二分的许多人家，便可明白。即如尊府，如我家，都是明例。你是一族之才士，一乡之领袖，岂可终于暴弃自己，沉迷不返？

　　你现在身遭惨痛，正是一个人生转头反省的时候，若任此深刻的惨痛轻轻过去，不能使他在行为上、人格上，发生一点良好影响，岂不辜负了这一个惨痛的境地？

　　人生如梦，过去甚快，等闲白了少年的头，糊涂断送了一个可以有为之身，乃是最深重的罪孽也！王荆公诗云：

　　　　知世如梦无所求，

　　　　无所求心普空寂。

还似梦中随梦境，

成就河沙梦功德。

知世如梦，却要在梦里随时随地做下恒河沙的梦功德，此真有得于佛教之言。若糊糊涂涂过去，世间有我不加多，无我不减少，这才是睁开眼睛做梦，上无以对先人，中无以对自己的大才，下无以对子女也。

我们三十多年的老朋友，什么话不可以说？到今日才说，已是过迟，罪已不轻。若今日仍不说，那才是死罪了。

千万望丛惠同志早日入院戒烟。若无人同去，可移来吾家，我请医生来给你戒烟，冬秀一定能服侍你。

适之　十七，七，廿四

——《胡适研究丛录》

一九二九年

致胡近仁

近仁老叔：

前得手书，具悉一切。学校事有小不如意，此固是意中的事，千万请勿灰心。

家乡日即衰落，救济之道只在兴实业与教育两途。而实业需要资本，非吾辈无能为力，故只有教育一途尚可为。此时姑且尽人事而已，我们亦不必存大奢望。不存大奢望，则失望亦不大，此乐现主义的唯一根据也。

舍间坟前新塝，闻汝昌说此块地无税。此事可否请观兴公一查，将税拨清，以免将来有纠葛。

税拨清后，即可动工作塝。款已交汝昌带一部分来，但汝昌甚忙，恐不能多顾及此事。可否请赞祖兄代为照料工事？如有工事纠纷等情，请他同老叔代为作主决断。此事能早日做完最好。我们此时不能分人回家，十分歉然。故须劳顿你们两位，千万请原谅。

祝府上都好。

适之　十八，四，一
——《胡适家书手稿》

致胡祖望

祖望：

你这么小小年纪，就离开家庭，你妈和我都很难过。但我们为你想，离开家庭是最好办法。第一使你操练独立的生活；第二使你操练合群的生活；第三使你自己感觉用功的必要。

自己能照应自己，服事自己，这是独立的生活。饮食要自己照管，冷暖要自己知道。最要紧的是做事要自己负责任。你工课做的好，是你自己的光荣；你做错了事，学堂记你的过，惩罚你，是你自己的羞耻。做的好，是你自己负责任。做的不好，也是你自己负责任。这是你自己独立做人的第一天，你要凡事小心。

你现在要和几百人同学了，不能不想想怎么样才可以同别人合得来，人同人相处，这是合群的生活。你要做自己的事，但不可妨害别人的事。你要爱护自己，但不可妨害别人。能帮助别人，须要尽力帮助人，但不可帮助别人做坏事。如帮人作弊，帮人犯规则，都是帮人做坏事，千万不可做。

合群有一条基本规则，就是时时要替别人想想，时时要想想："假使我做了他，我应该怎样？""我受不了的，他能受得了吗？我不愿意的，他愿意吗？"你能这样想，便是好孩子。

你不是笨人，工课应该做得好。但你要知道世上比你聪明的人多的很。你若不用功，成绩一定落后。工课及格，那算什么？在一班要赶在一班的最高一排。在一校要赶在一校的最高一排。工课要考最优等，品行要列最优等，做人要做最上等的人，这才是有志气的孩子。但志气要放在心里，要放在工夫里，千万不可放在嘴上。千万不可摆在脸上。无论你的志气怎样高，对人切不可骄傲。无论你成绩怎么好，待人总要谦虚和气。你越谦虚和气，人家越敬你爱你。你越骄傲，人家越恨你，越瞧不起你。

儿子，你不在家中，我们时时想念你，你自己要保重身体。你是徽州人，要记得"徽州朝奉，自己保重"。

你要记得下面几件事：

（1）不要买摊头上的食物，微生物可怕！

（2）不要喝生水冷水，微生物可怕！

（3）不要贪凉。身体受了寒冷，如同水冰了不流，如同汽车上汽油冻住了汽车便开不动。许多病是这样来的。

（4）有病赶快寻医生。头痛是发热的表示，赶快试验温度表（寒暑表），看看有无热度。

（5）两脚走路觉得吃力时，赶快请医生验看，怕是脚气病。脚气病是学堂里常有的，最可怕，最危险。

（6）学校饮食里的滋养料不够，故每日早起须吃麦精一匙。可试用麦精代替糖浆，涂在面包上吃吃看。

这几条都是很要紧的，可不要忘记。

你寄信给我们，也须编号数，用一本簿子记上，如下式：

家信苏州第一号 0月00日寄

苏州第二号0月00日寄

你收的家信，也记在簿上：

爸爸苏州第一号 八月廿七日收

爸爸苏州第二号 0月00日收

妈妈第三号 0月00日收

儿子，不要忘记我们，我们不会忘记你。努力做一个好孩子。

爸爸 十八年八月廿六夜

——《胡适遗稿及秘藏书信》，第21册

致胡近仁

近仁叔：

特刊和手示都收到了。

"博士茶"一事，殊欠斟酌。你知道我是最不爱出风头的，此种举动，不知者必说我与闻其事，借此替自己登广告，此一不可也。仿单中说胡某人昔年服此茶，"沉疴遂日痊愈"，这更是欺骗人的话，此又一不可也。

"博士茶"非不可称，但请勿用我的名字作广告或仿单。无论如何，这张仿单必不可用。其中措词实甚俗气、小气，将来此纸必为人诟病，而我亦蒙其累。等到那时候我出来否认，更于裕新不利了。

"博士"何尝是"人类最上流之名称"？不见"茶博士"、"酒博士"吗？至于说"凡崇拜胡博士欲树帜于文学界者，当自先饮博士茶为始"，此是最陋俗的话，千万不可发出去。向来嘲笑不通的人，往往说"何不喝一斗墨水"？此与喝博士茶有何分别？

广告之学，近来大有进步。当细心研究大公司大书店之广告，自知近世商业中不可借此等俗气方法取胜利。如"博士茶"之广告，乃可说文人学者多嗜饮茶，可助立思，已够了。

老实陈词，千万勿罪。

　　　　　　　　　　　　　　适之　十八，十，二十七
　　　　　　　　　　　　　　——《胡适家书手稿》

一九三零年

致胡近仁

近仁叔：

　　见着莘麓，知道你已到了家中，并且身体见好多了，我们都很高兴。千万多住山中，多晒太阳，此是妙方，可不费一文，而功效极大。

　　此问

双安

　　　　　　　　　　　　　　　　适之　十九，三，四

冬秀问好

　　　　　　　　　　　　　　　　　——《胡适家书手稿》

致胡近仁

近仁叔：

　　谢谢你的信。我们都很高兴，只希望你能继续休养，先把身体养好了，再作别事。

　　莘麓现仍回里。鄙意似可请他到育英去教书，总比家内一班旧人好点。尊意如何，乞酌夺。

　　此祝

府上都好。

适之　十九，三，廿六

——《胡适研究丛录》

致胡祖望

祖望：

今近接到学校报告你的成绩，说你"成绩欠佳"，要你在暑期学校补课。

你的成绩有八个"4"，这是最坏的成绩。你不觉得可耻吗？你自己看看这表。

你在学校里干的什么事？你这样的工课还不要补课吗？

我那一天赶到学校里来警告你，叫你用功做工课。你记得吗？

你这样不用功，这样不肯听话，不必去外国丢我的脸了。

今天请你拿这信和报告单去给倪先生看，叫他准你退出旅行团，退回已缴各费，即日搬回家来，七月二日再去进暑假学校补课。

这不是我改变宗旨，只是你自己不争气，怪不得我们。

爸爸　十九，六，廿九

——《胡适遗稿及秘藏书信》，第21册

致胡近仁

近仁叔：

前托焕文信客带上药一箱，不知收到否？如已收到分送，乞赐一信。如未收到，乞向信客询问收取，免日久霉烂。

里中设图书馆事，不必大规模去做，只须有一所勉强可用之屋，一间储藏，一间阅览，有几十个书柜或书架，有几千部书，便可成立。若侈谈几千元，几千元，则此事必无望了。

匆匆问好！

适之　十九，七，十一

——《胡适研究丛录》

一九三二年

致江冬秀

冬秀：

八日开会一天，会事完了。

在北京饭店住的那位美国美术家贺福曼夫妇也来了，住在礼查饭店。他们给我塑像，塑了两天半才完功。十二日我搬出饭店，搬到瀹洲饭店和文伯同住一房，可以不出房钱。

惠平带了三个孩子出来看我。她身体好像很好。我交她六十元，作为还款。新月书店没有给我钱，但我还有余钱，所以还了她六十元。

志摩家的事，谈来谈去，没有多大结果，仍是每月贰百五十元，外加版税。这件事明天大概可以结束了。

叔永今夜从杭州回来，明天约开一次会，商量基金会的事。大概他星期六可以走了。我大概是星期六夜可以起程，在南京要担［耽］搁半天，星期二可以到北平了。

衣料是托梦绿买的。我和文伯每天在梦绿处吃饭。

祝你们好。

适之　廿一，一，十四

——《胡适遗稿及秘藏书信》，第21册

致胡近仁

近仁叔:

前得手书,嘱为思恭堂题序。我虽久居上海,对于会馆的事实不接头,所以不能应命,乞恕之。

今日又得手书,知石原皋兄所带去的药物都已收到。百效膏每年旧历四月二十八日方有出售,故赶不及交石头带去。痧药水是须在上海买的,此间不便购买。

老叔近况如何?匆匆问

双安

适之　冬秀

廿一,六,廿三夜

——《胡适研究丛录》

一九三三年

致胡近仁

近仁老叔：

去国之前，接到手书，匆匆未得奉复的机会；把信带到路上去，也没工夫写信。真对不住你了。所问二事，大略奉答如下：

（一）关于县志体裁，我因为有些意见一时决无法实行，所以不愿高谈空论。今略举一二点：

1. 地图必须用新式测量，决不可用老式地图；应有地质地图，与地势高下图。此似无法行的。但应与省志局商量，如省志局有分县新图，总比旧法地图为佳；如他们有测量专员，县志局亦可略加补助，请他来测量。上海中央研究院地质研究所叶良辅先生曾调查安徽地质，县志局亦可请教他。

2. 县志应注重邑人移徙经商的分布与历史。县志不可但见小绩溪，而不看见那更重要的"大绩溪"。若无那"大绩溪"，小绩溪早已饿死，早已不成个局面。新志应列"大绩溪"一门，由各都画出路线，可看各都移殖方向及其经营之种类，如金华兰溪为一路，孝丰湖州为一路，杭州为一路，上海为一路，自绩至长江一带为一路……其间各都虽不各走一路，然亦有偏重。如面馆业虽起于吾村，而后来成为十五都一带的专业；如汉口虽由吾族开辟，而后来亦不限于北乡。然通州自是仁里程家所创，他乡无之；"横港"一带亦以岭南人为独多。

3.有一事必不可不奉告的；县志必须带到上海排印，千万不可刻木板。

我藏的《万历志》《康熙续志》《乾隆志》，当托便人带到城里交诸公参考。《嘉庆志》似可不必奉寄了。

将来若有余资，似可将此四部志与罗氏《新安志》中绩溪的部分，合并付排印，托亚东办理此事，作为新志的附录。可惜《正德志》无法寻觅了。

（二）先人传状，久想做一篇，但若作新式传，则甚不易下手。若作短传，当试为之。先人自作年谱记至四十一岁止，其后有日记二十万字，尚未核好。其中甚多可贵的资料。

诗只有一册，文集尚未编定，约有十卷。

先人全稿已抄有副本，未及校勘标点。连年忙碌，无力了此心愿，甚愧甚愧。

我收集的绩溪人著述，并不很多，便中当开单奉呈供诸公参考。

匆匆敬问

安好

适之　廿二，十一，十五

——《胡适研究丛录》

361

一九三五年

致江冬秀

冬秀：

这是"元旦开笔"的信，我今早八点上船了。慰慈来送我。我的香港住址是由香港大学转。

祝你们好。

适之　元旦

——《胡适遗稿及秘藏书信》，第21册

致江冬秀

冬秀：

元旦早上七点半上渡船，九点半大船开行。在船上三天，舒服极了。睡觉的时候多，每天差不多睡十二三点钟。

船上只有一位画家周廷旭，是我认得的，余人都不认得，所以没有人可谈，我也不去寻人谈话。

一二两天下雨，昨天天晴，海上风景好的很。

今天（四日）一早，天还没有亮，船就进口了。现在六点钟，船停在港里。这是我第一次看见香港，风景确是很好。

这回单夹衣带的太少了，恐怕有困难。今早天亮时，我穿薄衬绒袍子，一点不觉得暖。到了中午，恐怕要穿夹衣哩。

昨天船上收到梦麟从船上打来贺年的无线电，我也打了一电去贺年。

祝你们好。

适之　廿四，一，四早上六点

——《胡适遗稿及秘藏书信》，第21册

一九三六年

致江冬秀

冬秀：

在约瑟米岱山中凡二十天，每天日夜忙碌，竟不能写信给你们。

九月一日早晨回到旧金山，两天之中有三处讲演，出了三次大汗，一身都湿透了。今日晚上八点动身往东部去，七日上午可到哈佛大学，在那边有十二天的担［耽］搁，就回来了。路上要往加拿大去三天，十月中赶到旧金山上船。十月十六日林肯总统船回国。十一月六日到上海。

我此次所以早点回国，是因为医生不允许我多演说、多旅行。医生劝我早点开刀，把病除去，就可以没有后患了。

有几天小肚子颇不好，高起的地方竟收不进去。现在每晚上睡下就把高处揉进去，进去很容易，医生说不要紧了。

头上白发添了不止一倍了。

祝你们都好。

适之　廿五，九，三
——《胡适研究丛录》

一九三七年

致江冬秀

冬秀:

十二日我收到泽涵的电报,同时逵羽和祖望也到了。我很高兴,即发一电云:

暂留津待电,逵羽、祖望今日到京均安。

十三日上海战事爆发了。十四日我又发一电云:

沪路阻,可试胶济路转京,否则暂留津。可往访开滦总局陈廷均兄,请其指示。

十七日得你的电报说:

余等留津均安。冬。

我很高兴,因为南行实在太苦了。我因想到开滦总局的陈少云先生,所以十四日电报上要你去看他,又另打一电报给他,请他指导你。后来他也有回电来了,我才知道你住在朱继圣兄家,我更放心了。

周枚荪太太到了，陶孟和也到了，朱光潜也到了。杨今甫等六人今天（廿六）到了，他们都平安，路上都很辛苦。陶希圣太太带了六个孩子，走了九天才到，七个人都只各有一身衣服。希圣说，就像七个叫化子一样！他们的一岁半的孩子病倒了，至今未好。

周太太今天上庐山去了。光潜今天回安徽去了。

我本来住在教育部，共住了二十多天。祖望住在汪敬熙家，与小汪作伴。后来汪家搬走了，祖望与我同住北平路六十九号中英文化协会内。

从八月十五日起，南京天天有"空袭"，到昨夜（廿五）止，共总有了二十一次。都没有大损害。人口搬走了一半。朋友家的家眷都走了。

自从七月廿八日到京，快一个月了，我们全是寄食在朋友家。现在想在寓所开饭，从明天起，可以有饭吃了。

我从廿一日起，肚子不大好，到中央医院来验看了几天，证明不是痢疾，我才放心，现在差不多全好了。

你最后的电报我也收到了。我托马幼渔先生的儿子马巽伯兄代发一电，告诉你祖望到了很久了。失去的物件不重要，只要人安全就好了。商务股票，我当嘱他们"挂失"。图章与折子都更不重要了。你不必担心。

李固［国］钦事，我当设法请美国大使帮忙。因为他生在美国，是美国国民。

你们此时最好是安心暂住天津。我当托兴业设法随时寄钱给你们。请你谢谢秉璧、继圣、二小姐、陈少云兄等。

润生大姊未搬。仲牧家眷早搬了。

收到信后，可回一信。信寄南京北平路六十九号。

廿六，八，廿六下午

——《胡适遗稿及秘藏书信》，第21册

致江冬秀

冬秀：

我廿六日有信给你，收到了吗？

前天儿子写信给你，想已知道了。

我日内就要出门，走万里路，辛苦自不用说，但比较国内安全多了。一切我自保重，你可放心。同行的伙计有端升、子缨。

祖望，我要带到武汉去，想交与武汉大学的王抚五或陈通伯，等候二次招考，或作旁听生。他很能照管自己，你可放心。

小三，我只好交给你安排了。

此时山东尚无事，你若有妥伴，可以早点南来，到济南换车南下，到南京可先住旅馆，再打电话（三二四六〇，32460）给周枚荪和傅孟真。他们一定能招呼你。你可以回徽州去住。

你若南行，须自己决定主意。泽涵、圭贞都是不能自己决定主意的，不如让他们住在天津。

你若决定住天津，也是一个法子。

固【国】钦是美国籍，我今天去见美国大使，请他告知天津美国领事，为他想想法子。他的伯父李得庸，住汉口德托美领事街廿三号。

（T. Y. Li，23 Road Dantremer，Hankow）（电报挂号中文"1661"西文"TYLI"）

他的叔父李兆南，住上海北京路国华大楼同昌公司（电报挂号6115）。

我托兴业送六百元给你，你可问天津兴业行长朱振之先生取。我起身时，当另留一笔钱给你。一切事，请你自己作主，我完全放心。我知道你是最能决断的。最要紧的是保重身体。

我在医院住了五天半，验得不是痢疾，只是小肠有点发炎，养了六天，就完全好了。廿八日出院，现在饮食如常了。

请你代我致意谢谢朱继圣兄嫂。

朋友之中，公超，实秋，岱孙，之迈都到了。他们都平安，并问泽涵、圭贞、性仁大家都好。

麋　廿六，九，六

子隽叔来信附上，可与泽涵看。

——《胡适遗稿及秘藏书信》，第21册

376

致江冬秀

冬秀：

月亮快圆了，大概是十二三夜。我在旅馆的十四层楼上看月亮，心里想着你，所以写这信给你。

我到外国已是五十天了，什么事都没有做，只是忙来忙去，一天没得休息。

前天礼拜六，有一次大演说会，听的人有一千多人。那天早起，我觉得不大舒服，吃了早饭，全吐出了。午刻到了宴会上，全无胃口，所以没有吃中饭。到了两点钟，轮到我演说，我站起来，病也没有了，演说很有力量，也不觉吃力。说完了，又答复了许多问题。人多，外面大雨，窗不能开，所以屋子里很热。我出了力，出了一身大汗，里衣全湿了。回到旅馆里，我不敢脱衣服，也不敢洗澡。但这一身汗出来之后，我的小病全好了。到了五点钟，肚子觉得饿了，我才叫了点东西来吃。吃了之后，精神完全好了。

五点一刻李〔国〕钦的父母来接我下乡去，在他家里换礼服，八点到前任大总统罗斯福的大儿子家中去吃饭。席上有英国大文豪韦尔斯先生。饭后闲谈到十点半，回到李家过夜。

昨天星期，我躲在李家休息了一天。上午出去走路，走了三英里，约有十个中国里，走的一身大汗。下午又出去走了一点钟。

今早九点，我坐汽车回到纽约。中饭在哥伦比亚大学同一位老师吃饭。下午有人来吃茶，谈了两点钟。晚上又换了礼服，出去到一个朋友家吃饭。到十一点半才回家。写完这信，我也要睡了。

杜威先生上月二十日过生日，整七十八岁了，精神还是很好。他常问起我家人口安否。

祝你们都好。祖望写了三封信来，他很平安。

糜　廿六，十一，十五夜
——《胡适遗稿及秘藏书信》，第21册

一九三八年

致江冬秀

冬秀：

我一月廿四夜离开纽约，往西行，一直到太平洋岸上的西雅图；又沿岸南行，直到洛杉机；再沿岸北去，进入加拿大境内；一直东去，到三月半左右可回到纽约。这次旅行，共走九千英里，差不多有三万中国里了，共费日子五十一天。

这几天走的都是冰天雪地，今天火车上洛奇山，风景好的很！

你寄的两封信都收到了（十二月廿二，廿八）。我寄的四百美金，是电汇的，由中基会转，你已收到了吗？

家乡不能去，是意中的事，不必着急。大概徽州多山，一时不会有大战事，但兵队必要守徽州，那也是自然的。你不要去云南，且住上海。

儿子要学航空机械，这本是机械工程的一种，自可听他去罢。

保险费付了也很好，我随时一定寄点钱来。我知道你是不会瞎用钱的。这半年里，你用的几笔大钱，都很得当，我看了都很高兴。

我的身体很好，精神也很好。但是几时回家，我也不知道。大概是能住几时是几时；有事做就多住几个月；没有事可做，就只好回来了。同行的张子璎已动身回国了。

附上的信，可交洪芬。

适之　廿七年二月三日路上写的

——《胡适遗稿及秘藏书信》，第21册

致江冬秀

冬秀：

你和小三的信都收到了。

我在路上写了一封给你，想已收到了吧。

我昨天离开西雅图（seatlle），在那地住了五天，天天忙的不得了。辛苦虽然辛苦，但朋友真好，他们费钱费功夫陪我，使我真感激。

昨夜在一家吃饭，见着"本家太太"（胡惟德太太）的儿子世勋，他在西雅图读书，住在一家慈善人家，他们很说他好。

昨夜上火车，今早到钵仑（PortLand）住了一天就要南行。明晚可到旧金山了。

你信上问我两事：

（1）我冬天脚不痛吗？

我今年没有脚疼的病，身体更好。

（2）你问我何时回来。

我自己也不知道，恐怕我要多住几个月，也许要住一年。

有些地方要我留在这里教书，我至今没有答应，现在正要考虑这些问题。旅费用完了，若要多住，必须先寻一个地方教书。现在旅费还没有完，可以不愁此事。

我怕我更胖了。昨天剪了头发，今天照镜子，白头发真满两鬓了，剪短了还遮不住！但精神很好，身体也好。

驿　二月十二日

致江冬秀

冬秀：

一路上曾有信给你，想已收到了。

我现在不回国，大概还得住好几个月，也许住一年，此时全无把握。有两三个大学要留我在美国教书，我不曾答应，但允许他们仔细考虑。我决定后再告诉你。

你说我的书有一个书目，有三百页之多。请你雇一个人把这书目抄一本，寄给我，我就可以用这书目了。单有一本书目是不够用的。抄书目的事，可以同洪芬兄商量，或伯遵兄商量，不必惜费，越快越好。

你们听说我二月回来，那是谣言。基金会四月底开会，我本想赶回来，但实在走不开，只好不去了。

你们同伯遵兄同住，一定有照应，但天气暖热时，如有合式［适］房子，最好还是自己租一所小房子。

我将来回国，也不回上海，一定先到香港，直到长沙或汉口。这是后话，将来如何变化，谁也不知道。

书籍存在天津，没有搬来上海吗？如没有搬来上海，可不必搬了，一切可听竹垚生兄料理。

我这回出行，共须走一万多英里，现在已走了六千英里了。昨夜离开洛杉机（即好莱坞所在地），明天回到西雅图，后天（二月廿三）出美国境，到加拿大。在加拿大本定住十四天，现在改成十八天，三月十三日回到美国境内；英国人要我五月去讲演，现在暂时决定不去。

我身体很好，人都说我胖了。去年九月做的衣服都觉得紧了。

祝你们都好。

驿　廿七，二，廿一（火车上）

——《胡适遗稿及秘藏书信》，第21册

致江冬秀

冬秀：

　　我自从一月廿四日出行，走了一万一千里，三月十八日回到纽约，休息了几天，又出去走了五天。现在总算可以休息了。

　　我这回出门，虽然很辛苦，但身体很好，竟没有病。

　　林行规先生带来的信，两个儿子寄的信，都收到了。我因为太忙，所以许久没有回信，一定叫你们不放心，我真不安。以后真要多写信了。

　　同行的两位，张先生一月底回去了，钱先生昨天上船往英国去了。昨天忽然大冷，有雪，下午下了五六寸雪。四月雪中送客我很觉寂寞。同行三人，现在只剩我一个人了。

　　林先生带来茶叶三瓶，都收到了。茶叶很好，我有工夫在旅馆，总泡一小壶喝喝。

　　林先生现在也到纽约了，我们同住在一个旅馆，常有见面谈天的机会。

你托他带来的口信，也寄到了。

他虽然很近视，眼力不方便，但还是单身旅行，住最便宜的旅馆，吃最便宜的饭，非常客气，不要我们帮一点忙。他因为我住在这里，所以勉强住在这个旅馆里，这样的人，最可以使我们佩服。

我现在还没有决定将来的计划，但我这几个月大概还在美国。

请你告诉洪芬，编辑会的钱，我一定不能收了，请他加在张子高的月费上。

我不久可以寄点钱给你用。

祝你们好。

驿　廿七年四月七日

我在纽约住了近六个月，只看了一回戏，只看了一次电影。林老先生来了，我也没工夫陪他玩玩。

——《胡适遗稿及秘藏书信》，第21册

致江冬秀

冬秀：

二月十八、二月廿八日的信，都收到了。

我始终没有去英国，报上的话是误传。

你们应该搬家，我盼望你此时已寻着地方了。

我盼望你不要多打牌。第一，因为打牌最伤神，你的身体并不是那么结实，不要打牌太多。第二，我盼望你能有多一点时候在家照管儿子；小儿子有一些坏习气，我颇不放心，所以要你多在家照管照管儿子。第二，这个时候究竟不是整天打牌的时候，虽然不能做什么事，也应该买点书看看，写写字，多做点修养的事。这话并不是责怪你，只是我一时想到，写给你想想。

昨天在火车站上候车，把外套脱下，上一个天平称称看，恰是一百三十八磅半，连衣服皮鞋在内。

近来我身体很好，就是忙一点，有时候饭食不按时候，睡觉也不很规则。前天我坐火车去东方一个女子大学（威尔斯女子大学）讲演，昨天赶回纽约，来回四百多英里。晚上在纽约讲演"五四"。讲演完了，顾毓琇的弟弟毓瑞请找去他家吃炒面。回旅馆已在半夜后，看了几张报，到两点半方才睡觉。今天起晚了，十点半吃了一些早饭。到下午三点半才吃午饭。作客的生活，最苦的是一个人出去吃中饭夜饭。从前有张先生、钱先生在此，后来钱先生走了，有林行规先生在此，常常一块吃饭。现在他们都走了，我常常一个人出去寻便宜馆子吃饭。有一天我到近边一处俄国小饭馆，名叫"俄国熊"。我一个吃饭，想起林先生常同我来这里吃饭，我心里想念他，就写了一首小诗寄给他：

孤单客子最无聊，
独访"俄熊"吃"剑烧"。（剑头上烧的羊肉）
急鼓哀弦灯影里，
无人会得我心潮。

写这故事，叫你们知道，我在客中的情形。我在美国半年多，只看过两次戏，一次电影。

我的行止计划，现在还不能定。教书的事，我很费踌躇，后来决心都辞掉了。这个决定是不错的。我不愿在海外过太舒服的日子。良心上过不去。

书目抄好了寄来不迟。一时不抄也不要紧，因为我决定不在此教书了。

西洋参和手表，我要托人去买，买了就寄给你。祝你和小二都好。

驿　廿七，五月，五日

致江冬秀

冬秀：

许多时没有写信了。

你寄的两信，都收到了。

五月十一日电汇美金二百元，收到了吗？

我近来牙齿不好，有一些时候常常作痛。从去年十二月到今年五月底，牙医的钱费去了三百多，工夫也总有不少了。不料上月右边下面坐牙时时发痛，每天早上醒过来总觉得牙痛。前天（五月卅一）去看一次，昨天又去看一次。因为坐牙已拔了一个，这一个不可再拔了，所以要医生医治。不要再拔。昨天上麻药，把病牙里的神经弄死。今天稍稍好一点，下午不痛了，我希望这一次可以治好了。

牙痛并不伤人，但使人坐立不安宁，什么事都不爱做。我的身体很好，不曾伤风一次，你可以放心。

今天下午到一个道尔顿学堂去做毕业演讲。幸亏牙齿不痛了，不然，话都说不好。

你要搬家，最好是早搬。天热了，更不便了。钱不够时，我自寄来。

你要的西洋参和手表，有便再寄。

我四月中决定把美国教书的事都辞掉了。请我教书的，共有四五处，我仔细想想，索性全辞谢了。

书目的事，此时不必抄了。存在天津最好，不必去搬了。我现在决定七月十三日动身，坐船去英国，在英国大概有两个半月或三个月的勾留。写信可寄：

Dr. Hu Shih,

c / o Chinese Embassy,

London, England.

在英国住住，我大概还是回到美国来，再住几个月，现在还不能十分确定。

我将来如何决定，一定要早告诉你。

我到英国后，还要到欧洲去走走。

天热了，你们母子必须特别保重身体。

驿 廿七，六，二夜

寄的照片收到了，两张都很好。

我也寄一张给你，背后的门牌一百二十九是太平洋学会的房子，就在旅馆隔壁。

——《胡适遗稿及秘藏书信》，第21册

致江冬秀

冬秀：

你怪我三个月不写信，此中必有收不到的信。我写信虽不勤，但不至于三个月不写信。

我很赞成你捐二百元给周先生的学堂。我到欧洲之后，也还要设法寄点钱捐给他。

你在患难中，还能记得家中贫苦的人们，还能寄钱给他们，真是难得。我十分感激。你在这种地方，真不愧是你母亲的女儿，不愧是我母亲的媳妇。

我七月十三日早晨上船，一路上无风无浪，天气也不热，比纽约的九十度热天，真可以说是避暑了。

我在船上每天睡觉，睡了二天，休息够了，昨天才动手做事。

这一阵子真忙的可以。前月（六月）廿九日从纽约出门，跑了一个大圈子，二千多英里。七月四，九，六，三天，每天只睡四点多钟，日夜赶我的四篇学术演讲，十日夜间到纽约，十一日忙了一天，料理行李。十一晚车到美京去辞行，十二日吃了中饭，就搭车回纽约。十三早上就上船了。这种生活是能使人头发白的。

后天（十九）我可以到法国，钱先生在那边等我。他见了我，就要动身回国了。

我托他带一只手表给你，这是我自己出去买的。只怕我不内行，不见得合用。你用用看，将来我见着合式［适］的手表，再给你买一只。表带是可以伸缩的，你最好到一个表店去叫他们教你用。

李国钦回来了，我对他说起西洋参纳税的事，他也大笑。

李夫人又托上海李馥荪的儿子带了两磅参给你，如未收到，可托新六一问。

英国不热，我打算住一个多月（七月廿二日到八月廿五），再到欧洲去赴两个会，一是八月底的史学会，一是九月下旬的教育学会，九月底可以回到英国。十月十三日搭船回美国。十月十八日可以到纽约。这三个月是我的避暑，欧洲天气不热。但夏天各国要人多不在公事房，多往他国去休息，所以没有多少人可见。学校也放假，所以我没有讲演。我有这三个月的休息，身体一定可以大好，精神一定可以更好了。我的牙齿，后来没有法子可以留住有病的坐牙，终究是拔了。拔了不久，我就出门，所以来不及装补，现在右边共少了两个下边的坐牙，所以吃东西全靠左边了。十月回去纽约，还得装牙齿，但现在全无痛苦了，请你放心。

我十月回到美国，虽不教书，也得多住几个月，还是往来讲演的时候为多。

以后的信可寄伦敦大使馆转。郭大使留我住在他家中。

祝你们都好。

       洪骍　Aquitania船上　廿七年七月十七日

大儿子写信不少，写的信都很有进步，我很高兴。

    ——《胡适遗稿及秘藏书信》，第21册

致江冬秀

冬秀：

我七月十九到法国，廿四日到伦敦。

你七月三日的长信，我昨天（廿九）收到，茶叶还没有到。

我在这十几天遇见了一件"逼上梁山"的事。我知道你听了一定很不高兴，我心里也觉得很对不住你。这事我已写在给新六的信里，我请他把这事向你当面说明。

我去年七月九日离平，十一日的飞机被人包去了，十二日才上飞机，飞上九江。我在飞机上忽然想起今天是七月十二日，在二十年前的七月十二日，我从外国回来后，在上海的新旅社里发下一愿，决定二十年不入政界，二十年不谈政治。那二十年中，"不谈政治"一句话是早就抛弃的了。"不入政界"一句话，总算不曾放弃。那一天我在飞机里想起这二十年的事，心里当然有不少的感慨。我心里想，"今日以后的二十年，在这大战争怕不可避免的形势里，我还能再逃避二十年吗？"

果然，不出两个月，我就跑出去了。现在怕更躲不开了。我只能郑重向你再发一愿：至迟到战争完结时，我一定回到我的学术生活去。你记得这句话。

钱端升先生七月廿二日从法国起程回国了。我托他带上一只小手表，值不了多少钱，但还不讨厌。那表带是可以伸缩的，你试试看就知道如何带了。

小三也很聪明，你不要太悲观。每月给他一点买书钱，叫他多读有用的书。英文必须补读。

会里的钱，决不可再受。泽涵来信说，他已代受了大学薪水一千五百元。我日内还要电汇一点钱给你。

我的牙齿近来没有麻烦，但右边有两个坐牙，必须补装，不然，就不能用右边牙齿了。

昨晚上睡了八个钟头，总算不错。近来睡觉还不坏，只嫌每晚要醒两三次。人老了，总是如此。

你的伤风全好了，我很高兴。你说去年七月廿八日起心跳有两个月，现在还发不发？望你们保重。

买外国东西，全世界都没有香港便宜，此事我最近才明白。如要什么，可托慰慈代买。

骈　廿七，七，卅

——《胡适遗稿及秘藏书信》，第21册

致江冬秀

冬秀：

我在八月廿四日离开伦敦，往瑞士赴国际史学会。廿五日早晨，船到比国，换火车往瑞士。在车站看报，忽见广州附近中国航空公司的飞机被逼降落，搭客十二人只有一人逃出。搭客中有新六之名，我大吃一惊，心里知道不妙。下午火车到瑞士的朱里虚，我买各报看了，更信新六遭难。但心里总希望他在不死之数内，故发电报去问铁如。廿六早七点，得铁如回电，知道新六果然死了。我这三天（廿五，廿六，廿七）真不好过。自从志摩死后，在君、新六相继而去，真使人感觉孤凄寂寞。新六的性情最忠厚，心思最细密，天资最聪明，在朋友之中，最不可多得。我最敬爱的朋友之中，在君、新六为最相投，不料这两个最可爱的朋友偏偏最先死了！我昨天写一信给徐太太，由铁如转托垚生转交。你见她时，请代我慰问她一家。

徐老太太还康健吗？真可怜！真可惜！

我自己的事，至今没有定妥。将来是怎么样，我全不知道。新六最后一次写信（六月七日）给我，说："此时能尽一分力，尽一日力，只好尽此一分力，尽此一日力而已。"我现在也只能作此想，以报答国家，报答朋友。以后如何转变，我会托铁如、慰慈转告你。

　　我托钱端升兄带一只表给你，你收到了么？

　　我的身体很好，牙齿居然好了。这五个月里，没有伤风一次。

　　真是"劳碌命"，越忙越没有病。

驿　八月廿七

——《胡适遗稿及秘藏书信》，第21册

致江冬秀

冬秀：

　　昨日临行时得振飞八月廿三日手书，才知道我的七月廿九日的信他不曾交给你。所以你得我八月廿七日的信，一定看不明白。我在瑞士赴史学会，昨日完毕。今日明日稍作游历，后日到瑞京，一二日到日内瓦。

　　此片为今日所到之处，本可望阿尔布山的少妇峰（一万三千六百多尺）。但今日大雪，毫无所见。

驿　廿七，九，六寄于Luce

——《胡适遗稿及秘藏书信》，第21册

致江冬秀

冬秀:

　　九月四日的信收到了。我八月廿七有信给徐太太,不知香港转去否?九月四日我收到新六的信,是他最后的一封信,是他上飞机之前一晚写了寄出的,以后他就没有写信了。我收到此信,哭了一场,写了一首诗追念他:

　　拆开信封不忍看,
　　信尾写着"八月二十三"!
　　密密的两页二十九行字,
　　我两次三次读不完。
　　"此时当一切一切以国家为前提"
　　这是信里的一句话。
　　可怜这封信的墨迹才干。

他的一切已献给了国家，

我失去了一个最好的朋友，

这人世去了一个最可爱的人！

"有一日力，尽一日力"，

"一切一切为国家"，

我们不要忘了他的遗训！

此诗可叫小三抄了送给大椿等。

新六信上说："家书第一函已托妥便带沪。第二函（七月廿九）则以兄使美事已有挫折，故拟俟弟返沪面交。想兄不至责弟之延迟也。"信后又说他也许要来美国，故说："弟如果行，当将兄致嫂夫人函，连同兄七月廿九日致弟手书托妥友带交嫂夫人（又手表一只），乞勿念。"

今新六已死，不知此诸信及手表已有人检出寄给你否！如尚未收到，可问垚生一声，请他代查。不必问徐家。

手表若未寻得，我将来再买给你。

我的事是这样的。

七月十九我到巴黎，次日即得蒋先生电，劝我做美国大使。廿五在英国又得到政府电。廿七日又得到蒋电。我想了七八天，又同林行规先生细谈。他说，我没理由可以辞此事。我也明白这是征兵一样，不能逃的。到廿七日我才发电允任，廿九日写信托新六对你说。

后来此事有阻力，一直搁了六十天，到九月十七日，忽然发表了。政府要我飞去。不知道大西洋上没有飞机。我昨天回到英国。四日之后，九月廿八日就坐船到美国去了。王正廷大使也是九月廿八日离美国，我十月二日到纽约。

我二十一年做自由的人，不做政府的官，何等自由？但现在国家到这地步，调兵调到我，拉夫拉到我，我没有法子逃，所以不能不去做一年半年的大使。

我声明做到战事完结为止，战事一了，我就回来仍旧教我的书。请你放心，我决不留恋做下去。

我这一年，长住旅馆，灯光太高，所以眼睛差了一点，今年六月配了新眼镜。头发两鬓都花白了，中间也有几茎白发了。但身体还算好，一年没有病。这回到美国，事体更要忙，要用全力去做事，身体更不能不当心。请你不要挂念我。

我给新六信上说，我知道冬秀不会愿意到外国来，所以请他替你斟酌决定应住何处。现在他死了，我托慰慈、文伯、铁如替你斟酌决定。

我到美国后，看看情形，再写信给你。

基金会的钱，请你叫孙先生不要再送了。我想会里预算上定的是名誉秘书的公费，每月一百元。新六代理我的名誉秘书职务，他死了，谁代我，此款应归谁收。编译会的钱，应该请任先生收。

泽涵到上海后，最好不要回家去。家眷若不能出来，他更不应冒险回去。

肺病必须静养，比吃药有效。谭健在昆明，天气于肺病应该有益。法正要听医生的话才好。

陆仲安的儿子死了，我竟不知道。我写一封信，请你带去（他若不在上海，此信不必寄）。如此说来，那天死的十几个人之中，许多是熟人。中国飞机师姓刘，是刘崧生的四弟。胡笔江我也认识。以后我要多寄明信片给你。

驿　廿七，九，廿四夜半
——《胡适遗稿及秘藏书信》，第21册

附　录

我的母亲

　　我小时身体弱，不能跟着野蛮的孩子们一块儿玩。我母亲也不准我和他们乱跑乱跳。小时不曾养成活泼游戏的习惯，无论在什么地方，我总是文绉绉地。所以家乡老辈都说我"像个先生样子"，遂叫我做"穈先生"。这个绰号叫出去之后，人都知道三先生的小儿子叫做穈先生了。既有"先生"之名，我不能不装出点"先生"样子，更不能跟着顽童们"野"了。有一天，我在我家八字门口和一班孩子"掷铜钱"，一位老辈走过，见了我，笑道："穈先生也掷铜钱吗？"我听了羞愧的面红耳热，觉得大失了"先生"的身分！

　　大人们鼓励我装先生样子，我也没有嬉戏的能力和习惯，又因为我确是喜欢看书，所以我一生可算是不曾享过儿童游戏的生活。每年秋天，我的庶祖母同我到田里去"监割"（顶好的田，水旱无扰，收成最好，佃户每约田主来监割，打下谷子，两家平分），我总是坐在小树下看小说。十一二岁时，我稍活泼一点，居然和一群同学组织了一个戏剧

405

班，做了一些木刀竹枪，借得了几付假胡须，就在村田里做戏。我做的往往是诸葛亮、刘备一类的文角儿；只有一次我做史文恭，被花荣一箭从椅子上射倒下去，这算是我最活泼的玩艺儿了。

我在这九年（1895—1904）之中，只学得了读书写字两件事。在文字和思想（看文章）的方面，不能不算是打了一点底子。但别的方面都没有发展的机会。有一次我们村里"当朋"（八都凡五村，称为"五朋"，每年一村轮着做太子会，名为"当朋"）筹备太子会，有人提议要派我加入前村的昆腔队里学习吹笙或吹笛。族里长辈反对，说我年纪太小，不能跟着太子会走遍五朋。于是我失掉了这学习音乐的唯一机会。三十年来，我不曾拿过乐器，也全不懂音乐；究竟我有没有一点学音乐的天资，我至今还不知道。至于学图画，更是不可能的事。我常常用竹纸蒙在小说书的石印绘像上，摹画书上的英雄美人。有一天，被先生看见了，挨了一顿大骂，抽屉里的图画都被搜出撕毁了。于是我又失掉了学做画家的机会。

但这九年的生活，除了读书看书之外，究竟给了我一点做人的训练。在这一点上，我的恩师就是我的慈母。

每天天刚亮时，我母亲就把喊醒，叫我披衣坐起。我从不知道她醒来坐了多久了。她看我清醒了，才对我说昨天我做错了什么事，说错了什么话，要我认错，要我用功读书。有时候她对我说父亲的种种好处，她说："你总要踏上你老子的脚步。我一生只晓得这一个完全的人，你要学他，不要跌他的股。"（跌股便是丢脸，出丑）她说到伤心处，往往掉下泪来。到天大明时，她才把我的衣服穿好，催我去上早学。学堂门上的锁匙放在先生家里；我先到学堂门口一望，便跑到先生家里去敲

406

门。先生家里有人把锁匙从门缝里递出来，我拿了跑回去，开了门，坐下念生书。十天之中，总有八九天我是第一个去开学堂门的。等到先生来了，我背了生书，才回家吃早饭。

我母亲管束我最严，她是慈母兼任严父。但她从来不在别人面前骂我一句，打我一下。我做错了事，她只对我一望，我看见了她的严厉眼光，就吓住了。犯的事小，她等到第二天早晨我眼醒时才教训我。犯的事大，她等到晚上人静时，关了房门，先责备我，然后行罚，或跪罚，或拧我的肉。无论怎样重罚，总不许我哭出声音来。她教训儿子不是借此出气叫别人听的。

有一个初秋的傍晚，我吃了晚饭，在门口玩，身上只穿着一件单背心。这时候我母亲的妹子玉英姨母在我家住，她怕我冷了，拿了一件小衫出来叫我穿上。我不肯穿，她说："穿上吧，凉了。"我随口回答："娘（凉）什么！老子都不老子呀。"我刚说了这句话，一抬头，看见母亲从家里走出，我赶快把小衫穿上。但她已听见这句轻薄的话了。晚上人静后，她罚我跪下，重重的责罚了一顿。她说："你没了老子，是多么得意的事！好用来说嘴！"她气的坐着发抖，也不许我上床去睡。我跪着哭，用手擦眼泪，不知擦进了什么微菌，后来足足害了一年多的眼翳病。医来医去，总医不好。我母亲心里又悔又急，听说眼翳可以用舌头舔去，有一夜她把我叫醒，她真用舌头舔我的病眼。这是我的严师，我的慈母。

我母亲二十三岁做了寡妇，又是当家的后母。这种生活的痛苦，我的笨笔写不出一万分之一二。家中财政本不宽裕，全靠二哥在上海经营调度。大哥从小就是败子，吸鸦片烟，赌博，钱到手就光，光了就回家打主意，见了香炉就拿出去卖，捞着锡茶壶就拿出去押。我母亲几次邀了本家长辈来，给他定下每月用费的数目。但他总不够用，到处都欠下烟债赌债。每年除夕我家中总有一大群讨债的，每人一盏灯笼，坐在大厅上不肯去。大哥早已避出去了。大厅的两排椅子上满满的都是灯笼和债主。我母亲走进走出，料理年夜饭，谢灶神，压岁钱等事，只当做不曾看见这一群人。到了近半夜，快要"封门"了，我母亲才走后门出去，央一位邻舍本家到我家来，每一家债户开发一点钱。做好做歹的，这一群讨债的才一个一个提着灯笼走出去。一会儿，大哥敲门回来了。我母亲从不骂他一句。并且因为是新年，她脸上从不露出一点怒色。这样的过年，我过了六七次。

大嫂是个最无能而又最不懂事的人，二嫂是个很能干而气量很窄小的人。她们常常闹意见，只因为我母亲的和气榜样，她们还不曾有公然相骂相打的事。她们闹气时，只是不说话，不答话，把脸放下来，叫人难看；二嫂生气时，脸色变青，更是怕人。她们对我母亲闹气时，也是如此。我起初全不懂得这一套，后来也渐渐懂得看人的脸色了。我渐渐明白，世间最可厌恶的事莫如一张生气的脸；世间最下流的事莫如把生气的脸摆给旁人看。这比打骂还难受。

我母亲的气量大，性子好，又因为做了后母后婆，她更事事留心，事事格外容忍。大哥的女儿比我只小一岁，她的饮食衣料总是和我的一样。我和她有小争执，总是我吃亏，母亲总是责备我，要我事事让她。后来大嫂二嫂都生了儿子了，她们生气时便打骂孩子来出气，一面打，一面用尖刻有刺的话骂给别人听。我母亲只装做听不见。有时候，她实在忍不住了，便悄悄走出门去，或到左邻立大嫂家去坐一会，或走后门到后邻度嫂家去闲谈。她从不和两个嫂子吵一句嘴。

每个嫂子一生气，往往十天半个月不歇，天天走进走出，板着脸，咬着嘴，打骂小孩子出气。我母亲只忍耐着，忍到实在不可再忍的一天，她也有她的法子。这一天的天明时，她就不起床，轻轻的哭一场。她不骂一个人，只哭她的丈夫，哭她自己苦命，留不住她丈夫来照管她。她先哭时，声音很低，渐渐哭出声来。我醒了起来劝她，她不肯住。这时候，我总听见前堂（二嫂住前堂东房）或后堂（大嫂住后堂西房）有一扇房门开了，一个嫂子走出房向厨房走去。不多一会，那位嫂子来敲我们的房门了。我开了房门，她走进来，捧着一碗热茶，送到我母亲床前，劝她止哭，请她喝口热茶。我母亲慢慢停住哭声，伸手接了茶碗。那位嫂子站着劝一会，才退出去。没有一句话提到什么人，也没有一个字提到这十天半个月来的气脸，然而各人心里明白，泡茶进来的嫂子总是那十天半个月来闹气的人。奇怪的很，这一哭之后，至少有一两个月的太平清静日子。

我母亲待人最仁慈，最温和，从来没有一句伤人感情的话。但她有时候也很有刚气，不受一点人格上的侮辱。我家五叔是个无正业的浪人，有一天在烟馆里发牢骚，说我母亲家中有事总请某人帮忙，大概总有什么好处给他。这句话传到了我母亲耳朵里，她气的大哭，请了几位本家来，把五叔喊来，她当面质问他她给了某人什么好处。直到五叔当众认错赔罪，她才罢休。

我在我母亲的教训之下住了九年，受了她的极大深刻的影响。我十四岁（其实只有十二岁零两三个月）就离开她了，在这广漠的人海里独自混了二十多年，没有一个人管束过我。如果我学得了一丝一毫的好脾气，如果我学得了一点点待人接物的和气，如果我能宽恕人，体谅人，——我都得感谢我的慈母。

十九，十一，廿一夜